太姥文獻搜遺

周瑞光 编

張舜徽題

上

海峡出版发行集团
海峡文艺出版社

太挹閣圖書

周紹良先生

南懷瑾

台湾国学大师南怀瑾先生题签

前　言

　　是书乃汇集明清以降，民国时期闽中乡贤福鼎先哲堪以传世、遗饷后人之文献资料。全书约五十万言，其中包括：

　　一、明谢肇淛《太姥山志》、清王孙恭《太姥山续志》、清林树梅《游太姥山图咏》、民国卓剑舟《太姥山全志》，此系重新点校，系统整理之巨帙，乃研究太姥文化和闽东历史之必读书。

　　二、《绿满窗诗草》系周梦虞著。周氏系清末副贡，历任桐山书院山长、福宁府霞浦中学校长、福鼎北岭中学（福鼎一中前身）名誉校长，乃福鼎教育界泰斗。

　　三、《闽东诗钞》系福鼎磻溪杜柳坡、杜悦鸣昆仲合编。为闽东地区最早搜编的历代乡贤作品。杜柳坡早年毕业于福州乌石山师范，曾任霞浦近圣小学教员，系磻溪杜家堡村塾创始人。

　　四、《北游吟草》杜悦鸣（杜琨）著，杜氏早年与霞浦黄寿祺负笈求学于北平中国大学，毕业后留校任助教，未几赴任张家口师范学校教职。抗战爆发后，返乡避难，一度担任福鼎北岭中学语文教员，旋任福建师专副教授，才学满腹，惜英年早逝。

　　五、《摩兜坚馆诗草》系民国卓剑舟著。卓氏早年毕业于上海国立语文专科学校，曾与黎锦熙（著名语言学家，毛泽东的老师）合著《国语》杂志，后赴马来西亚创办华侨中学，抗战后返乡参与创办福鼎北岭中学，并致力于太姥山文化之研究，编著有《太姥山全志》，同时协助周梦虞编修民国福鼎志，贡献多多。

六、《亦耕斋存稿》系周南著。周氏系闽东著名诗人，早年毕业于福州乌石山师范，曾任寿宁县教育局局长、福鼎育仁小学校长、白琳中心小学校长、福鼎民众教育馆馆长，曾参与福鼎北岭校之创办并选为校董。

以上诸家作品汇集成册，填补了闽东、福鼎文化史、教育志之空白，遗饷后人，意义重大。

目 录

附录：

闽东诗钞

（民国）杜柳坡 杜悦鸣 合编

關東詩鈔

柳坡自署

《闽东诗钞》征求稿启事

曩在北平中国大学讲诗，友人黄君之六曾约共纂福宁先正诗文钞。今春以病南归，仲兄柳坡又有编辑五邑先正诗钞之举，爰稽府县新旧志书，举其艺文四部，著目以询乡先生辈，有目无书，已十不存一二。而余所知二三亲故之有遗稿存于家者，志乘或未著录。盖岩穴之士，生不交游，当世则无以推扬其声气，及其身后不能付梓，则零篇断句随以散佚。数十年间，并其姓字里居亦湮没不可复识。虽欲求之，其道末，由兹可悲矣。爰易其名曰《闽东诗钞》，兼收并世之诗人，由其人及其亲戚故旧之有遗稿者，辗转相求，庶得四五，又仿活页文选办法，分期刊印示人，以实在工作俾能踊跃投稿，全书或有告成之一日。谨订凡例数则附列于后，维同乡诸君子共赞助之。

己卯初秋杜琨悦鸣谨启

凡　　例

　　兹钞以注籍旧福宁府属之福安、宁德、霞浦、寿宁、福鼎五县为限，不论男女、生卒、方外、流别，而现行之闽东区，并连罗侯官为十县者，不在此列。

　　钞诗无论已刻未刻，分量多寡，唯须诚于此道，曾呕出心肝焉，均行甄录。

　　先辈孤本遗稿，如承寄示，一经钞录，立即负责退还，不敢有误。其普通稿件，无论甄录与否，概不退还。

　　寿诗少钞，无题诗少钞，新体白话诗不钞，宽先辈而严并世，期不至于滥。兹钞虽为保存桑梓文献，亦将以开风气也。（郑守堪先生曾来书以为无题诗半有寄托，不可不钞。友人黄之六亦以为寿诗，亦有佳者，不可一概抹杀，兹乃加改订。）

　　本钞标准以高雅为宗，力删卑俗，虽无唐宋门户之分，颇用神韵格调之说，其不及钞者，若有一二佳句，亦收入《三余山馆诗话》，以酬投稿者之雅意。

　　姓名之下略载字号、里居、科名、官职以及平生著作，望投稿者于可能范围附示小传。

　　分期刊印，人各为卷，将来全部印出，将其时代先后行辈次序编一总目，然后按卷分合改行装订，仍不失为全书也。

　　预定三期完成，每五月为一期，二十九年一月出刊。第一期收稿处霞浦城内杜楚南医寓。

卷　头　语

　　第一期诗钞原定一月出刊，乃以种种关系，迟至今日，至为抱歉。此后二三各期当继续选钞。大抵草创难为功，后来易居上。编者对于此举具有十三分决心，此不过其权舆耳。

　　原定人各为卷，叶数多少亦各自计算。例如，谢翱诗计有十叶，系从第一叶算起，而赵语水诗只有五叶，亦宜由第一叶算起。以下郑兼山等七人，以此类推，则本期虽共八十余叶，仍不失各自为卷，将来各期告成，分别合并即成全书。此即所谓活页办法也。兹以平民不知分卷合订办法依次递算，遂成死叶，并将郑兼山、赵语水二人次序倒置，最为不快。除列勘误表外，并此说明。

　　兹钞为仲兄柳坡主编，余以多病，唯助校订之役。其中按语出自兄手者，只书一"按"字；若出余手，则加"琨按"二字以别之。

　　余自去秋发出征求稿件启事，收到各县人士投稿者，不下数十种，足见诸君子对于整理桑梓文献具有同情。除仿照四库全书例，将藏书人姓名附载本集之下，以识搜集之劳。外若许献其、卢则行、魏雨峰、郑守堪、陈缠侯、郑慕蔡、卓剑舟诸先生皆有所惠教，先此鸣谢。

　　　　　　庚辰暮春杜琨识于霞浦城伯兄九鲤山庄之医馆

谢　翱

翱，字皋羽，一作皋父，别号晞发子。福安穆阳樟檀坂人，父鑰，隐居不仕，著《春秋衍义》《左氏辩证》。母缪氏，穆阳正字烈之女。皋羽世其家学，试进士不第，落魄漳泉间。会文信国开府延平，长揖军门，署咨议参军。已复别去，及宋亡，信国被执以死。皋羽悲不自胜，混迹吴越以卒，年四十七，葬子陵台南。考皋羽生于理宗淳祐九年，而淳祐五年始，析长溪县为福安，故传者率沿旧称曰长溪人。（光按：近年来有认其为霞浦人者。）其后徙居住浦城，或亦曰建宁人，曰延平人。生平著述大半散佚。今存者有《晞发集》十卷、遗集二卷、遗集补一卷、附《天地间集》一卷、《西台痛哭记注》一卷、《冬青树引注》一卷。乃清平湖陆大业校刊，亦非完书。《四库全书·集部》有著录。

《三余山馆诗话》曰："《四库全书提要》称，南宋之末文体卑弱，独翱诗文桀骜有奇气。"《小草斋诗话》曰："元诗所以一变乎，宋者谢皋羽之功也。明诗所以知宗乎，唐者高廷礼之功也。"而《丹铅总录》评以"精致奇峭"，又以为"学李贺，入其室而不蹈其语"，最为透彻。大抵皋羽以惊奇飘忽之辞寄弯宵幽深之想。今读其中拟古效贾岛、效孟郊体诸篇，其蹊径犹隐约可寻找。宋濂称，其执笔时，瞑目遐思，身与天地俱忘。每语人曰，用志不分鬼神将避之，又称其独嗜佳山水，所至即造游录，持以夸人，若获七宝归者，亦可见其用力之勤矣。奈何后进之士束书不观，以率意为诗、消遣为诗，颓放自甘，而世遂以诗人相诟病不惜欤！

又曰《笔精》载：元庆元间，浦江吴清翁渭结月泉吟社，聘谢翱为考官，以"春日田园杂兴"为命题，征收二千七百三十五卷，选中二百八十卷，第一名罗公福（本姓连，名文凤，字伯正，闽人，此其伪名），赏罗一，缣七丈，笔五帖，墨五笏。诗云："老我无心出市朝，东风林墅自逍遥。一犁好雨秧初种，几道寒泉乐旋浇。放犊晓登云外陇，听莺时立柳边桥。池塘见说生新草，已许吟魂入梦招。"（琨按：结二句盖寓易代之感。"池塘生新草"以喻新朝底定。"吟魂入梦招"则禁网至是少宽，遗民得以来苏矣。而以谢家故事出之，故妙。）李西涯《怀麓堂诗话》亦记其事，足见此公之揄扬风雅耸动一时，故能以一布衣抗节公卿间，遗芳名于千载也。

废 居 行

海涛翻空秋草短，白蛇如巢啖雀卵。经年废屋无居人，孕妇夜向船中产。归来多雨臼生鱼，穴虫祝子满户枢。邻家置屋供官役，买得沂王园令宅。

咄咄复咄咄

咄咄复咄咄，野风吹云起草垡，竹尘阴阴不见山，鸡飞上树海没鹘。人间旧事新白头，淮南小儿未识愁，淮南老翁叫无力，瓦盆盛水看日食。

赋得北府酒

北府酒，吹湿宫城柳。柳枝著地春垂垂，祇管人间新别离。离情欲断江水语，女儿连臂歌白纻。淮南神仙来酒坊，甲马猎猎羽林郎。百年风物烟尘客，老兵对月犹举觞。青窗泪湿女墙下，曾识行军旧司马。

秋风海上曲 （杨升庵盛称三、四两句）

秋风吹水龙上天，龙女抱珠海底眠。水花生云起如葑，神龙下宿藕丝孔。巨鳌赑屃鼍鼓随，赤鱼鳞鬣陈旌旗。海人见此失掺网，归对妻儿月下纺。自言移家来碛中，十载秋风潮不上。老夫一人语门前，见此已是开皇年。

明河篇 （杨升庵盛赞起四句）

牵牛夜入明河道，泪滴相思作秋草。婺女城头玩明月，星君家上无啼鸟。天寒露净沾衣巾。明河倏化为白云。云飞蜿蜿秋在水，石压槎头海烟起。

虞美人草词

髑髅起语鸥叫啸，山精夜啼楚王庙。渡淮风雨八千人，叱咤向天成白道。身经百战转危亡，狼藉悲歌出汉堡。夜帐天寒抱玉泣，血变草青烟晓湿。他年辟仇春草生，吴中草死无姜名。自从为草生西楚，得到吴中犹楚舞。

侠客吴歌立秋日海上作

潮动秋风吹牡荆，离歌入夜斗西倾。伙飞庙下蛇含草，青拭吴钩入匣鸣。

岛 上 曲

皮带墨鳞身卉衣，晓随鬼渡水灯微。石门犬吠闻人语，知在海南种蛤归。

古 离 别

仙人别母母苦啼，遗以神药乃醉之。醒来哭定记儿语：食此庭前双橘树，叶能御饥病能愈。岂似当时逐儿去，邻翁有女立我前。取刀剖腹而勿怜，但尔嫁夫能治田，生子不愿生神仙。

和 靖 墓

山中处士白麻履，死后无书献天子。青童玄鹤昼上天，夜下玉棺葬湖水。湖堤四合封如发，芳树玲珑倚春雪。百年凤舞云雾空，玉碗人间出勾越。宫岚塔雨恍如失，飞网绕湖冠聚鹬，琳宇焚芝秋寂历，斗下无人祠太乙。

觅　紫　芝

少微昏见觜觿中，山深夜气光流虹。青芝独产林下石，染根湿云如紫漆。天门梦断路初回，山鬼守根不敢食。银泥彻锁守者疲，老翁持咒取夜归。明当食之闻鬼哭，对尔洗殇还入腹。

雨后海棠

春光摇摇一万里，野粉残英空蜀水。天人愁湿红锦窠，万里移根泪如洗。苍苔裹枝雪堕地，雨中闻有西南使，化为黄鹄凌空青。开时衔花落衔子，绿章青简下蓬莱。滞魄游魂恨未已，至今鹦鹉啼猩红，不随明月葬空中。

夜宿南明县斋

朝阴扣舷清剡曲，暝投天姥山前宿。桂虫食叶露湿身，影落莓苔云矗矗。天风吹枝断为殊，梦寻香霭来绛车。下车者谁藏姓氏，夜向琼台读诸子。觉来隐隐声在耳，月向西南望为水。

书画梅花水仙卷

风吹袜露明微照，芳云弱植仙姝庙。鬈发零乱在枕函，月里罗浮梦中到。鲛绡拂尘蝉翼隔，窗雾凝寒唯影入，晓来坐对残空标，翠翎不见额黄湿。

冬青树引别玉潜

（此为元至元二十二年，杨琏真珈发掘宋陵，义士唐珏玉潜，太学生林德阳景曦收贮遗骸，葬兰亭山，种冬青树为识之事作也，传诵一时。）

冬青树，山南陲，九日灵禽居上枝。知君种年星在尾，根到九泉护龙髓。恒星昼隐夜不见，七度山南与鬼战。愿君此心无所移，此树终有开花时。山南金粟光离离，白衣人拜树下起，灵禽啄粟枝上飞。

夏日游玉尺山中

曳舟来山中，出郭桡吾驾。独慕忻众胜，晨发乃及夜。岂无城中山，爱此足幽野。横陈玉几峰，隐护碧殿瓦。并州古男子，礼塔于此舍。而我饮水人，犹为内□者，拟携桃枝笙，舒卷得饷暇。明席织海草，因之一枕藉。冷风吹云空，相与坐其下。

池 上 萍

浮萍随涨水，上到荷叶端。水退不得下，犹粘花萼间。花殷青已见，叶翠枯始斑。何如根在水，根蒂相团圆。人生慕高远，风云事跻攀。绝鬐尚号叫，化为鹤与猿。幸未及枯槁，万里吾当选。

鸿 门 宴

（杨升庵曰：此诗虽使李贺复生，亦当心服。李贺集中亦有鸿门宴一篇，不及此远矣。甚可谓青出于蓝矣。元杨廉夫乐府力追李贺，亦有此篇，愈加不及皋羽矣。）

天云属地汗流宇，杯影龙蛇分汉楚。楚人起舞本为楚，中有楚人为汉舞。鹠鹕淬光鹝不语，楚国孤臣泣俘虏。他年疽背怒发此，砏砀云归作风雨。君看楚舞如楚何？楚舞未终闻楚歌。

种葵葡萄下

茂葵花种葡萄下，年年叶长见花谢。葡萄渐密花渐迟，开时及见葡萄垂。微风摇曳架上枝，阴云凝碧行琉璃。天人下饮葡萄露，花神夜泣向天诉。谢尔葡萄数尺阴，不如守草同此心。

有洗旧诰绫作青色鸎将以为缘，以绀缯易之，得之作手卷，赋小乐章，求好事书其后

吴宫辇路伤行客，茧水压云凝碧色。门前新扫染家邻，借人铺设残衣帛。宫花剪绫连院号，覆取翻看成一道。织纹婉转敕字新，知是初谁六尺诰。城霞失彩宫薜病，中与海图上衣领。改颜倖售缘所遭，褪药玄香洗蓝影。新绸易得泪承睫，击筑楚歌无故业。歌残求书好事人，异伐倘传诰绫帖。

送袁太初归剡，原袁来杭宿传法寺，寺在德寿宫北，今行路及园即宫旧址

大雷山下鄞江口，石湿落星海涵斗。莓苔琐囱居鬼神，散发天衣夜行酒。百年绮语堕凡尘，刘公不还谢公走。祇今零落三秋霜，犹说先朝人物薮。道逢袁家美少年，欲挽吴潮归两袖。自言学出戴君门，又说舒君忘年友。舒君白头爪尘垢，戴君业成衣露肘。君来何处觅知音，吊古凄凉无老叟，出门择语归计餐，顾忌惭皇无不有。不如归食空江槎，初生淡菜如珠母。风帆送客来夷洲，白帢青衫谈不朽。君不见，君今宿寺多鄞僧，耆旧能言几人在。隔墙食柏秋麝过，废石坡陁旧南内。

拟　　古

翔鳞化海凫，不化脑中石。人生弃井邑，寄处终为客。常怀坟墓思，永夜良蹋踏。秋风吹蓬颗，累累如布奕。上为考与曾，下为叔与伯，岂无故鬼悲，翻念远行役。服药得神仙，去后惟留迹。忽梦南游云，相逐孤飞翮。

五日山中

东邻拔蒲根，南邻烧艾叶。艾叶出青烟，蒲根香胜雪。乾坤生燐火，阴碧期月光。烟随艾叶散，进此菖蒲觞。蒲觞益齿发，齿白发如漆。余饮不尽器，置之五七日。五日化为丹，七日化为碧。一服一千年，令人生羽翼。

五日观潇湘图

五日泣江篱，骚人沉佩褋。年深吊古客，满门垂艾叶。既垂青艾叶，复竞画舟楫。明时内阁子，供奉进瑶帖。岂复怀沅湘，历舜诉往牒。江流物色改，看画泪承睫。仿佛旧居人，指点失故业。三户空鸟啼，九疑列如堞。

铁　如　意

仙客五六人，月下斗婆娑。散影若云雾，遗音杳江河。其一起楚舞，一起作楚歌。双执铁如意，击碎珊瑚柯。一人夺执之，睨者一人过，更舞又一人，相向屡傞傞。一人独抚掌，身挂青薜萝。夜长天籁绝，宛转奈愁何？

秋暑饮僧舍，分韵得界字

夜露摇井梧，明河涵左界。酣眠知何益？筋力久已懈。余氛薄中餐，幅巾无所挂。欲去岂不能，有兴辄中败。浮醅济瓜茗，阴鼎漉姜芥。忽醉此山中，解衣如脱械。凉飔扫地生，尘暑焚香迈。空巢见落毛，石发卷如蚩。

效孟郊体 （七首录一）

闲庭生柏影，荇藻交行路。忽忽如有人，起视不见处。牵牛秋正中，海白夜疑曙。野风吹空巢，波涛在孤树。

近体二首

（第一首为文信国被执北上作，第二首宋亡后，重过故宫之作。题曰近体，等于无题也。）

一

南雁去来尽，音书不可凭。应过蛮岭瘴，闻拊楚臣膺。沧海沉秦璧，愁云起舜陵，可堪魂梦在，回首旧觚棱。

二

月离孤嶂雨，寻梦下山川。野冢埋鹦鹉，残碑哭杜鹃。伎收中使客，民买内医田，到此闻邻笛，离情重悯然。

中秋忆山中人

兹夕发清啸，为君楚舞终。西风五陵梦，凉露九霄中。野逻烟常起，溪流榜不通。天阴无乳兔，林尽见飞鸿。湿湿云垂发，丸丸树偃弓。剑歌玄武莫，尘语白鸥空。只有淮南泪，应沾青桂丛。

仙华山招隐

黄帝女升仙处，山下有昭灵寺。献陵赐额犹在。轩后悲苍剑，神娥下玉箫。攀髯初失梦，遗蜕尚凌歊。碧堕升棺影，青分产柱苗，山精依鹿竹，天雨湿鸡翘。有约成孤愤，无人重久要，豢龙因姓氏，使鹤语轩韬，冉冉将终老。冥冥不可招。无书寄青雀，有恨在中条。

哭 所 知

（此哭文信国殉难也。）

总雄临百粤，花鸟瘴江村。（句意犹谓，瘴江村经总雄莅临，则花鸟皆春矣。）落日失沧海，寒风上蓟门。（此二句非文信国，孰克当之?）雨青余化血，林黑见归魂，欲哭山阳笛，邻人亦不存。

山阴道中呈郑正樸翁

杨柳远天色，野风来水涯。异乡同梦客，今雨故人家。越树夜啼鸟，禹陵冬落花，悠悠江海意，为尔髻先华。

二月十日

山居少四邻，楮叶半为薪。野色生遥念，空江滞此身。风涛春意越，亲旧晚游秦。独拟寻鸡犬，云萝挂葛巾。

送毛耳翁之湘南

湘草碧于水，王孙尚此留。一身行万里，双鬓集诸愁。月落岳云曙，龙逃海雨秋，可能无事业，相见竟悠悠。（结句靡特沈痛，亦足发聋振聩。）

八　咏　楼

江山此愁绝，寒角梦中吹。飞鸟过帆影，游尘空戟枝。水交明月动，槎洑故州移。已薄齐梁士，犹吟沈约诗。

暮春感兴

天涯芳草梦，此意未应泯。独对风烟老，虚为江海人。渔樵分落日，樱笋过残春。举世无知己，他生应逐臣。

江上别友

相看仍恸哭，欲学晋诸贤。戍近风鸣柝，江空雨送船，朔云侵别色，南雪忆归年。拟共锄青术，无为俗事牵。

除夜闻雷

牢落长为客，残年独拥衾。灯分寒夜火，雨过震余阴。捣药滋玄发，书符厌黑祲，相看故乡泪，不敢效吴音。

人 日 雪

连年逢此日，寂寞在山居。故国云归尽，高杉雪下初。阴霾占户口，雷电失天书，可得俱无事，清吟始晏如。

过孙君文旧避地处

相逢还自失，相见在天涯。邻埌初移戍，空山此寄家。剪茸春过鹿，伐竹旧烧畬。去后余荒槿，依沟结影斜。

雨中感怀

幽斋蒲稗里，夜色入柴荆。坐久雨声绝，水深荷刺生。听猿思楚宿，失鹤梦南征。白屋青山下，何年返旧耕？

僧池青蛙

隐见多无定，时开一道萍。分荷背白癭，身带藓文青。吐雹收寒井，随僧入净瓶。柏坛祠后稷，应想作龙灵。

寺南小池

寺南疏小沼，堤隐獭行踪。杉影动寒水，夕阳藏半峰，清涵落鸟毳，寒怯病僧容。闻说初开日，钵盂盛养龙。

芭 蕉 雨

吴楚灯前侣，芭蕉海上身。凉宵知过雨，病叶与人羁。白屋愁看晓，沧州宿语贫。西南多苦竹，应与越禽邻。

己丑除夜

鬓丝残雪影，况复在尘埃。暮色随钟尽，年光逐水来。邻逋灯下索，乡梦戍边回。明日听春雨，渡江等越台。

元旦立春

椒柏多年树，闲庭忆粤乡。发春当献岁，为客未休粮。饮后怜衰齿，行南避忌方。星周元朔历，时运可能忘。

赵沅

沅，字芷畦，号语水，福鼎桐山人，清雍正乙卯拔贡。试国子监，辄冠其曹，以直隶分州用，未及仕而殁。著有《卖饼集》。林纫秋《快轩诗则》以为浙江平阳人，及叶蓁刊印其遗诗，始题曰福鼎人。盖桐山北距平阳仅四十里，乾隆四年始设县治也。

《三余山馆诗话》曰，语水取隋唐佳话，饼师之言以名集，已见其诙谐玩世、不随俗俯仰矣。故出语颇幽深奇峭，如"寒犬声疑豹，孤松影类人""室小灯光满，宵寒人语温""香泥忙燕子，花片误蜘蛛""献玉愁无足，求医已折肱"，皆五言之选。他如，"执经惭马账，视歛悼羊裙""枕蚕工耳语，旅雁拙身谋""帘钩拳燕子，灯尽误蛾郎"，亦见属对之工。至于七言，则雅爱《谢张秉式先生赠姬》起句，曰："三十功名成画饼，病妻生子亦如之。"以其可为余解嘲，时辄讽诵不置也。

静 夜 思

敞裘起自拥，月下色如新。寒犬声疑豹，孤松影类人。清思满槿馆，远梦落江湄。忽省前身事，依稀记不真。

岁 暮

半生已若此，岁暮更何求？寒树如僧秃，残花类妇愁。物情皆自老，吾役未能休。岂独人欺得，还惭子羽头。

夜 坐

群生皆入息，我亦闭柴门。室小灯光满，宵寒人语温。旧篇闲自检，近稿妄为存。淡墨呵还冻，模糊字有痕。

古道二首

一

门前有古道，石古砌崎嵚。不到马蹄迹，时来屐齿音。山农归可数，诗思每相寻。不以长安路，长伤征妇心。

二

红尘飞不到，黄叶密如铺。似径原非捷，沿溪不厌纡。樵歌声欲满，杜饮醉须扶。却忆桃源里，披寻路早无。

哭周希冠

不道衰如我，残生及哭君。执经惭马帐，视歛悼羊裙。生死情宁异，幽明路早分。诗成何处寄，和泪就灯焚。

晚　　景

记得潇湘意，苍茫与此同。归云群渡水，去雁疾书空。诗染暮山碧，人酡村酒红。无端添喜色，蛛网脱飞虫。

山斋即事

徙倚柴门下，心魂闲似愚。香泥忙燕子，花片误蜘蛛。坐久孤云返，庭昏众景徂。晚餐须料理，自起雪葫芦。

过　酒　家

休怪醉乡满，斯人盖有愁。山中泣杜宇，花外梦庄周。世事真如此，吾生亦且浮。未知泉下上，曾接祭厄不？

小园书怀

早是愁中过，无须怨及秋。枕蛩工耳语，旅雁拙身谋。病愈繁通发，情深易白头。功名三十误，自赠醉乡侯。

自　　述

酒杯不可惜，块垒未能平。游迹汉司马，穷途晋步兵。俗情聊尔尔，内子尚卿卿。自觉身居贱，诗成欲嫁名。

倦　　游

春光贫里过，马齿客中增。献玉愁无足，求医已折肱。身轻空似鸟，山好尽归僧。会与文君约，携琴老茂陵。

示　生　徒

诸君师老马，或者有微明。面目羞伦父，轩悬忆鲁伶。常将不弹调，为汝变新声。莫料千秋下，钟期不再生。

晚坐戏成

一坐竟终日，森然月满床。帘钩拳燕子，灯烬误蛾郎。有弟为韩泊，无兄哭孔方。贫看货值传，无乃近荒唐。

答　　人

武功自小邑，任子懒为豪。疗俗思栽竹，乡愁悔读骚。卖文聊自活，谀墓敢辞劳。若问茂陵稿，床头惯执刀。

游普安诗并序

普安山，宋洋佳胜景也。余创见之，适南雁方文学来馆，于兹为题诗于其所居斋壁。

饱餐宋洋饭，不识普安山。有奇不饷客，乡人胡大悭。天意怜馋眼，使我得追攀。谢屐宜苔滑，唐碑认藓斑。仿佛天台峤，仙姝拥雾鬟。花竹互遮映，示我好容颜。素手亲有赠，寒香腻秉蒭。愧受无以报，诗吟十五删。时有雁荡客，亦复来此间。相视成一笑，知非独我顽。选幽斗目力，不放白云闲。为语雁荡客，决计不须还。休学痴刘阮，重来或闭关。

经野庙志感

父老苦无事，纷纷奉巫祝。自指衣食资，栖神争卜筑。抟土肖厥像，赫然具面目。坐者为主鬼，立者为鬼仆。贵贱亦何常，先成踞雄独。金碧耀其躯，败草实其腹。初忧不神怪，未肯歆酒肉。岂知像旋成，为祟先豚犊。数穷偶离灾，使人不敢哭。乃叹前事妄，无端奉非族。遂令南山土，居然作威福。

蚁　梦

有虫众百万，国于吾阶墀。其王偶然出，举国为之随。传呼不闻声，拥簇何跻跻。主人坐看久，微笑自捋髭。已而成假寐，有客来褰帷。啾啾似有语，顷者何相嗤。吾国虽云陋，居处壮城池。街巷若可辨，雉堞可难窥。坐食列官曹，才俊聚师师。东有陶唐墟，王孙氏族奇。南连於陵部，歌女令人思。西北虿尾氏，百花酿酴醾。琅玕十幅纸，能书星子词。各自聚部落，皆为吾国陲。相传数百祀，蛾术好书诗。元驹仗情侠，南柯艳蛾眉。高堂题审雨，卢生常嗟咨。占验每不爽，滂沱应月离。日来徙都邑，颇似盘庚时。此中何事无，世人自不知。敢为先生述，不用相鄙夷。文章与事业，尘世争龙夔。亦知有大人，云端笑尔为。

哭　弟

丧我双亲存一弟，所生差得免伶仃。谁知恨未消蒗蘦，又复哀深废鹡鸰。焚罢纸钱心共烬，沽来芦酒泪同倾。更无儿息司君祀，木主书名有长兄。

失　题

两上金台已倦游，聊随贾客买归舟。漫嗤秃笔全无用，去扫蛾眉满镜愁。

镜　听

一自辽阳戍既遣，妾疏镜面如郎面。灯花报喜久欺人，人言不如镜听善。不敢高声祝灶王，怀藏铜片出前院。听尽人言不道归，杜鹃无赖偏啼倦。空房归去灯火炧，泪落菱花满红茜。吁嗟！铜片兮铜片，何当飞去化明月，照妾啼痕与郎见。

谢张秉式先生赠姬

三十功名成画饼，病妻生子亦如之。夜深抵足论熊梦，惟有挥金别买姬。笑顾斗米瓶中粲，石家十斛宁如斯。邂逅喜遇张公子，不要明珠只有诗。侍儿如花手相赠，金闺亲自画蛾眉。雁书兼传细君语，婚帖都为幼妇词。合欢宜男嘱好种，遣嫁订在梅花时。感此高谊报何以，枯肠索句充多仪。但恐粗诗寄子布，笑煞孙郎帐下儿。

禽　言

泥滑泥滑，牛车且慢发。苦竹丛中山路弯，竹鸡知我行路难。牛兮为我更力努，租迟当触长官怒。

脱却布裤，水深难渡，足寒犹可支，裤敝谁改为？多谢微禽意区区，不道我乃布裤无。

不如归去，家在何处？人生谁是有定著，刘禅常云此间乐。纵然送尔便飞归，还愁不异丁令威。

郑承祉

承祉，字斯集，号兼三，霞浦县城人，康熙辛酉举人。以母老就顺昌教谕，迁延平教授。癸巳分校浙闱，辛丑擢大名令，年八十六卒。著有《鱼仓小草》《华阳诗集》《九峰上下》等集。

《三余山馆诗话》曰，《鱼仓小草》乾隆初年印行，晚近数十年间已少见之者。秋间，余于黄君家残丛堆中觅得之，其不同华阳九峰等集沦亡，亦几稀矣。因念五邑先辈诗文集未必尽行散佚，顾搜求者用心否耳。先生常筑室北山下，得一石有鱼仓字，因以名斋。有《题陀市壁诗》云："三十年前客，今朝去复来。鱼仓三径在，随意铲蒿莱。"今《鱼仓小草》中无此诗，外舅王文玉先生云，曾见《闽诗钞选》有先生之诗，容续访之。

又曰，先生治宋学规行矩步，至今乡父老犹有能道之者，顾其诗艳丽有风趣。《快轩诗则》取其《真娘墓次米襄阳三首》，以为全集之冠，亦以缠绵悱恻耳。盖先生自序有云，"生逢盛世，身际太平，弄月吟风，于愿足矣。嗟卑叹老□□乎"。林快轩亦乾嘉时人，故好尚相去不远。而余生今日，琐尾流离，每诵吾师行唐尚节之先生七十自寿诗"家国不辰偏我值"及"逝水光阴过耳顺，如云世事孰心从"等句，辄不禁感慨系之于。《仓鱼小草》中独喜庄退庵《骥渚署中留别》一章之沈郁顿挫也。

玉山春游

疏林一抹夕阳开，有约寻春取次来。酒载溪头和石醉，松移谷口带云栽。双峰入座浑如玉，绿水环村半是梅。况复升平烟火盛，渔庄社鼓共衔杯。

南陂石门 （林寱山同游）

路转峰会海吐光，隔江隐隐见南塘。门前惯舣渔人棹，洞口疑闻流水香。石窦届时潮欲白，陇云低处稻初黄。重来但爱胡麻饭，莫把桃花醉阮郎。

题 画 竹

一

海公墨竹数千枝，撄虎拿龙风雨姿。别有此君人未见，双栖小鸟语低垂。

二

客窗疏雨落花前，尺幅依稀见渭川。安得归来茅屋底下，科头欹枕对婵娟。（孟东野诗"竹婵娟笼晓烟"。）

戊午中秋客玉山草堂

池上草堂静，潺潺鸣暗泉。萧疏三亩竹，暗霭半窗烟。良会应非偶，狂吟信有缘。可怜今夜月，偏向客中圆。

春日上陇坪寺寄济上人

海天漠漠接瀛蓬，迟日招寻山寺中。破晓烟迷窥竹月，入门香散落梅风。可怜春色太无赖，祇觉红尘迥不同。谁向登临念玹度，几回雁影没长空。

江口守风 （同陈柯峰、陈特卿、叶晖生年兄）

大江水东去，云物古犹今。两岸风涛壮，孤舟日夜心，酒帘依缆动，塔影入云深。廿四桥边月，偏迟客子吟。

答陈鹿贻先生

秋水涨百川，潆河趋大壑。岧峣列众峰，霞标竦丹阙。大雅邈难追，庄骚迄濂洛。卓哉陈先生，宏此旷代学。平生重久要，高义云天薄。抗志希尚友，古人如可作。镆干宁久藏，斗墟辨霜锷。焕若芙蓉华，扬辉照台阁。天路一以翔，愧此篱间雀。遥羡真画者，解衣自盘礴。

访柳城南

烟敛晴峦似不春，城南柳色午风新。逢人未便青开眼，傍水应怜绿有神。树杪初莺听尚涩，桥头浊酒觅何频。不须想到灵和殿，只此依依尽足亲。

同盛解坡朱晚莑胡曰瑜方肫仁过建善寺

朝来钟鼓报新晴，结伴城东取次行。断续蝉声依古刹，参差花影忆流莺。含情未觉沧州远，尊酒相逢感慨生。愿我独惭莲社客，庐岑香酿为谁醒？

般若庵次韵 <small>（同林翊山高子舍弟）</small>

何年般若结精庐，冉冉苍烟古木疏。门外暮云留蜡屐，山中夜雨长园蔬。挑灯诗句禅心里，到枕钟声客梦余。独有隔江人不见，<small>（谓南湖三石诸昆仲。）</small>秋池草色兴何如？

晓过天镜岩

红日曈昽生海门，青山雨后见云根。江涵镜影天相照，涛作雷声松忽喧。祗可裴回消白昼，不妨潦倒负清樽。花香鸟语禅关外，欸乃歌中何处村？

庄退庵骥渚署中留别

长江东流水浩浩，日对君山山色好。造物何年涌骥沙，江城虽小宜艺稻。伊余同里有庄君，笔嘘白凤成彩云。家学当年传治谱，赞理凭将风月分。人生低昂自位置，名位崇卑等无异。君不负丞丞负君，看竹哦松亦公事。我昔挟策赴幽燕，江上新春入旧年。北风吹雪江涛阔，夜半犹乘访戴船。相别多年相逢少，前路风尘空潦倒。榜前制泪自嫌身，男儿胡不致身早。春光满眼尽成秋，赖君旅邸慰穷愁。镇日菖蒲消白昼，归途杨柳拂青骝。闻君转饷东西粤，长才不肯避盘错。万里蛮烟瘴雨中，绝域无人甘寂寞。又闻奉令督赈饥，江南菜色免流离。岂无监司及守令，君自堪此何让为？人世功名贵适志，富贵浮云总儿戏。留心民瘼独贤劳，如君差足增义气。忆同笔研鬐稚时，当时有谁识君奇。握手离筵暂为别，努力民庸结主知。

美人八咏（和鲁子浴，录四首）

西子

溪头水浣绮罗香，玉貌何如鸟喙长。越自卧薪吴自醉，谩言倾国误君王。

虞姬

楚歌一动阵云昏，骏马重围带血痕。夜半帐前犹起舞，至今芳草为招魂。

昭君

衰草寒生塞外秋，朔风猎猎入重裘。分明几拍胡笳怨，留与文姬解妾愁。

文君

一朵芙蓉脸际寻，黛眉疑是远山深。当时若少临邛令，那得琴心传到今。

答三石家先生

文献祇今推伯氏，不缘少谷自成家。浇愁且进杯中物，入梦还生笔底花。立雪何人青眼并，因风赠我白云赊。窗前一片南湖月，影到梅梢思转加。

十月十日同邓浩庵程鸿仲过东山

细雨青鞋滑，风柔白祫轻。重阳前日事，十月小春生。红绽临池蕊，黄垂绕屋橙。钩辀娱客耳，山鸟自呼名。

过蔡坑僧舍

何处寻幽去，旌林只近村。云深石床冷，径仄笋舆喧。花雨僧初定，松风客到门。一杯赵州茗，谁与叩真源。

东山晚眺

酒罢兴不极，东山晚更过。数枝娇鸟宿，争啭似清歌。秋入烟峦淡，凉生水榭多。谁能共深夜，明月话纤萝。

湾坞旅次遇支山茗客寄讯斋上人（用草庵和尚韵）

十年踪迹任飘蓬，只字何由到寺中。碧莽春逢生面客，黄崎晚渡打头风。向来笔入欧虞妙，老去诗羞岛可同。凭杖陇梅问无恙，莫将旅雁等书空。

过碧溪小园

一

海天天半起朱霞，与客闲过羽士家。茗话为阑沽酒续，隔墙风飑紫薇花。

二

三月三日足烟霞，灯满街头客满家。不识长生缘底事，但看门径有桃花。

三

不须仙醞酌流霞，个里工夫尽作家。长是年年逢上巳，一钩新月满园花。

春江花月夜

上春弦月如绳平，江南春潮乘月生。况复芳菲此良夜，无数花枝照眼明。昨岁落梅满江甸，寒光似月夜飞霰。千峰玉立一江青，鹭入芦花浑不见。今春夜色夜无尘，取次花坰停玉轮。花向月开长媚客，月因花好转怀人。人生有情能自已，春月春花更谁似。此夜澄江照落花，柔情不断如春水。月殿深沉天路悠，春宵苦短为花愁。无由得见花前月，尽日来登江上楼。江楼江月暂徘徊，仿佛花神下玉台。红藕池边成独笑，碧桃门外为谁来。传音青鸟杳无闻，花影参差疑是君。风前香度霓裳曲，帘外光摇湘水纹。秉烛相看深夜花，玉洞迢迢仙子家。可怜春逐东流去，无奈花随斗柄斜。斗转江流月隐雾，花间无限相思路。何以江头抱月眠，春深夜醉琼花树。

鱼仓小圃

一

片帆扬怒蛤，匹练掣神鱼。群动类如此，高眠且枕书。

二

暇时存玉房，饥时念太仓。仙人不可见，赖有学仙方。

三

屋角笋牙长，枝头梅子小。主人日忘机，往来狎鸥鸟。

四

度力愧躬耕，怡情聊学圃。尚友古何人，於陵或堪伍。

真娘墓次米襄阳韵

湘灵鼓瑟招湘累，江南春尽江枫悲。虎丘闻有真娘墓，碧芷红蘅泫春露。生前争羡颜如花，可怜寂寞噪寒鸦。但有白杨覆金碗，更无青鸟凌丹霞。裴徊短薄祠边道，能得青春几回好。晓风残月歌未终，百花洲里一僧老。吊古斜阳倦欲归，指点荒坟是耶非。彩云散后不知处，杜宇声中花乱飞。绥何若若印累累，少壮不力老徒悲。不见虎丘真娘墓，一瞬红颜溢朝露。当年浓艳桃李花，脸横秋水鬖盘鸦。茂苑舞腰低弱柳，画楼歌袖夺明霞。佳人薄命向谁道，秋月春风不长好。青骢油壁等闲过，树底流莺花易老。紫玉成烟不复归，馆娃台榭今已非。何似麻姑学仙去，蓬莱几见海尘飞。劝君且听歌累累，劝君对酒莫深悲。阖间坟畔真娘墓，皓齿明眸委秋露。生公讲台天雨花，阊门杨柳晚藏花鸦。看花画鹢浮春水，拾翠明妆照落霞。游人来往横塘道，颜色当时为谁好。月如无恨月长圆，天若有情天亦老。伯劳东去燕西归，尘世沧江有是非。安得红颜生羽翰，芝田瑶圃任双飞。

夜分坐四贤堂校文有感

紫阳夫子起南服，湖有鹅兮洞有鹿。濂洛关闽集大成，洙泗微言绝复续。渊源追溯更何人？吾道南来得私淑。师友相承杨与罗，延平祠下堪尸祝。煌煌炎宋四大儒，理学昌明日初旭。吁嗟千载邈难追，但见山青与水绿。轩何幸自天来，山斗人豪开岳渎。褰帷敬谒四先生，怃然怀古企芳躅。前贤已往后未来，斯文在兹肩乐育。單寒一介喜扬眉，不令碔砆混良玉。方今天子重师儒，纁帛徵书赉岩谷。猗歟寿考退作人，载咏菁莪兼棫朴。吾师校士公且明，琬琰球琳触心目。报国不独以文章，玉尺冰壶矢幽独。阁上鲁分太乙藜，玉漏迢迢犹秉烛。延津神物合有时，牛斗之墟光相属。

陇坪寺访晚荞不值

故人家在陇坪里，日向山头拾松子。薄雾禅扉人未归，凝眸一望山光紫。

同罗尔捷访冯悦园不值

主人偶出净慈游，客过书亭致自幽。柳扬趋尘依屋角，桃含檀晕缀枝头。（木桃始华。）问奇剩有五车秘，载酒堪为竟日留。且整芒鞋亟归去，天西如墨雨云稠。

秋千词 （用王仲初先生元韵）

满地茸茸春草碧，倦绣佳人罢刀尺。三三两两赌秋千，步出银塘朱槛边。小娃憨痴稚无力，自诧身轻如燕翼。被谁哄上彩绳头，婉转娇啼下不得。蹁跹飘忽方为贵，惊鸿舞蝶随风起。纤腰斗胜困人天，香汗沾衣钗堕地。终朝贪要不曾休，有人墙外替伊愁。

暮春六日同友游宗岩和周汉水韵

好友相邀过古刹，屡虚佳约意难安。扁舟风午翠微近，石窦春深白日寒。松老峰头僧定久，花明洞口鹿衔残。知君道骨缘诗瘦，早探骊珠向碧峦。

宗岩追述春游次章德衣先生韵

出游多尘羁，重违良友情。屡约竟为践，安能惜此行。况乃天气佳，晨兴趁晴征。泉石郁素抱，今朝惬幽盟。南风五两正，猎猎宋桅旌。危滩亦已度，坦然免忡怦。午炊泊村墟，有酒且同倾。春光良骀荡，山水娱人清。不知尘寰中，鼎鼎何所营？宗山距郡城，相去不百里。夙昔缘何悭，游与不一起。眷言偕春游，喜沁心脾里。曲磴歇复登，石门堪徙倚。巉崿作金汤，拥卫如玉垒。吸呼通天阊，白云生足底。寺楼一以眺，晚见渔舟舣。川源何处来？知从九曲水。若问小武夷，祗此宗山是。名山如美人，未许轻见面。荡舟望山亭，颇觉丹翠绚。惠风从南来，冷然送余善。遥指灵岩关，神斧劈双扇。巘峛情所忱，嵚岈目为眩。入寺闻晨钟，安禅忏盲链。抚琴或弹棋，酒兵助茗战。太息缅泰初，溟涬谁所撰？嵌空透玲珑，微径留一线。石卵无端倪，中有大雄殿。造物了无言，糁径飞花片。香台曰邻虚，振衣何所惮。旭日射溪流，浮光欲凌乱。山僧晚种花，自诧面目换。林端吐明月，夜共佛灯灿。琴理叶禅心，不待知音赞。茗事务及时，采焙忘申旦。满院皆妙香，鼻观犹漫漶。冲融气候和，阴壑水已泮。人生百年内，忧患常相半。一觌岩洞姿，浊骨生羽翰。群公赋高秋，黄菊光有烂。想见择胜亭，随宜展风幔。

谢尔尚寅辰招集揽云斋和张复斋韵

是处丹山好，兼多碧水娱。薰风披宝树，暇日启邹厨。舒啸辞尘鞅，招邀及老夫。珍禽聆格磔，鲜鲙斫娵隅。旷达竹林阮，风流赤壁苏。过从无俗辙，谈笑信鸿儒。在昔才非偶，于今兴不孤。翩翩天际鹤，汎汎水中凫。□惜斜阳暮，何愁清夜徂。抗声歌白雪，属和转踟蹰。

吴国翰

  国翰，字铁耕，霞浦县城人，清乾隆己酉拔贡。善书法，兼嗜篆刻图章。父芝圃，孝廉，教授兴化台湾诸郡。铁耕千里省亲，历览山川风物之美，著之咏歌。欧山兴安人士闻其名，延主讲席。年六十余卒。著有《蟫余吟草》二卷。

  《三余山馆诗话》曰，《四库全书提要》称，闽中诗派多以十子为宗（福清林鸿、长乐陈亮、高庭礼、永安王偁、闽县王恭、唐泰、郑定、王褒、周元、黄元等十人），阙后辗转流传渐成窠臼。有诗必律，有律必七言。（以上提要语。）余选闽东诗钞，多录古诗，少选近体，力避斯诮也。及得铁耕诗，读之令人神旺，足以涮雪此耻。铁耕盖由山谷以上溯工部，而能得其神髓者，如《苦雨呈陈渼陂别驾》《晚霁再用前韵》《雨后避湿三用前韵》，愈叠愈劲。又如《王碧谿以酒酣拔剑斫地歌为韵得七章》及五言短章，直起直落，皆黄集中之创体也。而长篇古体多至百韵，大气盘旋，到底不懈。县志推其诗体："薄风骚而轹汉魏，不作三唐。"后一言未免阿好失实。要其天资之高，学力之厚，良非草头名士所能企及也。

秋 霁

  颓叶厉商焱，清流赴洄洫。晨曦始瞳瞳，宿雾乍翼翼。林莽悦新暄，遥山出净拭。漻澺寒涛生，平江涨秋色。仰眄渚鸿翔，俯狎沙鸥集。渔艇从何来？片帆挂余湿。东指六六峰，飞岚若可接。归云迷旧崖，落翠映危堞。不知几山僧，天门试行屐。回首故山秋，孤怀空勃勃。久娴欢暂舒，霁游兴方浃。何日理芒鞋，登峰卧萝月。

江斋夜起

（《快轩诗则》甚称"转侧不成寐"一章及四言"秋风铁马词"一首。）

转侧不成寐，开眼月当牖。起步巡前除，林阴覆人首。露萤不受风，斜坠隔墙柳。仰见星芒寒，俯闻浊浪吼。泠泠远漏传，胍胍秋心冷。恋此月蟾辉，徘徊戏孤影。邻鸡号转稀，梁燕梦时警。湛然发遐思，妙从物外领。

九月既望清集王面城家醉月

时节惊颠毛，风月迫幽赏。呕肝吟癖顽，闻酿酒脾痒。寒光送残秋，清欢浃吾党。喧聚竞雷抃，洞观豁轩幌。主人呼长壶，忙取副渴想。吹火炉头红，布席空庭敞。喜免秉烛劳，肴栗色晃晃。杂坐忘主宾，雄谭抵双掌。酒行戒暂停，乘兴每崛强。卷波杯争倾，拇战臂交攘。连胜气弥盈，中败势复强。令严朱虚军，胆助兴霸仗。酷罚固无嫌，沉酣亦自爽。醉眼仰天高，豪情逐云上。击瓯发长歠，拍案答清吭。虽乏丝竹和，任肉凄以朗。不惜闹比邻，谁能禁抗脏。夜沉月亲人，檐虚露滴颡。老树横疏阴，坠叶叩瓶瓻。酡颜热胜风，醉耳灭流响。但觉玉宇寒，一镜摩空广。若决银汉波，泓澄浸万象。嗟余六七辈，醯鸡舞瓮盎。因偕麴生游，乍欲小天壤。雄心石任磨，尘月鸟苦网。云霞阻浪游，婚嫁绊孤往。道本愧蒙庄，志且成瞷养。佳会艰屡寻，良辰驶归鞅。行乐谅予狂，乾坤莽浩荡。请君对酒歌，无徒慨以慷。

残夏早起

枕簟余夜凉，揽衣意愉悦。晨鸟散遥林，初旭澹楛月。好风动户来，习习爽毛发。坐对门前峰，旷然双目澈。碧树凉早归，白露日初泫。良蝉叶底吟，飒然秋意远。喟彼双凡驰，节序如轮转。安得鲁阳戈，麾此流光返。

滩　舟

一

川原互回薄，轻舟投急梭。去美动回眄，来奇怜倏过。晨旭破层巘，金光跃澄波。漫流驾危石，骇浪翻漩涡。岂无心目眩，有遂情兴奢。迤逦入凫渚，荡漾来鸥家。溪女浣新涨，渔童分钓车。扣舷激清响，停楫搴岩葩。已忘道途迥，慰此时节赊。悠悠望前浦，清景复如何。

二

睨目颓前峰，层阴起远目。柔帆饱晚飙，渚烟浩相逐。蔼蔼林外村，离离水边屋。争噪来栖鸦，幽唱度群牧。客怀自郁纡，川途正回复。行且舣沙沜，篷窗翳寒竹。抱瓮索茅柴，欹案列野蔌。忽见遥波明，新月出岩角。山花潜送香，石溜暗鸣乐。耽兹闻见幽，资我襟情卓。不触有虚舟，冥心向辽邈。坐对玉绳纸，树鸡再三喔。

代柬七百字寄王面城

（起极苍莽最为长篇高手，略加圈点，俾读者段落分明，虽千言如短句也。）

孤云随长风，去住莽无所。浮生正复然，悲愉杂肺腑。忆昔临沧江，萧斋艰独处。良藉同心人，投分相尔汝。日夕携琴樽，一酌再三鼓。遨游云水乡，吟啸花月岛。要逐过从欢，不曾惮风雨。感此快平生，异复来相聚。身世悼元常，遭逢乃错迕。固荷诸君厚，重慰孤羁苦。恒情薄衰悴，何况多钱房。言念仲蔚居，永辞伯鸾庑。悒悒与君别，离情遍江渚。劳生无已时，转复厌茅宇。飙逐秋风起，一朝愁锻羽。垂翅三江间，荏苒变时序。朔风号我帷，岩水冻我釜。惘惘晨出门，凄凄暮入户。志郁无由申，遇穷亦空怃。岂无薄游子，剥啄来三五。吾道实不同，强颜固奚

取。抗脏骨犹存，鸡栖或见侮。男儿可怜虫，赋命老羁旅。樸被
出郭门，买舟南江浒。西上万层滩，春流涨平楚。挂席倚东风，
回汀拽柔艣。漩涡百尺深，危石交撑拄。水石两激磨，相啮复相
拒。溅目浪飞花，撼耳雷声怒。悬流挂叠壑，一叶正前阻。千篙
寸进艰，舟人色惨沮。挽夫六七辈，如猿复如虎。赤裸踏洪波，
牵趋稍轻举。忽从崖角行，飞纤纷如缕。仰扳势弥上，奋呼勇可
买。下睨后来舟，芥子坳中贮。疑此即天梯，汉槎从此去。安知
理势殊，前途忽偃俯。同人坐屏息，篙师怖无语。中流尚逶迤，
凌高力一努。骏马脱重衔，鸣镝发强弩。遥骇众崖奔，近看双篙
舞。曲穿乱石鳞，不曾碍铢黍。回首百文流，舌挢面如土。信非
铁梢公，早与鱼鳖伍。时从双峡过，峭壁如列堵。岩花红压篷，
翠筱带前浦。鼓舵出重险，聊且沽村酤。剪纸招我魂，焚香谢神
祜。是时暮春天，困人方圉圉。晓移雨中棹，夕宿烟中溆。所经
风尘殊，不足陈觐屡。二旬敉金丰，旅更向遥屿。憩足西峰阿，
闲愁暗相煮。山轩罗野花，苔纹绣颓础。谷鸟穿林啼，梁燕绕巢
乳。极天盼停云，怆然独延伫。静念故人欢，三载历可数。鱼雁
远浮沉，何由诉心绪。迢迢梦寐间，暂亦过俦侣。魂断五更钟，
落月摇窗树。二千里外人，有如失窟鼠。萍梗老皮囊，风尘瘁心
膂。百事一无成，烦忧不可茹。遥缅素心交，庶几慰终古。三十
六峰青，惝恍见眉妩。借问东飞云，何时至太姥？离思迫夜阑，
壁灯坠残柱。托兹凄楚音，聊将积悃吐。缄愁邮奉君，归心傍
飞羽。

四十生辰感作

　　人生七十稀，四十过大半。即有百龄期，老朽徒可叹。时维
岁方刚，苒苒愒朝旦。祇今复浮沉，异乡劳继绊。古者强仕年，
圣贤德可赞。不然见恶多，无闻等樗散。如我斗筲才，亦复何足
算？飞抢困榆枋，屡锻秋风翰。肚皮与世乖，穷薄婴患难。一从

弃骨肉，江湖恣汗漫。百事了无成，十载倏如暂。宁惜鬓毛改，所感时节换。人逢诞日喜，我独益悲惋。菀枯本难齐，命也复何憾。逝将寻故园，荷锄谋石甔。天或假余年，山中策款叚。且随鸿爪过，那羡羊头烂。

题松竹合画为韩司李慕坡作

松具栋梁材，竹抱云霄节。伊人亮如斯，挺作清时杰。披图两森森，气欲傲霜雪。固应与世庸，岂可老泉石。行矣久相须，为语山中客。

晚　步

释卷及黄昏，柴门独徙倚。所过樵牧群，形疲意自喜。吾生如转蓬，枝栖亦偶尔。地僻酬酢疏，神闲风物美。立共野人谈，忽见皓月起。踏月憺志归，茫茫傍江水。

客澎湖闻赤嵌大水

台阳故泽国，城堞瞰高浪。鳞叠庐舍稠，阛阓郁相望。南北势绵延，万笏森翠嶂。西临渤海宽，东接膏腴旷。曩陋红夷风，今与中土抗。百货繁梯航，民生日以畅。三年滞我行，藉得悉情状。昨登海门舟，南风送五两。到此苦穷荒，友生谊犹尚。把酒吟新诗，云海游可傍。腥风卷洪涛，飞雨洒帷帐。数日秋色深，旅怀每凄怆。忽接故人书，台城水高涨。十日雨滂沱，行潦失归向。西城势最洼，下流郁演漾。迨遝商贾场，倏成鱼鳖荡。突怒决重墉，其势始奔放。店舍多崩摧，街衢涉滉漾。遥想万灶烟，嗷嗷嘅凋丧。物力失丰盈，官司劳抚养。即未断元气，宁非一大创。杞人抱闲愁，住久未能忘。我虽免为鱼，残书得无恙。独立望澄台，心焉一惆怅。

苦雨呈陈渼陂别驾

三日扃柴扉，漫天风雨大。涔涔不肯止，暂止还复作。秋来兴已枯，兹更益颓惰。诸生辍弦歌，我亦罢考课。孤灯照屋梁，漏痕数个个。一夜五移床，欲卧不得卧。举烛检残书，盘旋若转磨。坐惊半臂寒，行见双屦浣。童仆且贪眠，蒙头甘渴饿。谁能补漏天，稍霁吾当过。拨闷吟新诗，相怜或见和。

晚霁再用前韵

野涨何弥漫，涛头秋益大。嗟此食力民，数日艰出作。困者增苦愁，勤者渐慵惰，其奈迫西成，岁务时当课。淫潦苟为灾，乞籴向谁个。幸哉雨师疲，风伯亦休卧。忽晒沉寥天，繁星列蚁磨。剪灯卜晨曦，坐待浣泥浣。宁独我旅人，喜得免穷饿。行当大有秋，滚滚篝车过。为汝歌豳诗，击鼓乐相和。

雨后避湿三用前韵

斗室似眢井，涔涔湿气大。无由觅鞠躬，揰甿岂人作。思同社鼠熏，我懒仆更惰。布席横中堂，拥衾校文课。天公不我怜，似欲弱一个。日午阖双扉，垂头暂昼卧。食息同一区，腰股动如磨。侧顾读书窗，纸裂漏痕浣。断简委霉蠚，群蠹应苦饿。几疑泽灭木，筮易得大过。行将寻巢居，高吟吾当和。

次王碧谿见赠韵

少小抢榆枋，铩此秋风翼。又复苦迷阳，隙曲世路仄。分将逐云游，那能效雨立。旅食婆娑天，五年忘乡邑。惟有兰陔思，怦怦不可抑。辞他庑下春，弃我掌中肋。愿言匍匐归，稍供温清职。且住非不佳，虽贫计亦得。况逐山泽游，羊何好我极。晨夕叩柴扉。对床校诗笔。乐矣怡情秋，时哉弗可失。

赠王碧谿以酒酣拔剑斫地歌为韵得七章

一

王郎本志士，陆沉独饮酒。携家沧海溃，中庭种花柳。有义不送穷，无钱不告友。肮脏实乐天，世态夫何有？

二

未饮常作文，既醉文益酣。名仕古如此，君今诚不惭。长歌激金石，意态乐且湛。颜巷日西夕，一瓢清自甘。

三

人生固有涯，素抱要旷达。久旅忘其家，胡然伤契阔。日月逝酒浆，风尘葬饿渴。君看我头颅，华发不可拔。

四

扬子徒执戟，班生忽仗剑。贵贱亦适然，升沉安足念。生才必有用，此语恒不验。君且抱膝吟，无劳卜潜见。

五

古风慨沦亡，大雅久不作。蝘蜓而沸羹，荆榛孰芟斫。吾道期所宗，置身在高阁。歧路戒亡羊，与子反说约。

六

人不能避人，苦自思避地。偶逢枳棘林，一身长芒刺。吾子善闭关，无智以为智。痛饮读离骚，应得常无事。

七

若为吾楚舞，吾为若楚歌。浮萍暂相值，转眼风吹波。功名付春梦，日月同投梭。相乐复相乐，岁暮当如何？

食蟹长句

水村蟹籪连沙港，夜寒月满蟹初上。西风遥拂稻花香，远近唯闻郭索响。鱼儿然竹夜星星，手拾不血纷来往。无肠公子就面缚，可笑痴肥尚抗脏。不惜杖头买汝归，呼童溉釜动馋想。时或请君入瓮中，醉以醇醪偏屈强。姜椒盐豉咸得宜，午厨掤挡列罍盎。佳哉九月菊花天，糟床初压酒脾痒。此地已快无盐州，尊前风味益豪爽。二螯八跪陈了义，剪烛风筵乐抵掌。丹砂碧玉青松肪，选取团脐竞矜赏，大嚼宁暇惭老饕，满腹甲兵任摩荡。亦知口腹苦生类，奈此美好固无两。不论汉水缩项鳊，那数吴侬金色鲞。逝将结屋芦花洲，长共渔翁击双桨。江湖使者日来游，买命钱应三百缗。

至蓁江寄郭滋圃

相逢剪烛江东村，主人爱客陈清樽。浪游又作匆匆别，相思那免劳梦魂。念君有才如切玉，有待雄飞且雌伏。平生爱酒兼爱诗，酒后谈诗如炙毂。鄙人技痒还呕哑，束笋远寄横山阿。正似眉目不自见，鉴别直仰青铜磨。嗟从束发学拈韵，低首吟哦苦撤揣。稀年及半未成名，纵有绮语复谁问？忆当与子攀追时，论文赌酒联新诗。流光过眼倏如电，十秋往事长堪思。今来各作鸡栖客，混迹鱼虾友木石。腥风瞀雨触牢秋，野草江花动羁魄。醉余耳热狂心生，如虹意气犹纵横。拔剑击柱固奚益，欲遏不得殊自憎。吁嗟乎！贱子穷途哭未休，又闻王粲复登楼。人间难了伤心事，把酒同君且解忧。

题释通念画兰

老僧草兰如草书，腕底拂拂神来初。挥扫不以我意造，要令色相咸空虚。霏微一片幽谷影，开图疑有香疏疏。想见当年落笔处，云山惨淡秋心孤。墨妙流传至今寡，悠悠真赏谁当俱？

建溪行奉怀三山陈孝廉景生

儒生何故作奇想，踪迹长在云水乡。五年潦倒卧东海，忽复襆被来西江。扬舲遂作建溪游，滩石齿齿流淙淙。连旬阴雨涨厓鋆，况此同汇千奔泷。溪行数里镜光澈，忽讶悬流白胜雪。云间百叠泄银潢，下注乱石石破裂。石不受水与水争，大石雷硠细石咽。孤舟震撞水石间，势与水石互出没。挽夫跳叫篙师号，手牵竹纤挥长篙。寸进不得一少隙，便将下漩为鱼鳖。前挽后推力既竭，一叶陡与青天高。溪山破碎落眼底，万籁嚣聒风飔飔。我时耳目尚惶怖，移帆又将下濑去。沿流一落千丈强，势若奔马不得驻。吁嗟！我生历险何其多，赋命穷薄轻江河。故山缥缈那忍忆，春风吹泊如狂波。烟飡露宿欲匝月，虽然俯仰西山阿。山房缺月冷帏几，使我怀人中夜起。一从鎩羽三山间，君纵垂帘我自耻。十年赢赋登楼篇，皮骨与君空相似。男儿生少称意时，枉向风尘送颊齿。何时更踏乌山云，载酒同君洗块垒。灯残月暗鸡喔咿，一夜思君似流水。

渡海纪行

岁维上澣时一阳，严风扫地天雨霜。敝裘瘦马走岩徼，只身更欲投南荒。高舸晓塞鹭门口，洪涛怒摆千牙樯。我舟摇摇出大嶝，针盘遥指东南方。回头已失旧洲岛，举眼惟觉天茫茫。茫茫云水天四合，圆如双镜交寒光。密如玉盒束底盖，净如八极除秕糠。坐怪乾坤尔许大，任我周览无遮障。鲸鲲跳掷水兕舞，天吴罔象随披猖。红洋如血黑洋墨，回澜万派淘青黄。风便帆利不得泊，如山巨浪同低昂。长年握舵嗫无语，亚班腾踔如惊狼。出海百拜丐神佑，杂烧楮锭焚心香。为言到此势险绝，骎骎下溜趋龙堂。毫釐一失力莫挽，三千弱水鼋鼍乡。是时屏息心胆裂，祇觉两耳声雷硠。木龙骨战尚未已，瞥见白鸟遥翱翔。何物数点出烟雾，澎湖三十六岛横。青苍夕阳低射促，湾泊渔灯隐约沿沧浪，篷底一饭风飔飒，枕边午夜浪溯滂。自叹劳生等磨蚁，欢愉何短愁何长？船头缺月暗欲坠，鬼磷闪闪星无芒。陡见巨鱼出游戏，晴光四照何煌煌！潮头突作万马逸，天轮地轴齐开张。天鸡呃喔急催曙，坐看赤日升扶桑。金光万道散霞绮，双眸被刺挠锋芒。
铜钲骤动作我气，拔篷起碇群劢勤。中流鼓舵势弥壮，长帆大布
悬风囊。轻如后鹘薄秋旻，疾如飞镝穿垂杨。娴如策马就熟路，
坦如冯轼游康庄。蓬壶何处莫？眼见一叶几欲凌天潢。扣舷长啸
水云碧，笑比秭粟随风扬。我生濒海习烟水，若兹履险真殊常。
忠信可涉理靡浅，聊因放浪除忧伤。行行忽进鹿耳峡，逶迤双汕
回沙塘。神州赤县落荒峤，万古天堑分岩疆。当年百战力岂易？
至今关戍罗刀枪，临风吊古一慷慨，回首苍茫重断肠。

春日同郑四少枚走马歌

生马雄逸何可当？阴血周作气怒张。东风衮衮凿蹄热，平明
并辔来沙场。驰道如弦碧草溅，骄嘶急欲争腾骧。祇疑征鸟一点
疾，不知金埒千寻长。两山倒走大地塌，鼻端出火耳雷硡。超波
蓦涧未虞蹶，耸腰作态齐披猖。茫然远势不可驻，乍若破阵趋咸
阳。临风疾呼出死力，悬崖一勒千钧强。笑说余勇尚可买，摇鞭
乱踏春花香。因怪男儿抱铅椠，奄奄偃卧同枯蛮。何似臂弓腰箭
击黄獐，啖肉饮血传千觞。不则拂衣投笔从戎行，纵不封侯激情
昂。请君衣短后，匹马登南岗，相与手格白额擒封狼。安能蟆屈
牖下自老死，使我颓然不得舒肝肠。

训韩司李慕坡惠墨

人生不作西平侯，手歼逆贼驱貔貅。犹当出作五湖游，笑拥
西子移轻舟。低头白屋事铅椠，一生学究真堪羞。龙山铁士老措
大，蠖处南海二十秋。身随飞篷忽飘去，天涯地角行悠悠。二年
襆被卧岛国，旅食憔悴谁当睭？断缣残简惜鸡肋，旦晚掩户劳呷
嚘。如蝇细字动盈幅，桑生铁砚磨无休。逾糜那复官奴给，一丸
就秃心烦忧。韩侯好古富乌玉，豹囊十笏珍珠璎。怜我书痴遂我
好，遣致双指来黄头。惊见私心出上党，珠麝万杵光油油。兰亭

茧纸久莫购，欧阳栗尾今焉求？得此已足助豪兴，新句写就凌沧州。我不磨墨墨磨我，班生寸管何时投。盾鼻雄心虽已矣，金壶尚觉浓云浮。他时螭坳待珥笔，藉以挥洒宣皇猷。

甘翠三馈西螺柑

甘生遗我西螺柑，虬珠颗颗堆筠篮。赪皮郁养火光发，开视熻赫惊连探。初疑萍实出水大，日轮星晕纷斓斑。霜刀细剔缝罗膜，蜜脾滑腻中边甜。谁将十斛胭脂露，饱染犀瓣千眉弯。时方春夜苦酒渴，炉头蟹眼窥眈眈。何似灯前擘红玉，茹水啮雪流清甘。横吞卧嚼百不足，内热顿解神憪憪。坐忆山中百年树，匀圆万个含烟岚。邓林杼木映霞采，烛龙衔耀临天南。当年岁事重方物，水驿包匭疲丁男。近闻旧种颇凋丧，低品争冒西螺山。园丁居奇益昂值，念此急递殊多艰。奈可入手恣饱食，乱嚼鳐柱同蠃蚶。更忆古人少怀橘，归遗慈母承欢颜。我独阑陔隔烟海，甘旨久旷优如惔。当筵空对黄柑好，低回抑塞情何堪。

题庆观察松鹤画扇

谁能画松如画龙，鳞而爪鬣行虚空。谁能画松兼画鹤，苍髯白氅交氄毵。韦銮不作薛稷逝，怪兹墨妙突兀来眼中，海邦屏翰推黄龑，襜帷行部天南东。政平吏肃欢耆童，官阁坐啸调丝桐。兴来舐笔作粉本，生绡百尺垂蜺虹。徐黄院本分天工，千枝万叶摇青红。岂肯写生媚时俗，还挥劲笔凌三冬。悬崖倒挂枯株松，虬柯如铁如青铜。长身君子霜雪容，昂藏独立梳松风。要知此意两清绝，写向便面存深衷。后凋百丈长郁葱，远举六翮摩苍穹。凭公披拂生雄风，寒涛幽唳潜相从。青天碧海跻予望，空山霰雪惭孤踪。见此把玩不忍释，敢将讽咏酬阮公。何时煮罢松肪方双瞳？跨鹤层霄下视尘蒙蒙。

戴生指画歌

戴生丰骨如癯仙，笋鞋桐帽来翩翩。手挈筲筒汁松烟，到门索纸铺长筵。以指蘸墨浮黔黔，大拇为将食指兼。腕下索索寒风扇，有时助以末指尖。屈伸左右咸安便，乍见不省何由缘。但觉五爪开合来钻钻，作势落点怪石坚。侧手撇波柔丝牵，一横中亘平胸镂，一竖硬铸当心穿。纵如草蛇走连蜷，横如郭索行奔渊。起如矫臂搏鹰鹯，罢如搏虎才休拳。疏密间架任自然，墨痕浓淡纷交妍。观者如墙双睛眩，惊呼怪事争辴辴。须臾乞得盈丈钱，丹砂活水浓磨研。自言奇秘不可传，要许袒露重门键。少年好事潜窥觇，腕肘蒲伏躬曲卷。平地藉以重青毡，舒纸谛睐神静专。有如竹意来笔先，有如画马学腾骞。腕肘蒲伏骈双肩，翻身大叫开虬髯。力洪气旺神仙仙，大起大落藏锋铦。结构道古精且严，神搥毒手千钧压。淋漓取向中堂悬，奇光烂漫雄观瞻。夜深桦烛摇奎躔，龙跳虎卧神鬼潜。呜呼，戴生乃古之张颠，别开生面骇八埏，落拓穷海来秦川，不矜不傲真世贤。何时为我书堂颜，山斋卧看蔚蓝天。汝笔郁律兼璘瑜，使我屋兮时时生云烟。

雨夕见月

疏雨过凉夕，门阑爽气深。一灯闲照影，皓月忽浮林。镜彩磨犹湿，波光冷不禁。空明看万象，何以喻秋心。

秦屿秋晚观潮

风急怒雷鸣，寒潮向晚生。势兼群岛走，浪作万山倾。荻港舟狂簸，渔津石乱撑。掀髯看汩没，浩气欲纵横。泱漭无边白，奔腾万马雄。声能摇大地，气尽卷长风。鹰屿高秋出，烽门短棹通。鲸鲵谁剪去？遥望意忡忡。

围棋二十六韵同王碧谿作

入世疲心战，消闲藉手谈。纵横新画纸，黑白净开盒。扫榻秋光丽，当枰敌气酣。雄关屯虎豹，险道破凫蚕。犄角声遥应，牢笼势大含。机牵头腹尾，情动惧嗔贪。变态烟云乱，沉思鬼魅探。围坚来沓沓，劫急视眈眈。要害争先据，么麽恐后戡。孤军偏入穴，连钧渐投潭。侦间神潜往，骑危舌屡甜。路穷看兽斗，计短倩人参。陇蜀期兼得，仪秦诈或堪。漫愁风不竞，时笑饵多甘。敲子寒灯落，披衮旧谱谙。拉枯纷逐北，乘胜远图南。鸿鹄宁憧扰，狐狸且乐湛。许君城借一，避我舍须三。小数贤乎已，连营溃莫惭。生涯残局冷，列宿寸胸涵。坐任移筯簟，慵还索枕函。解烦茶味冽，助兴酒香醇。梦逐樵夫去，思随橘叟憨。长吟追李泌，幽感类苏戡。不了鸡虫憾，相持鹬蚌婪。未防和靖哂，为汝话喃喃。

即　目

出郭凉生白纻衣，海天秋色见依稀。渔家撒网迷前浦，买舶收帆卷落晖。风引潮头翻岸走，云扶雨脚过江飞。野鸥犹解亲羁客，泛泛相随访钓矶。

渔溪道上

古道黄沙似掌平，道旁丛树晚凉生。马嘶残照过荒驿，客访前山计去程。茅屋几家烟火影，稻田十里桔槔声。愁看倦鸟还巢尽，不似匆匆野上行。

西邱晓望

晓来岸帻西峰下，乘兴还登最上头。江路红分鸦舅影，晴芜绿熨雉媒秋。山连百粤风云暗，地尽南瀛日月浮。安得扁舟随去雁，梅花村畔觅西邱。

雨宿苼港

黄泥坂滑雨潇潇，远望津头急暮潮。衣湿暂烘苼店火，马疲惊度竹栏桥。寒销村酿三分醉，梦破西风几阵骄。一种凄凉滋味惯，呼童还把壁灯挑。

东宁竹枝词三十首

一

不论草地与城都，幽洁人家胜画图。翠竹压檐花满地，隔篱还种绿珊瑚。（俗呼村落为草地。有树极似珊瑚，有枝无叶，土人遍植护屋，永不凋谢。）

二

绮罗负贩旧东风，狐貉千年不用缝。说雪说霜谁认得？茧衫纨扇过三冬。

三

最是炎歊不用愁，天教霖雨度清秋。试看新霁红榴院，浥湿花阴如水流。（夏日数缝骤雨，人称为度秋。）

四

净扫花砖片片红，刺桐树底度凉风。藤床六尺方皮枕，那觉炎天日正中。

五

四时花共一时开，菊桂桃莲到处栽。喜煞女郎梳洗罢，隔篱人唤卖花来。

六

春盘便得荐杨梅，新熟黄梨沃雪来。擘破西螺柑似蜜，不贪香果味如醅。

七

紫蟹登筵一尺长，乌鱼美更胜鲟鲂。花条玉蟳寻常品，把酒花间细细尝。

八

新年鸭杀好迎祥，翠袖红衫窈窕娘。贪折隔墙花一朵，不嫌人詈为檀郎。（迎年时杀鸭以血涂纸虎焚之，以"鸭杀"与"压煞"同音也。女未嫁于元夜偷折邻家花有詈之者，喜以为可得佳婿。）

九

桃花纸薄剪刀轻，缕雪粘云万炬明。闹个上元三夜好，五条街上似雷轰。（五条街属西城大市。）

十

邀妹招姊去踏青，五妃坟畔路重经。竹溪寺过三元寺，队队红颜斗尹邢。（宁静王术桂殉国时五妃从之，墓在南门外。仁和里开元寺即郑氏北园，旧名海无寺。竹溪寺距城二里许。）

十一

杏子春衫映肉红，洒花裙衩露双弓。怜他斜掩青罗盖，叶底芙蕖避晓风。

十二

万人冢上哭呦呦，剪纸飞灰动客愁。怕见年年作寒食，衣香人影满荒邱。

十三

彩标高插似流霞，卤石津头笑语哗。划得龙舟好身手，白金酿出大头家。

十四

匆匆又制半年丸，太息光阴似急湍。却道来朝添半岁，且应除夕例平看。（六月望前相饷粉丸，号"半年丸"。）

十五

秋来处处夜燃灯，大施盂兰仗众僧。就是贫家孝门口，也陈百物酒如渑。

十六

双星佳节女郎知，并说魁星降诞时。冠带夜来齐下拜，却疑乞巧属男儿。（以七夕为魁诞，士子皆供祭。）

十七

偌大中秋月饼香，四红掷得状元郎。红绫佳兆存斯物，笑遗细君着意尝。

十八

久沾文教重诗书，迥异当年革面初。弦诵祇今诸社偏，番童奚第晓关雎。

十九

敬圣何嫌好事为，迎来字纸却堪嗤。六街车马如流水，冠带居然执鼓吹。

二十

狃俗还疑狎犬羊，潢池时敢弄刀枪。不思蝼蚁如丝命，抵掌犹谈鸭母王。（朱一贵少养鸭，后窃据府治，人称为"鸭母王"。）

二十一

亲迎群看白面郎，新娘三日拜姑嫜。芳名久不嫌人识，堂上呼官又唤娘。

二十二

绿云挽出好头鬟，一朵笼鬆见未曾。新着凤头高底屐，响廊何时筑三层？

二十三

丧家佛戏实堪嗔，谫诞喧哗度七旬。费尽巧心糊纸屋，纸床上卧是何人？

二十四

接王爷又送王爷，人海人山鼓斗挝。十日小西城畔路，香烟钗影乱如麻。

二十五

伶女青娥耸翠鬟，场连午夜唱缦蛮。人争眼采摩肩望，第一时行七子班。

二十六

彩阁迎来结阵行，良宵斗艳满江城。可怜似玉垂髫女，罗袖春寒耐五更。

二十七

野草闲花映绮纨，对门强作洛阳看。低声为道真真字，手奉槟榔一大盘。

二十八

玉女弦索酒阑听，北调南腔并惯经。怪底渭城断肠句，也凭偷去唱青青。

二十九

逢场压宝类藏钩，五叶分拈也解愁。榻上何来鸦片鬼，尺筒吹火碧烟稠。

三十

画角城头破梦惊，牛车催晓送哀声。那堪添得凄凉韵，刺竹摇风轧轧鸣。

王守锐

守锐原名守钝，字维鲁，一字迟云，福鼎秦屿人，虚谷先生次子（虚谷名锡龄，嘉庆举人），弱冠馆于庠。清道光己酉长洲彭文敬督学闽中，奇其文，命易今名。拔贡成均廷试未售，以教授终老。著《礼记摘解》《聪听录》《迟云诗钞》。

《三余山馆诗话》曰，己卯初秋大母客牙城，仲兄寓次患眩晕疾，余往侍汤药数日。老人病少闲，乃与仲氏议编诗钞，而王君韫玉过存，因出示其家藏《迟云诗钞》一册，而缺首帙。王君憬然曰，余族人某家亦有一册，急往索阅，竟为首帙，遂成完书。始悉全集计分少作稿、晖草斋稿、雪鸿稿、呻吟稿四种，诚可谓延津剑合文字有灵矣。先生为名父之子，文采风流，少年早达，及计偕北上，一蹶不振，遂山林长往，不肯复出。建苍葭亭以祀乡贤金向水、余耀等八人，所谓秦屿八先生者，又为余耀筑墓以表章孝友。平居好作书画，以自寄意春蚓秋蛇幽兰怪石，迄今五邑故家往往犹可见之，故诗名特著。而此册乃其手书定本，有如东坡之写陶诗，飘洒自如，尤堪珍惜。他日有好事人为之影印以永其传，亦一佳话也。

又曰，余与仲兄初选《迟云诗钞》不过四十余首，因其时方钞晞发、卖饼诸集，若谢晞发之精致奇峭，赵语水之拓落幽深，未免相形见拙。其后收阅普通之什，既多叹老嗟卑，俗不可耐，求如迟云七言绝句之清音逸韵亦不易觏。又承周桐崖先生寄示行述落落不群，毫无俗态，乃续增钞四十余篇，以致仰止之忱。宋刘忠肃有言，士生于世，一为文人便无足观。司马温公作通鉴不及屈原杜甫姓字，良以太上立德，其次立功，至于立言，斯为下矣。若无实际而欲托之空言，以文固陋，则君子不以言取人抑尤难矣。爰著其说以见兹编之不徒以诗句存人已也。

即　　景

山鸟暮归巢，低飞向人疾。一笑出深林，竹边逢落日。

晓步小龙洲

山光倒入湖水苍，蒲菰萧萧生晓凉。炊烟作雾漫山庄，人随残月来横塘。横塘东去烟水碧，我欲浮家寄狂迹。铁笛横吹划紫霞，惊起沧江钓鳌客。

幼　儿　词

幼儿牵爷衣，问爷去何处？爷行应不遥，儿欲随爷去。阿爷笑语儿，阿儿汝莫痴，爷行不日返，有娘汝可随。阿娘背爷语，爷行道修阻，汝为阿爷说，切莫久弃汝。

出　　郭

棠梨落地杜鹃泣，风雨匆匆又寒食。谁家短碣卧荒原，翁仲无语日黄昏。鸟衔髑髅挂枯树，几人下马白杨路。老樵烧叶作纸钱，凄凉旧事成云烟。三十年前青鸟子，指点飞龙来千里。

山　　行

踞巢老鹳与樵争，抱子饥猿见客惊。薄雾忽疑山雨至，棕榈鬼立战秋声。危峦历尽见孤邨，竹笕泉声半掩门。但种桑麻休种谷，催租谁解入桃源。

杂　　诗

一

昼随鸣鸡来，夜逐短檠去。瓮牖容天光，冉冉催乌兔。年华已逾冠，俯仰犹婴孺。烛尽能回光，老至多觉悟。何以奋立身，用以慰迟春。

二

锥末不可营，瓠落亦可耻。孰是慕清谈，藉口拙生理。饥寒
一至身，进退失所恃。仰事与俯育，何物非切己。儒者急沾身，
论匪元孺始。柴桑出世人，风诗远可企。

三

东南多爱山，西北多爱水。易地以相处，厌心又迭起。鱼腹
与熊蹯，两者难兼美。人心自无厌，缺陷怨天理。

四

南海苇可航，舟楫多覆坠。蜀道难似天，行旅无颠踬。混沌
一以开，艰难成天地。人心尚坦夷，世事多拂意。不见干将剑，
锤炼成利器。不见连城璧，磨砻成密致。

五

欲赢难恶嚣，有生难避俗。五障未能空，山林亦束缚。城市
饶烟霞，何碍寄高躅。君看泥涂中，何曾无璞玉。

六

沧海流向东，一逝不可回。敝箧留遗书，抚之心肝摧。有亲
贻恶名，亲存未为生。无亲能爱身，亲殁未为死。亲无死与生，
生死在人子。明发顾衾影，局蹐颜有泚。

题《山斋课读图》

门前柳数株，柳外溪一曲。中有老头巾，翛然远尘俗。邻翁
携幼儿，鞠躬上书塾。言儿筋骨弱，力不任樵牧。读书匪他求，
识字万事足。笑领邻翁言，呼童煮茗粥。

题《按剑读骚图》

纯钩卧铗中，霄汉腾芒刺。土屋低压头，吟声满天地。三尺
宝剑一卷骚，夜深秃发频摩挲。酒酣悲歌斫柱起，明月满地霜天

高。三闾有恨真堪吊,狂生豪态从人笑。沅湘萧艾蔽兰芷,剑兮
剑兮将刘汝。黄钟毁弃瓦缶鸣,剑兮剑兮无作蛟龙声。

田　　家

一

淑气回郊甸,芳畴绣错中。占年逢富岁,安分务农功。入室
酌春酒,笑言皆古风。自惭城市客,多恐见难同。

二

生涯无别业,白日绝浮喧。一雨绿遍野,好山青在门。海田
王税薄,社席老农尊。但得安闲过,何心计子孙。

三

比邻来往便,榆柳对门新。亲戚因贫睦,鸡豚认屋真。晨炊
争蚤起,远圃递分巡。为问卜居者,何方里是仁。

四

寂寞神祠外,村花绻半蹊。松凉牛卧稳,溪涨鸭行齐。樵径
缘林转,蝉声一路低。捆薪归已晚,茅屋夕阳西。

五

次第看秋熟,香粳不记名。年丰下田早,稻重上肩轻。席地
尝朝饎,登场惜晚晴。留将新好种,转眼又春耕。

六

草舍新翻盖,旋开地一房。丁添童养妇,符贴辟魔章。晚酿
冷迟熟,蟹筐肥正黄。欣然入室处,岁晚任风霜。

七

勤苦安吾分,能劳是解闲。牛经时卧看,酒债惯冬还。偶挈
童归市,即随云入山。村庄有规矩,未夕门先关。

八

莫笑谋生拙,男工兼女红。身逢太平日,天与岁时丰。世治
年难老,人和家未穷。山翁闻说法,强半学痴聋。

午晴下大岩洞，忽云合雷震，亟返摩霄庵，至伏虎峰乃霁

亭午下层峦，触热剔篠簬。入洞石气森，凛若寒冰冱。黑雾夺门入，危石欲崩仆。地窟雷鼓奔，谷口虎风嘘。电光摇闪闪，黝暗认归路。跟跄上高峰，顽云竞奔赴。忽然一罅开，远见晴川树。风帆天上行，沙鸟岩际度。开阖复万变，左右屡盼顾。阳光射客衣，憩石坐晚照。侧闻阴崖下，虩虩犹震怒。

题李占梅仿唐子秋山图

山棱秋瘦林不遮，林声落溪溪生霞。霞边白板露人家，当门晚峰排鬌丫。中有二叟发鬖髿，仙邪隐邪诗人耶？过桥一叟寻霜花，烟暝隔断樵径叉。山扉夕启不用挝，地僻只许通麋鹿。秋光收拾入砚洼，吴门唐生摹无差。李郎丹青参幽遐，石骨落腕生谽谺。卧游我久歆乌纱，忽忆秋溪路非赊。就中山路缘溪斜，前辈裙屐追永嘉。年来游人少停车，樵歌村笛日呕哑。枯崖猿挂老松桠，风卷败箨堆篱笆。何日与君踏溪沙，寒潭分泉煮晚茶。远林暮霭起烧畲，指点翠微落寒鸦。大皴小皴评披麻，天然粉本作生涯。观图胸膈开烦拿，茫茫秋思生兼葭。

从鬎屏三哥小城伯兄游秋溪归至挈壶桥林二绚九已夜读

一路渔歌答牧歌，晚林携手踏烟莎。人生胜事天伦乐，山水奇观夕照多。极浦潮平回白雁，遥天霞照现青螺。野桥步月归来晚，时听书声出薜萝。

得伯兄京邸书

六千里路征程杳，九十春光转眼非。别恨暗随青草长，乡情远逐赫蹏飞。骤闻旅况浑疑梦，不惯人情已说归，急上北堂报消

息。倚间心事转依依。

重阳前一日独酌

九日忽复至，黄花开自明。天涯人尚远，浊酒泪同倾。雨意晚来冷，离愁秋与生。明朝漂泊客，陟屺更伤情。

兰　花

酒气拂拂出十指，顽石磊磊奔腕底。兰芽勃勃石上起，岂有神驱与鬼使，烂漫天真而已矣。闽所南翁畴感齿，区区小生无乃是。旁观儿童笑不止，先生醉语欺人耳。

题施粹五昆仲小照

我爱陶柴桑，读书树荫下。我爱张子同，烟波泛钓舸。读书味不在书寻，钓鱼岂是求鱼者？世间难得惟弟兄，天伦有乐千乘轻。真山真水真情性，悠然相会无将迎。清溪十里静如练，幽馆三间临水面。药栏袅袅转晴丝，柳磴阴阴卷风片。闲花开落本无心，孤云来往自随便。弟酬兄唱乐天和，山深只许鹿麋见。一竿一卷两忘机，平分风月无参差。痴绝儿童不解意，但说溪寒上钓迟。

同三弟惟厚宿杨家溪

昔与汝行役，关心有老亲。可怜陟屺者，无复倚间人。溪气冷于雨，山禽啼到晨。怆然感明发，骨肉共风尘。

岁　暮

又值年华暮，幽居暗自惊。情多翻得咎，志阔愈无成。入世风波险，随缘感慨平。空山松竹在，重订岁寒盟。

清明寄惟明四弟

一

寒食清明都过也，弟兄消息近如何？家书料得无多语，总说今春雨水多。

二

痴绝诸郎惯饱嬉，今年累汝父兼师。何时风雨联床夜，听唱医疮剜肉诗。

生慈讳日越翌日得家兄书约同三弟四弟赴省城试

秋风振孤蓬，肃气回郊甸。客游煎百忧，日月逝如箭。慈乌中秋号，反哺有余恋。悠悠阻津河，空怀鸡黍奠。桑弧犹在门，敢云远行倦。会当随雁行，出门事邦彦。所伤游子衣，已无慈母线。

登于山观音阁

见世瞿昙果有无？我来顶礼独踟蹰。伤心四十年前事，满地榕阴泣暮鸟。（嫡慈邓孺人尝祈嗣于此，庚中生伯兄，邓孺人复至会垣报赛马。）

除夕口号

思来旧恨无穷事，算到浮生有限身。十里青山十里水，天教落拓作诗人。

与张钓航惟厚三弟京邸夜话

闭户经三月，晚来客更稀。孤灯栖壁静，落叶入窗飞。各自怀微尚，何难悟昨非。谈深忽无语，征雁向南归。

出都呈彭咏莪师依赠别元韵

冰鉴三秋朗，铅刀一割难。西风惊旅梦，匹马去长安。鸣鹤云霄近，归鸿海国宽。依依望兰省，霖雨慰宸欢。

泊 东 昌

东昌城郭极崔巍，光岳高楼百尺开。泰岱微茫看不辨，携樽独酌鲁连台。

南 阳 湖

芦花白间蓼花红，矮屋疏篱细雨中。一幅南阳湖上画，烟波却属老渔翁。

题 芦 雁

瑟瑟芦花出水齐，纷纷落雁夕阳低。凭他江上西风恶，总向平芜一处栖。

陈秋塍邀饮醉后戏题画蟹

蟹螯原不及蟫螯，品味秋塍趣最高。千古骚人原耳食，却随吏部作贪饕。

山斋戏作

锦绷新笋上林迟，雨过儿拳蕨又肥。且学太常作清供，故园休问鱀虾时。

示周石樵应经吴石峩松彤

家病累父母，旅病累友朋。畴尽千日好，不受风露凌。卧疴将两月，弱骨森秋棱。二竖愈肆虐，热火而寒冰。幸藉二子力，旦夕迭趋承。萧然羁旅中，羸躯蹶以兴。悠悠望天云，高谊长铭膺。

甲寅六月郭洋道中

戚友凋零日，伤心又客行。乱峰晴雨里，万感死生情。新竹有舒态，离禽多苦声。沿途揽风物，枯菀已难平。

儿子受室移卧小楼感示内子

十年厨下爱朝曦，子舍鸡声忆喔咿。今日小楼安稳卧，作姑何似奉姑时。

夏　　午

才了分秧昼似年，村庄强半闭门眠。午晴溪径少人过，一树凉风一树蝉。

除夕醉后口号

床头金早先年尽，岁岁买文仍自窘。槽床滴响未曾干，当筵便可润渴吻。娇女不识阮囊空，压碎无钱向爷哂。老妻面上皴三痕，也要学人买脂粉。我耳虽聋亦有聪，藉酒好妆十分蠢。世事悠悠那可言，醉看梅花倚栏楯。

从伯兄小城先生晚游秋溪

一

寻山到山麓，路入碧溪赊。霜意晚愈肃，林声寒不哗。空潭收积霭，落雁背残霞。得此成幽适，还多惜物华。

二

裙屐空前辈，溪山让后生。美人不可见，秋水自含情。暂与归樵住，闲听打柏声。结庐虚有愿，何日践踏清盟？

莫　春

日日飞阴护熟梅，小庭扫后长莓苔。久疏酬应无诗作，半掩窗扉有燕来。雨入残春多滞意，花匀闰月较迟开。幽栖不学嵇生懒，剩有残书伴绿醅。

摩霄峰晚眺

雨后岚光翠湿衣，长江渺渺落晖微。残云一半归何处，散作霞光逐水飞。（落晖原作落阳，余以音节不和易之。先生九泉有知当首肯也。庚辰春琨校记。）

殷　浩

深源江左卜兴亡，耻向刀圭偶擅长。毕竟书空成怪事，千秋应悔让南阳。

题《新唐书·李白传》后

淮阴释刑市，旦夕登侯门。仲卿缧绁中，篡取有公孙。当时蹉跎稍片刻，汗青千古何人论？唐家宗社谁再造，令公阙功侔霄灏。便桥鼙鼓动地来，贼臣元振真颠倒。十年百战奠两京，万里妖氛净如扫。功成诏许图凌烟，褒鄂勋名孰比肩？姻联帝室食万户，谁忆并州编伍年。爱书三尺写罪状，一跌坐分沉重渊。彼苍眷顾惜神器，假手青莲作好事。共说诗人眼孔光，纵酒何嫌千日醉。男儿出世为英豪，上天入地无穷通。大任所降有位置，斧锧岂能戕其躬。濒危引手出险阱，人力毕竟皆天功。庚星若不坠人世，果否枉死汾阳公？

夜梦内兄甘亨鼎适灯下有昌谷集次伤心行

凄风欺破灯，澹月窥竹素。饥鼯搅残梦，睡睫泪凝雨。酒冷难孤斟，剑锈懒起舞。啾唧上露莎，寒虫学鬼语。

月夜从家兄泛舟康湖

晚市赊新酒，沙滩买小舟。江山一叶客，风月半帆秋。放眼凭高咏，浮生几夜游？滔滔东逝水，今古去如流。

同李大占梅陈二虎臣林二绚九画山十三兄晚步伏虎峰

雨树映斜照，游人开笑颜。相随踏叶去，缓步看云还。暮色沧江外，秋声大壑间。归来谁有得，萝月满禅关。

不　寐

一

美人迢递见无期，发白灯青成梦思。往事那堪重记忆，小庐明月夜谈诗。（谓周希渊先辈。）

二

竹影朦胧上短墙，涓涓凉露欲成霜。感时自尽杯中物，不是豪情学酒狂。

三

困人病渴酒初醒，蛩语螀声秋一庭。凉露洗空清似水，花前趺坐数飞星。

四

迢迢银汉数鸿过，人意秋声一样多。两度鸡鸣眠未着，睡魔知不敌诗魔。

清明怀伯兄

殢云微雨暗江城，无限离愁逐柳生。此日全家初上墓，江南有客记清明。

别林二绚九

仲春苦索居，离绪百难数。良晤曾几时，骊驹复在路。恻恻各吞声，行行留不住。岂云远游乐，深恐怀安误。送君过河梁，云低漫江树。嘤鸣多新声，领之亦成趣。百岁复几何，一别一回悟。努力惜春华，相期慰迟莫。

中秋月下醉歌

（按：此篇词气俱极雅驯，不让古人矣。）

腥风卷市叫鹈鹕，海涛作山立天吴。黯澹重云昼欲晡，愁城不降坚筑郛。夜凉忽涌冰轮孤，照见肝胆眉与须。前身我本高阳徒，有酒不饮胡为乎？枯肠忽得逢大酺，据座如虎势负隅。大瓢引喉转辘轳，儿辈僵走争葫芦。太息人生驰隙驹，挥戈难返日西徂。地下岂有黄公垆，名缰利锁良可吁。焉用匹马新丰躯，穷途白眼瞋狂奴。逆旅独酌减清娱，上书应悔心计粗。李广腰悬金仆姑，短衣南山逐于菟。早识封侯非良图，将印恨不博一觚。金梯玉房望模糊。淮南丹鼎空挹斞，醉乡一日十日逾。十年三万六千无，金银烧尽玉颜癯。胡不鲸吞百川枯，以身为舟酒作湖。杜康为我办琼酥，麻姑笑割麟脯腴。卜昼卜夜欢乐俱，岂数两壶兼两揄。酒旗落掌尖采殊，二十八宿看糊涂。沐日浴月百宝壶，东脱走兔西飞马。醉倒笑倩六龙扶，驾山直上参清都。真宰上诉排阊呼，毕卓不握酒泉枢。伯伦不敕欢伯符，潘璋合监步兵厨。债家日日追赊酤。坐令女娲费勤劬。炼五色石补西隅，谢仙却走滕六趋。列缺闪眼笑揶揄，上帝闵臣狂且愚。差遣素娥吹笙竽，打开广寒坐金铺。沃我仙掌之醍醐，衣我云锦之六铢。刚风一断吹双凫，坠落万丈大梦苏。妖蟆决吻吞宝珠，星光散沙明枯梧。（三更月食甚。）寒风满林鸦毕逋，仰天击缶歌乌乌。

有　客

一

有客沧江卧，牢骚年复年。荒郊掩蓬户，秋气上寒毡。摇落随时序，凄其感物缘。眼前惊岁月，不信有哀蝉。

二

落水夜无静，西窗眠未安。故书鼯鼠穴，旧稿蠹鱼餐。病骨先秋冷，吟肠与叶干。闲拈枯管写，险韵下应难。

画兰感题

卅年培护不成兰，雨露恩深报答难。从此托根更无地，西风憔悴墨痕干。

步陈秋塍雪霁（二首）

一

薄酒不成醉，虚斋坐晓寒。打门风叶紧，压野雪云漫。贫自求名易，人惟免俗难。思君拥敝絮，一榻有余宽。

二

积雪滑村路，幽居懒远寻。梅花若有素，各自闭门吟。依树鸟声噤，入帘山气森。闲中得冷趣。相较是谁深？

游　子　行

明星上屋隅，寒灯暗残炧。啼鸡趣我行，星光已在野。征鸿各西东，置水平地泻。慊慊出门去，离绪乱丝惹。朝晖晒我衣，寒飙吹我马。登高望故邱，隐隐见梧槚。昔游亲在堂，挽袂不能舍。关河犹畴曩，谁复倚闾者。悠悠慎旃声，鸣咽重泉下。谁无望云心，有泪伤自洒。

七夕寄内 （四首录一）

碧天如水月如钩，秋色平分两地愁。记否去年灵匹会，紫薇花下看牵牛。（去年以七夕归家。）

济宁舟中题画兰

一

风风雨雨滞河梁，官柳千行色渐黄。夜听雁声多远思，起拈孤管写潇湘。

二

过时不采负琼芳，难得夫君结佩纕。一曲瑶琴理清曲，湘江凉露已成霜。（琨按：此北游不遂，南归时作。）

落　　花

回首东风事事非，瑶台金粉梦依稀。纵然落溷伤身世，不逐癫狂柳絮飞。

偶　　得

一

读书亦亡羊，博塞笑其旁。将为臧为谷，我欲问蒙庄。

二

云兴自何生？云散归何许？笑问采樵人，仰天默无语。

九月石床道中

黄叶疏篁秋水湾，笋舆帘卷卧看山。惯从客路风霜里，拾得劳生一日闲。

忆蟹二首寄三弟

一

九秋紫蟹上江田，一个团脐一个钱。止酒算来经两月，偶思乡味尚垂涎。

二

对床风雨每难联，近客何如远客年。记共江南试风味，旗亭新酒菊花天。

水郊山中送萧吉士、潘实夫、吴石槑游太姥山

一

遥天净耸玉芙蓉，最好秋来理屐筇。莫怕峰多不知处，入山认取半空钟。

二

六年鸿爪大纷纷，客梦还多恋白云。寄爵山林一杯酒，休教误勒北山文。

晚至隔溪

随著流泉过隔溪，炊烟乍起暝云低。小楼隐隐斜阳里，时有书声出竹西。

登　楼

鲲山尖对老鸦尖，日日登楼看未厌。好是两余斜照里，岚光翠湿一重帘。

食　笋

傍山十里竹檀栾，玉版春来恣饱餐。一事自赢文与可，不消去作汉川官。

饮　酒

一

束发守章句，群经撷其腴。旁罗百家言，颇能别殊趋。禀气苦
不广，硁硁守一隅。迩来深山中，虑淡迹弥孤。偶然过林叟，谈笑
皆古迂。古迂良足欢，闻者亦揶揄。颓然倾一樽，皓月上前除。

二

年年苦春潦，今岁忧春旱。虿苗一尺长，分秧计已晚。我有
负郭田，远念伤炎暵。天心岂不仁，五月张火伞。服畴务悉力，
穰歉谁能管？尚有盈樽酒，日夕足萧散。

三

谁能欢不歌，谁能悲不哭。歌哭两无端，情至视所触。杨公
悲路歧，阮生伤局促。愁思忽两至，俯仰空所瞩。不有一石酒，
何以解结束？

四

西伯若不死，首阳无饿夫。咄哉灌园叟，於陵争蟛余。石门
抱晨关，卫伶秉箫籥。枳棘岂可栖，胡为寄高躅。玩世亦自苦，
有酒且永夕。

五

一雨润群槁，万汇皆含滋。有如失哺儿，嬉嬉饱乳饴。候虫
竞繁响，潜鳞翔深池。枯苔延生意，良苗怀秀姿。元化亦何心？
物情自遂私。我有一樽酒，揽此胡不怡。一鸟翩然来，随风鸣
庭枝。

题林抑泉文画册

山色林声满水滨，小桥策杖立斜曛。便将买棹前溪去，稳泊
花湾钓白云。

秋夜雨过不寐有怀

连旬困残暑，不寐起披襟。雨响滴深竹，月光生远林。伊人隔秋水，警夜变时禽。应念山中客，孤吟待晓参。

题吴二雅舟桐阴待月小影

洗桐洁癖倪元稹，问月奇怀李谪仙。何似碧天凉露夜，科头趺坐证诗禅。

晚　　步

林风微扬葛衣轻，贪看斜阳傍晚行。何处飞泉新雨后，迸来竹里作秋声。

吴寿坤

寿坤，字德舆，号仪臣，霞浦城东人，清咸丰辛酉拔贡。时值洪杨之乱，东南各省相继沦陷，德舆间关北上，以应朝考。清廷特加宠异，以知县需次直隶与修《畿辅通志》。旋署晋州，历广平、鸡泽、获鹿等县，年六十七卒。著《读我书室诗存》六卷。

《三余山馆诗话》曰，《读我书室诗存》民国十九年印行，而署曰：《摩兜坚诗钞》已欠斟酌，且校对潦草，讹字极多，又混入黄雨人先生盍孟晋斋之诗多篇。家寄吁先生云，"记向邮亭折柳枝，柔情如缕语如丝。一从剪断秋容淡，水上浮萍两不知"，先王父句也。（按：此黄集无题七首之一也。寄吁父讳绍龄，字则九，本姓杜，于雨人为甥舅。雨人无子，因出继、育两男，又以寄吁还杜氏。）而吴仪臣先生赠刘韶虞云，"忆昔邮亭折柳枝，柔情如缕语如丝。自从劈断西风后，不见侯芭问字时。"（按：吴集作"箧中得刘韶虞书，追忆前事怅然有作二首。"）则前两句非本诸王父乎。然而一二佳句诵之太熟，无意中忽从笔端涌出间亦有之，不得指为白璧之瑕也。至于《松城杂咏》，十首之多。（按：黄集作《松城竹枝词》。）舍间尚有遗稿可稽。"而先子在日又为余辈言之凿凿，何以吴公诗存竟有是作？岂《春秋》固有两公孙龙耶？抑韦苏州即陶彭泽之后身耶？唯吴公生平绩学著述等身，又岂至师郭象之故？智以欺后人弟，虽今之少年不敢喜谤前辈也，它日病稍闲，当出存稿一证。"（以上录自寄吁遗稿，系用一页旧公文纸背面书之，似为信稿，其下尚有"或者先子"四字。）今按吴集抄黄尚不止此，如开卷之《啮鼠叹》《聚蚊谣》《嘲蠹鱼》《哀虮虱》四篇皆为黄作，而《松城杂咏》即在四篇之后，似是后人辗转抄写之误，与仪臣先生无尤。盖先生乃黄门高弟，集中追念其师之什至再至三。如《检黄雨人师遗稿怅然有作，书二绝于后寄示则九》云，"南望师门涕欲澜，老亲弱女叹孤寒。年来友戚萧条甚，问字侯芭系一官。黄石新留圯上篇，零玑断璧惜难全。心香一瓣谁堪付？门下无如宅相贤"。其师弟之情谊亦云厚矣，何至掠师之美一至于是哉。

又曰保定莲池书院在逊清同光之际，桐城吴挚甫氏主讲其间，生徒遍全国，再张桐城文派之职帜。迨入民国，章太炎倡朴学于东南，黄季刚侃吴检斋承仕诸先生为之羽翼，（吴为中国大学国文系主任，去秋方病故，余犹及事之。）考订精详，蔚成风尚，吴门声势始为之少杀。然余每聆尚师节之谈及莲池昔日讲学之盛况，犹想慕不置。今读《读我书室诗存》，知修《畿辅通志》时即以莲池为志局，裙屐蹁跹，亦极一时之胜，何其幸欤。

火 轮 船

以火运舟舟破浪，蓬蓬勃勃势难当。烟帆似趁飞仙渡，机器争夸测海详。牛骥漫嫌同皂杂，蛟龙何事助波狂。蜗居界划东西屋，燕寝人分上下床。（舟中两旁列架分三四层，人各一格，坐卧其中。）夜坐张灯光白壁，（舟中禁火，入夜惟悬洋灯，四壁烂然。）晨炊投箸熟黄粱。（饭至，数人争取一盂，席地而食。）静听越客呻吟语，（浪大则头目昏眩，客多病者。）闲看番童澡浴忙。（西人好洁，终日浣洗不倦。）百货崴嵬填万斛，两轮瞬息过重洋。水天一色茫无际，试向危楼极顶望。（最上一层立针盘以定方向，有专司其事者。亦可望远。）

保阳寓舍

身为饥驱可奈何？安排手板与朝靴。随人奔走鱼同队，几辈飞腾鸟脱罗。入世方知儒味腐，出山渐觉宦情多。应官听鼓无余事，发箧还需细揣摩。

广宗道中

策马路迂隈，征人去复归。村荒鸡犬静，县小市廛稀。远树招行客，新蝉噪晚晖。农妇三五辈，笑说稻粱肥。

荷花生日同黄子寿编修、陈抱潜太守、绛萱司马、蒋侑石大令、丁汀鹭太令、陈松泉庶常、施敬累少尉、周惺吾上舍及编修令子再同，醵饮莲池之君子长生馆，以"新种竹都活，旧栽花更妍"为韵，分得旧字

廿年坐拥青毡旧，作者如林诧奇富。偈来浪迹踏燕云，喜与海内名流觏。汪洋权度千顷波，文苑儒林推领袖。门下传经都讲生，玉府清才若天漱。（谓松泉。）西湖太守雄于文，家学亲从勾山授。（谓绛萱。）吾乡先达颍川翁，诗怀洒落酒怀斗。（谓抱潜。）芬陀居士宝古香，学宗郑孔字篆籀。酸咸之味与俗殊，千金抱璞不易售。（谓侑石。）仙芝博雅复综核，吴下由来多神秀。周举施雠两不凡，恰如梅肥与竹瘦。就中年少黄文昌，自是凤毛有锦绣。日昨高会莲花池，拈韵联吟介花寿。坐间十子无杂宾，欢伯沈酣索朗吼。江夏亲执牛耳盟，如诗不成罚勿宥。我本邯郸学步者，当筵瑟缩瞠乎后。银塘漏尽宵三更，期以诘朝章急就。弹笔击缶不成声，正始之音想太簇。如山如阜如冈陵，请君遥听钧天奏。

送方存之太令南归即题其《柏堂文集》

著述如林志业精，文章声价重连城。独探理窟追千古，能绍儒宗抉六经。心与物游天趣溢，学随年长俗缘清。姬传格律灵皋派，脉脉渊源早证明。

子寿编修莲池杂咏用金孟式行乐图分题，原韵十首，依次奉和

一

位置廉泉让水间，依然容我占清闲。（予两度莲池襄修通志。）到门轩豁非凡境，架石玲珑当小山。驯鹿自随新月卧，寒鸦争逐暮云还。清风习习来何处？中有高人静闭关。（杨明远清宵煮茶。）

二

名山吾亦爱吾庐，此地何方暂托锄。春雨寒畦根自净，秋风老圃种先储。得闲漫续群芳谱，待用曾翻要术书。但看眼前生意满，蓄盐滋味不求余。（金孝章疏圃携锄。）

三

心头一瓣静生香，遥喜旃檀忽寄将。刹利参禅来上国，远公说法叩虚堂。（时有日本僧畔云来访，编修与志局诸同人雅集赋诗。）慧根能入谈经席，清话应联近酒床。我佛本无人我见，何须较短又论长。（畔云托身缁流。）

四

岧然有阁俯清浔，无限幽情恣眺吟。宛转危桥随槛曲，权枒老树抱云深。一泓浅水明揩镜，两岸垂杨翠拂襟。静夜月明添乐事，几人移杯更横琴。（顾山樵水阁寓目。）

五

不见莲花五叶峰，（峰在霞浦城内。）家山迢递隔重重。旧游最忆烟霞侣，胜地欣留翰墨踪。飞斝举觞相笑语，揭裳联襼屡追从。年来风雨关心甚，开径徘徊倚短筇。（邱芹溪名流酒集。）

六

香花供养企幽贞，秋水年来洗俗情。净业自能超万劫，化身何事证三生？疏帘小篆尘都尽，玉磬铜壶韵共清。日诵楞严三百遍，大千世界现光明。（杨古晨、高斋禅诵。）

七

行窝到处宅千间，大隐由来不买山。兰桂当阶娱暮老，图书插架伴幽娴。杯浮好酒琉璃绿，瓶供香花玳瑁斑。且种梧桐高百尺，凤雏联翼喜追攀。（韩云东含饴弄孙。）

八

万籁寂然鹤唳闻，翩翩欲下与谁群？浓阴覆地围成幄，古干参天翠薄云。秋色苍苍人共淡，泉声渺渺夜初分。千丝蕉叶千竿竹，烟水相逢结比邻。（文雁门孤松独抚。）

九

北来溟海泛吴船，咫尺名区万里遥。（予家距雁荡数百里，欲游不果，每怀怅然。）揽胜无缘羁宦久，游山有约待谁招？放怀丘壑云双袖，散步林皋酒一瓢。他日归途应过访，莼鲈风起正萧萧。（陆晚庵雁荡闲游。）

十

绿绕芳塘十亩宽，野航渡水胜江干。光阴大好情如昨，鱼鸟随缘兴未阑。近事关心棋在局，新诗脱手弹抛丸。诸君各有凌波志，击楫同过十八滩。（钱仙茗胥江归渡。）

题子寿编修《莲池雅集图》，时将之广平任，兼以志别

大好光阴不系人，萧疏短鬓感因循。半生所好身多负，十载之间迹已陈。燕子有心依故垒，马蹄难定逐征尘。季鹰倘遂莼鲈愿，他日重寻杖履春。

新城宿王晋卿别业

故人止我宿，要约意何殷。四壁书如堵，三更酒未醺。夜深嫌短烛，坐久半论文。离绪增怅触，来朝怅暮云。

电　线

一瞥能通九万程，去来空际恍传声。鱼书雁帛何多事，君看高竿细线横。

过孟固杨氏庄

草草一行人，栖栖久行役。鞅掌疲汝身，簿书扰汝魄。百忧梦里牵，性情不自适。且停宓子琴，暂着阮君屐。十里夕阳西，亲访子云宅。墙角疏槐黄，门前老柳碧。小犬吠花阴，杂花笑迎客。主宾觌面欢，意气满谈席。酒冽茶亦甘，清风送云液。插架有图书，当阶有竹石。喜与山林亲，渐与城市隔。坐定旅当归，匆匆候觉迫。何时谢尘氛，遂我烟霞癖。

种　竹

种竹千万竿，密密环阑干。月摇斑翡翠，风戛碧瑯玕。我师君之虚，君医我之俗。何必干云霄，昂然挺高躅。

以诗代札寄林子颖太令穗广昌

软红尘里一浮屠，（子颖自谓前身为香积寺沙弥。）同是高阳旧酒徒。落落豪情依胜地，（谓莲池。）劳劳宦迹怅分途。放衙无事频调鹤，（来书谓广昌邑小吏闲。）遁世何心漫忆鲈。（子颖有宦休之志。）君有孤山堪托足，他年归作老林逋。

寒食（二首）

一

年年堕泪此芳辰，我是天涯一鲜民。昔不逮存今远别，椎牛祭奠更何人？

二

回首松楸每黯然，泷岗犹未表新阡。客中更有伤心事，两弟羁魂十二年。(三弟少彭、七弟惺之俱攒于保定城南小圣庙。)

简王敏卿大令即送南归

今之从政者，古道独行难。入世营三窟，持身学两端。腐儒才本拙，贫宦相先寒。风物吴中胜，归餐苜蓿盘。

别莲池八年矣，风景依然，而当时共事者不无聚散存亡之感，赋此抒怀二首

一

红莲翠柳共清华，楼阁重重水一涯。胜地合羁名士躅，芳池争说故侯家。纵横积帙千秋蠹，早暮闻潮万点鸦。此景依稀犹在目，区区无分久栖霞。

二

朋侪聚散似云烟，酒分诗情计十年。劳燕东西无定迹，鹏鸠高下各随缘。玉楼客去留遗稿，茅屋人归恋旧毡。回首当年同调者，离风别雨总凄然。

过　田　家

云树混茫中，村庄西复东。数邻烟火碧，一路稻粱红。墙角横鸦嘴，门前甕马通。吾生徒役役，羡尔力田翁。

团圝曲 (有引)

闽俗：冬至前一夜，男女聚堂前捏稻粉为丸质，明以奉祖先，谓"搓丸"，取合家团圝意也。宦游廿载，不忘土风，触景抒吟亦聊以自慰云尔。

团圞复团圞，一年一度看。满堂烂桦烛，珠颗堆辛盘。上以荐芬苾，下胪家室欢。天公之爱我，既厚亦云单。小人百稽首，镂骨铭心肝。长跪再三请，且祝行者安。(时十弟回闽。)

畿南二童子行 (有引)

庚寅畿南院试有二童子为宁晋贾仪同，年十二能默写五经，文尚未入格也。一为清丰赵意如，年十五，十三经悉能默写，文诗亦楚楚可观。学使者俱旌之，以贾为佾舞生，以赵列入弟子员。余闻而喜焉，爱而不见，纪之以诗，为它日相逢之券云。

熙朝多人瑞，灵气钟畿疆。早聪贾氏子，记诵声琅琅。授以三寸管，背写亦不忘。赵子尤颖异，斐然能成章。腹列众经笥，一挥百十行。尔雅篇释鸟，点画俱精详。方今重举业，学术久芜荒。百家鄙沙砾，六籍轻秕糠。尺许房行卷，奉为鲁灵光。科名倖而获，自大愈夜郎。卓哉两童子，遗经遵义方。奇才魏管辂，慧质汉黄香。使者爱神骏，如笙声引簧。取为多士式，匪独俊一黉。风声起首善，八埏文治昌。

听苞蓏两儿夜诵

满屋琅琅诵读声，夜来灯火照分明。不堪回忆儿时味，共墨斋头弟与兄。

吾邑自咸同以后科名寥落，辛卯秋竟捷三人，或有转机欤。喜而赋此

飘泊萍身廿载余，梓乡榆社信音疏。题名遥递星邮纸，奏捷如看露布书。昨岁层霄蜚一鹗，(宁郡久无词曹，庚寅福安宋瞻宸选入庶常。)今秋讲舍兆三鱼。诸君衮衮扶摇上，拭目南来计吏车。

别　生　徒

蓝尔方隅试小鲜，放衙时复事歌弦。虽无大庇欢寒畯，岂有良材肯弃捐。听镜频将双耳侧，炼丹祇在寸心坚。回头讲幄谈经地，雨晦风潇总怅然。

子镕应京兆试罢归仍居官廨西斋，诗以慰之

衮衮京华十丈尘，春光桃李一番新。蓬山又阻寻仙路，绛帐难忘问字人。骏骨价高休速售，鹿泉身绊亦前因。名场我是逃禅者，青眼还夸相士真。

检书忆亡弟少彭 （六首录四）

一

枨触尘编蠹蚀余，惠连今赴玉楼居。回头束发从师日，暮雨晨风共一庐。

二

卯君意气最峥嵘，角艺乡闱并辔行。铩羽归犹作豪语：我为难弟汝难兄。

三

老兄性好古皇坟，仲氏专攻制举文。笑谓群经诸史外，不妨都付祖龙焚。

四

贫贱相依少壮年，米盐凌杂屡忧煎。宦游怜我黄金尽，煞费张罗寄驿传。

以诗代柬寄謇博天津

老眼逢秋分外明，望人努力上云程。如君岂是风尘吏，匪我私为月旦评。匣剑囊锥终脱颖，南琛东箭早知名。蟾宫倾耳听消

息，且炼金丹九转成。

除夕书怀 <small>（四首录二）</small>

一

宦海夫如何？泛泛水中宅。一帆任所之，风定住萍迹。陡然起狂飙，又作逐流客。吹波者何人？瘢垢恣求索。时无温太真，安禁蜮沙射。君子乘虚舟，涉川稳于席。

二

复我旧桐乡，憩我旧堂舍。载飞叶令凫，载效王良驾。父老前致词，吾乐耕耘暇。士人喜来谒，吾守诗书课。身违心已徂，情景历在坐。何必居要津，竞竞告者过。

樊舆旅次杂咏 <small>（四首录一）</small>

红烧蜡炬绿倾醅，连日宾筵次第开。水黛山肤纷错落，索郎欢伯互追陪。多君不负盐梅用，笑我徒为餔啜来。觞咏昔年裙屐盛，何堪池馆首重回。

唐县与黄研夫话旧 <small>（四首）</small>

一

别后各云天，茫茫小海田。鹭鸥离合迹，诗酒朔南缘。剪烛忘深夜，飘蓬感盛年。如何弹指顷，齿发两颓然。

二

历历吾乡事，回头数十春。家山非昔况，戚友感陈人。案少横经士，田多废来民。最怜南郭宅，强半长荆榛。

三

今朝山县僻，一角集群英。味有莼鲈胜，人联梓里盟。主宾敦凤好，少长叙欢情。意外逢梅尉，仙乡说浦城。

四

何以郅时雍，茅茨尚古风。吾侪求宦学，此地是尧封。棠舍宣猷始，芸生待治同。独怀君国事，东望警边烽。

题台湾全图后

不堪回首数刀环，噩梦频频绕故关。异族方滋嫌逼处，雄藩已撤苦防闲。犬羊曾窜三山下，鲸鳄今横一水间。元敬参军难再见，谁提劲旅荡冥顽。

久不得晋卿消息怃然有作，以酒酣拔剑斫地歌为韵，成七章（录二）

一

忆思莲池南，头陀同一龛。琴书惬幽赏，风月共清谈。花品短亭下，水听丛石间。于今十六载，依稀游兴酣。

二

君佩吕虔刀，我蓄州来剑。利钝虽异材，各欲因时见。天末飞素书，新筑鸿化堰。他年襃治功，宜最岂宜殿。

漫兴（四首录一）

少壮翩翩意气扬，那禁老态渐颓唐。摊书在手篇嫌冗，记事从头绪易忘。歌舞场中无我份，功名世上看人忙。小胥夜不添官烛，漏未三更便打床。

雨　　后

金秋初入律，雨过净无尘。小扇何曾却，孤灯渐可亲。草痕幽径阔，虫语隔墙真。诗思清如水，无端感鲙莼。

初　寒

一番秋色换天涯，我是骚人易感时。凉意匆匆衰鬓逼，幽情悄悄短檠知。更长听漏嫌无数，骨瘦添衣渐不支。犹忆昔年风景在，花天酒地总忘疲。

送月舫出守宁夏兼怀晋卿

一

朔方早识使君名，元礼龙门旧有声。十四年官依锁院，二千石禄职专城。人思叔度歌来暮，我别康侯怅远行。咫尺未将杯酒劝，侧身西望不胜情。

二

公是朝端骨鲠臣，一麾出守业方新。残黎多半经兵燹，大力如何勉拊循。早暮不忘斋运甓，贤能且听陛宣纶。此行倘与王尊遇，为道衰龄慕季真。

过青县怀鹿杏斋广文

一

明猗一曲绕苔矶，有阁临流静掩扉。此是故人觞咏地，晚风杨柳尚依依。

二

回里河梁我别君，君家过迈最能文。十年逝者如斯水，憔悴童乌感子云。

戊戌九月侄福生航海北来视余十保阳，戚属叶君树蕃偕焉。浃旬间告归，季弟幼梦送之行，赋此志别

匆匆三十霜，遥遥六千里。闽峤距燕山，云天各彼此。每逢

故乡人，多在梦魂里。鱼雁亦浮沉，万金易一纸。何意空谷音，登堂乃犹子。犹子年几何？二十二龄矣。头角颇峥嵘，吐词芬溢齿。忆昔尔父来，适我服官始。对床甫周期，只身返桑梓。逾岁厄黄杨，宿疴竟不起。今汝步后尘，长途来省视。举家小团圞，能勿跫然喜。踵至者为谁？询知南阳氏。道是葭莩亲，笑迎欲倒屣。再拜问兴居，情话清且美。觑娄及六姻，十室半迁徙。故旧亦凋零，盛衰转瞬耳。听之杂悲欢，无言但唯唯。旬日俱告归，归心逐流驶。男儿志四方，堕地耀弧矢。胡为席未温，呼童戒行李。毋乃儿女情，索索故尔尔。多答曰不然，有母门闾倚。称促归去来，晨昏备甘旨。送汝出城闉，挥鞭夕阳紫。此语感予衷，何处瞻岵屺？同舟中表行，莫远而且迩。且有汝叔偕，片帆达沽水。行哉汝不孤，老怀怆难已。春风波浪回，跂足隔江俟。

忆　蟹

一

盘堆八跪与双螯，排日团尖饫老饕。今过西风消息断，菊添新酒兴空豪。

二

援琴再鼓感秋声，一曲爬沙大蟹行。别有销魂无限思，不徒鲈鲙与莼羹。

黄树荣

树荣，子伯樵，宁德石塘人，清光绪壬辰进士，历官礼部主事、茂名县知县。入民国后任参政院议员，移家北平。年六十一卒，葬北平西郊香山公墓。著有《沧海道人遗稿》一册。

《三余山馆诗话》曰，余北游十年，岁时伏腊多客先生家。太夫人陈年七十余，犹聪明健在，攀谈乡里旧事娓娓不倦。公子四。长少樵宦游四川；次栋丞；次星南，供职学政各界。次子范游学德意志，研究西医。文孙、国铨兄弟皆肄业大学，后昆鼎盛。余所知五邑诸故家犹少见之，而先生之规模宏远亦可知矣。故其遗诗气势轩举，七言绝句感时纪事，运以典实，别饶风致。虽小注太多，皆有关掌故。如读《民岩周刊》云，唐初灵谷首扶轮，赵宋诸家继起，欲辑温麻著旧传，迩来好事竟无人注云。亡友福安李少莲搜集吾郡前辈诗文，自陈石堂、谢晞发有专集外，其余未经传世者尚伙尤足起。余他日定访求之。

东庵精舍

一

梵宫重到已辉煌，非复当时瓦砾场。十里松杉青欲滴，半畦蔬笋夏犹香。檐牙铃语风声牖，墙角花阴月转廊。海国桃源贤守迹，尚余古碣照斜阳。（庵后石碣为犍为李郡守拔所题，有“海国桃源”四字。）

二

四十头颅鬓欲班，青山犹是旧容颜。眼看流水自今古，心与白云相往还。拄杖僧归荒草路，荷樵人语隔溪湾。他年解组歌招隐，何用将金别买山。（用唐人句。）

王瑾卿驾部九日登高得句云"夕照倒衔山寺塔，秋风怒卷海门潮"，遒劲雄饶，有唐人风格，即在望海楼口占七律一章步原韵

霜高木叶下萧萧，（是日适逢霜降。）九日登楼逸兴饶。万瓦参差城里屋，片帆来去海门潮。沧桑变局时无定，（朝廷方行新政，不数月而罢，一仍旧贯。）蛮触争锋气未销。（闻英俄各有兵船十数目艘在津沽一带。）独自凭栏生壮志，欃枪何日扫天骄。

九日偕同人等望海楼，黎伯萼太守首赋七律二章，感时抒抱情见乎辞谨步原韵奉酬

一

沙路天晴踏绿尘，登高有约到今辰。草堂蛩咽秋如雨，古寺乌啼月似银。满座吟声中酒客，半肩寒色倚楼人。归来两鬓茱萸插，几阵西风落帽频。

二

荣枯得失不须论，时事填膺万绪烦。东海神山三岛迥，西风佛火一灯昏。（琉球沦于倭，印度属于英，夷氛孔棘。）天寒落日秋无色，阵黑妖星夜有痕。杜老心情拼尽醉，陶然且饮菊花尊。

萧逸九学博自都门归寄诗歌怀孔桂人茂才，用两当轩集新安江原韵

去君挥手与君别，掉头顾影只不双。京华日日咽尘土，欲归不归毋乃戆。今见萧君如见子，坐谈翻爱乡音哝。为言起君健无恙，虽未见子忧心降。旧游忆昔城东寺，山川泼秀来轩窗。佛火一龛点明灭，松瀫万声鸣琤瑽。联吟皮陆相酬唱，健笔如鼎君能扛。心花落纸吐奇焰，词澜万解奔惊泷。聚星禁体严号令，斗韵那许相撞衡。（昔在山寺联句七律六首，限口肴险韵，已押者不许重用，

违者罚。）自言敌手相瑜亮，夜吟达旦焚银釭。山僧煨芋才一饱，眠石观瀑声淙淙。别来此景已陈迹，独饮不醉歌无腔。况今更与萧君别，数日已下吴淞江。一尺鲈鱼胗肥美，两螯螃蟹腹膨肛。湖山故里好风景，归梦直欲随行艘。诗成辗转不成寐，坐听街鼓催逢逢。

秋兴集古

虫声新透绿窗纱，（刘方平）猎猎西风欹帽斜。（苏轼）万事因循生白发，（王安石）一樽相对嘱黄花。（唐寅）楼台夜月三千界，（耶律楚材）灯火秋风十万家。（乃贤）坐阅诸君半廊庙，（苏轼）软尘骑马半京华。（陆游）

君常先生巡按沈阳，即叠元均奉和 （四首录二）

一

皇华再赋送征人，半壁河山百感身。关塞极天盘鸟道，（公辽东集中有"风起马头尖到骨，路盘天际细如绳"之句。）腥膻满地逼胡尘。斧斤东国经营苦，宾从南楼宴笑亲。封事一函诗一箧，燕公才笔故无伦。

二

道场一散阒无人，说法修罗几化身。鸡犬攀髯登碧落，鲸鲵跋浪避红尘。（进步、国民两党议员或跻要津，或逃海外，皆款段出都门矣。）鬖华禅榻垂垂老，花事斜衔款款亲。欲向辽东访遗逸，高风皂帽世谁伦？

喜晤覃君孝方追叙契阔并咏近事 （十首录五）

一

幕府重坐啸雄，红羊一劫血腥红。与君百口炎州住，同在风声鹤唳中。（辛亥三月粤东督署之变。）

二

尉陀台上叶飞秋，独立军声动地愁。道路先传旗变色，一城权拜小诸侯。（辛亥九月，孝方为香山令，先省城独立。）

三

乱后飞蓬返故乡，䩌鞑一剑伴身忙。春申江上风云急，万纸宣传遍洛阳。（君由鄂至淞，为《民主报》主笔。）

四

荀子居乡推祭酒，杜陵垂老客诸侯。（去春被举为鄂省议长，旋二次革命事起，参入黎都督幕并偕李仲山赴九江会商赣督。）功名瞥眼浑闲事，日夜滔滔汉水流。

五

犹记南皮胜会年，故人宿草意缠绵。（同社桂林况晴皋、嘉定邱仙根先后物故。）孔璋老去风情在，洛下相逢重惘然。（陈伯澜。）

故乡书来以长安近事相质，偶成绝句十首奉寄留云斋诸同志并乞扶鸾者呈云鹤山人索和

（录八）

一

满地萑苻啸聚多，纤儿坏尽好山河。图难有志舒鹏翼，其奈罢风鎩羽何？

二

缚裤半是绿林豪，骄子天偏厚尔曹。不惜黄金求猛士，金台争似债台高。

三

塗山万国会重开，陆贾曾娴出使才。此去白登应雪耻，莫教空上单于台。

四

百灵岳渎握兵符，齐驾云軿帝所趋。欲奏钧天天已醉，可怜

筵散太模糊。（琨按：感时纪事必如此首及"满城切齿大司农"等句方称作诗，否则直七字句耳。）

五

谁挽天河洗战尘，责言今已启西邻。一书贤于十从事。此际图侬大有人。

六

使星载道战云收，闽陕狼烽尚未休。闻道陈仓连夜渡，不知何处划鸿沟？

七

铜山已倒苦难供，灶养都酬五等封。无数鹿皮充汉币，满城切齿大司农。

八

治乱循环倚伏时，铜驼泥马兆先知。神仙阅惯沧桑事，谁了长安劫后棋。

怀福宁诸旧友

一

少年结客五陵驰，禅榻茶烟鬓渐丝。料理一龛宵入定，老僧正是苦吟时。（瑾卿，余三十年前老友也，今年将六十，问其驻颜何术，为言服独睡九者十年。）

二

老去元龙气未衰，（陈君少农）山人高卧雪还飞。（袁君雨亭）柘洋道是桃源洞，蜀市垂帘尚未归。（吴君介卿）

三

南行城堡自逶迤，山郭家家傍海湄。（南路各乡前明备倭多筑堡以为守。）平叔清谈平子赋，（指何香咏张子谦两君。）孔璋握手更何时。（陈君少白）

四

潮啮沙汀夜有声，乡音越岭浙闽并。（王君执圭居白龙头，余宿逆旅，终夜闻潮声如吼。北逾岭至五六都即周君星垣居里，山水清幽，迥别人境，惟土人操平阳语不可辨耳。）溪山幽绝吾能记，最羡元方有弟兄。（陈心也，枫亭昆仲。）

五

城西越岭倒溪行，村似朱陈旧有名。（俞君霁亭所居之乡，俗呼为"倒流溪"，俞与吴蔡两姓皆旧族，世为婚姻。）此去孤山支派在，雪中梅鹤喜双清。（林清玉、希玉两君。）

六

曾记儿童上学年，渐看姻娅两家联。过江奈我垂垂老，琨逖同时快着鞭。（孙毅甫、方辉珍两君与余均有谊亲。）

云鹤山人以我佛之慈悲效风人之讽刺为诗十，有二首盖答余去秋郡中近事之作也，客中依韵率和，录寄留云斋诸君（录四首）

一

粤南蓟北自年年，词客哀时泪泫然。奔走祇余皮骨在，前途何处息劳肩。

二

飘零故剑求何用？矫揉新弦续不终。妾自善诿妻善骂，敢论谁拙与谁工。

三

卖国牙郎死有余，渴谋饮酖计何疏。堂堂太学幡高举，曾上陈东讨贼书。

四

卜居无地避凡尘，文字论交恰有神。藏得古书足娱老，王城如海一闲人。（近搜集明版及清初版书七千余卷，间有称善本者。）

在粤过覃二寓庐出诗见示次韵奉答兼柬介弟孝方

一

羲轮出没似跳丸，楚客南迁思百端。极目山河秋莽苍，举头星斗夜高寒。鲸鱼跋浪风云恶，虎豹当关道路难。为语万方原一概，思归王粲莫凭栏。（君拟孟春离粤。）

二

断送光阴古复今，粤王台上几登临。（十年前孝方有粤台秋唱之作，和者数十人，余亦与焉。）不仁刍狗天难问，大好江山陆欲沉。乱世逃禅宜自晦，（闻君近耽释典故云。）愁魔如崇易相侵。杜陵忆弟何时见？寒月天边照我心。

中秋前二日得兰州林芷馨来书，赋此却寄（四首录二）

一

谁家搬笛按伊凉，向晚边声出苑墙。遥忆故人同此夕，皋兰城上月如霜。

二

百战雄关匹马过，此行迢递遍三河。（闻迂道由晋入陇。）诗人例有江山助，出塞嘉州得句多。

送覃孝方之官山左

一

人海栖迟此送行，蒯缑一剑伴身轻。饼师笑我心情懒，聊复匆匆唱渭城。

二

相逢棋墅几留连，（君与余同嗜象棋戏。）自出东山转惘然。老去凭谁消一局？可怜长日度如年。

三

新词艳唱柳屯田，粉絮飘零又几年。（数年前，君寄柳枝词。此稿今犹什袭藏之。）开阁杨枝浑不管，香山居士倦参禅。

四

卜宅闲翻种树经，篱边插棘屋牵藤。平原草木须料理，付托无人我尚能。

五

济南名士近如何？冯铗雍琴本善歌。楚客悲秋无限感，唱酬应比粤台多。（君刻粤台秋唱成帙，和者如林。）

六

人间无处容章披，天意悬知厌甲兵。方待叔孙事绵蕞，此行好致鲁诸生。

七

齐鲁青青望岱宗，禅坛遥拜大夫松。待携谢客游山屐，相约同登日观峰。

登岱十八盘折回斗姥庵小憩集古

一

长亭驻马未能前，（王昌龄）曾谒仙宫最上仙。（罗邺）小院回廊春寂寂，（陆游）古碑无字草芊芊。（李群玉）频抛俗物心还爽，（陆龟蒙）新卜幽居地自偏。（牟融）衣食支吾婚嫁毕，（白居易）别寻逋客互招延。（钱起）

二

万方多难此登临，（杜甫）草色泉声古院深。（武元衡）碧嶂千重盘洞府，（周伯琦）清溪几曲到云林。（王维）禅心已作沾泥絮，（苏轼）日暮聊为梁父吟。（杜甫）难得相逢容易别，（戴叔伦）绿鬟侍女手纤纤。（黄滔）

林　栋

栋，字隆山，寿宁梅洋人，清光绪己丑进士，官礼部郎中。入民国后，任众议院议员。年六十余卒。著《梅湖吟稿》四卷，宣统二年铅字付行。

《三余山馆诗话》曰，《梅湖吟稿》少作颇自矜持，学陶韦能得其逸致。及出仕后送往迎来索然寡味，与《读我书室诗存》同一弊病。碧淞上人（霞浦建善寺住持）尝语余云，作诗文亦须知安身立命地，信然。集中附有陈弢庵太傅和韵送其南归云："三岁冰厅最切邻，论诗交臂失斯人。风波未定君安适，松菊犹存世一新。纪事金源成野史，收身汐杜署遗臣。（野史亭，金元遗山所筑；汐社，宋谢皋羽会友之所；二人皆亡国遗民也。）临分忍讽伤心语，眼见彝伦尽汩陈。"此公之丰采峻整，可于此诗见之。而《读我书室诗存》附录《王竹侯正定十里铺题壁》云："绝越关山王子安，鲸涛挟雨夏生寒。世何须我功名赘，云本无心天地宽。燕颔几曾封顶远，峨眉剩遣嫁呼韩。一枰未了山河战，漫卷诗书放眼看。"此君之襟期洒落亦洋溢纸上，均较原作佳胜，为余所日夕讽咏，既喜且妒也。

书　　意

出门随所诣，步徐忘西东。入室无所为，酒薄酹两钟。兴到手一编，咿唔倚庭松。倦即舍之起，天际数飞鸿。槛外环渌池，一镜淡微风。青天行白云，一一涵清空。轩轩青田雏，立我闻阶中。饮啄少许足，引吭睇苍穹。

春　　昼

花气入帘香，帘外蜂声细。风来帘自开，墙坳燕双睇。山馆昼愔愔，悠然得真恝。把笔展溪藤，古帖临修禊。我甚不工书，且任翩翩势。不侧永和游，俯仰疑并世。当前情已欣，后人览何计。泠泠何处声？天朗云日丽。游戏岂仙人，丝竹来空际。凭栏意憬然，新水激阶砌。

夏日山居即事

一

世事千山外，山深许读书。风来窗自启，蝉唱意何如。午日永松荫，遥天低草庐。未须方管乐，但愿侣崔徐。

二

浩咏出门去，白云如我闲。好山常独往，樵子偶同还。茅舍春新葺，（樵者邀过其居。）竹扉宵不关。园蔬频惠客，未觉野人悭。

三

闲把无钩钓，观鱼艇自撑。未忘吞饵患，还对弱丝惊。渚静鸥双立，风来笠半倾。漫疑归去晚，堤外满湖晴。

四

更深初酒醒，独立四无俦。庭月不知暑，竹风疑早秋。舂声隔林急，池水上阶流。未识承天寺，怀民寝熟不？

五

一士居南郭，（谓刘东穆。）清癯暴患夷。到门先觅饮，入梦尚题诗。戢翼怜双鸟，挑灯诵五噫。池塘饶野趣，相约采莼丝。

月　　上

一

月上调鸣琴，泠泠弦九变。目送片云飞，云飞远不见。

二

远道阻寄书，知君意缠绵。应有梦来夕，更深人未眠。

三

昔处桐花斋，今向梅亭住。梅亭君不知，梦入桐花去。

四

昔别娟娟月，一钩怜影单。月光容易满，两地照凭栏。

晓　书

庭户青山满，谁云居士贫。半岩朝雨过，新竹一林春。移榻
得鸣鸟，敲门来故人。帘开风未觉，池水皱粼粼。

山　居

野性由来水竹便，山居矧免俗缘牵。尚余樽酒重留友，但得
吟诗不学仙。著我三层贞白阁，卧看万里蔚蓝天。松风错认幽人
睡，催送涛声到榻前。

中秋见月怀刘东穆

浊酒方欲倾，悠然释杯榼。疏帘面面开，人倚南窗榻。问君
此何为？欲语忘所答。翘首睇远天，明月上东阁。闻昔月中人，
道是七宝合。冰镜修已圆，斧声息杂遝。眸子洗天公，珠胎满蚌
蛤。清新万万古，一轮丽闉阇。我有素心友，烟风生吐纳。遥知
独酌罢，西楼启朱阖。与子共清光，知不异簪盍。永夜应不眠，
同看银蟾匝。玉宇飞参差，天风飘爽飒。依稀远山口，钟声来
鞳鞳。

梦中有客请赋荆轲诗，口占授之

上天苍苍胡此醉，虎狼竟剪鹓首赐。乾坤何限不平事，壮士
一去弗顾身。登车气已吞强邻，奚但仲连不帝秦。超屏环走心胆
悸，铜柱之摘聊与戏。竖子莫汗匕首利。

书　怀

男儿生世间，七尺何轩昂。昂首天一握，放眼海一芒。简篇集千圣，周孔来一堂。且夕謦欬亲，奚但遇羹墙。果凭大愿力，凤骞而龙翔。负图登帝陛，矢音贺周昌。治道首菽粟，礼让讲丰穰。群生各无欲，秦越犹一乡。太平无显象，但觉日舒长。焉知笑语声，不更闻黄唐。不然事耕稼，结庐南山岗。晨偕语鹊兴，昼参耘鸟行。吟蛩知岁晏，来燕悟春阳。相牛经不读，种树书亦忘。朱陈结婚嫁，黄道占蜂王。源中花自开，何处通渔郎？孰遣入尘浊，此愿竟莫偿。十龄学帖括，三十犹彷徨。宗工谬激赏，贤宰空誉扬。（谓历任学使及乡试房师。）谁实今伯乐，终愧古乘黄。回头顾俦侣，几辈奋腾骧。向人欲一鸣，诡遇惭王良。房星自天下，不应困服箱。岂真负重远，艰困必备尝。政恐实驽下，识者窥外强。生我竟何意？转欲质穹苍。忍俾逐野鹜，旦夕纷稻粱。更令磨铁砚，辛苦役词章。

晓雨乍晴，偶出散步至卧龙潭

雨止云漫天，东方开一角。初阳岩罅升，四山生新绿。牧童一声笛，放牛山之足。余心亦欣然，晓出狎雁鹜。大哉雨露功，新稻青簇簇。悠然野风来，羲轩在我目。放怀天地初，适意匪余独。邻叟山林回，采药满筠篦。为言卧龙潭，夜流长山麓。往见百尺松，上挂千寻瀑。拍翅双水禽，飞向波间浴。见人亦不去，数声如敲玉。

雪后月色皎然，喜书数句

清晨赋积雪，入夜吟皓月。山居偶拈笔，笔笔皆清绝。岫白月增明，天开雪弥洁。纤尘何处生？两大胥朗彻。篱梅惜未开，三绝不并列。更深风送香，报我南枝发。

狮子岩偕王生种云同游

昔闻狮子走万里，今胡蹲向万山裹。四山如象方争趋，瞥见狮子竦然止。狮子昂首高半天，俯视何物堪齐肩。祇虞掉尾入云际，碧霄惊坠羲和鞭。曦轮日向岩前度，曷不竟逐驰驹去。为怜夸父太狂骏，肯向嵍嵼悔迟暮。騕褭未使地上行，狮子况擅超群名。顾影已绝熊虎迹，启口并哑雷霆声。灵钟秀孕几千载，我知大造非虚生。搏兔全力已自悔，何意吓令鸡犬惊。北山正对高岩敞，神龙吐光高万丈。腾骧变化畴更知，与子相期九天上。（岩对北山龙潭，种云所居。）

壬辰二月杨村早发

整驾紫竹林，解鞍西杨村。杨村更早发，皓月满前墩。河冻远无声，仆喋马不喧。往来数百辆，惟闻铃铎繁。前途几行客，缩颈车中蹲。犹怯晓寒侵，呵指屡吞吐。鲰生独不然，帘高手自掀。酌酒劝银汉，星斗疑可扪。旷眺起长歌，发兴何轩轩。一曲未云已，唤起扶桑暾。彩晕彻层阙，四野生春温。榆杨十万树，绿意遍晨原。

登　乾　山

秋色极天碧，高高不可攀。长风下九霄，招我游秋山。乾山跨两溪，秀拔出尘寰。跻险及中峰，飞泉鸣潺潺。濯足千仞岗，更上凌孱颜。岩石广可坐，谁道丈人顽。绝顶一长啸，清都咫尺间。群雁翔且鸣，应为稻粱艰。遥云亦何心，千里去不还。昂首笑向天，畴似山人闲。

缪生容斋耽苦吟，尤好为奇险未经人道语，赋此箴之并视同社刘聘丞、伯洪、王种云、谢挂庭、吴仲祥

容斋苦吟诗，颜为诗憔悴。虎逐顽石射，蛟没深潭刺。思穷神惧告，目眴魅惊避。锦囊投未满，宵寝索梦寐。梦觉屡呼灯，几遭肝肾恚。我初不善诗，意颇与君异。云远行无心，月好邀即至。草虫与隰桑，赵孟可观志。无弦并无琴，自饶琴中意。游戏听村讴，天趣出童稚。春至鸟能歌，何处著文字。诸君意云何？恐笑言之易。

阅方正学严陵钓台诗作

我读正学严濑诗，议论独辟何恢奇。细考汉志乃不尔，有人恐惧先追随。糟糠之偶阴非郭，子陵讵忍轻瑕疵。（方诗责光武废郭后有"糟糠之妻尚如此，贫贱之交可知矣"云云。按《后汉书》，光武先娶阴后，后纳郭后，故诏有"吾微贱之时娶于阴氏，将恐将惧惟予与汝语"。即位之初，特以郭氏先有子，故立之耳。）云台功名纷布列，中兴不鲜人扶持。独患未忘天子贵，谩骂或似高皇时。特标高节悟人主。真士未易好爵縻。即此扶谢故人毕，讵有谷风阴雨疑。君不见：邓贾旧臣礼不亏，外戚宠待均恩私，鸿胪金穴倾京师。

学　吟

少小学吟诗，爱之意颇专。博涉数百家，穷搜二十年。辛勤鲜一得，肝肾徒自煎。誓将弃笔砚，束稿投前川。今晨竟何晨，诗思忽满前。鱼鸟各自得，天水同澄鲜。何必更吟诗，琴妙忘徽弦。何必不吟诗，风动波沧涟。入春花自放，雕绘胡施焉。老去杜工部，饮中李青莲。光芒万万丈，此妙秘不传。濯缨有孺子，示我沧浪篇。

与叶子和高耀垣湖头泛舟

东海年来懒钓鳌，滩头且共泛轻舸。野凫波暖将雏出，溪树春归逐水高。酌酒诗吟招隐士，溯江文续反离骚。此生只合烟波寄，虚负良朋赠宝刀。

与王大瑾卿同宿石涧堂晓起书

初日未到松城中，先透山上苍松杪。岗松千树迓新晴，涛声欢向风前表。山鹊成群催客起，穿树鸣声尤了了。城中歌舞尚酣眠，独上前岗看清晓。

十月十二日宿郡南五路亭，晓起望竹江，
怀张子卿同年，寄之四川万县

夜静月印竹江水，晓行日照江上山。竹江近不百里耳，主人种花方未还。江天如镜纤尘净，昔岁登堂记联咏。景阳季阳情更多，晴日扁舟共游泳。（谓令弟寿人、季薪二人。）游泳曾约江之隈，他年结邻日追陪。江鸥曩实闻此语，船头飞去复飞回。簿书胡竟将人误，怪君不向江村住。笑君转觉笑侬痴，亦拟相从出山去。王事岂不畏简书，草堂松桂意何如？鸥闲对对飞傍岸，顾客欲下疑识予。

呈李伯畴、林少川两明府

龆龄间里竞欢娱，兄事袁丝弟灌夫。屡约孝侯偕射虎，几曾刘毅讳呼卢。剑鸣寒夜肝肠热，鞭盼中原日月徂。犹是长安同索米，岁星谁道胜朱儒。

题莲中君月夜诵心经图（并序）

辛卯夏余寓西岸范太学宜举家，月夜闻莲中君诵心经，曾以

文记之，今六千三百日矣。李伯畴太令雅好事迹特绘是图见贻额曰“皓月照禅”并系以赞，因题。

佛偈曾持妙法莲，莲花深处见神仙。纤埃不入门临水，一切皆空月在天。梵唱旧聆如昨日，尘缨未浣愧前缘。披图重忆唐昌观，玉蕊香闻十八年。（按：此即俗传先生遇狐仙，出仕时日夜相随，能言休咎。实事则不过如此，无他异也。据莲中君传云，范氏女小名佛喜，生百七十年矣。）

由虎坊桥移寓西长安街路南细瓦厂

旧居频怪市廛闹，喜向城南得小庵。杜曲去天真尺五，杏花过雨正春三。晨朝晴暖趋衙迩，夜半歌声出屋酣。载酒何劳问奇字，汉家近事待详谈。

徒　步　吟

徒步入署行自安，诸君且莫嘲蹒跚。臣本布衣书生耳，窃禄已久惭素餐。冰厅自冷幸居近，长安敢歌行路难。道逢马车四轮至，新署奏调多贵官。（京都近年始有四轮马车。）前车已驰后车逐，重叠宝马披雕鞍。君等槃槃信才大，飞潜不羡胡所叹。但怪马路筑未遍，（西交民巷尚未筑马路。）奔驰十丈尘漫漫。康庄偏解眯人目，启口欲骂舌苔干。行行且避君马驶，凤城三月春未阑。毵毵新柳如新沐，缓步觅句聊盘桓。

陈墨卿姊丈绘梅湖图寄都并系以诗赋答

远道劳君寄画图，殷勤为我说梅湖。陈醪新茗闽川冠，豆腐花猪天下无。（二味安寿两邑特胜。）作宦频年亏仲产，执殳何日为王驱。季鹰早识鲈鱼美，十载辞家信大愚。

白　云　谣

长安城南白云飞，旦旦似劝游人归。久居长安不归去，白云怪客尘满衣。东海倏作桑田变，昔耻言归今胡恋？嗟我岂不思故山，道远囊空愁驿传。深闺书寄窦连波，遥知对封鬐双蛾。勋名纵欲效五羖，山妻惭赋炭庨歌。白云舒卷何自得，南行定应达闽北。为语家人休怨嗟，新笋出林客到家。

得郑筱甘书吟寄

霍林山人今韩众，（筱甘家霍童。）梅湖山人曰林栋。昔年共读灵宝书，九霄妄拟骖鸾凤。左弼右弼竟何似？（霍童有左弼右弼峰。）东海桑田真一梦。梅湖湖上梅早开，晴日待君共吟讽。

移居将军山吟寄陈婿舒云

榕城藏见各三山，（闽谚语："三山藏，三山现，三山看不见。"）将军山下石泉出潺潺，天公道是三山藏之一，特命林子傲宅居其间。林子自少山居惯，一十五年困游宦。梅湖几度梦梅花，招我还山同岁晏。山人岂不恋岩阿，山资无措可若何？巢由无待买山隐，天今惠我良已多。堂前茶花初吐蕊，迎眸已令人意喜。堂后修竹数十竿，清流泠泠来满耳。林子昼闲还读书，欲超羲皇傲几蘧。此趣不轻向人语，卿来同住意何如？

《含翠楼诗存》

先考府君讳慕莲，字桂伍，世居福鼎九鲤村。七岁失怙，二十一岁入郡庠。母郑太孺人痛门祚再世短促，（曾王父延钦府君年二十卒，王父心周府君三十卒，均无兄弟。）不令远游。府君乃家园奉侍，讲求汤液活人之术，暇辄登山临水观鱼觅句为乐，以民国八年十月二十五日病卒，享年四十。祔葬溪口山祖茔。著《含翠楼诗存》二卷。

《三余山馆诗话》曰，吾杜氏自江宁入闽，初至杜家村，旋迁乌杯，族始大。前明弘治间，有子新公者以名孝廉教谕吴江，严毅有守，《福宁府志》列入"儒林"。逮历逊清二百余年，族姓虽日繁，分徙九鲤七溪各村而无能以科第发名者。至先王考府君、先考府君，早岁游庠方冀有以大施而皆不永年。而甲戌之夏，闽东乌杯九鲤七溪三村庐舍尽为所焚，数世遗书与之俱尽，唯《含翠楼诗存》为仲兄携之出走得以保全，亦云幸矣。余去春南归，亟谋付印，已蒙尚师节之、郑先生守堪，友人计闇修、黄之六为之序跋，祇以病躯不堪久坐，未能细心校理，犹莫成书。乃请仲兄先选数十篇以入诗钞，并录尚序于后以代诗评。

记云："良弓之子必善为箕，良冶之子必善为裘。"岂不然哉？始闽士杜君悦鸣从吾游学为诗，出语清逸。又数年遂于古今体皆能之，而叹其进业之速。既而悦鸣以其仲兄柳坡近体诗数十首见示，其清逸媲于悦鸣而工稳则过之。虽不知于古体如何，要其天资高亮亦一时之秀。己卯秋，悦鸣寄示其先德桂伍府君行状，请为表墓之文，并附君所著《含翠楼诗稿》二卷。余读之，雅淡冲夷，想见其娱情山水啸咏林泉之乐，乃恍然悟二子之能诗之有由也。然君逝世时，二子皆幼，不克躬授，后卒能嗣厥弓裘者则以学问之事，胕响所及自然能感发兴起也。所惜者天不假年，中道而殁，所为既少，故不克尽其天才，有元宾长吉之憾。
鸣呼！术业之成若有天命与以年矣，而不赋以才优以才矣，而或
靳之年。古今学人若此者盖不可胜数，又岂独君也哉？为墓表既
竟，遂识数语于简端，以为读此诗者导焉。

漫　　兴

一

夏来不用扇，冬至不围炉。眼前随物化，万象本虚无。杨公
伤歧路，阮生悲穷途。得失安可知？何若守真吾。

二

日食三餐饭，夜眠七尺地。昼夜本循环，岁月亦递至。形生
与老死，眼前万化备。人无金石寿，何苦逐名利。安得古真人，
忘言谛妙义。

三

智者未必巧，拙者未必愚。已往不可咎，未来焉足虞。毋教
猱升木，毋待兔守株。大道本荡荡，何往非坦途。世人悦机械，
心劳貌转癯。所以古文人，抱瓮笑吾儒。

四

明月过前川，皎皎光似魄。静坐转忘机，一室生虚白。琴声
泉拂席，灯影竹画壁。荡涤放微衷，何为自促迫。一鸟下庭除，
焚香读周易。

瑞云寺纪游

一

朦胧花影上回廊，独坐禅床露有香。百八钟声敲彻后，西楼
人静地如霜。

二

杏花时节鹁鸠鸣，小立院门托远情。好雨一犁春水足，阡南

陌北尽人耕。

三

远山如黛入帘青，卧阅华严数卷经。参透禅心寂静处，云依天际水归瓶。

四

闲情每惯醉寻僧，竹院清阴取次登。相对冷然忘我乐，山风微飐佛龛灯。

题含翠楼用四爱原韵

一

我爱春，春意好。登楼含翠色，侵帘有细草。何不秉烛游，夜眠困人恼。人生行乐当及时，莫使白头叹衰老。

二

我爱夏，夏日长。松风添午梦，抛书一枕凉。溪声听潺潺，雨过晚花香。睡起半窗残照好，蝉鸣树上怒螳螂。

三

我爱秋，秋思苦。邻翁隔篱饮，相去只数武。终日醉菊前，卧歌齐起舞。漉酒休令陶令笑，角巾折破还可补。

四

我爱冬，冬气寒。狂风吹落叶，卧看雪满山。客来欢长夜，何事唱阳关。小楼今日风景好，短笛一声寻梅还。

夏　　日

斗转南来昼正长，北窗寄傲是羲皇。平湖草色连天碧，夹道槐阴卓午凉。荷露日斜光潋滟，柳丝风软舞颠狂。何须沈李浮瓜去，一枕华胥乐未央。

题　扇

绿树葱茏一径斜，红梅深处有人家。青山即是神仙宅，休向桃源认落花。

秋日游前溪

清流夹岸抱回环，迤逦疏林绕浅湾。绝壑飞泉明匹练，乱峰倒影浸螺鬟。濯缨每作沧浪想，洗耳如逢巢父闲。信步浑忘归去晚，丹青一幅好溪山。

闻　雁

堂前归雁语纷纷，日暮天空净碧云。枫叶满林霜满地，南来秋雁不堪闻。

蜘蛛吟寄啸田

扁其首，圆其腹，蜂其腰，蟹其目，齿有两，足有六，能结网以为屋，时上下如辘轳。静则如鹰瞬，怒则如鸡伏。儿童欲取丝，持竿投以竹。少妇思子切，落衣暗相卜。昼常凭高望，入夜巡檐宿。渴惟饮泉露，居然不贪禄。蜂蝶自触之，翼缚而颈缩。非彼作饥驱，汝甘为鱼肉。蜻蜓犹款款，不解兔狐哭。人生一裸虫，死即同草木。胡为日劳形，与物相逐逐。世网如绳密，束缚严尺幅。功名富贵场，进退多维谷。鸡虫争得失，率乌与由鹿。巧黠能几时？前后一辙覆。乐极多生悲，祸即倚于福。因作蜘蛛吟，请君一展读。吁嗟呼，古人淡泊明素志，心旷何至长戚戚。试看鹏鹄举摩天，枋榆雕鹗亦幽独。

夏初晚眺寄怀林姊丈啸田，用唐岑御史登虢州亭得低字韵

山居初夏日，气候暖寒齐。柳线因风紧，秧针出水低。雨收虹见北，峰暗日衔西。听鸟来幽谷，持竿步曲溪。故人不可见，尊酒莫重携。惆怅思君切，暮云一望遮。

和王君子翊游瑞云寺

访遍山村与水村，联舆共谒远公门。泉声曲折随人转，竹势参差入寺昏。古洞埋云花作雨，老松卧雪薜为痕。看来色相皆空蕴，悟道心如活水源。

七　夕

织女未停梭，牵牛已渡河。人间今夜乐，天上此宵何？银汉清如许，金壶漏几多。夜阑犹坐看，皎月堕江波。

春尽偶作

一

千门桃李斗芳时，转眼春光九十迟。满架蔷薇香馥馥，出墙夭棘影离离。杜鹃彻夜空啼月，蚕茧谁家正治丝。知有残红与浅绿，东风何事太相欺？

二

惜红无计送春行，几度凭栏寄远情。槛外落红惊语燕，墙头飞絮恼啼莺。依稀庭院伤心寂，远近山光照眼明。天气渐长将入夏，池塘处处有蛙鸣。

端午节梓儿由校回，书此以示

负笈从师百里余，艰难吾道竟何如。空疏已悔予迟暮，发愤

唯思汝读书。归省不妨为佳节，诵弦即莫废居诸。时逢重五家家乐，插艾悬蒲作辟除。

秋初寄林姊丈啸田

一

碧梧初落一庭秋，枕簟凉生夜色幽。银汉无声万籁寂，最先得月水中楼。

二

虚窗生白月如霜，花影远离上短墙。坐久不知更漏转，满庭凉露湿衣裳。

三

一池荷盖影亭亭，三径黄花晚节馨。自是君身多傲骨，不愁霜露下前庭。

四

流光如水去无回，华发惊霜对镜开。人事竟随秋意老，眼前风景且衔杯。

题时辰钟

一刻复一刻，昼夜无休息。积时成日日成岁，巧夺天工真不测。人生飘忽过隙驹，转眼光阴留不得。明明一十二声中，无限朱颜尽改色。

春日卧病

一

池塘一夜酿东风，细草如茵绿满丛。最是多情墙上杏，先扶春色出园中。

二

花阴月暗雨纤纤，轻暖轻寒阵阵添。几度挑灯眠不得，多愁多病一身兼。

即　　事

穿云野竹笋初长，出土自然节节香。持与山妻作一饭，些些淡味耐人尝。

三月三日

已过清明茶叶长，村村儿女各持筐。自从纤手亲拈遍，入口犹存粉泽香。

山行看春耕有感而作

一

山花雨过沾衣重，岸柳风来拂面轻。傍晚看山饶别趣，一群山鸟笑人鸣。

二

雨旸时若庆咸亨，播谷方殷鸠鸟鸣。第一今年天气好，春田处处有人耕。

三

高田日暖土如脂，播种艰难贵乘时。一什豳风陈稼穑，唐宗唯宝课儿知。

九　　日

重九登高日，宾朋载酒来。天空秋色净，山合鸟声回。落帽羞霜鬓，题糕醉绿醅。明年仍顽健，此会好重开。

梓儿在校，书此寄示

一

入校曾经半月余，近来眠食竟何如？秋高露冷风声急，早报平安一纸书。

二

已过重阳节序寒，提防被冷与衣单。时时谨慎加餐饭，庶使高堂梦寐安。

三

我老徒增伤感多，休教白日等闲过。由来有志能成事，爱惜分阴力琢磨。

四

读书须向静中参，吾道多从苦得甘。每到三更灯火夜，辛勤犹把五经探。

五

堪嗟汝弟正韶龄，只望辛勤守一经。为汝从师负笈去，累伊日日独趋庭。（此指仲兄柳坡，时年十三。）

六

今年晚稻已登场，共庆千仓与万箱。手写一封书报汝，全家此日尽安康。

王君子翊春杪枉过夜谈感旧，书此赠行

名门自昔仰三王，三世通家孔李堂。（原注：先君与其祖聘三先生交好，今君复与梓儿同学。）钜野衣冠多德教，中陵遗训尽文章。儿曹玉石他山助，祖武箕裘世泽长。莫怪逢君欣话旧，当年谱牒赖辉光。（原注：族谱系聘三先生所修。）

寄　怀

一

子规啼彻四更时，不是离人亦感离。唯汝多情吾多恨，梦回犹带数声迟。

二

自从分袂相忍切，每欲寻君命驾难。落月屋梁人定后，不眠几度倚阑干。

竹薰笼

寒宵伴读二难并，斑竹薰笼灯短檠。若共深闺征妇宿，温存不减夜来情。

春燕

似曾相识又归来，帘卷东风半未开。自傍竟将门户立，双飞时向镜台回。衣沾细雨粘花片。尾剪轻烟绝点埃。两两商量营旧垒，呢喃小语下苍苔。

梅影

笼烟笼水影层层，深浅横斜画未能。别有会心忘意处，疏篱竹月纸窗灯。

七夕

一

香气氤氲透画棂，不劳青鸟报前庭。鹊桥今夜无多路，坐看牟牛织女星。

二

每爱登楼看曝衣，竿头日上影依稀。由来南阮无长物，犊鼻高悬对晚辉。

三

女伴争陈乞巧瓜，银河耿耿日初斜。神仙非爱人间乐，何事麻姑到蔡家。

早起观积雪歌

一

破碎帷长皋，晶莹罩万屋。王蒙题粉本，对此快心目。

二

细草既偃蹇，长林亦抑折。唯有岭上梅，开花与比洁。

三

锦上喜添花，雪中谁送炭。冷暖与炎凉，好把世情玩。

四

骑驴寻梅踏，仗节牧羝啮。处境岂必同，要皆有真谛。

五

青山当我门，万古恒不易。谁知一夜中，忽然头也白。

六

我有一尊酒，扫叶煮初熟。颓然一醉卧，安计寒与燠。

纸　煤　筒

贮如雨笋一班联，位置高悬粉壁妍。细细握来如搦管，重重卷去似搓绵。从头全赖吹嘘力，到底难除烟火缘。外实中空无骨相，茶余酒后最流连。

午　　睡

一

蕉衫蒲扇竹方床，午睡迟迟日正长。第一骄人唯六月，北窗寄傲是羲皇。

二

一卷犹抛在枕边，幽斋过雨晚凉天。儿童窃指乃翁笑，半榻松风惯午眠。

九月九日

奠雁盈门百两将，况兼佳节到重阳。登高此日怀司马，入洞明朝看阮郎。旨酒嘉宾同宴乐，美人芳草尽文章。茱萸即是三生果，定卜螽斯衍庆长。

送女归峡门

一

敢夸德貌与言工，十九年中婉娈躬。今日凤鸾齐起舞，双双飞上碧梧桐。

二

摽梅汝弟赋重阳，奠雁盈门百两光。转眼五纹漆弱线，又为汝作嫁衣裳。

三

虽然不作门楣想，井臼年来代母持。母病未愈当远别，可知念母益伤悲。

四

中年我亦无他望，儿女时常聚膝前。贞吉临歧远父母，牵衣能免泪潸然。

摩兜坚馆诗草

（民国）卓剑舟 著

摩兜堅館詩草

蔡元培題

上海市通志館

天南遯客殫文思　十載精研

一卷詩成己江才　鋪敘畫郯堪

率率為題詞

　　奉題

劍舟先生詩料

　　　　　　亞子 [印]

柳亚子题字

自　序

　　少陵诗云："为人性僻耽佳句，语不惊人死不休！"余岂有惊人之句，而所耽则有近似乎此者。命运多舛，颠沛叠遭；其间不获亲笔砚，从容以写其情之所触者屡矣。丙寅春仲，薄走粤东；是年秋，复有沪宁之役；间有所作，见者以为有燕赵悲歌之气。呜呼！潦倒半生，岂以此浪得名哉！戊辰冬去国，遍游南洋群岛。凡一路所经：或览胜；或感怀；或遇节序，抒写湮滞；或遭风波之恐；或与友朋燕乐酬应，与夫邮筒往复缱绻之情；辄复形之歌咏。虽词意鄙浅，类皆一时感兴之作。未忍弃掷，录之得如干首；合少作遭回禄而仅存者，名曰《摩兜坚馆诗草》。嗟嗟！少怀哀郢之思，壮作登楼之客。韫草偶拈，巴人徒唱，吾知终不免覆瓿矣！以视世之以诗鸣者，奚啻沟浍之于河海，培塿之于华岳也哉！

中华民国二十有二年一月
天南遁客卓剑舟序于上海

春日即事

　　春满江城香满衣，日来心事惜芳菲。鹧鸪抓落桃花片，偏向诗人头上飞。

题 画 兰

　　独干素心深谷垂，古香古色影迷离。名花自古如名士，落魄风尘识者谁？

题画（为子丹女士作）

　　两个白鹭鸶，宛然忘机者。有意示人清，双立莲花下。

抵杨家溪

　　杜鹃啼破夕阳斜，陇上白云望眼赊。无限凄凉无限思，杨家溪畔叹杨家！

晓渡杨家溪（二首）

一

　　云水苍茫入望迷，扁舟摇荡碧琉璃。一船离思愁无那，柔橹数声载过溪。

二

　　欸乃声声烟外青，一舟谈笑慰飘零。不堪倚櫂横高唱，为怕蛟龙欲出厅。

芙 蓉

　　嫋嫋芙蓉花，顾影一何媚！宵来风雨声，美人堕红泪。

步林正民（邦定）春日韵

好鸟鸣春到客家，东风过处万枝花。年来我有家园感，那得闲情玩物华！

春日杂诗

一

一雨郊原草木新，莺歌恼乱苦吟身。踏青漫整游山屐，春到天涯不是春！

二

西出城闉过板桥，春波如酒鸟声娇。阿侬别有伤心处，愁见落花历乱飘。

三

落花满地雨如烟，依旧魂销似去年。最是不堪枝上鸟，声声啼彻夕阳边。

四

朝来独自步花街，触眼飞红怆客怀！归去浑忘途近远，野花满贴踏青鞋。

春 去

春去杜鹃啼，落花含如梦。人无百岁春，禁得几回送！

步家松襟（坚）牡丹诗（三首）

一

富贵风流本足夸，天公不为洗铅华。绿章应把春阴乞，十万金铃护此花。

二

吟肩高耸若驼峰，诗思年来渐渐慵。欲写天香无彩笔，拚教俭腹笑吴侬！

三

新诗寄自绿榕乡，报道天花第一香。桃李那堪侪国色，应将芍药侍花王。

晓　发

残月犹悬露湿衣，归心已逐白云飞。水流山转疑无路，忽有人家在翠微。

哭三姊（梅萼）

姊氏先予逝，伤心欲问天！白头难慰藉，黄口最堪怜。雁序悲行折，鹃啼泣血鲜。传来绵惙语，长忆泪潜然！

余生十有六，便见二毛，客有问之，作此自解

问余何事发斒斒？笑而不答自高歌。记得昔人诗句好，一生秋气得来多。

题昭明寺壁

晓过栖林寺，晚上昭明游。云气暝成雨，松涛寒作秋。萧梁寻遗迹，僧磬度重楼。帝子今何在？顿生万古愁！

园中赏雪，斗见邻梅，喜赋

琼楼玉宇净无尘，香到黄昏照眼新。大有诗家便宜处，隔邻微露一枝春。

晓　步

两个黄鹂自在啼，晓风吹我到桥西。偶然小立闻人语，昨夜桃花飞过溪。

春郊即景（二首）

一

绿阴似水鸟声娇，旖旎风光人影摇。画出江南山色好，寻诗知过石湖桥。

二

嫩波涨绿最堪怜，红遍桐山三月天。桥上飞花桥下路，一声啼鸟半湖烟。

题陈鑑波（棠）挹翠楼壁（二首）

一

楼成挹翠涤襟烦，图画天然郭外村。十里山光都在望，一场春梦了无痕。偶衔杯酒愁怀灭，常对烟霞笑语温。白眼看他当世士，满腔冰炭不须论。

二

高楼结构费商量，挈伴同登喜欲狂。四面溪山飞翠色，几重云树拥晴光。品题烟景归金管，咳唾珠玑入锦囊。自是元龙豪气在，我来把酒醉诗肠。

夏日即事

㫰囱炎日影重重，几树歌蝉唱午风。三百唐诗抛未得，教人唤作蛀书虫。

灞　　上

如此风光总可怜，山如泼黛水如烟。晚来灞上看秋色，笑指迷濛玳瑁天。

剪　烛

剪烛读离骚，侵晓和衣卧。清磬铿然鸣，风乱余音破。

过圆觉寺

无端人事日相侵，且向僧家听梵音。闻道吟诗都罪过，漫将圆觉证禅心。

七夕偶成

斜倚危栏看女牛，一年一渡绛河秋。修来千载为夫妇，借问人间有此不？

重过昭明寺

为爱招提境，频烦作胜游。山高堪避俗，树老不知秋。帝子自今古，白云任去留。残钟谁共听？寒籁更飔飔。

瀑　布

海神呵叱石门开，地拔岩飞汩汩来。日夜深潭风浪恶，怒龙倒挂满身雷！

题画（三首）

一

十里晴光翠色齐，竹林深处鹁鸪啼。东风不管人消瘦，吹落桃花飞过溪。

二

溪光入画绝纤埃，莫怪诗成未肯回。悄向桥头负手立，山花无数送香来。

三

芳饵沙头阴处垂，微茫一片碧琉璃。江南江北行人少，静看蜻蜓点水嬉。

离家之上海

出门向慈母，强颜道远游。恐伤慈母意，有泪不轻流！

河山舟中口占

欸乃声声一叶轻，无穷别思傍船生。会心最是天边月，照得离人分外明。

书　愤

身世飘零惯，浮云转眼过。醉时倚长剑，睡去著诗魔。故国烽烟满，秋深霜露多。一腔忧愤在，搔首起悲歌！

游大世界二绝

一

钗光髻影眼望赊，万点珠灯笑语哗。艳李秾桃浑不管，阿侬家里有梅花。

二

香风阵阵透胸罗，红粉青衫击节歌。却是繁华那比静，恼人只为管弦多。

秋夜（二首）

一

徙倚阑干夜色凄，无边秋思使人迷。生憎天上如圭月，不管人愁只管低。（九月十六夜）

二

往事如云任去留，箫声桄触倍生愁。孤灯自把骚经读，不雨不风天地秋。（九月十九夜）

癸亥孟冬送王榕寿朱任生之日本（四首）

一

同负翩翩磊落才，双双挥袂上蓬莱。男儿欲把狂澜挽，合向东瀛仗剑来。

二

莽莽中华号病夫，尪羸国势倩谁扶？此行思起膏肓疾，至竟男儿与众殊！（王君留日入医科。异日学成，医人医国，予于王君有厚望焉。）

三

恼人天气雨如丝，正是行人去国时。好乘长风雄破浪，大江东去影迷离。

四

正喜他乡遇故知，那堪更赋别离诗？日来满腹牢骚感，听到阳关泪更滋！

淮河舟中

深喜仙源许问津，东风一曲画中人。桃花流水杳然去（李句），江北江南都是春。

游莫愁湖二首（有序）

夜梦卢家莫愁。次日，同刘子亦珍冒雨往游，瞥见壁间莫愁小像，宛然梦中人也。不禁神为之往！

一

梦里无端示色身，香魂犹自唤真真。万千心事都灰却，风雨楼头忆美人。

二

繁华销歇水东流，眼底莺花六代愁。留得一湖风景在，美人名将各千秋。

登清凉山次易哭厂先辈韵（二首）

一

谁道清凉未可攀？我来一一数烟鬟。登高四望尘寰隔，自是金陵第一山。

二

六朝图画任追攀，扫叶楼头挹翠鬟。最爱哭厂题句好，城中面面是青山。

写　感

欲击唾壶碎，蹉跎欢此身。新亭余涕泪，故国况荆榛。放眼殊高古，扪胸无点尘。茫茫孰知己？千载一灵均！

龙华看桃花口占一绝

东风吹我过龙华，一尺鲈鱼上酒家。三月行人行不断，龙华镇上看桃花。

闲　眺

夕照满原野，行歌亦楚狂。微风吹水绉，海月上楼凉。目与天边尽，心因世事伤。万方多难日，俯仰意茫茫。

陈　奇　岭

陈奇岭上草迷茫，指点荒坟吊夕阳。愁到寒鸦天亦醉，不堪惆怅下层冈。

感　事

时局嗟荆棘，途穷可奈何？烽烟迷海国，鼙鼓动星河。大地腥羶满，江山涕泪多。夜长不成寐，拔剑欲高歌。

晓　渡

夹岸桃花映水低，东风三月鹧鸪啼。溪光一碧阔无著，欸乃数声烟际迷。

观宝儿睡

稳睡摇篮里，无须催睡歌。不知何所梦？微笑动梨涡。

送　别

肠断声中唱渭城，冥冥春树搅离情。痴心欲倩长亭柳，十里飞花代送行。

九月十二夜

残灯如豆月微明，静里无端百感生。最是伤心身作客，梦中犹听唤儿声。

夜静有感

牢落尘寰廿五龄，灯前顾影欢伶仃。人间不尽风云变，襟上犹存泪血腥。

始信功名皆是幻，那堪文字更无灵！床头尚有龙泉在，夜夜光摇北斗星。

九月十六夜

一片秋光满画栏，露华洗出碧空寒。当头好月明如许，偏是愁人不耐看！

旅舍不寐

枕函认取泪光莹，辗转无端百感生。风打纸窗微露白，不知是月是天明。

二月初二夜作

一挫缘天意，令余悟日新。不妨从此始，认作再生人。

书　　感

大错铸成事可哀，万牛力挽莫能回。踽天蹐地愁无那，尚有何人慰藉来？

少　　年

少年意气尽销磨，苍狗白云奈若何？从此吹箫天末去，算来凄响较前多。

即席赠汕头余晓天张剑修

大千世界任浮沉，何幸天涯遇赏音。气味竟如公瑾酒，交游谬许伯牙琴。漫挥感事千行泪，独抱怜才一片心。白玉盈樽歌慷慨，壁间雄剑作龙吟。

西江夜雨

风雨交加阻客程，蓬窗卧听对孤檠。乡愁叠叠遥难寄，散作西江一夜声。

旅夜书怀（四首）

一

故园莫返等无家，往事追思亦自嗟。孤愤无人来慰籍，空囊尚敢说豪华。眼前时事纷如弈，身外功名薄似纱。遥祝北堂人健在，那堪游子滞天涯。

二

我愁乏术避强秦，面目英雄未失真。故剑匣中芒欲射，新词笔底气难伸。万方多难无家客，一个飘流劫后身。莫讶樊川狂杜牧，东风禅榻鬓丝新。

三

旅窗坐久漫书空，却叹飘零类转蓬。囊涩大都遭鬼笑，途穷何苦作诗工。雄心未了三条烛，壮志尚堪万里风。食走衣奔缘底事，凌霄枉有气如虹。

四

侧身天地我何堪！冷暖情怀已饱谙。侨寓谁怜羁岭峤，前游翻悔别江南。红莲尽日尝心苦，白蔗几时咬尾甘？他日腰缠过万贯，桥西亭畔结茅庵。

息鞭亭北望（亭在羊城东效外）

北望中原路八千，山河破碎恨绵绵。回头却与同袍语，不斩楼兰莫息鞭。

述怀（二首）

一

廿六年华一瞬过，敢将身世怨蹉跎。骨经锻炼丰裁峻，眼阅沧桑涕泪多。往事怕追韩地月，新诗独赋粤江波。家山破碎知谁念？枉把雄心仔细磨。

二

肮脏余生感慨频，荣枯身世劫常经。风云无尽千秋想，冰雪争如百炼成。莫怪新朝纳张禄，应怜荒岛避田横。男儿未把恩仇报，匣底龙泉诉不平。

豪　杰

豪杰乘时势，弃家万里游。此身既许国，艰险复何忧。杀气迷三楚，战云满九州。楼兰犹未斩，何日快恩仇。

独　坐

独坐空庭对新月，乡思钩起夜偏长。男儿未遂平生志，辜负亲恩泪数行。

题松江曹叙彝三泖春泛图（二首）

一

胜境何妨约伴寻，画图一幅好题襟。目穷万象临江阔，胸有千秋放笔吟。自在乾坤无窄地，流连山水即仙心。泖峰风景天然好，我欲披图结赏音。

二

乐事何须物外寻，放舟自足惬清襟。烟帆眼底开图画，邱壑胸中黮嘯吟。阁上潮音添远思，寺名澄照证禅心。纵怀山水空前古，杨陆于今有嗣音。

感　怀

天涯摇落里，惆账此心灰。有恨唐衢哭，无家庾信哀。销愁惟赖酒，问世敢矜才。欲把头颅卖，伊谁领受来？

古　剑

我有龙泉三尺紫，满怀愤郁堪与语。世上不平事尚多，请君莫便化龙去。

送北伐诸同志

昔读韩衍子，两言刻我衷。杀机满天地，仁爱在其中。寄语同袍者，努力树奇功！

秀塗村店即事

村店荒凉夜二更，无端百感静中生。回思往事都如梦，独对窗前月色明。

遣怀（二首）

一

人生何用叹枯荣，阅遍繁华过眼更。敢谓穷愁工著述，耻随奔走竞逢迎。空看鹤骨千茎雪，未奋鹏溟万里程。底事寒泉三尺剑？夜来也作不平鸣。

二

年来意气渐消磨，浊酒无端慷慨歌。壮士矢心报家国，书生短计止干戈。登楼有客依刘表，居粤无能辅赵佗。勉矣逸鞭须猛著，会看破壁有龙梭。

柬林豪庵（时端）

萍飘絮泊事堪怜，肮脏文章不值钱。感慨多诗宁有债，呻吟无病岂非天。

离家路逾几千里，堕世人将廿六年。应笑行踪殊变幻，聚如泡影散如烟。

罗汉殿奉如海上人

闭门奚事学书空？枉具凌霄百尺虹。入世但求无愧怍，一生何必计穷通。

前身师是参寥子，拙宦吾惭苏长公。且道我材终有用，会当鼓翼破天风。

金陵旅店忆莫愁湖

好风吹送过金陵，河草青青向我生。苦忆莫愁眠未得，旅窗兀坐数残更。

秣陵杂咏 （四首）

一

粉黛南朝迹已陈，烟销王气化微尘。秣陵风景谁消受？半属词人半美人。

二

淮河河畔垂杨柳，雾暗烟迷大地秋。肠断后庭花一曲，江南江北古今愁。

三

独自江南载酒行，子规啼破秣陵城。衰杨也解南朝恨，带雨拖烟无限情。

四

淮水兴亡呜咽流，江山无恙六朝秋。萧梁此日无全土，不及湖名尚莫愁。

重过莫愁湖

雪泥鸿爪又勾留，一曲高歌忆旧游。山外斜阳湖上雨，藕花香里话楼头。

金陵晓发

江南庾信意如何？怀古思乡惹恨多。数载流离哀骨肉，只身落魄走关河。

去来浪迹仰天笑，困顿悲怀斫地歌。怕听鹧鸪行不得，陌头杨柳浩烟波。

述游慈溪永明寺旧事，分柬如海怀德二上人

我从地狱出，何当到上方。纵令临大劫，胸怀日月光。畴时一饮啄，云谊寸心藏。眼底华岩阁，使人最难忘。

夏　日

又是困人六月天，先生无事且高眠。昼长但觉醒时少，赢得朋交呼卓颠。

申江留别张国良（二首）

一

久讬苔岑契，结交情性真。感君慰畴昔，嗟我困风尘。作客一身贱，还家四壁贫。去来七千里，回首几酸辛！

二

我被儒冠误，生涯剧苦辛。经年负书剑，镇日尚风尘。学未等身富，年犹彻骨贫。何当归去也，敢说不因人。

同许大万青上荆山寺

绝顶梵王宅，登临何壮哉！水光浮日夜，山色入楼台。老鹳盘空下，灵龟吼浪来。欲招云里鹤，同驾帝城隈。

寄彭家煌

茫茫宦海涨波澜，着个浮生信可叹。吾道不须论毁誉，江湖无地纵悲欢。

身因多病情怀减，心总藏机阅历难。沪上故人如我问，敢烦传语报平安。

鳌江九日登高

我爱黄花泛绿醪，况逢佳节好题糕。流连山水真行乐，自在风流尽放豪。

双眼乍舒千里豁，一身直立万峰高。茫茫浩气空前古，长啸一声惊巨鳌。

题荆山石室壁 （有序）

民国十有五年，九月十三日，普圆道人以道袍扫壁属书，因口占题此。

荆门巉嶪无今古，俯视群峰若童竖。一声长啸巨鳌惊，万壑烟霞归纳吐。绝顶松身化石骨，中有道君住仙窟。（山有狮子洞，祀唐许旌阳。）昨夜丹霄梦见之，正值岩边伏虎时。

荆山僧楼作

西风日暮古鳌头，漠漠烟云四望收。半树斜阳一声雁，并将秋意入僧楼。

荆山枕上口占

一点清灯觉夜凉，卧听铁马响丁当。宵分几阵潇潇雨，催放山花入梦香。

僧房

高枕憩僧房，心清梦自安。不知明月上，松影落窗寒。

哭况夔笙丈

一代文豪况临桂，南通相约赴皇都。（张南通与况老最称莫逆，两老后先俎谢，故云。）玉楼作赋需元老，寰海同声哭大儒。纵有遗书传绝笔，那堪吾道失规模！平生友谊兼师谊，为位空山泪欲枯。

荆山细雨

微雨因风来，林间簌簌响。枫叶咽秋泪，堕我青衫上。

自　　慰

万方多难复何之？打面狂风日日吹。失意安知非得意，压囊却有百篇诗。

寿许辐臣丈七十有二

起家羁旅众推贤，广积阴功享大年。团聚家庭饶趣味，优游杖履即神仙。

繁华过眼增悲感，淡泊明心乐性天。敬祝桑榆无限好，八旬再颂九如篇。

别南雁荡

小住名山结净因，天风送我作离人。何殊年少新婚别，一步一停回首频。

梦亡兄舜山

死别十三载，夜台寤寐劳。相逢悲喜集，乍见影形逃。残月窥人泣，寒虫作鬼号。挑灯读遗稿，挥泪满绨袍。

游栖林寺次宋王梅溪壁间韵

寂寂阴阴祇树林，峰回路转白云深。倦飞我亦栖林鸟，云板数声起道心。

自题化装小影

人生游戏耳，非假亦非真。逆旅客中客，乾坤身外身。悟到无人我，何须辨主宾。

口　　号

桑沧时世尽堪嗟，破浪乘风愿已赊。莫笑鲰生无远志，也曾仗剑走天涯。

书　所　见

碧玉聪明正破瓜，轻鬃覆额髻堆鸦。榕城毕竟多春色，半在人家半卖花。

台江春兴

淡云微雨卖花天，九十风光春可怜。随处寻春春便得，台江春色本无边。

与柳植人（和良）夜话

世路崎岖甚，浮生信可叹。朋交半零落，慰藉转酸寒。有价知官贱，无赀作客难。话阑悲往事，蜡泪满铜盘。

台　江

台江花月可怜宵，十里灯光驻画桡。应笑船娘歌踏踏，一声声唤念奴娇。

挽柳康斋丈

议政当年事，风流迈等伦。老怀绝依傍，壮志空沈沦。乡国无惭行，诗书有替人。了知天上去，含笑控骐骥。

中宵不寐思亲有作

男儿岂乏四方志，其奈高堂白发何？夜半思亲双泪落，遥知亲泪比儿多。

哭郑长璋

白日青天下，惊闻噩耗来。乱时多憾事，故里几人才。名纵留当世，魂难返夜台。沈冤何早剖？回首有余哀。

归家杂作

一

无以为家肯自宽，归来魂梦未曾安。当年弧矢知何处？满眼蓬蒿泪不干。（余生溪西桥祖宅。岁乙丑，邻人不戒于火，延烧数十家，祖宅亦不免。）

二

忧患余生返故乡，时鲜异味喜新尝。日来一事犹堪记，多谢山妻豆腐汤。

三

年来世道皆荆棘，邪说横流可奈何？出本无心归亦好，不须胸次自干戈。

宿栖林寺

十年此寺已三登，倦鸟栖林感不胜。（前贤王梅溪过此，有"我如倦鸟欲栖林"句。）荒径野狐私拜月，虚窗山魅暗吹灯。园亭好处诗皆画，色相空时我亦僧。回首昭明（寺名）在天上，眼中惟见白云层。

冬日偶句

佯作糊涂学吕端，漫撑傲骨历艰难。萧斋镇日无他事，惟共梅花相对寒。

寿张忍卿丈（二首）

一

绛霄群瞩极星芒，戏彩初开百忍堂。花甲芳辰今再始，蔗甘美味晚深尝。饱经桑海风云换，赢得蓬山日月长。爱客满庭都俊杰，月中仙曲谱霓裳。

二

天锡遐龄六十年，一乡食德口碑传。凤毛蔚起真堪羡，鹤骨癯来已欲仙。济困扶危鸿惠遍，葺桥修路颂声连。寿人自寿原无量，愿祝灵椿寿八千。（献岁，为丈花甲之庆，哲嗣辅臣克明等，将以莱彩娱亲，丈则力戒浮靡，唯命以五百金，倡修溪岗桥焉。）

挽洪缵庭丈（有序）

洪丈，余父执也。居鼎之点头乡。曩岁游学长溪，道出是乡，必造庐道万福。嗣后而沪，而粤，奔走四方，不相闻问。惟闻丈移家浙之永嘉，曾几何时，墓有宿草矣。爰书四十字，以寓追挽之意尔。

忆昔长溪道，曾登君子居。尘踪蒙拉拭，余论借吹嘘。得意鸣珂里，惊嗟素锦车。遥望永嘉路，无计送灵舆。

寿石次华丈 （四首存三）

一

十年树木百年人，坐拥青毡自在身。卅载弦歌声不辍，满园桃李占先春。

二

多公友爱本天成，泪洒鸰原急难情。千里间关归宿骨，双髯先辈共扬名。（令棣梅庵先生，典狱大田，因公受命。丈驰往，负骨归葬。视昔先辈余双髯抱弟骸，寝三年，其高义将毋同！）

三

优游杖履一年年，身健心闲便是仙。更羡凤毛能济美，含饴膝下乐陶然！

辞　　家

可怜门外即天涯，此去迢遥路正赊。最是伤心阿爷语，捉回浪子又离家。

寄怀许亦鲜 （超） 安南 （二首）

一

书剑萧萧感不支，况兼离绪乱如丝。歌当慷慨无人处，狂向苍茫独立时。尘满胸襟难荡涤，身同蒲柳强支持。奔衣走食成何事？却藉良朋慰所思。

二

天荒地老剧堪哀，压线年年志渐灰。末路悲愁惟对酒，半生潦倒敢矜才。名能我累还多事，命不人如亦弃材。会欲乘槎浮海去，仗君接引上蓬莱。

温陵蒋树德年少温存，相见恨晚，赋此却赠

天涯摇落一书生，小杜相逢意气倾。团扇轻衫名士酒，香车宝马丽人行。客边寄食毡犹冷，醉后论心剑欲鸣。一顾幸教逢伯乐，寻常交谊岂同情。

厕身未许到蓬莱，橐笔依刘燕雀猜。地主每多知己感，（王潜龙纪经贯林幼农吴虎诸新雨，连番邀饮，一时颇极宾主之欢。）天涯况有故交来。（指高大。）半生人事同鸠拙，千里乡心逐雁回。消尽客边愁几许，桂花香里笑衔杯。（君宴于桂英校书家。）

代鹭江某女士题花鸟图寄外

阿侬生小不知愁，怪底枝头语不休？搅破闺人万里梦，斗生离思倦梳头。

流莺啼上好花枝，鸟自多情花自痴。一幅生绡遥寄汝，聊当玉案报相思。

送杨伯谦归菲律宾（四首存二）

一

今番相见异蹉跎，又送兰舟去奈何！名马不羁阅桑海，潜龙舒啸跃关河。人怜病后风情减，诗为伤离酸楚多。莫唱渭城三叠曲，销魂南浦止扬波。

二

苍凉风景苦烟尘，落魄情怀自率真。敢以艰难伤往事，只将穷达付前因。君原不是池中物，我愧长为篱下人。海外桃源堪避世，却须吾子指迷津。

感　怀

底事悲歌慷慨声？侧身天地死生轻。寒泉出匣双龙吼，怒气

摩空一鹤横。

客里雄心尤卓荦，病余傲骨倍峥嵘。手持如意仙仙舞，块垒都消意气平。

题陈希夷卧游图

忧患余生汗漫游，未能学道梦千秋。不胜躯壳飘零恨，何似先生卧自由？

穗垣中秋

天荒地变怆神州，满眼疮痍人倚楼。月下悲歌看拔剑，五羊城外作中秋。

吊黄花岗

摘得黄花吊国殇，黄花岗上黄花黄。天愁地惨英魂瘦，两粤河山又战场！

秋夜书感

一灯客馆思如何？满耳秋声入夜多。落魄频年挟书剑，伤心万里走关河。

朗吟屈子问天赋，漫学王郎斫地歌。俯仰乾坤无限恨，轮囷肝胆苦销磨。

读　骚

风雨一灯怒叫号，奇愁盘郁索葡萄。钟情我辈生今日，只合焚香读楚骚。

小　阁

小阁梦回客思萦，百愁都向枕边生。却怜月姊多情甚，陪伴清灯照到明。

述　怀

世路崎岖最不平，几回阅历壮心惊。茫茫人海谁如意？落落尘寰岂在名。

彩笔已孤才子气，白头未慰老亲情。何时得遂雄飞志？好借长风破浪行。

哭林毅庵 (时章)

地惨天愁吾亦瘁，斯人斯疾最难堪。如何去国南游日，集美山头哭毅庵！

冬　夜

一夜朔风起，孤檠照眼寒。关河双鬓短，天地一身宽。不为因人热，始知作客难。苍茫今古恨，归梦逐征鞍。

自题小影

孤负韶光廿八春，谁怜踪迹溷风尘？河山破碎还多事，人海浮沉剩此身。张绪鬓斑仍倜傥，沈郎腰瘦更嶙峋。几回顾影依然我，万里天南一散人。

客中述怀呈梁少山 (作舟)

已悔天南难作客，况将岁月浪抛过。篱边自落思乡泪，车下谁怜扣角歌？无处埋忧嫌地窄，有时孤愤恨才多。抠衣欲诉伤心事，泪眼已枯可奈何？

遣闷示陈选三（二首）

一

髫丝愁绝杜樊川，往事追思兴索然。仕路惊心成梦幻，繁华过眼总云烟。客边书剑都嫌累，海外文章不值钱。失意事多得意少，自怜更欲为君怜！

二

北望故园路十千，客怀无计释烦煎。百篇诗稿难完璧，两字书生不值钱！鲞面却羞苏季子，红牙空唱柳屯田。何时铩羽同飞去？好向长空破碧烟。

梦归故园醒后口占

故园依旧十分春，终日思归梦里身。话到伤心啼到醒，泪痕浸湿枕头巾。

王尚民之立卑诗以送之

王子吾知己，乍逢又别离。何当分手处，更在异乡时。天地一身阔，江湖双髫丝。丈夫岂儿女，远道不须悲！

怀宽上人

前身岛佛性情真，重结骚坛未了因。闻说吟诗都罪过，莫抛心力作词人。

哀　时

风风雨雨倍无聊，逋客哀时恨未消。极目河山余涕泪，雄心激起七州潮。（七州，洋名，为香港赴星加坡所必经。）

寿许雨生丈 （二首存一）

曾奋鹏滇万里程，将军壮岁宝刀横。大年杖国今犹健，继起充闾早有声。小试经纶安井里，常将医药济群盲。何当尽得长生诀，寿算还期比老彭。

题朱愚谷采菊行吟图 （二首）

一

二若山人湖海士，篱边采菊放歌行。豪情举世谁知己？合与黄花过一生。

二

汉代衣冠迥绝群，多君骨格欲拏云。西风日暮吟魂瘦，应比黄花瘦几分！

步梁少山 （作舟） 六十自寿原韵 （二首存一）

自有金丹为引年，闲扶竹杖踏云烟。嫁婚了却真成福，诗酒能安不问田。术擅岐黄常济世，才兼陶猗早称贤。梁园宾客都骚雅，四壁琳瑯满目前。

星洲海滨月下书所见

帕首蛮姬跳月来，梧桐树下一徘徊。个中味在酸咸外，细嚼槟榔拌蛤灰。（食法：先以槟榔皮，佐以蛤灰、四里叶、爪洼烟丝四种，放在口内，一嚼立化红水，唇齿皆红。往常，有如我国茶烟作为应酬之品；侨妇亦被熏陶，惟近日受过教育及侨女二十岁以下者，则绝少吃之。）

同宽上人过海天别墅访主人李俊承不值 （二首存一）

海天一碧暝烟开，兴剧登临不待催。深喜江声浮日夜，却延山色上楼台。月明直觉禅心净，潮涌恍将众妙该。满壁琳瑯金石响，风流想见谪仙才。

题王鹤卿梅山鹤影图

我闻佛法本无象，四大何曾有色相！何来王子梅鹤图？生面别开浮纸上。

一曲高歌足自快，罗浮仙子为下拜。莫问修来定几生，此生合住清凉界！

不　寐

草草劳人梦不成，短长更里短长檠。窗前月色白如雪，起绕中庭缓步行。

寿张节母高太君七十（有序）

太君乃志垣公德配，伉俪笃甚，有古梁孟风。年二十有五，失所天。青年寡鹄，痛不欲生。顾以上有白发，下有黄口；事畜之责，萃之一身。若一旦舍去，则老弱皆转沟壑！乃誓志苦守，妇修子职；母兼父道；昕夕勤女红，供菽水；茕茕孤寡，形影相依。视古共姜，其又奚让！抚孤二：长继椿，次继麟。女二：长适林得声公为室，即剑舟室人碧君所自出也。次适夏，文孙五，俱崭然露头角矣！岁己巳秋月。为太君七十悦辰，剑舟远在异国，未获抠衣祝嘏，爰掇里句，万里邮呈。太君聆之，其亦忻然尽一觞乎！

机声灯影课高堂，茹蘗含辛几十霜。井臼耐劳还作健，堇饴变味渐回尝。

慈祥为广儿孙福，孝节能增邑乘光。赢得阿婆开口笑，鲰生万里寄诗章。

题画贺冯顺天新婚 （代傅若佐丈）

粉痕深染露华红，巧夺微茫造化工。我愿情人成眷属，年年花里醉春风。

春浅春深百宝台，繡毯花傍牡丹开。谁将两样风流种，并作人间一处栽？

古　意

一别几经年，关山路十千。春风须着力，吹梦到郎边。

得颜仪庭书却寄

岁时去何速，瞬眼又春三。羡尔乐其乐，嗟余南更南。壮怀空万里，乡思满双函。珍重良朋意，尺书仔细谙。

三发书所见 （三发一名古打）

珠屐轻拖白玉肤，销魂真个是双趺。风裳水珮姗姗步，一幅杨妃出浴图。

送杜作贤回国

故园底事动归思？说与旁人总不知。亲炙言词真有味，可堪话别独尤诗。

人心险阻千盘石，世事苍茫一局棋。我是有家归未得，沧溟万里自伤悲！

两载慕娘 （即婆罗洲） 沾化雨，及门桃李尽含滋。世途真个羊肠险，前路未曾骥足随。

欵款深情潭水比，迢迢别绪暮云知。相思莫道天涯隔，犹盼邮筒寄好诗。

惜　花

春去花落尽，春来花又开。只见惜花者，华年双鬓催！

婆罗岛客感

故园花草未忘情，日日言归归不成。又是一年春去也，婆罗岛上度清明。

挽许雨生丈 （四首存二）

一

有子乘槎怀远志，频年倚闾寄当归。斗惊亲舍白云幻，泪满南天不尽挥！

二

老成遽尔去游仙，噩耗传来泪涕涟！我未登堂肃一拜，此生便已隔重泉！

不　寐

无端百感一时生，故园迢遥系我情。肮脏客身家万里，迷离乡梦月三更。

人如落叶飘难定，愁似卷蕉展不成。底事邻鸡啼喔喔？天涯游子壮心惊。

即席酬黄鸿模兼送行旌

不堪痛饮复高歌，此日河梁恨更多。身世茫茫同一哭，种情我辈奈情何！

江夏黄童自率真，翩翩浊世绝无伦。料知此日难为别，泪洒深闺大有人！

等是伤春狂杜牧，那堪重唱渭城歌！思量无计留君住，空对清尊唤奈何!

送客异乡一怆神,深情潭水比汪伦。应叹他日我归去,话别江头少一人!

三十感赋 (二首)

一

残编挑尽短长檠,说到飘零感慨生。不受人怜吾舌在,好教鬼哭此诗成。悔同狗监谈词赋,也学鸱夷换姓名。一曲高歌望天地,苍黄大陆泪纵横。

二

六州已铸错成堆,岐路亡羊空自哀!精卫惟思填海水,谪居翻喜住蓬莱。谋家似悔金难聚,媚世肯将骨换来。一自乡关分袂后,多时笑口未曾开。

有　　感

无情甘作有情痴,疑雨疑云惹梦思。我是扬州狂杜牧,一缄曾寄定情诗。

一例相思未可言,痴心总冀托情根。伊人面目知何似?咫尺蓝桥望断魂!

坤甸怀罗芳伯

罗,粤之嘉应人。乾隆中叶,经商于婆罗洲之坤甸埠。雅善技击,平十蛮,保卫侨胞,为众所爱戴,推为坤甸国王。卒后,禅位于其部下,传八世,至光绪十年,始为荷兰人所灭。旧有罗芳伯庙,坤甸人呼之为副厅,今毁于火。

断烟残照满蒿莱,旧日朝台安在哉!盖代奇才开绝域,当年霸业剩残灰。奈何天地腰双剑,如此江山酒一杯。民族英雄洵不愧，只今凭吊有余哀！

秋　夜

小窗凉倚一枝灯，顾影自怜太瘦生。万里梦回人不寐，那堪
蕉雨咽残更！

旅夜杂兴

孤灯如穗夜迢迢，一派秋声销寂寥。赖有窗前好明月，多情
伴度可怜宵。

三十述怀（十首）

一

三十年华转眼过，轮困胆气苦销磨。诗因病后称心少，情到
痴时刻意多。未拟文通删恨赋，且凭宋玉学悲歌。醉来拔剑呼天
问，鬼蜮人间有几何？

二

莽莽乾坤滚滚尘，故山魂梦总酸辛。名场呕尽胸中血，异地
惨留劫后身！每为言情哀骨肉，未能立德负衰亲。从今海角羁栖
惯，第一头衔署散人。

三

故园天际望迢遥，离恨高于海上潮。人事百年真草草，客中
多病独萧萧。愁添闽北十千路，梦到江南廿四桥。怪底子规啼不
断？应怜身世太无聊！

四

故国寒梅着尽花，客窗离思乱于麻。辞家未寄平安字，避地
今浮星汉槎。无计脱离情世界，那堪重问旧生涯。年来我有飘零
感，怕听胡儿吹暮笳！

五

作客南天阅岁时，莺飞草长起乡思。异方桃李非无色，故里梅花有预期。轮铁磨人消壮志，聪明误我悔吟诗。红儿妙舞雪儿曲，输与扬州杜牧之。

六

地老天荒日又昏，淋漓肝胆许谁论！愁来易洒客边泪，事过难寻梦里痕。击楫中流惭士雅，闻鸡午夜愧刘琨。家山破碎悲何极，慷慨高歌酒一尊！

七

岁月蹉跎暗自伤，书生瘦骨饱经霜。风尘潦倒双蓬鬓，湖海浮沉一锦囊。半是东西南北别，几曾三万六千觞。思乡感旧无穷泪，滴到清樽和酒尝。

八

无端热血已成灰，庾信徒劳作赋哀。万事摧残余愧悔，一生倾倒是奇才。池鳞待起蛟龙蛰，云翮未教燕雀猜。邪说横流谁砥柱？侧身天地任风雷。

九

天南有客首频搔，牢落情怀托楚骚。当道豺狼重利禄，无知鹦雀笑皮毛。几人仕路能完璧？是处蓬莱好放刀！窄窄神州难寄傲，栖迟海角敢鸣高。

十

春花秋月感华年，往事思量总似烟。蕃榻未悬容稳卧，祖鞭难着莫争先。情因有累都成障，心到无求便是仙。但愿曹腾醉尊酒，梦魂一枕乐陶然。

即　事

小楼并坐试新茶，数缕炉烟故故斜。夜半课诗还听雨，一灯怒放自由花。

客　怀

元龙豪气渐消除，俯仰无惭自觉舒。转运却输谢皋羽；当垆故是马相如。

味同鸡肋留何补？累到猪肝计总疏。为念归家归不得，沧茫前路正愁予。

三发留别郭竹友周英勃傅绍杰周天仰傅炳文林茂成傅维彩许世处诸子（二首）

一

三四年来感不禁，流光弹指去骎骎。思亲暗洒千行泪，作客空存万里心。使气自怜囊有剑，远游谁信橐无金？此身天与蹉跎久，肮脏孤怀一往深。

二

天涯迢递起离愁，看剑高歌大地秋。得失何曾同塞马，是非端不到沙鸥。敢言报国头颅在，又作乘槎汗漫游。去去不堪回首处，五云高映慕娘洲。

明终寄唐必淘徐起李弱澜明若水丛保如诸君，公饯予于中华学校。赋此志谢（二首）

一

群贤相对醉离杯，鸿爪天涯岁月催。造化忌人偏作剧，聪明误我敢称才。迹同萍梗飘无著，愁似蕉习展不开。为语良朋休惜别，龙华会上再追陪。

二

天风吹我作离人，唱罢骊歌泪点新。囊涩应遭魍魉笑，途穷才识友朋真。交深翻觉形骸略，情密偏同骨肉亲。此日河梁分手别，烟波渺渺剧酸辛！

寿郑节母

贞寿天酬与健身，堂前莱舞彩衣新。已徵贤母康宁福，更羡慈闱笑语亲。

松节风清多古色，梅花霜后倍精神。鲤生虽阻慕娘岛，愿祝灵萱岁岁春！

得颜仪庭书诗以报之（二首）

一

东风三月鹧鸪天，万里怀人思悄然。欲寄缠绵无好语，不堪惆怅又经年！

二

客中岁月几蹉跎，咄咄书空唤奈何！频劝加餐珍重意，此情应谢故人多。

月夜有怀（二首）

一

双修眷属岂无因，以客为家别有春。安得将身化明月，团圞欢照两边人！

二

故国迢遥路十千，坐看华月片心悬。当垆涤器曾何补？回首东风又一年。

步林寿卿丈（步蟾）六十自寿元韵

睥睨神州不尽悲，浮云国事有谁知？乾坤试问今何世？坡老应叹未合时！不用人怜成壮志，能令公喜为谈诗。侧闻沧海横流日，手挽狂澜竟孰尸？

中原风雨劫无灰，衮衮诸公自省台。岛国优游聊卒岁，江关萧瑟孰怜才？十常八九不如意，一错百年难再回！话到桑田三变海，茫茫今古且衔杯！

陪随杖履又何年？捧读寿章喜欲颠。龙马精神麟骨格，神仙福分佛因缘。扪心问世无愧作，摇尾嗤他惯乞怜。酒养心源诗养性，不妨醉里爱逃禅。

喜公花甲庆重周，愿颂南山道阻修。务观放怀良自得，林逋清福有谁俦？茫茫世事如山岳，纳纳乾坤自赘瘤。何日姥峰峰顶上？追随相与挹浮邱。

壮　　心

壮心天与久沉沦，一剑纵横大海尘。万里投荒般鸟岛，英雄末路作诗人。

邦戛夕望

天公置我画图间，万绿扶疏路几湾。椰树一村团暝色，独怜倦鸟未飞还。

寿上官剑南丈（春）

传来司马耆英会，道是平头甲子年。老眼未花看海浅，德门有庆占春先。人惟积善方徵寿，医不言酬已近仙。满望归家偏未得，祝公万里寄诗篇。

如公最是性情真，积德天教作福人。商战曾经推领袖，遐龄得享本慈仁。三千世界无量佛，百劫金刚不坏身。我愿寿星长灿烂，一家春是万家春。

星洲卖药偶作

海外真看有九洲，蹉跎壮志几时休？市楼卖药聊充隐，犹幸无人识马周。

题杨绍寅小照

四知门第世同尊，况又翩翩大雅浑。骨格直争山岳立，吟毫怒挟海潮奔。

艰难阅世豪情在，冰雪论交至性存。相见于今方恨晚，买丝吾欲绣平原。

送林作亭回国

闻君捭挡计归程，不可无诗壮此行！江水盈盈新别恨，暮云霭霭故人情。未临南浦心先往，独对东风泪欲倾。何日重来柔佛国，相逢欵款下车迎。

闲居偶赋

牢落天涯年复年，椰窗兀坐耸吟肩。日长比岁闲方觉，人意如牛懒欲眠。故国风烟来眼底，江山图画落胸前。云横般鸟（即慕娘岛）家何在？多少乡心夕照边。

寄内子碧君 （八首）

一

青鸟书来未忍看，可怜一字一汍澜。良心痛苦吾能说，话到衰亲泪不干！

二

别来不觉三年久，可奈怜卿复忆卿。犹记临歧无一语，背人暗处泪盈盈！

三

不须中酒亦沉沉，无限情怀付短吟。是我负卿伊误我，阿侬薄幸岂初心！

四

尽把幽情托毫素，如何咄咄但书空。惊心白日等闲过，堪笑吾生类转蓬。

五

深愧年来浪得名，天南到处有逢迎。却讶酷似扬州杜，偏为多情惹薄情。

六

万里家山道路遥，悠悠魂梦感飘萧。新愁旧恨知多少？九月七州洋上潮！

七

睥睨神州感易生，无端歌哭一纵横！挥金交遍振奇士，挂壁龙泉夜有声。

八

墨痕和泪写相思，山海盟深两不疑。预定归期须记取，明年春水方生时！

秋夜有感

自作天南客，忽忽三载过。不如归去也，其奈路遥何！人与黄花瘦，诗真涕泪多。销愁唯一醉，拔剑看银河。

得　家　书

万里乡关梦亦难，家书到眼有余欢。更忻稚子知勤读，也解书函问父安。

送王俊卿盟兄归长溪（二首）

一

万里长风返梓乡，惭无佳句壮行装。天南词赋多酸楚，故国关河更战场。惜别闺人空有泪，将离朋好几回肠。知君此后相思梦，才到家山又慕娘。

二

一般作客婆罗岛，今日君归我尚留。极目乡关天万里，伤心家国泪双流。奈何天地难为别，如此江山又到秋。为祝海中风浪静，一帆安抵福宁州。

述怀寄王乂盟兄再叠前韵

惆怅他乡忆故乡，何时天外办归装？客囊空剩诗千首，旧事都如梦一场。坐月沉吟频顾影，怀人微叹想回肠。长溪亲友如相问，为道游踪滞慕娘！

征尘扰扰海天愁，鸿爪泥痕到处留。越石闻鸡舞夜半，祖生击楫叹中流。江山摇落空忧国，湖海浮沉独感秋。惆怅华年长旅食，不堪倚剑望神州！

婆罗岛中秋（二首）

一

客边佳节倍无聊，赖有故交慰寂寥。话到心伤肠断处，可怜人度可怜宵！

二

婆罗岛上过中秋，偶为怀乡一上楼。万里苍茫频北望，前宵有梦到神州。

哭外舅林云萱公（二首）

一

故山一别竟人天，坦腹东床忆昔年。赢得两行知己泪，无从缄寄到重泉！

二

无端星陨丈人峰，薤露歌传感万重。我愧承恩逾十载，前尘回首涕沾胸！

感　怀

摇落天南客，狂歌又一秋。战云生百粤，杀气满神州。目断长天雁，心飞故国楼。何堪抚髀肉，咄咄慕娘州！

寄家松襟 （坚）

天南有客正悲歌，邦戛山前一雁过。抚剑长号归不得，神州时事雨风多。

看　月

多病仲宣懒上楼，凄凉满目海天秋。可怜一片团圞月，照得离人愁更愁！

感　时

海国频年作寓公，宵来剑气吐如虹。拂衣岛上歌长铗，落日河山起大风。精卫有心填恨海，书生无术拯哀鸿。纷争蛮触缘何事？忍见铜驼卧棘中。

邦戛重阳

黄花满地雁声长，佳节思亲未敢忘。谁念远人愁断绝？椰风蕉雨作重阳。

哭王于燕师 （翼谋）

万里惊鸿至，传公已返真。斯文悲坠绪，大雅孰扶轮。五字能怜我，千秋岂让人。羁愁兼感旧，清泪满衣巾！

即　　事

鬓华随折复随开，小坐花间日数回。隔院厨烟似人立，移时飞过短墙来。

送张莲生归广东

一

一剑飘然忆故乡，欲从天外理征装。而今海内无乾土，曾否罗浮有草堂？时说冤禽填恨海，惯看大树傲风霜。只怜堂上慈亲老，万里归来舞彩裳。

二

雄心天与久蒿莱，衮衮诸公自省台。南渡幸陪苍水席，一帆却送放翁回。秋光又入愁中老，棋劫好从局外猜。遍地灾黎伤故国，先王应悔赋归来。

一　　声

一声椰叶一声秋，一点芭蕉一点愁。凄绝婆罗风雨夜，十年旧事上心头。

九月十五夜对月

秋堂寂寞夜漫漫，偶听胡笳惨不欢。四十五回明月夜，可怜都在异乡看！

家君赐书感赋邮呈代禀

一

挟剑南滇了凤缘，故山恍若隔天渊。暌违膝下心常恋，瞻望白云目似穿。远道锡书刚十月，回家定省拟明年。夜来幸有还乡梦，骨肉团圆思释然。

二

大好园林胡不归？门间倚望累慈帏。飘零海国心常苦，迢递家山梦亦稀。对月狂吟生旅思，怀亲热泪满征衣。春来便拟谋归棹，忍使白头叹式微！

前诗意犹未尽，再用前韵寄呈

一

岛国多时浪结缘，万重乡梦隔山渊。衰亲爱犊心如见，游子望书眼欲穿。客枕闻鸡起夜半，长缨系敌又何年？传来苏印莱衣句，一读伤心独黯然！

二

终日思归苦未归，晨昏定省负庭帏。西风池馆砧声急，落日关河雁影稀。昨夜偶然又一梦，天涯幸不叹无衣。惊闻四海无家日，小子何心赋式微！

蹉　　跎

蹉跎岁月久天涯，忆别家园万里赊。谁信椰风蕉雨夜？一床清梦到梅花。

岁暮述怀

书剑飘零枉自嗟！劳人草草久天涯。风尘易使青衫老，岁月频催绿鬓华。忙里浑忘身是客，愁边赢得梦还家。年来生活萧条甚！孤负寒梅自著花。

赠侯西反丈

磊落襟期迥出尘，数年投契见天真。黄金散后心犹侠，浊世如公复几人？

古　意

郎莫种莲子，郎莫种柳枝。莲心有苦意，柳丝有别离。

别古帝祥外舅

无端一曲折杨枝，此后怜才复有谁？恩重情深兼骨肉，不知相见在何时？

南洋留别西反竹友绍寅允之绍杰炳文英勃
燕飞子居备迫维萼世处瑞任鸣凤诸同志

一

长啸北归万里驰，此衷料亦少人知。风尘满目思磨剑，岁月惊心尽卖痴。国难方深投笔起，河山未复敢家为！唾壶击缺怀孤愤，每欲呼天一问之。

二

天风策策促行旌，自检归装百感生。颇觉风尘难觅食，况闻故国未休兵。谈来时事眦皆裂，说到人情剑欲鸣。掷笔吟成还一笑，行看横海掣长鲸。

西婆罗洲舟中，有感故国时事，兼怀王义
盟兄，即次其赠行原韵（四首）

一

起陆龙蛇国难深，覆巢危卵孰存心？干戈行见无家别，抱膝聊为梁甫吟。

二

知君此日别情多，我去君留意若何？天闷海枯人亦醉，船头怕听雁声过。

三

中原无处不烽烟，念到家山倍惘然！我似并州刘越石，惊心士雅著先鞭。

四

东海飞波恶鬼横，河山极目泪双泓！红羊浩劫风云感，万里归来欲请缨！

去邦戛赋怀（有序）

壬申三月二十七日，去邦戛，送行者颇多。最可念者，如傅炳文绍杰徐起郭克耀诸君，闻余回国，特自三发驱车送我至山口羊。良友多情，一至于斯；谁谓古今人不相及也？突木丰船上，夜起作此。

海天倚剑独徘徊，万里沧溟泪眼开！国事蜩螗心更苦，家山缥缈梦先回。

敢云入世肱三折，顿觉怀人肠九回。多谢婆罗江上送，景风回首总哀哀！

万　　里

万里归来认旧踪，闲云隐隐见诸峰。五年不到西园路，招月来听圆觉钟。（圆觉寺名）

坐月偶句

会当风紧处，人在月明中。拭看青锋剑，横天气似虹。

挽林芝丹（二首）

一

卓荦姥峰兀海隅，秦川蔚有吉人居。施仁一念周贫困，称善同声溢里间。独抱道心欣有得，肯随时好浪相於。无端驾鹤遥天去，竟使朋簪泪满裾！

二

噩耗传来忽怆神，痴心尚讶梦非真。老天至竟知何事？吾道奚堪丧此人！早叩玉关参祕诀，定知金粟是前身。可怜西去留遗恨，黄口孤雏白发亲。

我 所 思

我所思兮天一方，侧身南望兮泪沾裳。安得羽翼兮将汝归故乡？

壬申中秋夜有感

酒尽西楼一放歌，举头望月意如何？伤心最是山妻语，十载中秋客里过。

书 所 见

山眉水眼髻飞鸦，小玉盈盈近破瓜。不信一池淤浊水，亭亭开出白莲花。

九日乌石山登高

西风结伴上嵯峨，手采茱萸意若何？千古重阳晴日少，半生骨肉别离多。老天未定安危局，我辈徒为慷慨歌。黑水白山惊变色，同仇谁共挽狂波？

有梦寄细君凤兰

梦君在桐山，亦若在慕娘。厨头呼饭熟，忽惊在上洋。伏枕不能寐，揽衣起徬徨。念与君生别，各在天一方。相见知何日？相思空断肠。旧怨方平新怨长，我欲仰头诉彼苍！

怀蔡廷楷将军

申江一战建殊勋，国难声中扫贼氛。四万万人齐下拜，英雄惟有蔡将军！

同许恕可宋英华伉俪游法国公园

水木玲珑眼界开，置身图画避尘埃。分明一片中华土，怪底园名法国来！

秋　　夜

游子梦还乡，关山不可越。窗外白茫茫，是霜疑是月！

感事二首分柬南洋郭竹友傅若芍邓少林傅子居蒋备迫傅维秋朱德胜傅维萼苏正香傅仰园宋法友陈宪才宋挺生曾传业刘锡鸿陈炯尧傅嘉种诸同志

一

闻道东三省，灾黎血泪含。豕蛇惊野哭，豺虎视人眈。赈恤愁难继，生灵苦不堪。无衣哀冻卒，转战正沉酣。

二

休说辽东事，而今事更艰。人犹谋肉食，谁肯抱痌瘝？家国愁如海，边关骨似山。腥臊知满地，回首泪痕潸！

怀郭竹友周英勃傅炳文傅绍杰唐必淘徐起王乂诸子却寄

国步艰难日，劳人敢宴安？怀君情欵欵，感旧泪漫漫！万里关河隔，一行书信难。道遥无所赠，惟有勉加餐。

酬卢瘦秋（觉斯）相赠

瘦秋真健者，大雅幸扶轮。落笔摇山岳，高歌泣鬼神。关河云树杳，文字性情真。著述千秋业，相期在等身。

怀施宜臣丈（绍贤）

最爱逃禅施六丈，照人肝胆总难忘。黄金散尽行犹侠，白发生来老益强。我亦在家僧面目，公真出世佛心肠。何当数笏团蕉地，面壁同焚戒定香。

与吴韫玉女士（珍）夜话

相隔万千里，相思六七年。君今添白发，我尚困青毡。转眼风流歇，惊心岁序迁。夜深谈款款，感旧各潸然。

壬申十二月二十六夜，招薛雪卢（寒梅）黄慕度（永标）吴韫玉（珍）葛文杰（燦）诸君，集寓楼小饮，感赋

忽忽岁序纵奔驰，祖腊能无理一卮？添出两重儿女债，（一月二日，次儿邦生生。近接细君凤兰自南洋函，知是月一日，又得一男。一岁中，连举二子，未始非寒家之庆。）删留几首感怀诗。可怜举国匈匈日，又是群公衮衮时。浊酒且拚今夜醉，唾壶击缺有余思！

孙振东女士逝世二周年纪念（有引）

女士浙之海宁产。貌艳丽，性豪爽，能诗文。以环境不佳，驯至多愁多病，绮年夭折，亦红颜薄命之谓欤？

碧落黄泉又一年，断肠花萎化尘烟。游仙去后无消息，遮莫魂归离恨天。

红颜命薄剧堪哀，识字终为忧患媒。一语劝君须记取，他生莫再带才来。

挽金骏仁

读罢哀辞倍惨神！魂归蓬岛岂无因？玉楼作赋需才子，金友同声哭此人。命与时违哀莫挽，数虽前定恨难伸。知君更有关心在，黄口孤儿白发亲。

闽南华侨女子中学十二年纪念 （二首）

一

记从开创到如今，惨淡经营费苦心。培植孜孜十二载，满园桃李久成阴。

二

械朴作人早有声，马来岛国久纵横。肩担教育期终始，名满东南雷一鸣。

丁鸿南（宾）乡兄南归行有日矣。寓楼同饮，即席赋别

今日复何日？良朋共一卮。湿云团作絮，密雨洒如丝。善骂应挝鼓，伤时欲奋椎。河梁珍重别，把酒醉难辞。

绿满窗诗草

（民国）周梦虞 著

作者介绍

周梦虞，字桐崖，晚号遁庵，别署遁庐老人。光绪间副贡。庚辰，重游泮宫，性沉默简重，不苟言笑，终日书卷不释手。为文宏深恬静，卓然成家。与弟敬生齐名。邑中数文学，首推周氏。曾任桐山书院山长。鼎革后，于福宁府霞浦、福鼎等县历办中、小学校，培桃育李，造就许多茂才硕士。如：游寿、黄寿祺、杜星恒、李力功、杜悦鸣、肖希陶、郭虚中、周南、何宜武、何宜慈、丁梅薰、谢兴国、卓剑舟、邱继荣等人，皆为其高弟。先生诲人孜孜不倦，学者宗之。著有《遁庐诗文集》《北岭文献搜遗》《福鼎县名辨讹唱和诗集》《续修福鼎县志》若干卷。民国二十九年十二月十五日卒，年七十有五。其遗嘱有云："头可斩，身可死，汉奸断不可为！抗战必胜，建国必成，但恨余不能及见。昔陆放翁云：'王师北定中原日，家祭毋忘告乃翁。'汝等须仿照办理为要。"读之，足见此老至死不忘国家，允为吾党楷模。邓县长鹏秋宗海挽以联云："平昔有姚惜抱精神，考献征文，不愧斫轮老手；弥留撦陆放翁诗句，励孙勉子，足见爱国热心"，盖实录也。

自　序

　　余少治举子业，几于殚精敝神。泊制科停，侧身新学界，强作解人。复苦目不暇给故生平绝少吟咏。有经年不哦只字者，惬意之作更属寥寥。比里居无事，复以阴闷连朝，恒终日闷坐斗室中。乃裒集自丙申讫癸酉所作古近体诗二百一十首都为一编。非谓所手录诗皆可存也。一时心力所注，既不忍听散佚，而上下数十年间，时局之变迁，友朋之离合，境遇之顺逆，或亦可即是而悉其大凡。则谓是编无异摘抄遁庵之日记可；即以当遁庵之年谱亦无不可。

　　　　　　　　　　中华民国二十有二年癸酉腊月

　　　　　　　　　　遁庐主人自序时年六十

赠邱雁汀（丙申）

宇宙奇书难遍读，利名扰扰争逐鹿，自非十洲三岛仙，那能安享嫏嬛福？雁汀邱子谁与俦？闭户自精三十秋。四子五子炳千古，寻乐轩中仔细求。愧我与君生同齿，累世通家比孔李。年来橐笔西复东，匆匆帖括徒劳耳，弥觉高风堪仰止。

咏史（壬寅）

许褚吾樊哙，荀彧吾子房，奸雄偶破绽，片语形中藏。何待议九锡，始识非忠良，世祖再造汉，征讨日不遑。乃能重儒术，六经首表章。裂茅得卓茂，折节崇严光，养成风俗美，源远流自长。太学三万士，大义严秋霜。党锢祸虽烈，刃折锋不伤。老贼畏清议，染指未敢尝。临终犹掩覆，卖履还分香。不然曹孟德，肯学周文王？

谢陈梅庭馈酒

一

过我何曾问字劳，翻令公瑾醉醇醪。主人数斗不吾惜，负腹能无愧老饕。

二

小饮便教入醉乡，梨花风味胜红娘。兴酣起舞仙仙后，转眼琼浆轻易尝。

四　　绝

客有自东瀛归者言：日人踞台开办铁路，所在坟墓被掘。惟往拆延平郡王庙者，非死即伤，故至今巍然独存。噫！王尚有灵耶？抑忠义之报，鬼神为呵护耶？爰成四截句以纪其事。

一

无端浩劫换红羊，人鬼同声哭彼苍。铁轨电灯新世界，池鱼何处免遭殃？

二

将军庙貌镇严疆，堂庑犹堪荐豆觞。魂魄有灵能杀贼，妖魔何敢逞强梁？

三

曾把金戈挽夕阳，褒忠天语自辉煌（圣祖诏曰：郑成功明室遗臣，非朕之乱臣贼子）。祗令沧海事多变，赢得遗民一瓣香。

四

谁欤启宇绍前王？烈烈刚刚造一场！鹿耳门前千尺水，可怜无暇吊兴亡！

哭从兄渭生先生

一

爱我如胞作我师，半生弱质赖扶持。奈何咫尺同千里，肠断盖棺永诀时。（兄易箦时，虞在白琳馆中，后十日始闻讣。）

二

生平胆气本粗豪，却为宗支忍耐多。不尽调停兼保护，问谁能察到秋毫？

三

千秋卢扁委蓬蒿，有命人生信莫逃。剩有良方堪寿世，当年纂辑不辞劳。（兄精岐黄术，著有《医方集略》千帙。）

四

旁通艺事及堪舆，星斗罗胸果孰如？太息景纯身后事，一抔何日葬山隅？（兄习舆地学，自制罗盘四种，皆世所罕用。）

五

巫阳两度下江城，风雅场中失老成。惆怅广陵散消歇，薤歌赓唱不胜情。

六

读罢家书泪满襟，客窗月落发哀吟。九京可作期无愧，衹此区区一片心。

小除夕寄江巘庭，即用其见示雪夜元韵

丈夫不得志，郁悰亦前缘。入室无莱妇，谋生异计然。风霜欺病体，雨雪送残年。安得一樽酒，联吟共耸肩。

送林钓波 (得璜) 游幕三山 (应冯智轩协戎之聘)

一

纷纷胡骑扰神州，帷幄几人妙运筹？热血好逢知己酒，书生何必自封侯？

二

况君内顾可无忧，有子英英颣壁游。阴骘耳鸣人不识，更从莲幕广诒谋。

三

话别江干酒一杯，好风吹上越王台。榕城本是吾桑梓，漫学陶公归去来。

四

戟门翘企已多时，共济时艰会有期。我是将军旧相识，海天南望倍神驰。

春日抱病柬友人 (丙午)

一

饭罢屠苏酒几杯，一年事业此初哉。病魔误谓清闲甚，又逐筵前鼓吹来。

二

六街如沸踏歌忙，却拥重衾懒下床。世态炎凉今勘破，冰蚕火鼠一齐尝。

三

一波起续一波平，故态无端忽复萌。苦忆楼居逢暑月，疏帘清簟夜三更。（去年馆白琳瓜园蔡家，岁暑移榻恒丰泰茶庄。）

四

老亲珍重为添衣，病力一时果渐微。闻道杜诗能疗病，引侬色舞更眉飞。

春日闲居喜陈梅庭见访

病中闻客至，急起揽衣迎。觌面生狂喜，谈心见至情。才寻邱壑趣（梅庭新自太姥返），急听风雨声。一饭匆匆别，春泥未易行。

律诗二首

丙午暑假自桐言旋息游于龙门西塾之环翠轩，余龆龄时肄业处也，爰成二律以志今昔之感。

一

窗明几净树扶疏，二十年前此读书。（外有一株大树，年前被风拔去。）一事无成愧师友，半生作客负田庐。补将清课逢休沐，看到闲云自卷舒。稚子却知求是意，持筹聊与说乘除（近课小儿数学）。

二

绸缪牖户洁庭除，便觉幽斋气象舒。布置已成新校舍（改设学堂，补葺一新），风光还爱傍吾庐。闭门强索健忘事（近摄拾旧闻，都为一编，以备遗忘），欹枕闲披未见书。何事关心最惆怅？故人音书近来疏。

次林香圃弧辰有感元均却寄

一

清福山林几辈堪？如君蕴籍信无惭。琴樽乐趣借诗写，风月余闲邀客谈。久噪文名毛济凤（香圃祖、父皆名儒），默参理绪茧抽蚕（香圃喜阅《近思录》等书）。麟儿指日从天降，汤饼还须办洗三。

二

谁拥名山片席堪？儒冠空戴我怀惭。牢骚满腹成孤愤，拉杂连篇半赘谈。捷足也思附于骥，寸丝怎奈缚如蚕。何当共展桑蓬志，努力千秋不朽三。

读姚烈士传

烈士讳洪业，号镜生，湖南留东学生也。与同志创立中国公学于沪上，缘赞助者鲜，尝叹曰："吾不意归国结果如斯夫？中国公学者，中国人公有之学校也。今若此，吾何望？"丙午清明日，赴黄浦江死焉！绝命书详言公学与中国前途关系甚大。一字一泪几令人不忍卒读。其意盖欲以一死感悟我四万万同胞相与维持助此公学也。搏沙子为立传，余读而悲其志，爰成四截以吊之。

一

不忍同胞浩劫遭，拼将一命赴滔滔。世人争把灵均比，已仕还输未仕高。

二

民智未开忧欲煎，列强学战兢垂涎。甘心滔海存周鼎，君是后来鲁仲连。

三

慷慨捐躯大义明，漫将伤勇薄奇英。龙门史识高千古，烈传曾收聂与荆。

四

奇变五千年未闻，安常终恐致瓜分。迂儒信口诋新学，合铸黄金事此君。

奉怀童佑萱（咏）即步其见示秋兴元韵

大雅词坛竞鼓旗，那堪交臂失当时！风云聚散原无定，琴剑飘零又远羁。（佑萱来秦，与同志结诗社，余适在桐办学，比暑假引归，佑萱已旋省，迨其复至，而余假期已满，乃知寻常诗酒之会亦有定数，不可强也。）啼雁怕闻夜将半，苍葭怅望水之湄。梅花香里重携手，还拟消寒日斗诗。

桐山怀古（丁未）

一

蓬蒿满径未曾删，寂寂柴门镇日关。一览轩前怀先哲，紫阳坠绪在桐山。（一览轩为朱子讲学处。）

二

小朝廷事信堪悲，仓卒勤王此驻师。化鸟化燐归气数，漫将成败论英奇。（明末刘忠愍驻师处。）

三

结构祇园祀梵王，昭明两字系萧梁。太平寺主为天子，那得东宫不肯堂？

四

海滨置县始何年？万口揄扬令尹贤。怪底雌黄《卖饼集》，无端野庙幻名篇。（相传赵语水《卖饼集》内有《野庙》一篇，盖寓言设县之左计。）

五

北岭诗家海内推，天生绝艳与惊才。快轩遗稿愁来读，击碎
唾壶亦快哉！（咏林滋秀先生。）

六

红羊浩劫换当年，兵燹余灰尚宛然。我向观澜阁上望，人家
几处起炊烟。（清咸年末，平阳金钱匪陷县治衙府，民居多被焚毁。）

七

飞将至今垂大名，桓桓如虎是天生。朔风怒吼溪桥水，犹似
英雄战马声。（金钱之变，秦总兵如虎与匪战水北溪上，匪败退遁走，遂
复县治。）

八

文采风流想见之，才人曾此拥皋比。郑虔三绝诗书画，墨渖
犹留豹隐簃。（谓王迟云。）

送孔桂舲赴福州筹设福鼎会馆，赋此送行

丈夫有肝胆，万劫不能移。况是须臾别，宁烦慰藉辞。文章
憎达日，世界竞争时。无限相期意，离亭酒一卮。把臂在今日，
知君廿载余。牢骚屈子句，痛哭贾生书。志大终成事，途穷叹索
居。闽江衣带水，时复惠双鱼。

赠孔岳生 （戊申）

忆昔结文社，论交笑语倾。激昂多志士，蕴藉一书生。问岁
同余季，能诗似乃兄。西昆传妙体，端合让嘉名。

登观澜阁有感，用何宝斋太史 （西泰） 桐山书院闲居偶述韵

何须著屐远寻幽，万笏青山与目谋。避俗刘伶宜纵酒，依人
王粲漫登楼。泉因过雨声还急，木乍经霜叶尚稠。翘首姥峰三十
六，白云飞处望悠悠。

送曾悟西北上应试（庚戌）

一

四时风月且随缘，此日征程稳著鞭。烂漫天真活泼地，班生行矣胜登仙。

二

破格求贤千载遭，不于点画细吹毛。匹夫与有兴亡责，上万言书亦足豪！

三

好句奚囊取次取，一邱一壑偶勾留。兹行更得江山助，应有奇文纪壮游。

四

归来定着锦衣新，珍重长途是此身。襟上酒痕手中线，还须早慰倚闾人。

送孔桂舲北上应试

一

丈夫行万里，志岂在游敖。国政新绵蕞，知交旧泽袍。（将与曾悟西同行。）沿途增阅历，倾盖得英豪。闻道幽燕士，悲歌感慨多。

二

忆昔风涛里，曾偕一苇航。（壬寅乡试，同家弟敬生赴三沙乘轿不及，因与桂舲暨陈心也同买一小舟由琯头上埠。）鬼神护忠信，身世感沧桑。献策师陈亮，斋粮笑郑庄。归来重剪烛，与子话行藏。（此诗脱稿日，桂舲病已垂危，卒不及首途而殁，今则墓有宿草矣！回首前尘为之怆然！遁庵附识。）

寓斋岁暮感怀

旅馆傍城东，萧条似寓公。劳人真草草，妙手又空空。婚嫁中年累，功名末路穷。高歌夜将半，气魄尚沉雄！

四　　　绝

后岚亭杨氏童媳被卖为官婢，因而构讼，福州陈镇藩来任秦屿巡检，为买还之，一时传为美谈。爱赋四绝以纪其事。

一

华烛光中爆竹声，许多怨旷此时平。民间婚嫁寻常事，难得长官为主盟。

二

居然却扇礼初成，记与儿夫作弟兄。一事思量翻懊恼，阿翁太不谅人情！

三

一时鼓掌竟欢迎，仙尉能平鼠雀争！莫笑结婚殊草草，而今女界进文明。

四

玉堂归娶锦衣荣，嘉礼多于官舍行。婢学夫人应貌似，乡邻创见漫相惊！

民二除夕在白琳胡献廷（邦彦）家作（癸丑）

客路奔驰岁又更，茫茫百感一时生。乾坤有意淘残局，水火无情息党争。自笑痴呆无处卖，谁怜飘泊只身轻？拥衾独向灯前坐，怕听萧萧树木声。（是日为旧历十二月初五，先府君易箦之辰也。）

孟夏在福州别有天汤房浴罢口占 （甲寅）

佛法原无垢，汤盘警自新。今朝得熏沐，才不算因人。

福宁中校除夕

飘零琴剑几星霜，龙首山头又夕阳。岁月如梭容易老，诗文有债亦难偿。坦怀忘却谋生拙，冷眼惊看换劫忙。犹忆去年当此夕，吟笺裁罢竞飞觞。

人日偕林寿卿宴石次华家席上口占奉赠

一

二十年前此舌耕，雪泥今日认分明。乌衣子弟多零落，老友幸存石曼卿。

二

模糊烟雨讶蓬瀛，海上三山门外呈。还喜松楸近垂荫，不须庐墓费经营。

三

排解年来最有声，垂帘聊复学君平。问君曾习梅花数，修到梅花是几生？

四

匆匆鸡黍故人情，话到鸰原百感生。愿借酒杯祝眉寿，一方代表属难兄。

与林啸田 （家凤） 同宿杨家溪联句

料理归装又半年，追随旅邸尚床联。风尘双剑嗟迟暮，翰墨三生悟宿缘。屈指知交能有几？关心时局各凄然。明朝暂向河梁别，话到三更还未眠。

季夏因公上省族舍口占（己未）

生平从不以诗鸣，偶值星期一酌觚。读罢谤书翻失笑，竟将名士例先生。

季秋在霞城西医馆疗割下部赘瘤感赋

一

养病未免贻之患，附骨由来击最难，从此一刀成两断，愿教无日不平安！

二

饥肠辘辘溺迟迟，徒倚匡床苦不支。黄种多经人脔割，顽躯得此算便宜！

辛酉除夕即事

一

摊书微觉市声喧，残照衔山昼已昏。家祭适逢家酿熟，九泉一滴向谁论！

二

几净窗明绝点埃，安排诘旦接年来。胆瓶供得一枝好，道是遁园手植梅。

仲秋赴霞宿杨家溪（壬戌）

才行一日路，已转九回肠。候讶炎凉幻，身惊艰险尝。泉声带雨急，树势挟风狂。未暮即投宿，前山倏夕阳。暂把征装卸，登楼一举觞。几湾流水活，四面好风凉。民变猱升木，官钱鼠盗粮（时霞浦有罢市事）。传闻为太息，无语对斜阳。

长溪别李若初即次其见赠元韵 (癸亥)

底事高谈惊四筵，同心晤对足忘年。诗人好句都如画，哲学微言半近禅。变幻风云成浩劫，流连文酒亦前缘。乡关无恙暂分手，归路寻梅师浩然。

嘉平月二十四日赴桐途次遇雨

帷中闭置如新妇，淅沥惟闻暮雨声。昏黑难行怜仆惫，崎岖已过幸途平。友朋契阔经三载，衣食奔波误一生。忽见灯光遥射入，始知身已到桐城。

挽郭伯宜 (乙丑)

一

相见恨迟交却深，客中握手记榕阴。忠谋惨淡维公学，远道殷勤惠德音。时事日非同感慨，乡邦多故费沉吟。剧怜才大心还细，弱体难禁二竖侵。

二

骥足仍羁庞士元，沉沦丞椽复何言？侯门未改布衣素，浊世偏将古谊敦。八百孤寒应洒泪，三千弟子与招魂 (伯宜曾长福安高小，比复倡设初中又三中校，始收省立时各生学费蒙准减征办法，岁省缴千余缗，伯宜力也)。伯嗜有道碑长在，惆怅韩阳日又昏。

王孙道上口占

一

山色泉声俱有情，乍经猛雨又新情。肩舆蹀躞王孙道，迎夏送春在此行。

二

交交时鸟弄新声，似报天时已变更。莺粟开余茶市闹，农田几处未曾耕？

寄怀孔楚洲霞浦 （丁卯）

一

当年借箸仗长才，官样文章费剪裁（余长三中时，聘君司文牍）。一别松城忽三载，每因小阮几低徊（令侄哲夫近充桐校职员）。

二

累叶芸香诗礼家，达人不恋旧生涯。客中岁月壶中老，杏种成林兰茁芽。

三

难得芳邻接晦翁，数椽恰又傍墙东（朱逢斋、王瑾卿，霞之诗人也。所居皆毗君寓）。绿杨春色今年好，定有新诗寿寓公。

四

漫笑人称瞌睡王，倚床辄入黑甜乡。忘机便是长生术，底事丹砂觅妙方？

登观澜阁有感用何宝斋太史韵

囊琴匣剑此栖迟，得失由来只自知。树静不嫌鸟语噪，窗虚为爱月痕移。十年憔悴闲居赋，万斛牢骚感遇诗。幸有遗编容我读，挑灯每到夜深时。

寿何雨楼 （继英） 六十

聚奎社散剩灵光，六十年来鬓未霜。五凤飞腾成感慨，一龙蛰伏尚昂藏。（雨楼尝与黄伯樵、陈幼尧等五人结聚奎社论文，已而黄陈等皆破壁去，而雨楼不偶，然独老健。）流连菊部今樊易，跌宕词场古祝唐。兰桂喷香桃李茂，千重瑞气霭华堂。

夏节柬王瑾卿先生

一

百年风雅属吾曹，怎奈纷纷问字劳。暂舍教鞭事吟钵，推敲权当读《离骚》。

二

年来心事乱如麻，自别松城三载赊。记得客中作端午，酣嬉觞咏在君家。

三

意在笔先爱我多，岂徒妙画效维摩！蒲能养目菊延寿，倘悟琴心更若何？

四

吟社偶因盛会开，一时裙屐尽通才。折枝声里话前事，翘首征途长者来。（去秋先生莅桐为诗钟之戏，诸吟侣咸望其再至。）

寄怀朱蓬斋

一

平安消息有诗来，龙首峰高首屡回。一事也应同懊恼，纤儿撞破好楼台。

二

文章得失寸心知，几度头低一字师。到处先生多好好，连床何日慰相思？

题老友孔桂舲先生遗像

其貌清癯，其气刚大。作为诗歌，龙吟凤哕。处家以和，持躬有介。遗像仰瞻，欷歔下拜！

过朱坑（戊辰）

月黑林深此地行，竟将燐寸代灯明。笋舆几度林间过，想见先人灼艾情。

寄怀朱馨梓崦山（庚午）

一

破浪乘风归去来，书生勋业震埏垓。十年事变如棋局，万种牢骚付酒杯。避世原非贤者志，殖民亦见伟人才。参差楼阁起荒岛，暮树春云首屡回。

二

嗟余昔日困樊笼，得复自由仗我公。颇悔直躬能贾祸，每惭知己不言功。谢安晚岁才方展，高适中年诗益工。时局纷纷难逆料，保身明哲是英雄！

寄赠朱蓬斋

旅食幸抛苜蓿盘，劳形案牍愧儒冠。身因暮齿惹愁易，诗到深交得句难。满地干戈成浩劫，多年契阔起长叹。万松深处重回首，何日琴樽续古欢？

春日杂咏

一

厌听潇潇暮雨寒，复闻寇警起长叹。半生羁旅浑闲事，今日方愁行路难。

二

已过韶光二月初，劳人郁郁尚闲居。强尝村店沽来酒，聊阅儿时读了书。

三

案上胆瓶供家芳，红光深浅照行装。老妻劝我迟腊去，不日仙葩喷异香。

四

雀角鼠牙何太甚？小惩大诫讵宜宽！我家三代除公事，一字从无扰县官。

朱蓬斋来书述柘洋被匪近况并询当时有无挈眷徒避他处，作此答之

一

我生犹及太平年，蓦地弥漫起雾烟。养虎引狼孰戎首？悠悠何处问苍天？

二

经旬心事乱如麻，行止殊难由自家。桃李不知人懊恼，春来仍发满山花。

三

多半庸人自惊扰，况兼宵小好讹言。细思到处皆荆棘，风雨潇潇且杜门。

四

偶然携伴过山隈，邂逅渔郎笑语陪。今日仙源真个到，桃花折得两枝回。

寿王于燕（翼谋）六十

极乐也从净土求，先生寄托自千秋。湛深经术孙明复，籍甚声华马少游。画铁钩银成墨室，精金粹玉仿儒修。临风为祝寿无量，诸佛群魔尽点头。

次萬柏举 （滋钧） 见示原玉

一

滔滔宦海沸于川，难得分曹吏若仙。清慎轩中无俗事，藏修还可息游焉。

二

不薄微官柳下风，闲云出岫任西东。尊荣毕竟在天爵，得丧奚须问塞翁？

三

相逢裙屐率青年，剥啄人来笑拍肩。安得与君共晨夕？分笺吟到日转甄。

四

未识庖丁何所求？解牛竟诩刃能游。杀机一弥万民悦，返棹休如王子猷。

五

羡煞游山健脚腰，劳农渴想似肠枯。桐川翘首姥峰近，乡思已随八月潮。（时余供职桐城教育局。）

挽林寿卿

林寿卿昔年以生挽征诗，余初未有以应，今春逢其六十大寿，爰赋二律奉赠，挽之耶，寿之耶，双方兼顾，诗之工拙所不记也。

忆昔君征生挽词，三年交卷未为迟。寿诗变徵音弥壮，幻想成空事不奇。毕竟彭殇皆偶尔，从知仙佛在人为。我来吊贺都无着，俯仰苍茫搔首时。

辛未三月三日在桐山教育局作

一

昔岁上元节，今为修禊辰。流觞怀洛汭，亡月在桐闉。时序逝如水，衙斋冷不春。家中衰白母，应念远游人。

二

连朝雨未歇，天半又浓云。强饮家醹酒，厌看官样文。感怀溯初度，把臂少同群。学舍隔墙近，弦歌历历闻。

闻警偕敬生弟由城旋里率成四截纪事

一

惹得时人目笑存，匆匆返棹为孙恩。风光毕竟家乡好，二月春深桃李园。

二

忧心一片倍钦钦，声罪问谁振鼓金？际此中原多故日，匹夫有责顾亭林。

三

避寇武城师昔贤，舟车略费杖头钱。图书闲道文成谶，花样当年苦究研。

四

后先就道几何时？作伴还乡又赋诗。猛忆采茶歌里闹，年年僻壤驻偏师。（例年茶季，白琳驻有军队保护，本年若能提前排遣，非徒茶商受赐已也。）

寄题霞浦中学中山亭兼示校长吴子瑜仁仲

予手拮据忆昔年（亭基本余长校时叠石所成），有基勿坏仗君贤。自从望海成平地（望海楼在霞浦北，为都人士觞咏佳所，圮废已三十余年矣），又见危楼矗半天。课罢开轩睇场圃，客来倚槛听歌弦。河山苍莽谁还我，凭吊钟山路几千。

闻霞中新建钟楼成复得二截并寄

一

五夜蒲牢百八声（校邻资寿寺），十年旅梦醒松城。谁知断续声相闻，又有疏钟隔院鸣。

二

游息藏修各有宜，却难逐一耳提之。声声打入人心坎，正是全城上课时。

春日同王镜波游寒碧山

一

陵谷变迁几度经，荒邱何处四宜亭？只余数本前朝树，依旧春来枝叶青。

二

漫云培塿异高峰，四顾苍茫野意浓。想见诗人闲徙倚，平收海色与山容。

次韵答王勉生招同诸友长丰里看桃花并留饮别墅

一

经旬心事乱如麻，避寇归来厌看花。难得诗翁游兴健，邀侬扶杖过山家。

二

皓白须眉似绮园，长途语语且言言。吾乡掌故凭谁纪？卅六欲探古井源。

三

寒碧题诗愧未工，咏觞还为溯宗风。一轮明月初生海，酒泛绿波烛剪红。

四

休嫌花事已将残，万紫千红取次看。但愿仙源尘不到，年年把盏庆安澜。

访朱馨梓于溪南寺

一

寄庑依然便起居，药炉茶灶澹相于。教童谢客朝关户，听妇课儿夜读书。

二

潦倒风尘谁顾骥？逍遥濠濮且观鱼。我来欲传方山子，怪底生平豪气除。

谷雨节后一日偕同人吊余双髯墓

一

人生华屋总山邱，凭吊茫茫今古悠。不少名流碑碣在，最难后辈酒鸡酬。埋将热血一抔土，留得清风几树楸？太息顽仙仙去矣，街头无复踏歌游。

二

眼底贤愚貉一邱，荒亭馂罢我心忧，文章纯以性灵写，孝友合将馂豆酬。有幸青山来吊鹤，无情古木剩枯楸。归途还拜田横墓（故浙江定海总兵张骏亭墓在岸角亭侧，余及诸友顺道谒之），一样歔歔两地游。

三

卅载前从长者游，树犹如此感松楸。雍容谈笑见风雅，狼藉杯盘尚献酬。樵牧至今还瞿瞿，王侯自古总悠悠，祭余应切高山仰，底事奇书觅索丘？

四

一年一度一来游，灵雨既零宰树楸（每岁祭期俱在谷雨节内）。

社祭乡人援旧例，诗龛故里记同酬（吾乡有苍葭亭，内祀先生及金慕园、陶自超诸前辈）。穷来独善偏奇伟，死去为仙岂谬悠？（见郑云坡先生余双髯原传）闻道清词冰雪似，谁携谢句问圜丘（谢退谷秦屿竹枝词有"一卷清词写冰雪，只今名士属双髯"句，今则先生遗集无从见矣）。

次王敏生游资国寺

一

杖国宁辞汗漫游，四方矗矗复何求？半生健户计非左，此日看山迹偶留。松柏岁寒无老态，莲花曙月结新俦。匡时才俊知谁是？极目中原万里秋。

二

记昔阿依三度游，净因野趣个中求。举觞叠向菊前醉，寄宿还如桑下留。此地题诗几词客，一时交臂失同俦。吟成不尽怀人感，风雨潇潇气欲秋。

七　律

秦校有桐树一株，高出檐丈余。吾弟先生昔年长校时所手植也。去夏忽被飓风吹倒。今春开学，乃起而筑之。新绿依旧成荫。感赋一律以纪，并寄示敏生弟桐山。

记从清慎轩移来，予季殷勤手自栽。倾覆何因风有隧？扶持得力劫成灰。昂头仍爱窗前荫，焦尾谁知岸下材？墙外数条营柳绿，那堪重忆旧楼台？

读蔡壶公先生《壶史》及辛未年刊赋此呈政却寄广东澄海

一

乞得奇书读，狂呼道不孤。解颐对匡鼎，搔背倩麻姑。市近将身隐，朋稀与古徒。生平耻标榜，藏写一瀛壶。

二

清代盛声气，随园与曲园。惟公遥与抗，旷世并称尊。格局神交刭，性情古处敦。景行今在即，多士附龙门。

咏林孝女

孝女名幼慧，世居闽侯安澹乡，寡兄弟，年十五许字同邑王某。嗣缘其父集资创办杉木厂于延建邵等处，遭洪水破产，负债累累，父畏迫避王家。不意王氏受奸商贿买，竟送官究追，拘留数月始得释放，由是家贫如洗，赖孝女以女红度日者有年已。而王家闻其贤，屡央媒求娶，父将许之。女曰："当时贼吾父者，王某父子也。今纵不能为父报仇杀贼，何反使我事仇？"遂终身不嫁。父殁，事母竟积劳成疾，与母相继卒。余友林寿卿其同宗也，为征诔词，爰成七言四截以吊之。

一

海邦遍设天妃庙，民国政标孝女祠。绝好宗风谁继起？还传巾帼有须眉。

二

望门投止即而翁，讵料情随企业空！薄倖怎称同命鸟？零丁遂作可怜虫。

三

夫妻本是以人合，那及属无离里亲？况甫问名未见面，事仇毕竟渎天伦。

四

坚决总因大义明，幼闻贤媛早心倾。千秋媲美婴儿子，送死力穷还养生。

夏夜即景

虫声唧唧似初秋，萤火还从竹外流。静掩柴扉无个事，微茫夜色上层楼。本分能安书有味，此心无挂梦都幽。吹灯还向庭前望，却爱朦胧月一钩。

闲居漫兴

里居颇觉起居便，得谢薪劳讵偶然？睡足跏趺聊学佛，酒来酩酊竟如仙。琴书以外浑无事，城市之间别有天。入耳忽添诗兴满，傍山三月已闻蝉。

萨鼎铭上将以赈灾莅秦留旬余复往霞浦，赋此送行

一

莱公无地起楼台，媲美端推上将才。（公生长福州而不营第宅。）纬武经文过去事，闲身还为赈灾来。

二

十日平原重九节，雅歌几度出襜帷。自惭顾曲误难免，长者偏教为折枝。

三

金钱无数掷沙泥，宏愿回澜孰与齐？（秦北旧堡坏于海潮有年，公拨款赈灾拟为招地重建。）苏白西湖成例在，他年应号"萨公堤"。

四

归路经过松菊园，上方钟磬迓高轩（公便道游瑞云寺）。新诗不用纱笼壁，志胜待登名胜门。

代柬寄蔡壶公先生，仍用见赠韵

一

一代才人起鲵海，东南坛坫尽知名。韩苏落落空今古，鲁卫

滔滔笑弟兄。谁料虚怀偏若谷，顿教下走不胜情。琅嬛秘本应分我，快读从头寻旧盟。

二

垂老日犹课铅椠，赞修矻矻匪关名。每嗟嘉道难为役（敝邑志纂于嘉庆时，距今百有三十余载矣），顾并朱庞事以兄（闻遁叟、馨吾两先生各修其县志书，时拟邮函请教）。声应气求吾辈事，文征献考古人情。神交一格先生创，转益还资为订盟。

昔人以浙平之鹤顶为福鼎山，遂谓县命名以此。本届修志始正其误。爰成二律纪念，录乞诸诗家赐题，余兴未尽，复叠两章

一

他山借助果何缘？讹以传讹二百年（清乾隆四年开县）。取义牺经犹近理，谐声鹤顶太从权。此疆彼界须分别，李戴张冠笑倒颠！记得前修曾告我：定名原在姥峰巅。（太姥最高峰曰摩霄，状若覆釜。覆福同音，故取名曰"福鼎"。）

考献征文此最先，顿翻成案讵徒然！阔谈幸采迂园语（福鼎县名与平阳之鹤顶山无涉。邑明经江璞岩先生《迂园阔谈》中言甚详），恨事难搜吉老编（闻乡先辈王吉泉广文与高云垞孝廉书有言，县命名盖取易什卦鼎新义。惜此札今无从觅矣）。大错那堪同铁铸？国门敢诩可金悬（余草《地理志小序》成，录示老友林寿卿，旋得复书"系国门不能增减"等语。余甚愧其言）。表章还仗词人笔，好与千秋万口传。

二

飞来题句记前缘（余弱冠过鹤顶山麓，有句云："为有姥峰难与并，飞来此地作昆仑"），弹指游踪四十年。定鼎终须随地势，移山底事假神权？强邻侵界杜宜渐，贤者归宗喜欲颠！人事参稽同一理，吟魂梦绕姥峰巅。

卷石胚胎浑混先，昆蒲霁雪景当然。（昆蒲，平阳地名；鹤顶霁

雪为"昆蒲十景"之一。）占星或混牛女度，划界早区闽浙编。那有仙人将地缩？任他辩口似河悬！分明牛马不相及，夏记王诗笑浪传！（旧志载：夏拔萃嘉梁《县记》、王文学凤翔《福鼎山》诗皆误以"鹤顶为福鼎"。）

次陈芷屏大令（廷衡）答福鼎绅衿勒石并述别怀原玉却寄福州

一

后堂丝竹预彭宣，盈尺阶前宁不然？尚记因公来偃室，何图遭乱负疏筵？（公返浠时怅帐极盛，余先时闻警旋里弗获与。）先忧亟欲援胥溺，临去还能解倒悬。（两事具见碑记内。）道左魏碑争快读，许多冠盖为停鞭。

二

传登循吏果何荣？实至名归赫厥声。仿照生祠匪阿好，参稽志例本持平（新邑志《循吏传》生存者惟公个人。然已去任之好官例得登列）。讴歌士竞酬贤宰，水火天教脱众氓。独我怆怀金石语，离披宿草最关情。（十七年暑期旋里，先友高申甫茂才以书促撰公《去思碑记》有"金石之寿可数百年，子其勉之！"等语。讵料甫脱稿即闻申甫噩耗。今丰碑竖立，想吾友地下亦应掀髯一笑！）

寿蔡宅卿七十并柬壶公（癸酉）

一

金兰新契有壶公，难得庚同系也同。三岛神仙多乐事，一庄水木是宗风（令叔祖云海先生著有《水木山庄诗钞》）。已消豪气方山子，早息机心汉上翁。惟有遗经谋最切，课儿夜夜剔灯红。

二

萧疏白发感华巅，犹是胜朝弟子员。旧调不谈天宝曲，新诗还署义熙年。劫经两度仙能避（近年土匪前后劫掠白琳，潭府巍然独存），齿小诸昆莫独绵！却喜寿星双耀彩，遐龄一例续前编（壶公六十时亲友赠诗，刊有《遐龄集》行世。白琳亦有溪名遐龄溪）。

哭朱馨梓

议郎建白梦中过，末路英雄唤奈何！绝岛林渔收效鲜（晚年垦植大嵛山荒岛），平生肝胆照人多。能驱巨憝才无敌，纵葬岩阿气不磨（墓在嵛山殁即葬焉）。絮酒只鸡隔一水，临风凭吊泪滂沱。

书　　感

一

横逆无端攫主权，再三退让执弥坚。细思累世为邻比，颠倒饥寒亦可怜。

二

欲取何妨姑与之，兵家权术亦堪师。扩张到底愁无地，浪掷金钱彼岂宜。

三

小园还拟拓三弓，杂莳花疏一圃中。隔断市嚣寻野趣，长年栖隐傍墙东。

赠邹华逸并寿其五十

一

浊世孰翩翩？伊人我所贤。瀛壶大弟子，南谷小神仙。家史曾编订，医经得究研。何时共三径？闻费买邻钱（新宅距余家仅数武）。

二

忆昔居岩角，高栖浣月楼。命俦时一往，把盏话千秋。觥政当年叙，行窝随处留。寤歌皆自得，丹诀底须求？

赠郑寄禅

忆昔春游寒碧山，我歌子和妙于环。能诗早信胸无滓，得酒应教鬓晚颁。僻地秦川聊寄寄，齐年邹衍亦闲闲。闻将联句摅清兴，可许阿侬见一斑？

奉怀王敏生并祝令政周甲

看遍桃花又菊花，老翁行乐正无涯。友朋酬唱添诗兴，杖履优游忘岁华。南极须眉从古少，东平腰腹向人夸（君体肥胖）。今年春入璇闺早，还喜细君甲算加。

寿曾悟西六十晋一

一

残丛志乘续前修，至杀青时便倦游。忽忆故人周甲算，合将俚句补庚邮。不关家政最宜佛，为课孙曹少下楼，健羡莲宗参妙谛，司空生圹早营谋！

二

绚烂竟于平淡收，阿侬且为溯从头。庄谐信口东方朔，雪月随缘王子猷。座客酒尊矜任侠，哀丝豪竹写风流。自从江右归来后（君尝以拔贡需次江西南丰知县，未除官，因光复返里），德邵年高孰与俦？

悼陈梅庭

经月冰霜百卉枯，老天何苦厄吾徒？善人食报惟公论，儒者谋生无别途。茹素有年祇自适（持长斋而非侫佛），分甘者众亦堪娱。斜风细雨白琳路，愁听鹃声到处呼。

邮书壶公后有作

老人若规我，我定为心喜。我今规老人，老人亦应尔。忠告与切偲，友谊本如是。矧乃道义交，神交托千里。脂韦我所薄，标榜我所耻。掬此一片诚，微辞见藏否。风雅谲谏情，春秋责备旨。掷笔复踟蹰，瀛壶渺烟水。

春寒柬友人

无计将寒却，聊沽酒一壶。梅花已狼藉，雨色况模糊。独饮不成醉，高眠差自娱。老天方酿雪，白战有诗无？

奉酬朱遁叟先生（敦艮）惠赠辩析县名和章却寄盐溪

一

齿德壶中冠，殷勤远寄缄。句奇争鼓舞，墨妙合镌刊。祖烈匹濂洛（先生乃紫阳后人），家声绵籍咸。江南春杏雨，有梦亦非凡。

二

大隐在城市，幽人时寤歌。名篇寿西岳（太姥五代闽时封西岳），误解笑东坡（原诗有"一笑东坡只好奇，不辨当年两赤壁"句）。杖履娱前辈，琴书养太和。卫生还得诀，体育俨分科（先生好习柔软体操，时指导儿童游戏）。

许情荃先生（树枌）惠和考正福鼎县名诗
并以画隐园图索题，敬赋两律奉答却寄如皋

一

正得如皋误，因明福鼎讹。苦心同校订，左证费搜罗。尚恨云山隔，难操几杖过。敝庐园半亩，遥羡硕人薖。

二

地与人相得，高栖又一村。天然呈粉本，镇日掩柴门，诗画工摩诘，渔樵溷许浑。于焉涉成趣，金谷不须论。

张海騳先生（树屏）惠和县名辨讹诗赋此鸣谢却寄六合

沧海横流退步难，墨遗卷石地天宽。一龛香火陪今我，四壁图书结古欢。俯瞰尘寰知己少，严持戒律赘辞刊。者番不厌哦诗苦，顿使名山现乐观！

壶史题辞

彼苍有意假之鸣，编辑十年集厥成。选句从无牙拾慧，取材尤爱面开生，神交难得许（树枌）袁（天庚）殿，骇走应令籍湜惊。肝胆须眉都活现，笑他纪传欠分明！

依韵酬答高醒侬（增龄）惠赠县名辨讹诗却寄高邮

一

翻案文章未足奇，辨明讹误抑何迟？神情面目略相似，内外山同大小姨。

二

核实循名幸适符，分明铁证在前途。山灵应亦呵呵笑，知否今吾即故吾？

夏夜望月用张海騳韵叠成四绝句奉怀兼简壶公

一

中庭月色似中秋，天上人间侔不侔？醉里乘风欲仙去，琼楼玉宇胜寒不？

二

壶里常春举世秋，墨遗遥对与之侔。不知除却吟龛外，更有香山胜迹不？

三

一椿大事足千秋，苦海趋身孰与侔？慧业自应易成佛，慈航还肯度侬不？

四

坠落尘球六七秋，迂疏不与世人侔。盐溪昨亦通诗柬，欲往从之许我不？

七月廿四夜不寐作

半因苦热半忧时，欲锁寸心不自持。辗转终宵亦常事，明朝奈是远行期。

廿五早由家赴桐过白琳蔡宅卿家宿焉，途中得两截

一

一卷十年换给难，九阍欲扣路漫漫。谁教凤愿偿今日，体恤民艰感长官。（民十承买旧烽火营较场，仅领县照一纸。几经交涉无效，比财厅有凡非官产正式机关所给执照准一律换给部照之通令，故有此行。）

二

何曾惮暑起长叹？客路风生六月寒。宿雨乍过天似暝，不教红日漏云端。

有　　感

浓淡亲疏情不同，从容应付介而通。机缘能凑交方密，兴味全消句弗工。海内知心还有几？我生乐趣却无穷。宵深且把旧书读，灯火儿时一样红。

黄锡卿（金爵）寄示述怀十律，赋此奉和，愧未能步韵也

一

沧桑经过市朝迁，门第孝廉尚宛然。十亩田园宜隐逸，一庭花木伴神仙。因嗟秋士肠还热，已醒春婆梦不牵。户外红尘远飞去，日长无事更参禅。

二

订讹感遇赋新诗，两度殷勤远道贻。梨枣由来无速效，桑榆也是不多时。逢场文酒情如昨，满地干戈事可知。绣谷晴岚三涧月，临风怎不起相思？

志　感

一

笔耨舌耕六十余，辛勤仅得此安居。数椽我辈犹非分，太息林逋语不虚。

二

权利不争偏多事，杜门难学赵闲闲，几回想欲逃之去，怎奈无钱再买山！

咏　菊

一

垒块胸中浇不尽，餐英端合累千杯。索居九日陶彭泽，难得知交送酒来。

二

冷香生小谢繁华，雅淡最宜处士家。红紫色多黄白少，秋花无那似春花。

三

寄人篱下耻求人，憔悴西风却有神。试问兰幽梅瘦外，此花

果否是前身？

秋夜不寐

掩卷微嫌秋气凉，拥衾且觅黑甜乡。更深不寐缘年老，少作偏佳识学荒。四海友朋难会合，名山位置漫思量。闲身却羡漆园蝶，栩栩蘧蘧夜未央。

题卓剑舟《说剑斋丛话》

一

纫秋（林滋秀）不作雨槎（施浩然）死，风雅桐冈少替人。青眼高歌望吾子，征衫似涴客途尘。

二

赵王台畔草离离，遗迹曾寻欧冶池。游历输君胸次广，选辞想见引杯时。

三

回首髫年载酒过，侯芭早解事吟哦。兹编饶有英雄气，为识贤豪长者多。

四

我因说剑发长嗟，剑侠谁如古押衙？千里飞行同咫尺，夺归名士胜名花。

壶公寄赠古风谢此答意却寄澄海

一

妙曲争推朱遁翁，墨遗画隐亦同工。三峰鼎峙各雄伟，又见飞来来岭东。

二

肝胆论交只一真，新诗也复肖其人。铸成生铁言皆实，疑我微嫌尚不伦。

三

家风浪说孝侯台，蛟虎犹存志早灰。摆脱尘缘以学隐，安排笔砚待诗来。

四

壶史谁操笔削权？编年纪传笑丘迁。别翻体例开生面，快睹何时望眼穿。

咏休宁程氏六烈妇殉难事

一

长使青闺播美谈，寒泉荐菊合同龛。黄巾惨演灭门剧，前后捐躯死者三。

二

坠渊蹈刃志弥坚，碧血都应化杜鹃。饿死区区羞失节，故家彝训祖伊川。

三

难得孙阳为表彰（孙师郑太史既撰《六烈妇传志》，复为征诗，用阐幽光），一门六媛轶寻常。吾乡曾吊程忠烈（程伯简），巾帼如斯足颉颃。

高邮童和斋（煦人）以自题《抱残守缺斋诗》乞和，率成二绝句以应

一

破碎山河断烂史，区区躯壳敢求全？木鸡养到神常旺，四壁图书得静便。

二

精明端藉体康强，谁料天心故簸扬。左若不盲迁不腐，千秋那有妙文章？

跋

右录《绿满窗诗草》一卷，吾师周遁庵先生所作也。先生易箦时，以是编及《遁庐诗文抄》《北岭文献搜遗》三种委剑舟编校印行。比年，屡思梓存而力有未逮。时局蜩螗，心境殊恶，不遑文事。长夏多闲，乃先为检校《绿满窗诗草》付诸鼎中施惠民兄誊印，供海内先睹为快。而《遁庐诗文抄》《北岭文献搜遗》二种将依次续印焉。

回忆昔年从先师游，援疑质理，师讲贯孜孜不倦也。尝语剑舟曰："笔钝者，须多读诗古文词，久之自能变化。"呜呼！言犹在耳而音尘渺不可追。校读遗编，不禁涕泪横集矣。爰乃和泪濡墨僭书于其后。

中华民国三十有一年六月
受业卓剑舟跋于古桐山之说剑垒

亦耕斋存稿

（民国）周南 著

松城中校每逢例假与林省香、杜柳坡、喻竹庵等分题拈韵吟成如次

桃花 （得十三元韵）

灵根种自武陵源，为嫁东风到我门。占断繁华春几许，嫣然含笑自无言。

月夜独酌 （得十三覃韵）

闲来欲博一宵酣，可惜无人共醉谈。孤饮何须嫌寂寞？飞觞月下影成三。

同人雅集水流美赏菊 （用王渔洋秋柳原韵）

其一

繁华如梦黯销魂，寂寂秋园深闭门。人似春潮来有信，事如流水去无痕。黄鸡紫蟹联吟屐，红树青山认远村。知有此间高士隐，我来载酒快谈论。

其二

枫林正染一秋霜，为访黄花过晚塘。四野田畴闲稼穑，万家黍谷满仓箱。春园谁识孤芳艳，晚节方知众卉王。回首长堤衰柳色，不堪重问永丰坊！

病中却寄林妻兄沐云

平浦萋萋芳草满，故人别后肠堪断。登楼作赋感知心，无那相思梦缭乱。忆君曩昔过山庄，病中酬应自荒唐。况是无聊风雨夕，最难知己话联床。无何信宿匆匆去，野鸟山猿啼不住。遥望西山不见君，夕阳斜挂万重树。

咏菊（三首）

一

数丛深浅竹篱东，一段幽香自不同。任尔百花春烂熳，难将本色抗秋风。

二

爱与孤芳结伴俦，高人幽致独宜秋。闲来时向花间酌，可有白衣载酒否？

三

霜冷秋畦景物殊，谁家篱落菊花敷。问他陶令归来后，三径未荒认得无？

述怀（二首）

一

风尘何日卸征衣？往事提来觉昨非。浮世沧桑多变幻，故园松菊尚依稀。甘同寂寞黄花老，岂逐颠狂柳絮飞！好与严霜盟素志，年年此会莫相违。

二

孤芳绝不受人怜，独对西风锁晚烟。陶令罢官曾赏识，杜陵作客尚缠绵。东篱载酒欢今日，北斗飞觞忆旧年。回首同游何处是？迢迢雁影在天边。

月下听琴偶成俚词一律录请尚明先生词长粲政并希和教

团团圆镜挂疏林，此夕谁张绿绮琴？一曲尽堪静夜听，何人先动故园心？梅花谱奏清音逸，流水情传格韵深。多少高楼人不寐，新诗和月自长吟。

贺陈世璠兄与平娇女士结婚

鸳鸯谱证三生石，孔雀屏徵双合璧。元龙湖海真风流，欣作东床新娇客。东床娇客耀门楣，才思翩翩冠当时。艳词雅擅徐陵咏，催妆好赋玉台诗。书法梦楼尤秀逸，银钩远迈张郎笔。岂徒闺中作画眉，黄庭一卷价无匹！淑女尤夸咏絮奇，洗尽庸庸脂粉姿。矢志专研新教育，学成伫看为人师。难得天生谐两美，宜室宜家乐尔尔。红窗戒旦懔鸡鸣，治平事业从今始！

恭录周南公遗稿媳李敏乐整理

1997 年 8 月 27 日

民国十三年三中留别，赠如香、兰生，时勉、柳坡、竹庵诸同学

一

频年笔砚共昏晨，风雨联床契益亲。交订知心魂梦共，言常逆耳肺肝陈。无鱼铗愧空弹我，逐鹿竿期一奋身。莫谓萍踪成偶合，三生石上证前因。

二

凄凉此夜散同群，蜡炬筵前泪几分。今夕话残寒漏鼓，明朝望断暮江云。当窗明月为谁主？满树斜阳独忆君！从此天涯与地角，何时樽酒再论文？

乙酉春，桐音吟社诸友同游资国寺，步乡先辈王瑾卿韵，各成一律见示。时余抱病未往，依韵赋比

卧病未能逐锦鞍，强撑吟骨独凭栏。尺书久与亲朋隔，斗室常怀天地宽。漫道青灯违素愿，任它苍狗幻奇观。荣枯不尽沧桑

感，都在春婆一梦看！

题陈世瑶快斋《正气歌》印谱（己丑花朝）

快斋陈郎年正少，不同凡响高格调。郑虔三绝诗书画，放笔往往称神妙。金石篆籀尤专攻，运斤可侔造化功。得心学已进乎道，刻划技岂事雕虫！详辨源流宗法则，博览名家具卓识。片石只字足堪珍，缙绅折节求难得。今观一部《正气歌》，鬼斧神工费琢磨。妙造直追秦汉上，秀逸苍老笔兼罗。鸿篇取义既纯正，於此真能徵德性。君之才艺诚足珍，君之植品尤堪敬！

送吴锡璋荣擢省垣

吴侯才本非百里，维桑与梓必敬止。三年政化乐观成，满县桃花红旖旎。宦海倦游久欲归，西风鲈脍愿偏违。万方多难需才急，又向上林高处飞。夹道攀辕留不得，依依饯别桐江侧。银河恰渡鹊桥仙，天上人间秋一色。征帆此夜唱骊歌，江水迢迢望若何？留有甘棠余荫在，轻徭减赋去烦苛。我本与君旧相识，私谒未曾来偃室。不因人热守吾真，君子之交淡如一。

恭题卓剑舟先生《太姥纪游集》

君为出山人，重寻入山路。也曾破浪趁长风，南洋群岛亲指顾。归来游兴尚未厌，振衣独上摩霄巅。卅六芙蓉开胜景，神工鬼斧状万千。名山今古谁知己？继东方后有卓子。一邱一壑遍搜寻，万象尽收诗囊里。纪游一集足千秋，高风合与谢公俦。何当与子共攀陟，第一峰头看斗牛。

敬题剑舟老兄《太姥山全志》

伟哉太姥山，巍然闽东峙。胜迹久传闻，命名自尧始。学道司马翁，炼丹容成子。老母昔种蓝，犹见此蓝水。天下第一山，曼倩留题纪。历历垂仙踪，灵异随处是。三三岩洞奇，六六芙蓉美。天造与地设，到此叹观止！西望彼武夷，安能执牛耳？天台与雁荡，北望亦无比。吾乡山之阴，去山三十里。昔曾三度游，恨未穷攀跂。伟哉卓使君，旷达不羁士。高风追古人，游踪频继起。十上摩霄巅，名山契知己。博访发新吟，穷搜矫旧史。考证笔如椽，远迈恪亭氏。我今读君书，探幽如掌指。何日再登临，乘兹健步履。直上第一峰，万象收眼底。

庚寅清和节锐生周南呈草

北游吟草

（民国）杜悦鸣 著

尚　序

　　友人黄之六、张永明、杜悦鸣，皆闽人。皆不远千里求学北平。而皆从余游。三人者，皆好为诗。每岁时令节，投赠和答，来往频烦，破余岑寂。既而永明、之六相继南归。仍历数月，必录其乡里所作，邮寄于余。余为次其甲乙，刊其支蔓，即刻邮还。盖望之深不觉其语之切。岁乙亥，之六复来燕；永明则流寓于潮汕间；而悦鸣则出塞。悦鸣天才，较二子尤超逸俊拔，故所为亦益多。其排律长篇动至数十韵，纵横捭阖，蔚为大观。盖其家世为诗，其妇翁王文玉亦以诗名于闽东。故悦鸣薰灼渐渍，业以有成。丁丑初春，悦鸣以其《北游吟草》见示，共百五十余首，而今体为多。今体诗见世，学者以其有声律之束缚，对偶之匀调，而目为桎梏者也。乃余以是授悦鸣等，即信而从之，亦殊未见其苦也。奇偶阴阳，乃天地声音，自然之节，凑以声律为难。殆以古诗为易矣，不知其尤难也。不知声律之为初步，古体之不离对偶也。呜呼！此其故。向谁言之？又谁信之？只与二三子寂寂而言，默默而喻耳。故吾望悦鸣之不域于是，而毕吾说。

　　　　　　　　丁丑二月槐轩老人①识于北平

---

　　①　槐轩老人即尚秉和，字节之，号石烟道人，晚号滋溪老人，学者称槐轩先生，河北省行唐县城西南滋河北岸伏流村人。晚清进士，著名易学家。尚秉和博学善文，喜玩金石，工于绘事，精通中医，易学造诣渊深，是象数派易学的代表人物之一。其代表作品有《焦氏易林注》《焦氏易诂》《周易尚氏学》《周易古筮考》及《易说评议》等易著之津梁。

柯　序

　　福鼎杜悦鸣自幼专精于诗，游学旧都，教授塞上，览历既广，篇什尤富，裒辑所作凡若干首，以示昌泗。其诗超迈宏放，不事雕饰，足以达其所志，奋然薪至于古之作者。古文经说曰："诗者，志之所之也。"今文经说则曰："诗者，持也。"在于敦厚之道，自持其心，可以扶持邦家者也。两说有隐显之异。然孟子曰："持其志，无暴其气。"则言志尤以自持其心为贵矣。风雅以降，作者虽不尽自持其志所之，则皆可得而言无论赋比兴也。刘彦和以老庄山水为诗之代谢，诗以老庄为言其志。易明吟咏山川不抒情感，其人之志仍可推见，非必有为而发而后为言志也。若乃志有远近，则不能尽同，推见亦有难易。执此以论，历代之诗若射覆然。夫言志之易见者，以名理为归者也。惟六朝诗人之志，不一相传之。名理不足动其吟咏。唐初海内无事，驰骛声律，不复深思名理。是以所言者多在宴游、景物，据其世以探其志，不亦明且晰乎？其自持于敦厚之道者，亦有之矣。谢宣远戏马台之作，所以高于康乐者也。然于悦鸣之诗，以言志者为多。近譬则似其乡张亨甫。亨甫才气志节一见于诗，独为当时之逸响。悦鸣虽与为近似，而行己之方，为学之要，皆由于湛深经术。其诗藉之日进，必与亨甫殊途。则经说敦厚之道自持其心者，发诸铿锵藻采之余，盖将有以深造而自得矣。

丁丑五月胶西柯昌泗①

---

　　①　柯昌泗（1899—1952），字燕舲，号谧斋，山东胶县人，近代北方著名史学家柯劭忞长子，精于史学以及金石研究，在山东作过道尹，后参加察哈尔省政府作教育厅长。著有《后汉书校注》《谧斋印谱》《鲁学斋金石记》《传习录注》《三国志集释》《山左访碑录校补》《朔方刍议》《瓦当文录》。

黄　序

　　诗之为道难言矣。作之者苟非具有忠孝仁义之性，温柔敦厚之情，则其抒情也不真；非明乎阴阳消息、鬼神变化，与夫天地山川、风云雨露、草木鸟兽虫鱼之情状，则其状物也不切。状物之功，既真而切矣。苟其词不雅驯，声不宏远，犹未足以言工。是故古今能诗者，未有非方雅博闻之君子而足以当之也。吾友杜君悦鸣家世能诗，父子兄弟皆有声名，而悦鸣尤博学多闻。既以早岁丧父，长涉患难，羁栖四方。凡所过山川景物，与其悲欢离合之情，一一寄之于诗。其景切，其情真，其词沉实高华、典雅俊逸，骎骎乎入古人之室。盖近世太学诸生之能诗且工若悦鸣者，诚未易数数觏也。丁丑春，悦鸣自塞上贻书与予，言将以所著《北游吟草》付之剞劂，就正于世。嘱余一言为助。忆余闻悦鸣之名，则甲子岁。其时余年方十三，肄业邑中近圣小学。一日诣同学吴君克明，见案头有游春词三十章，读而爱之。问谁氏之作。吴君曰："此妻弟悦鸣旧作也。"余问："悦鸣今年几何？"答曰："止十五耳。"余悚然惊异，敬慕不已。翌年，余入初中而悦鸣亦来学。是后同游闽垣及燕都，凡十余年，朝夕不相离。又同师事行唐尚先生，出入槐轩门下者多岁。先生于诗探溯源流，辨析雅俗，口讲指划，惟恐不详。悦鸣天才秀发，至是而学益进，为之益勤。上稽古人，下守师说。昼废食，夜忘寝，口诵心惟，无时或辍，藻采华赡。而长篇排律，吞吐万状，阴阳开阖，尤为槐轩所激赏。今观其集，喜吾友之果有成，而益自验吾学之未逮。荏苒怠忽，轻掷日力。既负吾师，且愧吾友。掩卷嗟叹，其曷能已于言邪？时丁丑二月朔，同学弟霞浦黄寿祺识于北平慧照寺西山别墅。

自　序

　　余家世好为诗。先君子有《含翠楼诗存》。伯兄楚南，仲兄柳坡，皆性耽吟咏。余年十五，追随两兄之后，每春秋佳日，宾朋宴集，辄相与咏歌。虽不成声，而山水幽闲，兄弟和乐，至今忆之，耿不能忘。弱冠出游，北行万里，背弃乡井，离别兄弟。驿馆青灯，关河白露，羁愁旅思，一发之于诗。不意游学未归，流寇遽起，家室残破，闾里圻墟。平昔游敖之地，如含翠楼，翼然于两山之间，如味闲轩，迤逦于清溪之际，双桑翳户，丛菊绕篱。百年经营，付于一炬。而白发重慈，黄口孺弱，至今流离异县，归计毫无。回首南天，凄然泪下。嗟呼！余年未三十而三易，其身世推此以往，抑又可知；追维陈迹，低徊不已。爰集旧稿，断自己巳北来，以迄丙子出塞，为诗百余篇，附词录、文录各数首，命之曰《北游吟草》。其少时之作，尽亡于兵燹。即北征以后，花晨月夕，零章断句，亦多遗落，鲜复能存。感岁月之易逝，叹文事之难就。悠悠斯世，渺渺余生，展卷怃然，不能自已。丁丑初春，杜琨记于张家口师范校舍。

已巳孟秋七月初九日至北平，寓正阳旅馆，与之六夜话

二十日中波浪走，八千里外影形身。惊心客路场场险，入眼云山面面新。双阙相望如梦寐，片帆回首失涯津。三年夜雨灯窗语，并如今宵证宿因。

旧京漫游

表里山河古帝京（此陆放翁成句，初不自知，兹即仍之。丁丑春月校记），登临几度重行行。雄图霸业清风逝，废殿荒台夕照明。世事百年真若梦，男儿七尺贵留名。多情且听宫前水，咽尽兴亡不改声。

寄伯仲二兄

一

别离犹昨日，客路已三千。驿馆青灯梦，关河白露篇。豪情空自许，幽恨不堪传。皎皎窗前月，唯应故里圆。

二

双阙峨峨里，红尘见旧京。无诗居不易，有志竟能成。浪迹休忧弟，承欢只仗兄。朝来风露冷，客子最关情。

庚午新岁同之六、荫庐游故宫

一

清游相约趁新年，大地春归淑景鲜。行尽两宫回首望，鸳鸯瓦冷碧生烟。

二

金猊炉畔碧烟沉，玉女窗扉蛛网深。丹陛彤庭前日事，九重咫尺客登临。

午　　睡

一枕槐风午梦清，梦醒残日半窗明。苔阶寂寂无人到，隔叶时闻啄木声。

纪　　梦

一夜西风急，客窗归梦成。板舆随大母，姜被共诸兄。霜叶迷山路，风涛骇水程。孤灯摇欲落，醒后不胜情。

述怀次之六韵

闲从别思数流年，廿载飞腾逝水前。落拓真成牛马走，浮沉空结酒诗缘。西风北雁声声急，白露黄花念念牵。兴罢吟成还一笑，秋来诗骨尚嶙然。

双　十　节

半日阴霾半日晴，轩窗独坐不胜情。秋怀频作非非想，国庆空传赫赫名。百战河山仍破碎，九边胡骑正纵横。晚来气肃霜风紧，遥听哀鸿顾影鸣。

重九日佛学院随马岵庭①先生作

又是重阳风雨催，竞将诗句下新醅。摩空墨浪孤云矗，隔院红泥小火开。遍地秋声黄叶落，乱行雁影暮筇哀。相从愧不如顽石，醉把茱萸百感来。

————————

①　马岵庭：名振彪，安微桐城人，是桐城派古文大师马通伯（其昶）先生的侄儿。他除继承桐城派"学行踵程朱，文章继韩欧"的衣钵外，更潜心研究佛学。

仲兄书云辟屋后小园，莳花种鱼，乐而赋之

柴关辟作养花台，一曲澄滢水鉴开。秋菊春兰俱有意，池鱼山鸟两无猜。茶烟轻漾幽篁里，樵唱悠扬隔岸隈。最是日斜风定后，高堂扶杖共徘徊。

辛未元日

爆竹一声新，临晨倍忆亲。离家今三载，应念未归人。

立秋与芷姑吃菱

去年立秋南北走，今年尝新菱与藕。菱棱棱兮藕丝长，与君期兮同皓首。菱角锋易折，藕丝柔且长。荻洲凉风发，愁杀采莲娘。人生离合复何常，风云飘忽少年场。长安米贵居不易，峻阪险阤行断肠。与君期兮偕老日，江南黄叶家三湘。

壬申仲春十九日，长男生时，南归客霞浦
外舅家。霞浦古称松城，因字曰燕松

朔北成胎左海生，燕松志喜锡嘉名。不须蓬矢桑弧射，已是长风破浪行。人世苍茫春浩荡，萱庭融泄日晴明。天缘藉得舅翁福，汤饼香浓遍县城。

二次北游

怅怅投鞭又北征，劫灰残迹暗心惊。嘶风铁骑驰边塞，泣露铜驼没故城。南渡烟花真一梦，西迁歌管尚三更。兴亡遮莫言天意，和战当年一着枰。

游中山公园

御苑风光此一斑，中央名已易中山。浪传楚胜封京观，只见

金人泣露盘。社稷有坛成土壤，春明无主任追攀。伤心岂只前朝事，眼看衣冠又狄蛮。

过明十三陵

松楸郁郁冢巇巇，辇道秋风石马腾。行客多情来吊古，牧童留语慎携灯。乌啼废殿寒云没，烟锁平林夜气凝。三百河山一回首，思陵涕泪望长陵。

中　秋

重门珠箔挂银钩，别院笙歌啭玉喉。仅有引人入胜处，可无佳句纪清游。声浮人海熊熊起，影夺星榆烂烂流。最忆戚家军逸事（闽中中秋之夜，街巷之间，游人三五成群，以巨绳曳大石狂奔，轰然有声以为乐。相传戚宫保守闽，倭寇卒至，令人作此为疑兵以却敌，时八月十五夜，后以成俗），空城一夕北军稠。

为李崑圃题猛虎图

李君好文又好武，投笔当年曾入伍。驱车万里出天山，夜幕千冈闻戎鼓。沙碛归来叹路岐，燕市停鞭还闭户。纵横经籍兴有余，一幅街头卖猛虎。虎势凭陵人气豪，相对蹲蹲欲起舞。君起舞，我作歌，山深林密无风波。呼群啸侣坐岩阿，槛阱人间奈虎何。

戚友南来得芷姑病讯，芷姑嘱勿为余道之，闻下怃然

沈病方春别，秋来系所思。无书传缱绻，有客话支离。忧喜嗟门聚，叮咛感意痴。行人自无恙，药饵好矜持。

巨　鹿　战

篝火狐嗥戌卒叫，秦人惊惶楚人笑。金人十二铸咸阳，锋镝

何来起兵檄。秦庭震怒虎符出，貔貅百万扼津要。电掣风驰宿将能，土崩瓦解诸侯惧。夥颐王死武信奔，甬道千条巨鹿绕。指日天河庆洗兵，献首彤墀奠九庙。孤军忽报尽苍头，八千子弟气酋酋。沉船破甑渡黄流，王离气夺章邯忧。壁上观者皆股栗，一挥存赵霸中州。吁嗟呼！英雄堕地即奇特，敌必万人拔山力。沙丘未死已无秦，叱咤于今有生色。

催　妆　词

清歌一曲笑郎当，谱就新词远寄将。帘卷西风人早起，楼头不用赋催妆。

咏史 （二首）

一

举世尚从衡，寂然定奇策。博浪椎继之，终褫秦人魄。

二

慷慨登车日，雍容陛对时。至今易水上，呜咽见英姿。

菊花次仲兄韵

一

句读黄花第二回，雅人逸致手栽培。小楼一夜西风急，篱畔晨看取次开。

二

无恙秋容依旧新，风霜辛苦见天真。应辞桃李春风侣，一片冰心独隐沦。

三

惭愧青衫尘滓满，不堪消息故园通。翠楼无恙黄花好，却走长安饱朔风。

次韵寄宗弟星垣

一别风云叹逝波，不堪重听懊憹歌。怜君多故为君喜，从古英雄拂逆多。

送荫庐南归车上联句

排闼犹疑旧辙声（荫庐），阳生一线送君行（悦鸣）。椿庭日丽三冬暖（之六），平野云收双翮轻（悦鸣）。别意慢劳歌婉娈（悦鸣），豪情犹是气纵横（之六）。千金散尽还归去，且向高堂致寸诚（悦鸣）。

和汪子云先生岁暮怀人却寄韵

萍踪南北相乘除，拓落长安我孰如？黄卷青灯两楹屋，江云渭树一双鱼。莫谈时事归玄牝，且把新诗远起予。又听冬冬腊鼓急，计程应是隔年书。

南归省母，临行崑圃邀观电影戏，口占谢之

好友难为别，千金一刹那。空中看色相，静里听笙歌。杂技殊方巧，良宵乐事多。周郎能顾曲，司马解愁何。

南下车中

伴燕春游北，随鸿冬返南。浮沉复何有，诗卷满征骖。

济南道上

地记重来旧，情欣故国光。鱼盐山海利，邹鲁圣贤乡。东岳群峰秀，黄河九曲长。古今殊胜概，怅望欲苍茫。

过黄河铁桥

轨道穿云卧碧空，千年天堑一朝通。御风十里飘摇去，冒雪三冬下上同。逝者如斯闻圣叹，清兮何日悼吾躬。已无壮节夸题柱，聊写离心共尔东。

渡　　江

泱漭长江水，苍茫过客情。停桡问舟子，何处石头城？

留别丁壮士

边关万里寻常路，肝胆千秋一夕谈。壮士如君狂似我，相逢那得不停骖。

癸酉元日述怀次仲兄韵

梦里家山近，醒时大地喧。离家齐宴乐，孤客对清樽。孤客对清樽，吾生感梦痕。浮沉廿四载，诗卷在乾坤。诗卷在乾坤，愚同学稼樊。边尘万里合，琴剑一身存。琴剑一身存，言归告长兄。诗篇欢唱答，堂上庆加餐。

元夕次仲兄韵

一

电掣风驰感岁华，南来春讯几般赊。榕城元日松元夕，且喜劳人已到家（时在霞浦伯兄医寓）。

二

病妻相对话支离，世虑无端逼所思。人事真同盈缺月，此生只好学吟诗。

郑守堪先生六十寿诗

朔风怒号羽书急,三辅仓皇妇孺泣。惊弓壮士曳甲兵,避乱书生还乡邑。乡邑南来路八千,闽江问渡已残年。越王台畔听春水,冶子池边访龙泉。喜得宁德郑先生,十年市隐旧知名。门外常多长者辙,室中时有读书声。当年曾现宰官身,今从石遗作诗人。酡颜鹤发倍精神,甲子重周六十春。我是后生初问津,照眼谦光蔼可亲。为言力学苦不早,仁者之言如其仁。边关万里正风尘,中原板荡生荆榛。我愿公如天下大老东海滨,或如汾河设帐肇维新,拯此水火孑遗民。

重至县城

山城小市自繁华,浩劫犹全数百家。北走风帆多越贾,南来春信到梅花。人琴不胜重临感,竹马犹思去日赊。一夜马溪桥下水,潺湲为客起咨嗟。

山　中　乐

少读古人书,恒言山中乐。生长山中人,斯缘反悭薄。弱冠赋壮游,万里赴京洛。平陆载驱驰,波涛凌险恶。三载溷风尘,悠然念丘壑。去岁逼乱离,归来及春时。伯兄饶闲趣,修竹万竿猗。仲兄逸尘想,碧桃十里滋。春晴风淡荡,浓绿映妖姿。四山如屏障,天然图画奇。一水如环带,新涨碧涟漪。鱼儿喋浮藻,娇鸟鸣青枝。欣欣各自得,荡荡本无私。丈夫不得志,宁能寄藩篱。吾生亦有限,吾欲亦有涯。请诵山中乐,行矣老于斯。

上巳随伯兄游塔冈圣水寺

危塔耸高冈,登临俯大荒。风帆天际走,烟树望中藏。乱后城非昔,重来客尚狂。几年沧海别,今日雁成行。

展　墓

一

山重水复谒幽宫，七载飘零事事空。忆得登坟童稚日，杜鹃啼血满山红。

二

九龄无父奈何天，每学音容大母前。父也不知遑论祖，此生遗恨海难填。

庐居前后花木多童稚手植，兹七八年俱长成矣。诵"树犹如此，人何以堪"作长句抒怀

辛夷夺烧红，水芝凝寒碧。枇杷满树金，天星千点白。桃李下成蹊，无言还脉脉。橘柚已为奴，亭亭俱七尺。览物动中怀，竹马儿童迹。三五儿童时，恃爱常娇痴。栗梨俱莫辨，赤手足泥嬉。东邻乞花本，西邻乞嫩枝。堂前栽果实，堂后植葳蕤。阴晴勤惜护，朝夕斯于斯。一行浩荡游，外物遂羁縻。方春出门去，怅怅如有遗。舟车长历禄，南北若奔驰。昏昏不自省，七载忽于兹。花木皆有成，吾生将何之？

钓　鱼

梧桐花落鲫鱼肥，镇日持竿坐钓矶。人世难忘惟得失，慢将物我说忘机。

过分水关

乱山中断走龙蛇，遥控闽东百万家。一自烽烟生上国，更无士戍到天涯。西风故垒迷秋草，落日平沙起暮鸦。不胜市朝今昔感，关门徙倚几停车。

鳌山夜眺

赤日西沉客驻鞍，为舒倦眼上层峦。十年生聚怀英主，万里风涛壮大观。极浦渔灯遥挂树，高楼红袖尽凭栏。浙东山水洵明秀，一棹明朝又瑞安。

舟过瑞安

河绕城边去，舟从郭外喧。帆樯遥起落，灯火近黄昏。雉堞连山起，鲸鲵剪水奔。海山一重镇，登眺意飞骞。

永嘉舟中

夜渡暑气清，三五皓月明。行行佳丽地，越女多倾城。渔火灿列星，澄波连碧落。双桨忽前迎，红绡光灼灼。越女颜如花，倾城复倾国。城倾复于隍，花落难再得。西施入吴日，应笑越王惑。范子挟之游，翻以传货殖。

江心寺谒文信国祠

带水盈盈江心寺，十年心期一朝至。寺僧留客烹新泉，洗眼先观使君记。地灵本是龙宫穴，未许常人轻探阅。老僧立券自秀才（黄鹤年重建寺碑，相传其地本龙穴，数不得安居。王梅溪公微时借读其间。龙不敢作怪，老僧知之。因乞梅溪立券以为布施云），读之令人中心热。一从南渡哭冕旒，凤辇龙舟几度留。低徊千载前时事，危然相国祠西头。家亡国破恨悠悠，剩水残山梦都愁。中兴第二还自许，题碑慷慨气吞牛。浩然正气在天地，祠宇经营终不堕（时方重修祠宇）。整衣肃拜出庭除，邻石飘飘易汉帜。（祠右海关，英人居之）。

游飞霞洞遗址

枯树犹高卧，飞霞殿已空。数年迟我至，一炬彻宵红。近市仙何隐？重灾亦数穷。此中有真意，吾欲问天松。

归舟有怀之六

永嘉三日游，逸趣数河香（河内通行小舟，方言谓之河香）。双桨平波际，宛在水中央。黄子昔过此，对之不能忘。谓余时若在，应有诗百章。今日余独到，子远在北方。楚歌危城中，弦诵自琅琅。云开月吐华，疏林灯漏光。言念我良友，抑郁回衷肠。

秋日山居

不著衣冠拓落身，水云深处日相亲。芒鞋竹杖三千叠，白石清溪月一轮。地静悠游皆适意，心闲梦寐亦怡神。小园昨夜闻儿语，指日东篱有醉人。

沙埕旅次

远别若为情，虚窗淡月明。团团三五夜，恻恻八千程。帆影檐间落，涛声枕上倾。不须沧海里，乡梦已难成。

申江舟中

海国人偏畏海程，怒涛落处肝胆崩。宁成破浪风千里，只是无眠夜五更。明灭渔灯依浦转，朦胧云月逐舟行。绿衣好报闽东信，已入吴淞水渐平。

书　愤

一

星汉迢迢一水连，引杯把剑夜茫然。深山大泽龙蛇起，广厦高帘燕雀便。不信是非犹在世，何当庄蝶梦成仙。西风惭愧南来雁，又上劳人北去船。

二

只道前朝作计疏，谁知新法历当初。捐之弃地良非策，娄敬移都竞上书。物望何人推鼎鼐，侯门有客叹车鱼。最怜羽檄纷飞日，大将西湖策蹇驴。

夜入永定门

珍重今宵入此门，盟虽城下幸犹存。已劳上将临旌节，不用书生放罪言。霜柳露荷仍作态，车尘马迹又销魂。高阳旧侣应无恙，把臂先教酒盏温。

郊游次张永明韵

南辕北辙一星周，落拓风尘负壮游。万里天风鸿展翼，百年人海客悲秋。荒村小市随山转，疏柳长堤逐水流。记得江南秋正好，荻花如雪拥渔舟。

北　　海

太液层冰合，晶莹天倒开。凌波人远去，泼墨鸟飞来。旧客伤前事，新诗逐早梅。顿忘归路晚，灯火上楼台。

北海九龙壁

霜风鳞甲欲飞翻，激水崩腾碧浪奔。王气已随红日尽，粉墙空有五云痕。

示　之　六

流行坎止统怡神，莽莽乾坤一点尘。揖别江南秋正好，重临塞北雪初新。吟篇渐喜胸怀淡，酒伴还欣日夕亲。过眼云烟看往事，趁将年少乐天真。

除夕尚先生以丁卯岁暮诗命赋敬次原韵

一入新年市井忙，迎新送旧闹千场。塞衢车马如云合，彻夜笙歌共漏长。君子飞觞浮大白，佳人拾翠点鸦黄。天涯也有如归乐，万仞门墙识楚狂（余初谒先生以诗为贽也）。

甲戌元日

一

九陌三条不染尘，熏风淡淡袭游人。鞭丝帽影琉璃厂，占断金台第一春。

二

细腰高屐欲凌风，海外新妆更不同。薄醉未成慵不语，柳眉青透脸霞红。

读槐轩诗集

光怪陆离触眼惊，江鸣海啸雨风生。千山磅礴泰华出，万派纡徐禹穴倾。叱咤曹刘无敌国，屏藩唐宋有长城。敢从文字窥肤末，已是灵光一柱擎。

与之六访敬如同游西郊大钟寺

客中新岁须行乐，城外高楼共倚栏。青嶂北看关塞险，白云东望海门宽。洪钟叩莛音难发，古刹屯兵柱半剜。归路夕阳明树杪，驴云趁坐亦和銮。

前题次之六韵

得得郊原策小驴，南船北马竟何如？春回古道生芳草，冰解长河跃锦鱼。卷地风香过士女，沸天鼓闹出村闾。文园消渴庸何病？伫看凌云赋子虚。

喜崑圃至

仓皇一别忽经年，隔岁重逢喜不眠。学剑学书空复尔，如龙如虎总依然。新婚婉娈愁长别，旧事迷离梦远牵（时崑圃新婚）。恰好街头灯市近，西楼同看月娟娟。

尚先生用丁卯岁暮韵相答谨再赋呈

自入新年笔阵忙，雷门布鼓笑倾场。一张一弛玄机秘，三沐三薰寓意长。众妙宵陈忘汉晋，群龙野战任元黄。春来最喜诗情富，草际冥搜日似狂。

仲春四日登西直门城楼同之六、崑圃赋

草棘纵横雉堞倾，云中九阙尚峥嵘。春风故殿千门掩，晚照荒郊万里平。夹道槐榆凝春霭，满城桃李近清明。登临莫说兴亡事，表里山河古帝京。

前题和之六韵

炎风朔雪认尧封，百尺楼高动远容。关塞北行人似蚁，太行东去气犹龙。金台客散歌声歇，御苑春归柳色浓。博得涪翁诗句好，疏烟淡日影重重（之六"城头角吹暮烟浓"句，余最美之）。

前题和崑圃韵

歌行慷慨少年游，快意临风共倚楼。万里烽烟连北塞，百年霸业付东流。城头暮角催人老，湖畔垂杨挂客愁。眼底雌雄犹未决，与君投笔觅封侯。

永明陷贼中二周年纪念日有诗和答

大陆龙蛇起，江山又一新。风云愁过客，花柳喜逢春。往事灾无妄，新诗笔有神。盈虚自消息，杯酒且相亲。

读之六使海外八韵

海客谈奇事，星轺出异邦。壶中开日月，枕上挂帆樯。三寸书生舌，十洲岛国王。分庭遥抗礼，言好共称觞。旒转怜宗主，藩封尽夜郎。尸盟争楚越，区脱竟齐梁。忍到弦歌地，翻成腥臊乡。票姚今不作，何日熟黄粱？

次崀圃春日怀远韵

醉倒春风酒一杯，独凭栏槛意低徊。家家燕子临风舞，处处桃花带雨开。三载光阴羁客梦，几番消息付江梅。相逢且喜俱年少，莫赋闲情岁月催。

清明后一日阴雨，午后晴，之六邀游白云观

浓阴不作清明雨，输与凌晨一阵寒。拨却浮云还白日，揭来古寺倚朱栏。人归荒冢鸦争噪，梦醒春风指一弹。独有老僧闲自在，晚钟声里坐蒲团。

次之六盐田韵

漫劳词客赋沧田，试看云帆出海边。雾里笙歌春半水，空中楼阁雨余天。渔归远浦收朝网，鸟下平芜噪晚川。添得一池秋兴好，卧莲堂下藕花鲜。

得芷姑书，以余学诗有"不亦乐乎"之 语。之六见之，仍用忙字韵相谑，即酬答

绿衣万里报书忙，仅有闲情翰墨场。三载浮沉惭计拙，八行珍重见情长。襟期雅爱寒梅白，娇小遥怜稚口黄。赚得新诗因一语，风流真觉少年狂。

和永明游北固（二首）

一

灯火扬州冥，楼台北固深。三年道上客，咫尺未登临。

二

踪迹东南遍，湖山姓字留。倾囊出佳句，江汉拍天流。

无　　题

仲兄书云，聘陈兰溪君为侄辈师。十年前，伯兄创立小学，君任教席，诗酒留连，几无虚日。余年十五追随兄后，亦谬相酬答，旧稿犹有存者。因思前事，却寄陈君。

奁中诗句前尘在，乱后人文故里非。逝水忽惊三载别，春风还喜百花飞。弟兄迢递居南北，童稚愚蒙赖指挥。记取双桑门下过，识声鸡犬候柴扉（旧宅门前有老桑树二株，君有诗吟之）。

无　　题

崑圃和余清明诗，尚先生改句，有"燕山夜雨晓来寒，桃李清明花欲残"，余最爱之，因叠前韵，兼呈先生。

清明客舍雨声寒，门掩东风春又残。水远山长空有梦，楼高月黑莫凭栏。瓠瓜徒系君休叹，长铗归来我欲弹。最是草堂诗律

细，远看妙句落珠团。

槐轩白丁香盛开，先生命诸同学共作

托迹同欣处士家，东风羞去逐繁华。直看浪蕊浮花尽（韩诗：浮花浪蕊镇长有），始傍瑶墀玉砌斜。满院氤氲春不老，千株冷艳雪交加。逋仙夙有梅花癖，娇小玲珑想共夸。

夜受课归大风见月作

市声浩浩人海星，斗柄辉辉挂屋敷。紫陌黄尘车马绝，一钩新月细如刀。

与李士翘、张永明游北海，次永明韵

绿树隐楼台，清和首夏才。半帘红日尽，双桨碧波开。喋水鱼苗长，寻巢燕子来。回看林外路，尘世隔蓬莱。

四月十七日夜听尚先生谈禅

槐风夜生凉，一灯光如莹。寂寂小庭空，更深人初定。相对各忘言，参禅动逸兴。一滴溯曹溪，冷冷发清磬。衣钵有真传，人天未径庭。小智奸神灵，鹤长笑凫胫。真谛不可思，纷纷徒饾饤。无镜胡有尘，能者参上乘。新月林梢明，微云天际迥。归路有余清，惺惺愿长醒。

尚先生处见郭琴石忍冬书屋图，名人题咏
甚多，尚先生亦有诗，即依韵赋

一幅图开别有天，闲中日月不知年。三春雪艳幽花发，五夜书声矮屋传。春蚓秋蛇多妙笔，清词丽句遍群贤。乱来乔木荒凉甚，即此风流已渺然。

送苏蔚霞游学日本

极目沧溟东复东，征帆高挂夕阳红。烟花故国芳春暮，文物邻邦大陆雄。信有蓬莱深浅水，莫言荆楚马牛风。邮筒好报三山俗，一棹行将与子同。

次韵答之六

年年燕北赋离居，辜负淮南秘箧书。云月楼台夜坐永，槐风帘幕晚凉初。栖梧高凤贞怜子，纵壑修鳞妄笑予。浮海行将东渡去，山川人物觅秦余。

高阆仙先生移厉赋呈

三年马帐未称名（先生在中国学院讲授多年，余未及从游），几度登门复失荆。学土霜髯传四海，郎中词赋动西京。当关夜报文星动，绕砌晨看书带生。从此子云亭更远，问奇何处一卮倾。

次永明留别原韵即以赠行

痛饮当筵和一曲，风云瞬息散京华。荔枝香里还乡好，瓜蔓潮时去棹斜。东岳梦魂长缭绕，西湖烟水想幽遐。他年一局分明后，共子遨游碧海涯。

别意寄汪子云先生兼喜其儒学研究会成立又赴鲁筹备孔教学院

摩天控地一分飞，燕豫迢迢笠屐违。岁月空怜年少去，关河渐觉客情非。欣闻休复人天吉，行见朝宗江汉归。更喜杏坛洙泗畔，春风弦管布音徽。

蒋景文亲写四时花木四图相贶，题长句酬之

春风三月燕初飞，紫藤花下两依依。春归五月夏苦热，芰荷亭亭出水洁。数枝黄菊傍篱开，篱畔雄鸡咿喔来。傲骨玲珑秋共冷，雄心睥睨首重回。更惊一幅妙天工，冰天雪地思无穷。渺渺凌波仙子出，芸窗习习起香风。晨兴坐读夕卧游，春花秋月一时收。吾生清福未曾修，廿年楚尾与吴头。羡煞渔翁坐钓舟，江南黄叶正深秋。安得君来再挥手，东南山色共云浮。

北海漪澜堂夜饮次汪子云先生韵

荻洲波起渚蒲风，画舫轻移荡碧空。近水楼台人易满，插檐星斗夜方中。棱棱石塔凌云白，簇簇荷花映酒红。弹指经年成小别，开筵还喜一樽同。

立秋夜雨闻家难作

急雨残灯满院秋，庭桐夜战响飕飕。忙中忽忆三年客，静里惊回万丈愁。戎马关山悲故国，风尘京洛痛前游。无家何处传消息，翘首西风独倚楼。

九鲤溪用东坡百步洪韵

余少家居，春秋佳日，辄使人放竹筏游溪中。溪流乱山中，曲折纡徐，绵数十里，而抵于海。每历一滩，乱石嵯峨，飞流澎湃。水师执篙鹄立，前纵后送，以争一线之路。轻筏簸扬起落，格石阁阁有声，稍一失慎，竹筏立碎。故非精于技者，不能御；亦非山中人，不敢游也。读东坡《百步洪》诗，恍然风水之状，爱次其韵以追记之。

忆昔清溪泛绿波，飘飘竹筏如轻梭。溪回山促百川合，急流

乱石相挝磨。水师使篙如舞戟，轻筏下驶如跳坡。目眩耳震山涧雨，坐倾众乱风中荷。一篙电掣庆脱险，怒沫千点成漩涡。平川既决澄江静，水天一色明秋河。游鳞拨剌鸥鸟没，凉飙习习吹轻罗。回视云烟来径绝，峰峦起伏驰明驼。一自风尘寄京洛，十年此景犹委蛇。况复河山烽火劫，千里赤地空巢窠。弟兄南北各星散，百般烟月如愁何。安能摇笔三千字，遍和公诗凌寒呵。

送孙旭光归颍次孙一峰韵

破浪曾经万里游，蹉跎一跌棹归舟。高秋奋击输鹰隼，峻阪蹒跚谢马牛。此去江湖长洒落，当前裙屐尽风流。坐中莫怪狂吟者，灯火明宵两地愁。

送孙一峰游学日本

一峰名自鉴，寿州人，春间于苏蔚霞席识之。时余与君均有东游之约。俄家难作，此念罢。兹喜君成行，赋以赠别。

春风送客同倾盖，秋水输君独成槎。惜别情怀齐脉脉，打窗风叶正沙沙。故园消息惊心绝，蓬岛风光望眼赊。东道若逢吾故友，为言王粲已无家。

送闽清刘伯隐游学日本

三题诗句送东游，济济欣看吉士稠。人物八闽多磊落，衣冠三岛最风流。莫辞白酒千盅醉，且为朱弦一曲留。浮海登山俱有意，不堪消息故园秋。

重阳次思齐韵

一年佳节喜重阳，霜叶微红菊有香。仅把新诗供笑乐，莫从往事溯沧桑。龙山浩浩风吹帽，人海悠悠我括囊。天气渐凉谁送酒，篱边醉倒且佯狂。

永明寄示近作数章。雅爱其过白下云："群雁南飞人北去，大江东逝日西沉"二语，即次原韵，兼寄河南汪子云先生

黄叶江南秋色深，碧山何日共登临。空传倒海翻江句，长惹停云落月心。雪满燕山人悄悄，雁归衡岳影沉沉。游梁词客应无恙，伫看凌云冠古今。

之六以纪梦属和

之六以纪梦属和。因忆夏间梦中得句云"壁间唯有苍松在，松自苍苍壁自空"，殊不自省所谓。俄而家信至，贼难作，重楼蘧室付之一炬。始悟梦中之诗，欲续成一篇而未果，先附志于此。

岫云岩月伴幽眠，梦入梅花句亦仙。踏遍玉楼闻晓漏，爇残金鸭篆青烟。庄生信有临风蝶，季子今无负郭田。翠柏苍松空四壁，衡门长记俯清川。

挽陈筱猷（咸熙）先生

父执情兼束发师，青灯夜雨记儿时。虚传玉树风前语，忽报芙蓉主后辞。身世凄凉戎马日，天涯涕泪角弓诗。从今故里休回首，古木寒云一望悲。

元　旦

重阴积不开，白日沉云黑。惊风飘积雪，皑皑天渊塞。凭高俯层城，九陌无行色。未央碧瓦浮，太液金茎仄。回首西山沉，入望太行匿。银海光荡摇，霜根势敧侧。日月曾几何，岁华忽已

迫。建子复周年，官贤谟二德。大将远建牙，群公身作则。否泰
应有征，剥复期无愍。庶几赋来苏，吾亦歌帝力。临风赤帜斜，
深巷青烟直。六出兆丰年，五言成默识。

前题为之六作，之六沉静善睡因以戏之

三百六十日，一半醉梦里。衡以世上人，吾年才一纪。大衍
忽称觯，新旧双屈指。不足补有余，对之欲狂喜。揽揆忆初辰，
义旗举汉水。壶浆庆来苏，羊酒欢闾里。只道泰阶平，谁怜龙战
始。板荡没中原，蓬飘落燕市。碌碌一无成，滔滔竟谁是？即事
感苍茫，眷怀时坐起。慷慨发长吟，终期傅介子。

除夕仍用尚先生丁卯岁暮诗韵

灯花犹记彻宵忙，逝水年华梦一场。客兴渐随来日减，乡愁
应共远天长。依然爆竹千家闹，更喜屠苏一盏黄。六载燕山成底
事，逢人浪漫说诗狂。

乙亥元日仍用尚先生丁卯岁暮诗韵

元旦题诗觅句忙，及时行乐少年场。江山有待春还好，风月
无边兴正长。笑拍檀槽浮大白，斗将辩口信雌黄。龙蛇俱化期蒙
叟，麟凤何伤谢楚狂。

尚先生再用前韵赐答谨再赋呈

年年此日唱酬忙，旧梦重游翰墨场。不信古人真我远，只知
乐趣与春长。梅争雪艳香浮白，柳抗霜威眼欲黄。夜爇心香三顶
祝，寿星无恙客星狂。

母氏六十寿辰客中志慕

海云南望意飞扬，正是萱堂泛羽觞。慈竹清阴晖里社（母性

仁慈，无疾言厉色，乡里少长皆乐近之），梅花逸韵映邦乡（外曾王父林于九公，风节耸动一邑）。红衣戏彩诸孙立，白发承欢老母将（大母年将八旬，服饰起居犹吾母躬自奉侍，诸子妇请代不怡也）。眉寿无疆儿笑乐，浑忘浪迹在遐方。

立春日敬如邀饮酒后骑驴游大钟寺，仍用忙字韵

马蹄驴背往来忙，又逐春风入道场。梵叶钟同周鼎古（钟高一丈八尺，上书华楞经文，明姚广孝铸），词臣名共圣君长（寺有乾隆和沈德潜大钟歌碑）。天连海气东南白，风卷胡沙朔北黄。不有故人鸡黍约，登楼何处发佯狂。

三游白云观，仍用忙字韵

依然车水马龙忙，鬓影钗光耀佛场。随喜尽拈香篆小，探春齐看柳丝长。金钱卜并牙签白，银烛光摇蜜塔黄。逐阶跻攀殊未已，三来客兴尚颠狂。

南归留别师友五十四韵

六载燕山客，言归反悄然。风云方莽荡，人海久拘牵。残烛思前事，扁舟忆昔年。长风初破浪，帝里已成篇。双阙王居壮，层城地脉缠。居庸辰北拱，渤澥气南连。太息皇图丽，凌迟霸业捐。崔苻迷泽国，胡马起穷边。九鼎崇朝覆，群雄并驾前。三分殊未已，百战忽腾骞。禁柳深秋绿，宫槐暮霭鲜。荒台人立马，废沼叶凋莲。过眼悲陈迹，乘流着祖鞭。雍容登讲习，弥节诣经筵。太学多师友，黉门盛管弦。说诗宗汉魏，系易及坤乾。燕许文坛伯，王杨艺圃仙。悬河开辨口，连屋靓遗篇。桃李春风茂，苔岑夜雨联。登堂欣济济，随处乐翩翩。桂棹同携手，荷风共擘笺。秋云疏历落，霜月静婵娟。席上珍空许，胸中酒待湔。娱情新翰墨，哀感旧山川。家世诗为命，渊源宋共迁（赵宋南渡京兆之

杜亦迁南京入闽）。蒙尘青盖远，遁世碧桃妍。太姥峰头雪（太姥山
发源雁荡山，上有古刹甚雄壮），梨溪洞口泉（梨溪属霞浦，处士林嵩昔
隐居读书其下）。杂花临路发，幽鸟傍人翩。门径家家竹，渔歌处
处船。人咸知辟谷，石可共参禅。只道烟霞闭，惊看烽火燀。城
狐齐踔跃，社鼠尽盘旋。日暗虫沙舞，风凄草木膻。雕甍空一
炬，朱户剩残砖。墟里寒云积，空山冷月圆。饥鸟啼井渫，饿虎
卧荒田。官守都无责，虞衡工数钱。连营宵列炬，壁垒日高眠。
孰下苍生泪，惟争将帅权。游魂仍踯躅，漏网竟翩跹。西北才腾
沸，东南更苦遭。陆沉真一概，巢覆本无全。飘忽荆花乱，婆娑
白发卷。间关艰跋涉，异县苦回沿。王粲登楼久，长卿卧病孱。
云飞心共逝，雁过眼俱穿。遂作无家别，真成堕水鸢。飘零鸣匣
剑，愤激控钩弦。濩落原吾分，裁成感众贤。片言良渥矣，一善
请终焉。戴笠期相揖，弹冠好比肩。季鹰惟忆脍，扬子只怀铅。
渺渺千帆雨，苍苍五岭烟。云山万里外，双鲤冀频传。

登 琼 岛

　　西山晴雪扑空来，东海云霞映日开。王气销沉空塔影，御碑
剥落长莓苔。

登玉泉山

　　江山见惯新诗少，风日登临逸兴飞。烟树晴开万井出，绿杨
深处碧栏围。

裂 帛 湖

　　第一名泉玉比清，风尘倦客眼为明。金沙波漾微风起，犹有
当年裂帛声。

西山碧云寺静宜园二十韵

　　胜地初飞盖，余春正落花。绿迷天际草，红泛水中霞。野润朝新霁，楼高望更赊。西山欣在目，萧寺喜停车。塔影擎风蠹，幢幡拂树斜。碧云名最久，岩洞佛曾跰。迹傍灵山旧，名犹阃竖瑕。衣冠同沉瀣，臭腐共矜夸。回望冈峦伏，旁行石路叉。名园当谷口，层磴上林桠。怪石兽相搏，苍松龙怒拿。岭深藏雾豹，藤老挂金蛇。谷暗千岩合，林开一径斜。风泉冷广乐，烟火出人家。白版依青竹，红楼隐翠桦。门庭闲不掩，鸡犬静无哗。即此嚣尘隔，谁云碧落遐。同游齐踯躅，逸兴共呕哑。暖暖遥岑夕，冬冬暮鼓挝。莫愁归路寂，处处有鸣蛙。

西山日暮

　　连山青断天为盖，卷海云低日欲沉。长啸一声千障夕，天风怒吼水龙吟。

题　画　松

　　泼眼云烟起，摩空虬甲飞。不须霜露降，已觉众芳微，

又　山　水

　　远岫云不动，平林叶欲凋。断桥流水去，有客正魂销。

送之六南归

　　十年踪迹同元白，一片云帆属季膺。荔子已丹龙眼熟，万家梅雨细无声。

咏怀十八韵

　　万里家闽峤，频年客蓟城。虚传游宦意，徒有别离情。驿馆

寒灯梦，严城午夜更。萱堂双鬓白，荆树满园荣。少妇愁多病，娇儿慧解名。归期殊渺渺，前路怅庚庚。突骑连三蜀，军书接两京。总戎骖鹤舞，柱国御风行。惨淡风云气，迍遭关塞兵。鲸鲵犹未剪，秦楚欲寒盟。扰攘何时已？栖迟往事惊。峥嵘空岁月，故旧异平生。恸下师门泪，愁看宿草茔。渭阳情脉脉，蒿里意怦怦（新丧母舅）。已痛芜城赋，何堪旧笛声？辽东真化鹤，洞口慢敲枰。志士终投笔，奇男定请缨。秋风西塞上，看射暮云平。

思齐邀饮并用东坡文字争先变法初诗韵留别之六，返寓不寐次韵和答

高馆华灯薄醉初，小窗明月独醒余。觥筹交错情何极？枕簟凄清兴孰如。悱恻慢劳歌婉娈，疏狂直欲废爬梳。十年京洛风尘满，犹上东方索米书。

思齐以前韵再答，值七夕微雨，因以起兴

一番凉意入秋初，满院虫声过雨余。佳节竞传今夕好，离情忽又去年如。乌桥已怅行云湿，鸦髻应难对月梳。银烛宵深衾袖冷，破愁端赖故人书。

和宋海若留别之六韵

八方云雨会神京，冠盖纷纷网俊英。忽报众星移北极，空余陈迹忆春明。十年戎马悲乡国，一夜河梁怅友生。伤乱何堪更伤别，当筵肠断楚歌声。

北海夜游次海若韵

绿杨阴里小桥横，带水盈盈绕禁城。帝子不归春又暮，夕阳深树乱鸦鸣。

夜色微茫水气清，荷花香里放舟行。宵深客散天风起，岸柳

沉沉作雨声。

用牧之公字韵追纪车站送别寄之六

一声汽笛彻晴空，十载燕山不负公。举手千人齐惜别，白罗巾乱柳丝风。

柯燕舲先生处读天乞老人游什刹海诗即次原韵

凌波窈窕绝尘缘，一色秋光十顷莲。近水楼台齐倒影，当风帘幕尽高褰。吴舸越舰都无迹，沙鸟云林别有天。赋得清游休感逝，天留橼笔勒燕然。

对　　月

清光客里愁长别，寒影闺中怨独看。庭树无声花露冷，八千里路夜漫漫。

移　　居

小住经三载，移居及九秋。主人犹惜别，倦客若为愁。

孙海波为题旧书注张氏词选，次韵酬之

一

一庭落叶正秋深，三径黄花欲绽金。寂寂宣南车马绝，跫然空谷起清音。

二

鱼虫注疏吾何有？金石奇文子自传。周鼎汤盘勤掇拾，子云亭畔竞投笺。

七　　律

同海波等游陶然亭，余留燕六载，未上此亭。本月中乃三过

其地，诸君各有题咏，余亦漫成一律。

六年未到江亭上，匝月三来作快游。瑟瑟芦花明野渚，悠悠云影过岑楼。莫从往事谈鹦鹉（亭下有鹦鹉冢），且看新晴浴鹭鸥。粉壁题诗今欲满，龙蛇飞舞属孙侯（海波擅篆书，余诗系代书）。

次韵寄之六

同是燕山客，君归岭海中。六年形影共，万里梦魂通。大雪连宵白，孤灯照眼红。不堪传远意，爨下泣焦桐。

仲冬廿八夜出居庸关

深宵风雪出居庸，雷走车声澈九重。星斗无光双障合，雄关千尺一丸封。

夜抵张家口

冰裂长河夜有声，乱山残雪月微明。万家灯火笙歌闹，到此浑忘出塞情。

戏呈燕舲厅长

三年适越嗟章甫，万里游梁困广文。十九人中犹碌碌，漫将蛮语诮参军。

除夕仍用忙字韵

独向宣南课字忙，闲情无复少年场。抗颜师说称韩子，低首骚坛谢伟长（之六昔年赠诗有云"七子论诗数伟长"）。落落不堪双眼白，沉沉犹对一编黄。槐轩门下三千客，守岁今余一楚狂。

无　题

　　丙子春，之六以文课忤县官，去职北来，郁郁不自聊，朱蓬斋先生送之以诗，有"千金骏合市燕台"句，甚为工切，即代次韵并以解之。

　　倦鸟投林聊止息，闲云出岫浪疑猜。只言意气倾年少，不道文章是祸胎。鹏逝九天鸥吓鼠，月明千里客登台。生涯早分同萍梗，莫向家园首屡回。

暮春西直门寓次

一

　　为爱城西静不喧，数家深巷似荒村。朝暾初上市声远，宿雨才收鸟语繁。倦客心情甘窭落，故园消息苦崩奔。梁鸿庑下吾何有？且慰离情共笑言。

二

　　燕山寒重见春迟，寂寂空庭暮雨垂。幽草最怜才苗土，好花常爱未开时。逢人青眼堤边柳，立地倾阳井上葵。最是一渠春水好，溶溶初涨碧琉璃。

与芷姑游颐和园

　　辛未春，芷姑游学北平，同至斯园。其冬，避乱南返，大病几死。今春，姑携子侄北来，旧地重临，四易寒暑矣。

　　居然携手上排云，万里天风荡垢氛。书剑无成长笑我，江山如画又逢君。长桥倒影双虹落，烟树连天一抹分。四载离情浑似水，微风不动自沄沄。

次外舅春字韵

曾陪杖履辋川春，杨柳楼台记最真。（舅家有别业曰"小辋川"。黄伯樵先生撰联有云："梧桐院落杨柳楼台"。）夜雨催诗频剪烛，晚风吹酒复沾唇。风尘倏忽人千里，几榻凄凉病一身。罗雀门庭休更问，书来唯报发如银。

立秋日怀仁堂应试

胜事重瞻故国光，衣冠济济集文场。槐阴夹道日亭午，曲槛微闻菡萏香。

自北平赴张家口车上有感

雷掣风驰失旧京，襜褕北顾暮云平。闻鸡少切中宵舞，射虎宁辞绝塞行。最是不堪空逐食，百无聊赖此屏营。停车雅爱桑干水，尚为劳人瀄瀄鸣。

至张家口师范四十韵

不道闽东客，还从塞北行。登车情默默，揽辔意怦怦。叠障围平野，双流锁古城。地因张姓著，山有赐儿名。大境通重译，居庸拱旧京。屏藩新属国，文物旧编氓。马乳葡萄美，沙鸡突厥轻（沙鸡比家鸡形小味美，蒙古人谓之突厥雀）。香胶闻可醉，莜麦食先盈（莜麦色黄味香，北人酷嗜之，不易消化。余不敢食，同僚每以为笑言）。野处依山穴，宵眠卧火坑（口外各县多穴居野处，火坑俗作火炕。《旧唐书·高丽传》冬月多作长坑，然下温火以取暖）。胡姬能弄笛，赵女解调筝。习俗余秦汉，风光接代并。短调殊窈窕，妙舞绝鬅鬙。即事闲情赋，登临逸兴生。层峦盘鸟道，绝幕快鹏程。木落千山净，烟消万里明。平沙遥漠漠，层巘远莹莹。延庆怀贤哲，龙关念俊英。李陵台已没，王仲庙应倾（李陵台在龙关县，王次仲庙在延庆县）。震铄燕然勒，腾骧涿鹿征。皇威凌绝徼，汉烈耀环瀛。迤逦长城在，萧条故垒平。鸿沟惊咫尺，瓯脱惨纵横。无复临榆塞，空传细柳营。角声晨激楚，笳吹夜凄清。铁骑乘秋动，楼船压海惊。简书飞羽檄，躔度映欃枪。志士争投笔，奇男尽请缨。虎牙横槊待，马革裹尸荣。众怒洵难犯，潜锋敢执撄。勇余犹可贾，城下岂轻盟。顾影惭鸠拙，朝阳感凤鸣。短篷寒夜雨，孤梦雪窗棨。只是蟠泥蠖，何曾出谷莺。传经怜子政，作赋羡长卿。向日腮仍曝，冲波尾欲赪。儒冠终拓落，甲胄自峥嵘。潦倒沟中断，焦枯爨下声。投闲休咄咄，伐木听丁丁。载酒东篱夕，披襟北户晴。不胜身世感，怀古发幽情。

师范校舍邻长青路太平公园，课暇辄独步出游即景口占

长青路上太平中，尽日来游兴不穷。夹道绿阴凝暮霭，满园秋色夺春红。翩跹最爱临风蝶，嘹唳时闻出塞鸿。久客风尘良倦矣，欲从野老话农功。

喜　雨

一雨边关秋意生，倦游孤客眼为明。开窗挂笏看山色，倚枕因风听水声。秋稔共欢禾稼熟，夜凉独快梦魂清。田家风味良堪乐，何日归来赋耦耕？

岁暮仍用忙字韵

连天风雪三冬暮，直北关山百战场。万户夕烟迷雾霭，千营晓旆卷风长。将军跃马修髯白，壮士荷戈短发黄。坐叹身闲生髀肉，廿年踪迹尚佯狂。

除夕二十四韵

时客张垣，索居寡欢，而妇沉病几死，药炉茶灶晨夕骚然，言念旧游，不胜眷眷。归欤之叹，有戚戚焉。

塞上逢除夕，天涯思渺然。家山万里外，儿女一灯前。不死还相对，劳生却自怜。饥凭官廪米，愁乞酒家钱。有命宁辞辱，无膏莫浪煎。飘零双白眼，冷落一青毡。大漠风尘起，京华梦寐牵。烽烟迷巷陌，歌管沸盈天。竹院苹芩契，槐轩笠屐便（槐轩尚节之先生书室名，从游数年寒暑不离）。清吟频刻烛，妙语共探玄。笔阵排三峡，词源倒百川。班荆多俊杰，倒屣有名贤。马顾空千里，蓬飞落九边。寒梅迎旧腊，爆竹送残年。雪映虚窗白，香凝宝篆圆。痴儿争果饵，病妇祭诗篇。如愿求皆得，迎新旧尽蠲。病将贫并去，人与岁俱迁。南国延旌旆，春江泛画船。野庭晨放鹤，山馆夜听泉。松菊开三径，桑麻占一廛。鸡豚随故社，鸥鹭订新缘。秋冷犹絺綌，冬温薄絮棉。不须风雪里，愁杀敝裘穿。

词录

菩萨蛮 （用温飞卿韵应试）

流苏帐白炉香灭，蓦地春寒夜来雪。春困锁双眉，惺忪欲语迟。妆成还对镜，故把花枝映。含笑指罗襦，为郎绣鹧鸪。

思远人

流水行云天共远，一抹遥山碧。日斜风定，双双归燕，穿过垂杨陌。断魂万里无家客，独向花前立。正极目晚春，骇红纷绿，啼鹃数声急。

水龙吟 (游稷园)

客中花事匆匆，廿番芳信清明节。名园携手，朱栏双凭，去年初别。旧地重临，那人何在？杜鹃啼血。更一春春恨，几回往事，长怀古，心肠结。

坛墠雍容休说，只依稀、劫灰成垤。荒烟蔓草，夕阳黄土，风蝉鸣咽。五胜残痕在，空回首，燎燔霄彻。且凭高远眺，连云宫阙，深深深闭。

摸鱼儿 (用稼轩韵)

淡春山、一行烟树，断桥流水人去。碧云天远收残雨，雨后落花无数。鞍少住，双柳下、依稀认得来时路。流莺软语。为甚马蹄忙，春来春去，万里逐飞絮。

当年事，如虎如龙都误。蛾眉羞道人妒。樗材只合沟中断，巧舌从今轻诉。休起舞，青草地、绮罗回首埋黄土。斜阳正苦。望村落黄昏，楼台灯火，今夜又何处？

三字令 (端午应试)

帘半卷，燕双飞，渐红稀。梳洗罢，恨依依，小窗前，前夜事，没人知。

分角黍，系红丝，侍儿痴。人一去，负芳时，上兰舟，邀女伴，漾轻飔。

谒金门 (用成幼文风乍起韵应试)

凫雁起，一色江天秋水。翠竹苍烟三径里，半篱黄菊蕊。

月黑楼高独倚，星散风流泪堕。往事凄凉无梦至，梦中也不喜。

荷叶杯 （用顾太尉韵）

新月柳梢初上，微亮，暗水响悠悠。
与君携手记登楼，都成愁，都成愁。

贺新郎 （代李畏三送王理渊新婚）

筑就黄金屋。正良辰、双星在户，香车驰逐。凤管莺笙随萧
史，俪影华堂璧玉。听取赋、摽梅新曲。柳眼桃腮都过也，算春
光、九十枝头绿。如雾雨，黄梅熟。

郎君彩笔卿云矗。画双蛾、豪情未罢，练帛六幅。新妇吟笺
传风絮，从此词坛相属。更夜夜、金波清穆。天亦有情人不老，
看齐眉、白首欢弥笃。琴瑟句，为君祝。

倾杯 （送之六南归）

梅子流酸，芭蕉溅绿，匆匆又是初夏。十里五里，折柳立
马，尽送将归也。倦游同是江南客，让片帆高挂。别情无那，看
岭月，悄悄愁眉新画。

此去，家园乐事，水村烟郭，处处鸡豚社。洗京洛风尘，挑
灯把盏，细共渔樵话。富贵几时，人间何世，漂泊胡为者？短歌
罢，珍重意，后期重把。

雨霖铃 （送崑圃归洛）

中州豪士。曾从戎去，北极洮水。边霜塞月都倦，还投策
去，酣歌燕市。画壁旗亭唱好句，携手惊喜。数数载、春雨秋
灯，深夜沉沉两军垒。

风云一旦伤千里，正困人天气榴花媚。丈夫不作儿女，临水
岸、濯缨分辔。去去梁园，好共邹枚旧伴齐轨。为记取、新月吟
成，远与离人寄。

夜半乐 （鹿健实邀游中央公园）

榴花照眼，红腻罗衫，恰试相约名园去。转柳下桃蹊，绿阴深处。晚风乍起，游人渐集，远听莺语轻盈，踏歌容与。携素手、双双上兰渚。

水边一望迤逦，碧涨芳洲，绿迷孤屿。波淡荡、佳人兰桡齐举。断萍未合。新荷欲出，夕阳明灭中流，闲鸥无数、惊起各翔翥。

一片箫鼓，树色遥岑，悠然欲暮。逐马迹、车尘欲归路。算浮生、半日又得闲中度。休说道、十载青衫故。飘零谁买长门赋？

太姥山志

（明）谢肇淛 著

嘉慶庚申年孟秋鐫

玉榕王恪亭重刊

太姥誌

慕園書屋藏版

太姥山志序

　　太姥肇迹于轩尧之代，最为幽古。夫容成帝师蓝妪仁母岂尽以刀圭著灵，汉武摈闽越，徙其民江淮及授名山文，而独不废太姥，亦已显扬褒异之矣。余承乏长溪始获一再登。是山群碧摩天，一蓝漱玉，洞石岩阿各擅奇诡，候月摩尼视悬寓若冰壶。云中笙鹤隐隐从海上来。而读是山旧志，寥落不称，为之慨叹。今春余师谢司马偕二三同志俨然辱而临之。司马才高八斗，癖嗜五岳登高作赋癸幽兴于名山，选胜抽词剔闳灵于绝代。比归而成山志者三卷，叙述烂然。夫兰亭之为亭也，赤壁之为壁也，永州之为山水也，其胜不能如其名。然而阅千秋有胜色者，则右军之书，长公之赋而子厚之记也。今太姥既擅神皋而后得司马为之□绎，是当不朽矣。尔愢幸而主封内亦获与闻轶事。昔开山禅师有慧性后□金陵而化，其骨飞还太姥，徒从拾而葬之摩霄。

　　国初陈文起修净业山中，老狸化为童子，为之拾橡栗给朝夕者余十季语在稗史。氏司马固未及也。抑又胥疑焉。力牧黄帝七辅而系之敫谈者往□称商代，何也？王烈蟠桃记明言，母七月七日乘九色龙马而仙，其下有龙墩州乘志龙墩复言王氏兄弟能无蛇足乎？夫山川无穷杖履有限，司马固尝言之，后之作者无废斯言，相与捃摭扬扢勒成胜事则藉此志为前茅直易易耳。是山也，原以才山名，下为才村，林降神杨通老咸洛文理学辉映后先非徒以老重也。夫昔人才隆，□仙源则闳而不彰。今□辟矣。人夕之盛又若不会少逊。岂山灵固有待耶。余将游而问之。

　　　　　万历巳酉岁秋菊月吉日吴兴胡尔慥书

修太姥山志引

　　胡孟修使君治秦川之明年移书语余曰，太姥盘峙海陬，岩壑之胜甲天下。尔恺不敏，即不足当地主幸，俨然为山灵辱之。予谢不敏。盖又越二载而始践其诺也。盖实藉一二同志共杖履焉。先是吾友林叔度、陈惟秦两游，而两为余言，至今舌本芙蓉犹历历可忆也。比游，而信所闻之非夸矣。盖尝论吾闽山川之奇指不胜偻：武夷九鲤以孔道著，越王九仙石鼓以会城著，独太姥苞奇孕怪冠于数者而鹤岭碍云，鸾渡稽天，即有胜情，徒付梦想，考之古今纪载何寥寥也。盖山川于此亦有幸不幸焉。余既竣事，感胜迹之不常，惧文献之无徵，乃为掇拾传乘而益以所睹记，哀为志略，付之梨枣以复孟修，且知今日之游为使君故，非使君不足重太姥也。

万历巳酉二月晋安谢肇淛识

重镌太姥山志序

　　岁辛酉，余奉简书承乏长溪祖道有诧，闽北名山如霍童太姥者在余封内，得为此山之长亦一快事。及莅任，适逢展界哀鸿甫集，嗷嗷吁诉者日以千数，加以羽檄交驰，坐堂皇日不暇给。此外何暇有车辙马迹焉？每羡古人足迹所经几半天下，余予封内二山不克一再登，何缘之悭也。迨甲子春奉文图绘天下名山胜迹，太姥亦叨访及。山坐海滨，被迁诸精蓝悉属灰烬，而山志亦毁无存。爰搜集旧本乃前守胡公所镌，但多为蠹鱼残蚀，亥豕模糊。因召匠重梓。而山僧复有重建缁庐之举，甫倡募。适余有秦屿之行，便道一观。见其怪石干云，奇峰插汉，肖人肖物，各呈其异，与山志之所载俨然在望也。缘叹莅斯五载，日冗簿书，不获一探仙踪，未免为山灵所哂。今得梓其旧志而蹑其山巅，又未始非山灵之默契也。然僧云，游山宜秋时，天宇清爽，登摩霄绝巘可俯视一切，但未识届期能作数日游以望扶桑晓旭，一穷千里之目焉否耶。

　　　　　　　　康熙甲子孟东谷旦三韩郭名远鸿儒氏识

重镌太姥山志小引

　　尝考天下名山五千三百七十，而六六洞天独首霍童。东分枝
干千岩万壑直奔长溪，海瀣结秀姥山。其绝壁插天，群峰入汉，
怪石巍峨，肖人肖物，难以殚纪，形胜可甲宇内。但僻在海陬，
非通都大邑孔道，虽过客游人亦多题咏，而史传不多概见。此盖
仙灵所栖若厌尘嚣而居幽静者焉。山旧有志，登临者挟之，按图
观览甚便胜游。续缘海岛扬波，山遂弃迁界外，志亦随毁无存。
近幸展复，今春奉文图绘天下名山洞天，而兹山亦叨访及。又逢
吾师郭公莅守是土，恐古迹湮没无传，公余取旧本校正而重梓
之，将以达胜迹于□。宸聪显仙踪于海内，且发扬先建摩霄叠石
二庵以栖禅侣而寓游踪，二者皆为不朽盛事。昔羊叔于尝登岘
山，置酒谓从事邹湛曰：自有宇宙即有此山，由来贤哲登此者多
矣，俱寥寂无闻。湛对曰：明公德冠四海，令闻令望必与此山并
传。时感其德为之立祠刻碑其上。然则斯志也，德之名山，传之
其人，而禅宫梵宇又将次第告成，是公之德泽闻望直与姥峰并峙
蓝水共长，岂但立祠刻碑炫耀一时而已哉。

　　公讳名远，字鸿儒，别号恭庵，辽东人。

　　　　康熙二十三年岁次甲子仲冬既望长溪门人吴学谨识

卷上

太姥山在福宁州十都，距州东百里而遥，高十余里，周遭四十里。旧名才山。《力牧录》云，黄帝时容成先生尝栖其下，有石坪、石鼎、石臼尚存。尧时有老母居之，业种兰草，家于道旁，往来者不吝给之。有道士尝就求浆，母饮以醪，道士奇之，授以九转丹砂之法，服之，七月七日乘九色龙马而仙。里人神之，为立墓，石上因名"太母"。汉武帝命东方朔授天下名山，文乃改"母"为"姥"。唐玄宗开元十三年，都督辛子言自越泛舟来牧闽，止本州海上，梦朱衣玄冠者执圭而前曰某神吏也。昧爽，仙姑将之蓬莱。司风雨者先驱以荡鱼鳖之腥。中丞泊舟当路，幸移楫焉。既觉亟移舟，果风雨暴至，洪涛驾天。少顷澄清，云霞绚彩，有鸾鹤笙管之音。子言绘图奏闻。上置图华萼楼，宣示诸王敕建国兴寺于山麓致祭，仍禁樵采。乾符四年，敕建国兴寺于山麓，僧师待居之，乃图其秀拔二十二峰。后人增以仙掌、石虎等十四峰，合为三十六峰。其他悬岩飞瀑千崖万壑不可殚纪。伪闽王时封为西岳。

新月峰　在摩霄峰旁，五鼓可望扶桑初日。

豸冠峰　一名天冠峰，在国兴寺后。

神羊峰　在摩霄峰前。

球头峰　在国兴寺左。

宝旌峰　在圆潭寺后。

仙女峰　在九都五部摩霄峰之后。

仙童峰　在金峰后。

仙仗峰

迎仙峰

象简峰　在叠石庵前。

呈珠峰　在岩洞大盘石下。

团玉峰　在岩洞石钟边。

秀锷峰　在岩洞水尾。

怪石峰

三灵峰

指天峰　在鹦鹉石傍。

捧玉峰　在岩洞。

摘星峰　在摩霄峰左。

飞盖峰

灵龟峰

龙角峰　在黄龙洞上有龙背、龙头、龙杖列于峰之左右。

天圭峰　在摩尼宫之上端，立若珪。

摩霄峰　在山之绝顶，东、南、北三面皆海，西□□州穷于省会诸山，东望浙之温台。稍南而西为南粤，五岭皆隐隐可辨。相传太姥乘九色龙至此摩霄而去，遂因以名峰。

仙掌峰　在岩洞前，五指隐然。

石虎峰　在摩霄庵下，蠢起当道，俗以为"拦路虎"云。

悬钟峰　一名石钟峰，在天冠岩下。

石笋峰　在小龙井上。

天柱峰　四面皆石，一名天柱石，一名顶天石。在摩霄峰傍。

拔云峰

卓笔峰　在一线天之右。

童子峰

莲花峰　在独鲤石之傍。

石鸦峰　在独鲤石傍。

飞仙峰　在岩洞前。

棋盘峰　在莲花峰傍。

隐真峰　在莲花峰傍。

金峰 在望仙桥下五里许，峰有二，曰：大金、小金。

锦屏峰 在金峰之前。

钵盂峰 在岩洞傍。

三台峰 在金峰庵前。

叠石峰 在大盘石左。

曝龙石峰 在龙井西。

三枝峰 在莲花峰傍。

三灵峰 在七宝池边。

和尚峰

按州志，唐乾符间，僧师待图其峰之秀拔者自新月至天圭，凡二十有二；后人乃增摩霄至隐真十四峰为三十六奇。然千峰林立无非奇者，余故稍复增金峰至和尚为四十有五，其余非有名者，尚不可以数计也。

老鹳岩 在一线天上。

涌米岩 在摩霄庵后，石壁削立下有一孔，俗云孔常涌米，每夕升许，僧贪，凿而广之，米遂不出。然雪峰石竺各处皆有，亦为此说，皆妄也，姑志之以备考。

罗汉岩 在九鲤左。

荷叶岩 在九鲤池傍。

新戒岩 在大龙井前，有新戒坠此，故名。

天冠岩 在钵盂峰下。

扦岩 在大岩洞之上。

浮屠石 在岩洞前，巨石叠起七级，俗名僧□石。

和尚看经石 在罗汉岩傍。

弹丸石 在浮屠石下，峭壁数仞中一孔若弹丸。古梅盘根其上，春半始花。

石龟 在岩洞庵之左。

钟离石 在岩洞庵右，俨若双髻仙人。其傍有小石若蟾蜍，立而牵其袂。

蟠桃石 在岩洞庵门内，俗名棋盘石。

鍪兜石 在岩洞后，望之若甲卒植之。

大盘石 在竹园上，广可坐百人，前眺大海，远近诸峰历历可数。

玉匣石 在叠石峰下。

玉屏风 在大盘石右，与玉匣对峙。

蟹钤石 在石屏风下，状如蟹螯。

石狮子 在大盘石上，广八十步，头尾蹄足悉具。

石门夹 峙于小岩洞路次。

石鹦鹉 在石门傍。

石象 在石门傍。

石兔 在石象前。

仙人锯板石 在小岩洞路左。

石笋 在小龙井上。

九鲤朝天石 在望仙桥前。望之宛然尾鬣皆具。

独鲤朝天石 在九鲤之上。

石天门 在大盘石上里许，乱石间诘屈以入，状若岩洞。

小盘石 在一线天之上。

仙人晒靴石 在小盘石左，峰顶一石如靴倒竖。

石麒麟 在晒靴石之上。

石船 在摩尼宫右，长三丈许，水从船下涌出，大旱不涸。

洗头盆石 一名仰天盆，在摩霄庵左。

云板石 在洗头盆傍。

浴盆石 在洗头盆傍。

仙人足 在浴盆傍，一名仙人露脚，形如人足跖反向上。

金刚把门石 在金峰庵前之东，二石对峙，一大一小，然谓之金刚殊不类，而旧志以为四，又讹。

鹿衔花石 在金山峰路次。

石鼓 在望仙桥前，与石钟对峙。

石钟

石楼　在摩霄峰左，犖起若楼。

雷轰石　在大盘石上，石壁为雷击半落，故名。

石鼎　在摩霄峰。

三台石　在摩霄峰。

僧石　在雷轰石傍，俗名"大头僧"。

一线天　在滴水洞上，两石对立约百余丈，中劈小径仅容一人，天光漏而入，长可半里。

石岩洞　一名石门关，在玉湖庵之背，越绝洞重岗诘屈可五里，悬石塞路，下有洞高三尺许，穿之以入三百武为庵。

观音洞　在太姥墓后半里许，巨石倒覆夹峙为洞，深广二丈，如是者二。

落星洞　在岩洞上，从太姥墓左折登岭数百步，巨石侧立道周，投石罅而入，两旁峭壁，有井如巷，长十余丈。一□石悬空塞道，从其下穿入，复有石洞豁然。石断处架竹为桥，如是者三始达竹园。

小岩洞　在大岩洞上三里许有歧路焉，凿石为级，上而复下。循山春行右折过独木桥，有二巨石对峙如门，稍进，悬空石洞高广倍于落星而苦无水，有间道可走。国兴寺林祖恕记以一线天为小岩洞，盖未尝至此耳。

滴水洞　在石天门上，悬岩倒覆，泉滴不竭，有井承之，寒冽无比。

小观音洞　在白箬庵前，巨石夹立，上锐下平，其状如龛，旁有二石孔，深不可测。

十八罗汉洞　在小观音洞前，穿石底而入，内有石榻、石臼。

七贤洞

黄龙洞　在洗头盆下。

团玉洞　在摩霄庵右。

丹穴　在摩霄峰。

太姥墓　在岩洞前，一石趺如龟，上竖□堵。相传太姥乘九色龙仙去，里人神之，虚为立墓于此。

国兴寺塔　唐乾符间建。

慧明塔　在摩霄庵傍。永乐间僧慧明葬此。

竹园　在落星洞内。修竹千章复有一径南出，穿二石洞直出林杪，南面大海渺茫无际。

传声谷　在摩霄峰下，四山环绕，呼必响应，登渐高而应渐多，至一呼而四五应云。

大竹园　在叠石峰下，一望里许。

太姥洋　在太姥山下，西接长蛇岭，居民数十家皆以种茶樵苏为生。

蓝溪　在太姥山下，源出山顶，每岁八月中水变蓝色，相传太姥染衣，居民候其时取水沤蓝染帛最佳。

饮港　在蓝溪下。

仰天湖　在石船之前。

玉湖　在山之麓，由太姥洋登岭五里许，松桂竹木扶疏蔽天，洞泉一道，泠泠四时不绝声而汇于庵前。半亩近为僧填塞引水他注。

白龙潭　在捧玉峰前。

小龙井　在太姥墓右，悬石嵌空滴溜不绝，井广五尺许，俗名"通海窍"。石畔老藤大如柱。稍进复有洞低暗洼湿，内有石级十数，上而复下，豁然有天道通岩洞庵后以出。

大龙井　一名白龙潭，在摩霄峰下三里许。危石棋累，下临百仞，入者缒藤而下，至洞口，深黑，燃炬乃可行，曲折数十武，过木桥至新戒岩。相传有沙弥坠井中，三日至官井洋浮尸而出。又二丈许达大井口，有巨石若龙头，踞而覆之，下深数丈，得木梯乃可下。底皆沙洲，广二丈余。前后二孔，一承岩上飞瀑，訇轰如雷；其一深窅无际。仰望有一窍通天，阴风凄冽，久立毛骨皆悚。旱时于此取水祷雨立致。

七龙井　在金峰庵，有岩七孔泻水如星宿涌。

蒙井　在蓝溪寺前，泉极甘洌。

丹井　在滴水洞下。相传，容成先生居此修炼尝苦乏泉，忽然一夕裂成是井，有虎为之守洞，有猿为之候火，及丹成猿虎各食其余，虎变为黑，猿变为白，至今人多见之。

七龙泉　在摩霄峰水尾。

卧龙泉　在七龙泉之外。

珍珠泉　在滴水洞下。

曝龙泉　在白龙潭下。

九曲泉　在岩洞傍。

瀑布泉　在大龙井内。

九鲤池　在九鲤朝天左。

七宝池　在九鲤右。

望仙桥　在摩霄庵下西南半里许，下临绝壑，有石磴一百五十级，名"天梯"，一名"半云"。

国兴寺　在玉湖庵后三里许，唐乾符四年建，今址犹存。

玉湖庵

岩洞庵　一名"半云洞"，距岩洞半里许，倚石为门，度石桥再折而入，桥上可望仙人掌、九鲤石、鳌兜峰。庵稍散陋，万历甲辰僧如镜重建后有小竹园半亩。

摩霄庵　在摩霄峰稍平处，旧名"白云寺"。

天源庵　在摩霄峰后，从西北逾山背循涧行五里许，清泉环汇，竹木幽胜。

圆潭庵　在天源庵左。

白箬庵　旧午所庵，至玄成禅师住山易瓦以白箬，故名。万历丙午重建，在摩霄峰背有径路可达而难行，行者率从天源沿涧道向北，溪流屈曲乍左乍右，石梁木约十数度，凡五里许始至。前后百亩皆茶园，庵前有二巨石若覆舟焉。

金峰庵　在望仙桥下五里许。唐咸通间僧惟亮结茅于此，终日宴坐，每月下山乞米一次，日用二三合，煮野菜杂食之。或转施贫乏，则经旬不食。其后为樵火毁其居，遂改居柘阳里，久之见饿虎因弃身以饲之。今之庵乃惟亮故址。

叠石庵　在金华庵南二里许，峰顶有叠石，故名。一名石龙庵，景泰间重建。

白龙庵　在曝龙石峰上，今废。

妙香庵　在摩霄庵傍，今废。

摩尼宫　在摩霄绝顶，石室仅丈许。

梦堂　在摩霄庵后，登山者祈梦于此，多验。

草堂　在山之南，唐林嵩读书处。

卷中

记

太姥山记

（唐）林嵩

山旧无寺，乾符间僧师待始筑居于此，乃图其秀拔三十二峰。游太姥者东南入，自金峰庵东入，自石龙庵即叠石庵又山外小径，自北折而东亦入，自石龙庵西入，自国兴寺寺西有塔，北入自玉湖庵，庵之东为圆潭庵。国兴寺东有岩洞，奇石万状，曰玉笋牙签；曰九鲤朝天；曰石楼，楼下有隐泉曰观音洞；曰仙童玉女；曰半云洞；曰一线天，石壁夹一小径如委巷，石罅中天光漏而入，仅容一人行，长可半里。蹑登而上，路中曰牛背石，石下曰万丈岩，岩上为望仙桥，桥西曰白龙潭，有龙伏焉。雷轰电掣之时，洞中藓藓如鼓声，天旱祷雨辄应。潭之西曰曝龙石，峰上曰白云寺，又上曰摩尼宫。室后有顶天石，石有巨人迹二，可长二尺。此摩霄顶太姥山巅也。山高风寒，夏月犹挟纩，山木无过四尺者。石皆轶瑑，秋霁望远可尽四五百里，虽浙水亦在目中。（已下阙）

太姥山记

（明）林祖恕

出温麻百里为秦屿，西行二十里而近即太姥山也。余从晋安过张叔弢，意叔弢游兴尚不浅，乃童化甫复从海上书来作期会，遂以十一月望日先之秦屿伺焉。居一日，风雨大作，度叔弢、化甫不能冲泥至也。十八日竟独逞岭，道多歧，约山势所趋者而时时迹之。沿溪五六里抵五湖庵，池际苍松纷樛轮困若盖。从西蛇行可数百级，抵望仙桥，断颚巉崿，尽视溪流，非千百万丈不能计也。既上，天风蓬蓬吹衣袂，欲堕桥。左横石碑高广三尺许，总六七行字，多埋蚀不可读。北折而下者百步，西折而上者又百步，乃得一篱门入焉。睹叔弢旧题淋漓壁上，即摩霄庵，旧曰白云寺。从仙桥旁出，曲径下折，崖磴间两石约百余丈，中劈一道仅容一人行。予与从者鱼贯入望，空青一片，即所谓小岩洞一线天也。曳策出洞，飞云数片冲入谷中，迹之得云所入处犹缥缈不绝，曰大岩洞，拮曲方广，视前倍之。望上数处微明，如瓿口歊，不多湿，渐进渐穹。久之乃出洞，足益不可置。如是者数十百武稍稍得木桥，已复石垒□相逼，予谓是行何时已耶。道忽辟，漫石大片如屏，上有“天琢玄岩”四字，中为太姥墓。王烈蟠桃记，尧时有老母业种蓝，既而仙化，因册以主此山，似为妄耳。虽武帝命方朔授天下名山文，唐玄宗赐祭题额，斯为公案。崖缺处设一门，门内为堂二，趾不及丈余而幽适，非人间所有。从屋上见蟾蜍、钟离两峰，即岩洞也。洞折而右有井曰龙井，傍二老藤蟠石上蜿蜒，极备色相。从洞南折而上始达牛背石，东为钵盂峰，又东为石笋峰，婴歌仙掌两石相依。左出数峰曰仙人锯板，右曰九鲤朝天，不意五丁之巧竟至是耶？既抵国兴寺。寺创自祥符间，宫殿犹自瑰伟，壁嶂柱础尽是玄晶，大可拟建章，丽可比祈年，而台沼浣指恐昆明太液不翅过也。弟兵燹之后，逋负多而梵徒四散佚，触目遗址为之怃然。从东复折可里许，曰万丈崖，崖下为白龙潭。石洼幽深，有龙伏焉。旱时祷辄应然。以路□不能深入，日且西，微雨霏霏从海上来，乃借榻摩霄钟楼。推窗见明星历历可垂手摘。僧言此中有白猿黑虎常从月下来参禅，予深冀来此一晤。且起，僧指点摩尼宫所谓摩尼绝顶也。前有石船长可三丈，水从船下出，潆洄一屈，客有戏决之，乍干乍涌，久旱亦不能涸。右为顶天石，坐石见大海晃荡当胸。时晓初上，四望光洁。僧指东向数点即温台诸山，西向一抹即晋安五虎。稍南而西者隐隐为五岭，颇怪前人何不因见越而名越观，见粤而名粤观哉。倏忽四山隐，雾复集，僧急趣余归。有人从山下来者云，半岭日甚丽，大抵自仙桥达顶气候大异，人间春夏尤甚。予闷坐梦堂读林□宪《梦游太姥吟》，词语俊俏。□宪固吾友林公遇大父也。堂后横石壁，沙门所为舍主纪姓字处，旁有榜曰丹室者，曰璎珞者，亦叔弢醉笔。薄晚老僧名普鉴者从秦屿归，尽出旧游诸题咏。阅之唯傅山人吴别驾神理差王，余不足烦目力。老僧因言来游者多取便金峰出叠石，不知从金峰入白箸者其景无尽。予欣然就寝。黎明起振策，唯挟一小头陀往，由百级蛇行南下。老僧追送仙桥，朝曦乍吐，桥上下皆洞赤色。予乘风冉冉，可六七里回睇，老僧犹凭栏遥拱，始信有天上人间矣。级穷小径出，沂流未十里为天源庵。遍篱四周，茅堂翌然，屈木为桥，又屈木为环带，栝樨桱榉之属萧疏窗户。僧为建安人，道号碧山，具方袍，相接询之乃叔弢平昔所称诗僧也。出其诗句中有云"雨白双溪路，灯青七祖莲"，又云"白云一片能相恋，消尽风尘是此心"，大赏异之。因箕坐溪畔，取竹炉汲水烹太姥茗啜之，然以主人病后不堪久坐，乃别。过桥即圆潭庵，自是仄阪汙潏连络十数里，杂数交两旁，中多宿雨晓露，舆行则上湿，履行则下湿，衣袂瀲液疑从水府来者。排嶂方见庵。庵面绝壁据摩霄，背下峰崿环匝，复有飞瀑数处摇风洒落，如霰如雪，如云如雾，又如流苏，如联珠。

　　闠闠淙淙入人心目。信有如老僧所言者，旧为午所庵，至玄成禅师卓锡此地以白箸易之，遂名白箸庵。嶂后为观音洞。洞口古木斜错离奇筬肌，予惟望门顶礼，即沿故道往金峰。是日阴雾复作，促舆夫疾行，岭道不甚峣亦半晌方抵叠石庵，即旧名石龙庵也。僧古峰出迎，盖子旧相识，与拥炉道故。明发，冒雨由蒋洋取道归焉。途次逢化甫遣役赍酒脯劳余从者。余山宿凡六日

夜，足迹所至皆叔弢、化甫昔已经历者，惟天源白箬差足夸独胜
耳。至如峰之为捧玉，为摘星，为飞盖，为石鸦，为新月，为豸
冠，为神羊，为三灵，为龙角，为天圭；洞之为半云，为隐真，
为团玉，为十八罗汉；泉之为七龙，为卧龙，为珍珠，为曝龙，
幽深诡僻，非穷年岁未易潦草尽也。林生曰，天禅家侈言五岳尚
矣，彼与公叔之所著赋者岂尽出太姥右哉？舆书所载备极，洞天
非不称尊闽浙之间，然海内好奇之士卒少齿牙焉。即游者不无协
息茧足之累，或重雾蔽亏，或阴雨阻绝，遂成旷□抑其显晦固有
时耶。善天太史公曰一家之言藏之名山嗟嗟，既无其言乌能重此
山也。

游太姥山记

陈仲溱①

　　万历戊申仲秋晦日，友人陈太史伯全招游霍林太姥，取道自
远而近，遂先之秦川乘间登龙首松山，遍历海上岛屿，且游且
止，以待晴好。至九月廿六日乃拉张检校宪周为向导，出秦川城
东门，度天台岭至湖坪遥望摩霄绝顶，已亭亭云表矣。是夜飓风
大作，枕上闻波涛颠荡，茅房篱壁飒飒有声。廿七日晓发过杨家
溪断桥，浅濑渐可通筏而山川映发，层岩叠巘如从帷幰间坠。又
历钱王铺三佛塔抵秦屿岭，南望大海蒙蒙际天，北望三十二峰排
空插汉，已称大观。稍前即太姥洋，苍松翠篠蒙岩绕涧，桦皮竹
屋鸡犬云中，疑别一桃源也。复过小岭，蓊蔚尤甚。□望攒峰诡
奇殊态，不觉遂至玉湖庵。庵前深坳旧为湖，今已淤塞。截溪为
垣，决垣为渠，溪环寺合，寺门横左，盖上下摩霄之一咽喉也。
廿八日由玉湖右升有两路，一直上仙桥而造绝顶，一从山背转一
小涧，缘九鲤朝天诸岩趾螺旋而上。仰视石壁列戟参云，磴道纤

---

① 　怀安人。

回峰峦递变，沿二三里始入天门，而烟扃云键，殆不知深闼中之有间旷也。出天门，四壁环卫，宽余十亩。南向当中为太姥墓，铭曰：尧封太姥舍利塔。塔右石壁刻"天琢玄岩"四字。岩背别开石洞，有泉一泓。僧曰此即能升。盖惮于导引往往托此以诒人，余辈遂为所误。塔前为岩洞庵，践岩为路，岩断接以石桥，桥折而西复有石门，门左有大士庵。正面为佛殿，贴壁为楼。钟离岩、蟾蜍石在石门之右。出桥外望，群峰骈集从塔左折而升，低瞰竹园络在苍壁中如闤闠，从岩罅中悬綆可入，而白鹇锦雉多产其中。又从北下，所见有大头僧、石鼓、钟岩、仙人锯板石、石麒麟诸峰，皆天然秀拔，为穿凿者强名之，殊可厌恶。行十里许至国兴寺。寺创自乾符间，僧师待筑居于此，惜今已毁，金身剥落，绀殿荒凉。然石柱或坚或侧有三百六十，令人凄然怀古已。乃回至石麒麟，岩右蜿蜒，石窦中旁出为滴水岩。从石腹升降至岩顶，玄窍暗通，径窦不测。石扇双开，石磊悬梗相距三尺许，深可三十余丈，天风袭人，毛骨具竦。出此北则摩霄之背，南则岩洞之郭，晶莹乱石密比如一，盖玄都之一大会也。凭虚一呼，谷声三应。又径山背上三里而至摩霄。摩霄志名白云寺，或云白云禅师修竹于此，众魔消伏，一名魔消，东南望大海最为可观。佛殿三座，僧楼四绕皆凌绝顶，右拖一脉横抱如几。然海风猛烈，山岳动摇，视之湖坪抑又甚已。廿九日晨起礼佛，出山门右转里许即为绝顶。顶傍有石船，石船上为摩尼宫，石龛仅数尺。凭高四顾，万山俱伏，远望则龙首五虎以及闽广金浙与夫日本琉球皆指顾所及，方隅可测。至若波涛浸天，烟霞明灭，风帆似鸟，岛屿微茫，则兹山之胜超世界而隘域中矣。从山门左分迤一麓，南出为仙桥。桥上望九鲤朝天诸峰矗矗在目，独西北诸胜稍背，然遐观旷览俱与绝顶无异。桥悬半空倚岩箕踞，或举觞大酌翩翩欲飞，遂名桥为御风桥。伯全诗先成，命僧志其处勒之石，因并示绝顶岩洞诸镌处。三十日子刻起看日初出，从楼左细路登石壁，凝望许久，见东方波浪红黄里一片黑云如山，金色一弯捧之而上，垂半更始知出海，恨不露全影。熟视惊怪胡曙色之未启耶。又片晌见海中五色绚耀蓬蓬如鼓，红光浓艳如血荡盆，始知前所见者月也。然余尝看日于泰山，日观天台华顶，所见各异，而遥天旷海此为第一，惜兹晨天色未甚晴朗耳。饭毕从仙桥下，磴道盘陡，右转摩霄之麓，沿涧□入九曲，而东向者为天源庵。虽竹篱疏闭，幽雅可窥。过独木桥而西向者为圆潭庵，盖残垣败址，久为狐兔所凭。又穷深溪度三桥，面摩霄而南向者为午所庵，则巨石雄蹲，冷泉凝碧，昔元成禅师卓锡此地，以白箸易名。嶂后为观音洞，石楼嵌空，澄泓可鉴。自洞而进，玲珑巧接直透天门，但苔封莽塞，太古以来人迹鲜至。从巅抵洞传声可达，循涧绕麓则十五里而遥，仍出旧路。绿竹浓阴夹溪而南平林十亩中为金峰庵。前对锦屏，黛色横秀与佛灯相映。晚宿山楼，飓风渐息，烟雾尤深。初一日从锦屏右转，好峰奇石沈在竹林之中。竹大五围而交枝接叶，雪霜深压苍翠委地。竹间见危峰枕摩霄之下者为石龙，亦名叠石庵。缁徒颇繁，然皆养蜂买茶，虽戒律非宜而僧贫亦藉以聚众。自此出蒋洋便为归路。伯全欲从秦屿登崙山循海而抵秦川为胜，遂买勇。左环十五里至太姥洋接长蛇岭，又二十里而至秦屿，宿王生家。王生盛称白龙潭之胜甲于太姥，始觉前所见龙井者非是。初二日宪周从秦屿先归，余与伯全、王生从长蛇岭麓绕蓝溪，仍憩国兴，依前游而抵一线天觅龙潭。侧下一里皆坠岩穿窦，攀藤构木，蹑级踏梯燃炬偻背穷历险巉方得到。洞□广十余丈宽，可容五十人。高瞰苍天，深临巨海，日光圆射，水气寒凛。仰视岩杪，银河从天倒落。退视岩罅，暗坎伏于阶梯，然沙前之潭水与沙平，而沙后之坎水低数尺，且断岩孤峭千□削空，瀑布不知从何来，洪流不竭，则余游雁荡匡庐之所未睹也。入洞而不燃炬恒虞误坠，燃炬而生光芒不无逆鳞之骇。相传有破戒比丘触秽太姥，坠入潭中，从官井洋浮

尸而出，背有朱书示戒。天旱祷雨，龙入金瓶，雨随路降，乡人
以此为验。此中雨雾四时蒙翳，或过之而不知游，或游之而竟迷
其踪，皆龙之灵也。出龙井而西，贴摩霄之傍仍有三十六洞，嵚
崟透空，与观音洞若接，其最胜者为罗汉洞。缘岩无路，因而再
登摩霄细辩诸涧，蓝溪水在竹园之外，绕长蛇岭之里而出；龙潭
水绕国兴才山之麓而出；箬溪水绕摩霄金峰太姥洋之背而出；叠
石水绕太姥洋之前而出，皆由秦屿如海。其山自摩霄而东多石而
以岩壑胜，自摩霄而西多土而以竹木胜，自是从岩洞太姥洋返而
至三佛塔宿焉。初三日抵秦川，游凡八日。太史名五昌，宪周名
世烈，王生名三省，岩洞僧如庆为龙潭向导。

游太姥山记

谢肇淛

　　自正月晦日抵长溪即苦淫雨，连旬面壁，客况凄然。二月望
稍霁，出城而雨作踉跄返，为行人所笑。归邸中作诗咀雨。既二
日乃大霁，遂携崔茂才徵仲、周山人乔卿以十九日发。过台州岭
稍巉崕不可前，午饭岭下。既复舆过数岭，石磴纡回不绝，新晴
困人，昏腾思睡，耳畔惟闻寒瀑飒飒风雨声及钩辀格磔云中响应
耳。既过胡坪，值畲人纵火焚山，西风急甚，竹木迸爆如霹雳。
舆者犯烈焰而驰下山，回望十里为灰矣。日未落宿杨家溪。与乔
卿、徵仲缘溪流竹荟中行，穷于樵径而返。主人促客拒户防虎
也，夜挑灯徵虎事十数，闻山腰咆哮声，各咋舌就枕。翌日度钱
王岭，指路左歧路云是走天台道也。至三佛塔稍憩，张郡幕宪周
追至相慰劳，久之复度头陀岭。望海上群峰历历可数，而秦屿一
枝垂水面如芙蓉。走阪而下是为太姥洋矣。缘田塍跨涧而登岭，
路陡峻几不能步。五里许达玉湖庵。庵逼侧就圯，惟是桧柏参
天，日月蔽亏，竹木幽翳，石涧潺潺，而四面群峰千遭百匝，固
兹山一幽绝所也。庵前旧有湖，山僧填塞为禾畦菜陇，遂令千年

胜迹永绝，意甚恨之。时日未晡，宪周锐欲至岩洞，众各有难色。苦要而上二里许，迷不得道，乃大揶揄而返，复从间道走国兴寺。寺创于唐乾符，故甚宏丽，今其遗址犹存。旦日由玉湖右折过涧，诘屈数里过弹穿石，石上老梅迎暖盛开。又百余武为七级浮屠石，硵磳堆塞，路已穷矣。乃从一悬石底穿入，高二尺强，上蒸下潦，过此豁然别一世界，是为岩洞。石壁罗立，平园半亩，窣堵树片，石上曰太姥墓，似藏舍利所耳。僧流以为肉身坐化，乃卒不知太姥何人、墓何代，尧耶？汉耶？未可知也。墓右穿石锹为小龙井，古藤如柱，蟠蜿绝壁。井后一洞窅泞不可进，窥之似有微明，命二小奴人焉。墓后里许为观音洞，竹径蒙密无复人迹，而石床流水依然在也。墓前越眠牛石度石门，由小桥折入庵中，石龟、蟾蜍二峰东西对踞。庵后竹园石屋，二小奴从此出，云洞中轩豁，有石级上下一线天，微明迹之至此。余大咤为奇事，宪周为余言，是山幽岩秘壑甚多，他僧率匿不言，独是庵僧如庆者饶胜情可偕也。遂挟之出至半岭，巨石侧立，小径尺许。如庆投杖先入，众从之，得一洞。削壁夹立如巷，长十余丈，坠石半空塞之，因名坠星洞云。从坠石下匍伏出，历数石，顶颇甚艰，危石断则编竹接之，竹朽几殒，凡度三竹桥始达竹园。复由园南升岭道，穿二石洞直出林杪。海上岛屿历历可数矣。众急据地稍憩，复从坠星洞出二百步得大盘石。广数十丈，下俯竹林，远坐大海，而叠石、玉匣、蟹钤、石屏诸峰左右罗列于襟带之下亦钜观也。又进里许，歧径折而南下，凿石为级，登降崄巇。既出山背则石门、石象、九鲤、锯板诸形象一览而尽。然大率就其形似强名之耳，山之奇胜固不在此，是未易为俗人言也。既越山麓，披荆榛中荒秽尤甚，狐踪虎窟令人毛竖。又半里，得二巨石对峙成门，稍进悬空石洞方广倍前。洞前小庵已废。僧云此小岩洞也。此与坠星、观音三洞盖从来人无至者。遂返过石天门、滴水洞、一线天，如棋累，如名劈，如行地道，如入水府。石磴百级上窥星汉，盖至是而山之奇殚矣。午踞小盘石上就地饭。饭已僧复导之龙井。攀缘数石，践藤根握树枝，手挽足移觥觓褫胆，未至百武而路穷。人以绳自缒而下，余不能也，踞而俯视徽仲等三人累累相接若猕猴。洞口窨黑，秉炬以行，几曲折始达井口。巨石如龙头上覆，从其颔下梯而入二丈许践地。地皆沙洲，前后二井，诸泉奔汇崩腾如雷。久之阴风飒飒，衣发洒渐，悚然亟出。余笑谓□龙方蛰，故容君辈觇其宫，不尔将为齑粉矣。僧言，往年有新戒坠井中，三日浮尸官井洋而出，以后游人觅者率以小龙井□之，今幸而不颠越耳。谈卒若有大惧者□□，与入摩霄庵偃旗卧。有间从庵后直上山□□摩尼宫。登石船凭高四望，海色际天，而崳山秦岭诸岛出没波心，若鸥凫乏乏耳。山僧指示余是谓浙之温台，是谓广之惠潮，是谓晋安之闽安五虎。余谓以地度之想当然耳。吾闽谓鼓山可望琉球，蜀人谓峨嵋可见匡庐，论者呶呶不已，要以达人之观，须弥芥子皆在目中，是耶非耶何足深辨。复由庵左渡涧观洗头盆、仙人足而返，夜宿梦堂。徽仲、宪周各默有所祷。余笑谓，尘梦到此当应尽醒，奈何复求梦乎。语诸比丘约以昧爽观日。抵夜则松涛震撼，万壑怒号。比山巅雾霁而羲驭已高矣。诘旦过望仙桥从西折而北，从薄樵径依稀可辨。循洞道四五里，编篱环水翌然修饬者为天源庵。其左百步茅舍敝坏，一衲栖止者为圆潭庵。而向张叔弢所称诗僧碧山者，则已示寂五载矣。已复沿溪而上，溪流诘屈乍东乍西。不知经几湾，但闻山中玉兰香逆人鼻。大六七里始达白箬庵。仰视摩霄之背，正当其前。僧言夜来郎君峰顶语声历历可辨也。庵口为小观音洞，湫隘殊不逮。又前有罗汉洞十八，曲阻于水不可入，遂返至金峰庵前。锦屏当前秀色可餐。三里至叠石庵，修篁百亩翠云欲滴，然皆人世间物，无复夜来岩洞幽怪之致矣。日未崦嵫，遂取道蒋洋归焉。大都兹山东从岩洞达摩霄，以水石胜，而苦攀陟之多艰。西从摩霄下叠石，以竹木胜，而患一览之无余。但道非子午，人乏许掾进贤之游，率避险阻。而初至之客惑于多歧，樵人惮于远□，而缁流恐其累已，坐令灵境湮灭不传，即图经纪载何寥寥也。是行也人皆同志，天假新晴，而复得如庆为之指南，是方所差为无遗憾矣。然山川无穷，杖履有限。正恐后之视今亦犹今之视昔也。徵仲名世召，宁德人。乔卿名千秋，莆人。宪周名世烈，州人。万历巳酉二月二十四日记。

岩洞庵置香灯田碑记

盖闻名山洞，府辟混沌于灵区；宝刹精蓝，妙庄严于震旦。缁流薰观，必栖托于化城；宰官随喜，恒眺临乎太地。是以清都胜境，金刹香台，杖屦肩摩登攀趾错者，往往有田以奉香灯，以赡僧众，故佛教日以昌隆，芯刍日以丛集。瓶钵不匮，而客之至止者多矣。不惟古昔皆然，即吾闽之有寺，鲜无田以能悠久也。长溪之太姥山肇迹最古，容成阐灵于商代，老母炫奇于尧年。嗣后之鹿□兔城，骈罗于云岫，鹏耆鹰俊，两至于祇林。山有岩洞一庵，创自宋季，迨及明兴，花窟数椽，仅容一锡；多罗几树，共演三车。法侣烟栖乞食，惮市城之远；檀那星照过从，乏供亿之需。盖徭无田可以饭僧，毋怪乎僧日贫而游日少也。吴兴胡使君之刺长溪也，莅职以来百废悉举，文学每以饰吏治之名，簿书畴能夺山水之趣。花间五马，遇云峤而住嘶；腰下铜符，过禅关而暂锁。约余太姥之游，移书者再。余蹑屐兹山，信宿斯洞，则见峰峦岩嵝，呼吸而帝座可通。渊湜澄泓，指顾而神物若现。惕然兴感，遂尔铭心。乃住僧如庆力陈栖泊之艰，余因从曳于使君，派田若干亩存庵饭僧以供游客，已给券付僧掌管。复虞后人侵渔蚕食，又请予为文勒之贞珉，以垂不朽。余谓为山磊砢，非一篑之始不能成其高；凿井深沉，非一锸之先曷能浚其极。千霄宝塔兆于儿童之聚沙，百尺莲台基于工师之一木。使君之斯举也，真所谓现宰官身修菩萨行，开权显实，带果行因，壮佛法之金汤，竖禅宗之柱石。福田播种处处萌芽，金粟生香在在敷实。龙池鹫岭，徼惠于无穷；邃谷嵌岩，垂芳于永者矣。岂若给孤布地，黄金有日，而销亡伊蒲，设馔桑门，随缘而澌灭也哉。不慧末世津梁，法门外护。空言为施，纪片石于宝坊；绮语未忘，玷无词于名岳。所给田亩别载碑阴，兹不复记。使君名尔恺，德清人，万历甲辰进士。而余则南兵部职方司马氏三山谢肇淛也。

慧明塔记

师生于大元己巳年二月初六日戌时，本邑桐江李氏之子，八岁出家便礼昭明寺，僧志宏为。师九岁为僧，二十七岁遍扣诸方求上乘法。初见白云和尚，次谒千岩和尚。登明祖意洪武十六年钦取高僧灵谷住座，壬午年回归禅山，重兴古刹，时岁八十一。龙骧将军福建都指挥使童俊移文端请大阐佛事，归来广化寺，时年八十七。乙未正月十五日，跏趺而逝。谛世偈云，八十七年如梦相似，梦破还醒无一挂处。大明永乐十五年丁酉岁四月十六日众募缘建造。

序

太姥山图序

马邦良①

夫谭闽山水胜览者逞逞侈武夷九鲤，顾兹太姥奇丽恐未可以伯仲轩轾也。今余同年高观察摄宪巡海观兵上游，偕余与张参戎简阅戎事。既暇，相与寻太姥之游。乃从秦屿西行，蹑岭道沿山势而趋，由玉湖庵曲折逶迤上抵摩霄。循崖又从东下，极目峰峦泉潭之胜，仙踪石迹之奇。手汲郡林山人太姥记按图索景，该括

---

①　东安人，福建参议。

已详又乌容曾一喙。唯是嶙峋在目，窈窕满前，一往一还随境堪挹，将累日不能尽奇观，更仆未易数玄胜耳。载谛此山之最奇者，凭高俯瞰则中半在望仙桥及诸岩洞，极其巅则摩霄绝顶也。余与二公披松风攀石磴，心神欲飞，飘然世外，固不必别求南岳西华阆风悬圃矣。窃意山以仙灵自是洞天，武夷重于幔亭，九鲤重于何君。兹山主以太姥顾不重欤？矧以奇嶂怪石、空谷峭壁与夫丹鼎、丹灶、石臼、棋枰，神仙旧迹历可指。顾至若东接大海蓬莱所都泠泠御史仙仙羽化则兹太姥之所有，而武夷九鲤所无也。噫嘻，五岳真形尚拟诸图，此山一胜宁令湮秘。旧刻尽蛇殊乏天趣，余得并游会境，绘图召锲俾大雅之士知有太姥，觅路寻踪而壤隔势阻者一寓目焉，亦不失宗生之卧游尔。

颂太姥山招陈汝翔

张大光①

山推九岳，名膏今古，铅翰水让，五湖声沸，缙绅唇吻，可称人间蓬岛，亦可称朝市山林；可为志士幽栖，亦可为仕宦捷径。北山猿鹤，不无遗恨于彦伦；地脉烟霞，未免蒙羞于藏用。惟兹吾郡太姥，僻惟通海，高可摩霄。东望微茫青点点，波涛外雁荡天台；西看荒忽气蒙蒙，滇渤间龙州象郡。飞仙卓笔，书不尽远近奇峰；罗汉传声，数难穷纵横怪石。忽辟忽开，三五洞别有神区；如人如物，百千岩曾经鬼斧。僧归云际寺，惟闻烟磬声间，龙起石中泉，但觉松风香细。猿啼丹井，容成何处奏鸾笙；虎守蓝溪，太姥几时回鹤驭？盖自黄帝唐尧之后，石船不渡闲人；若非钟离神吏之流，玉匣岂分俗子？汝翔足下世途已矣，困白首于蓬门；隐德高兮，谐素心于柯谷。罗则张，鸿则举，已知入口离尘寰；林欲密，山欲深，何不一竿归海岛？溪香黄独发，

蟠桃石笋平分；峰晓锦屏开，荷叶莲花投合。石楼寂寂，衔花野鹿频过；丹穴泠泠，捧玉仙童独往。世人皆欲杀，知我其天；云岫好闲居，惟吾与汝！

太　姥　集

严陵分阳汪时宪

草暖荷长游线天，巉岩削壁石高悬。对月老僧经未了，昌雨钟仙靴不全。国兴午所齐三祝，銮峰赤壁鲤朝天。叠石登望摩霄月，银钩新挂五峰尖。玉湖一带无鱼钩，圆潭七井少龙眠。古来□洞阿罗聚，钟声佛号诵真言。

下卷

五言古诗

摩 尼 宫

（明）傅汝舟①

太姥上升日，乃在摩尼宫。神光夜式来，草木尽摇红。长蛇山不如，旋复化微虫。此事老僧说，侧令心□忡。宝书久上天，吹下必长风。纷纷来游者，空望海溟蒙。

太 姥 山

一

名山多石门，太姥奇莫状。想当开辟初，必有万鬼斧。驱雷运大斧，劈此千仞嶂。大石架不如，小石巧相放。乍看怖欲坠，谛视极牢壮。一夫过仅容，云至不能让。初从俯身入，栈级屡下上。天窗漏日微，龙井滴泉旺。暗折展复光，九门递趋向。出门见石峰，秀色九天望。一削到地平，匪特取屏障。霞古荡成痕，真骨固无恙。老树多生芝，幽泉亦成浪。好鸟时出游，于人每相撞。居然见闾阖，果尔闯壶阆。始知东方生，图记非妄。斯游满深衷，何以答神贶。

二

昨登摩霄顶，举目周无倪。雨来趋下方，自恨已居卑。何意古老殿，快睹石参差。吁骇问天地，巧何至于斯。精灵一泻漏，朽腐尽神奇。或如老佛坐，云端手阿弥。复以圣僧迎，顶礼见头

---

① 闽县人。

皮。导盖必鸾告，拥仗多象狮。翩翩玉皇吏，一一汉天师。冠峨
却似豸，玉捧不在珲。上下俨相对，左右森有仪。浮丘下接引，
萧史并追随。刘王挈鸡犬，许令逐蛟螭。跳跃百丈鲤，蹒跚前劫
龟。龙老脱其角，月生才有眉。云来入天阙，云去拱无为。名为
石笋掩，妙岂俗人知。半生此一见，五岳或有之。三步还九顾，
一挂知万遗。本无北征笔，莫拟南山诗。安得高石门，尽归示
妻儿。

摩 尼 宫

林祖恕

太姥横秀色，千盘上云表。古佛开丛林，寒溜飞潆潆。阴洞
夕阳回，天挂余虹杳。中有黑雾屯，外有丹霞绕。奥窔潜蛟龙，
风雷时天矫。桃花夹石□，樵人行木抄。下视无底壑，目眩神亦
掉。往往见仙人，吹笙拾瑶罩。我闻逍遥子，卜筑此幽栖。涧琴
浮湿烟，山树接回□。窗楹隔修竹，清猿日夜啼。老僧共焚香，
玉堂教炼药。偶对花间弈，不知松子落。坐遣浮生累，高情寄
寥廓。

望仙桥读残碑

白昼临分崖，中区显孤峙。上有尧时封，下有唐人纪。片石
勒奇踪，迄今万余祀。此事知有无，总在六合里。缅想丹成时，
虹蜺谁能驻。长风吹不休，四顾千山紫。

由圆潭散步入白箬禅林因怀张叔弢

西陟极攀缘，旷睍神屡拆。回溪漾青暝，繁条莽胶葛。复嶂
相纠维，寒威弥凛冽。篁影乍纷披，朝曦融阴雪。潭上不见人，
空沙远明灭。修岗带神皋，云房坐清樾。当窗映棕榈，偃户饶松
栝。山厨接飞溜，琤琤驶且决。琼帘寒不收，玄珠喷可咄。龛灯

苍虎守，野雾紫麋㗛。揽衣肃然恐，四顾迥瀏沕。惜无和歌人，孤赏自幽绝。

宿叠石庵

坐览石龙山，幽期惬素癖。登顷乍然离，竹床疏巾帻。白云冒山冠，阴雾守玄宅。劲风递洪波，扶天摇屴崱。深窟有猿啼，晴雷喧大泽。僧定心转清，钟鸣境逾清寂。学道割情恋，胡为眷泉石。崛□日纷轮，欣赏此晨夕。瓢笠来何迟，永愿谢羁勒。

夜宿梦堂

周千秋①

予生爱丘壑，名山恣遐观。太姥表灵异，天巧开岩峦。绝顶逼霄汉，日夜同弹丸。云海望不极，沧溟浩漫漫。回眸隘入荒，蹑足青云端。花宫倚空碧，夜宿罗裯寒。蘧然一梦觉，起视明星残。

将之太姥，出城十里遇雨而返

谢肇淛

霖雨因孤客，跬步无所往。三十六芙蓉，居然结梦想。一朝喜新晴，出门惬幽赏，仆夫戒前途，奚奴具筇杖。天地忽异色，惨淡如反掌。肤寸初沉山，檐溜已承响。小儿岂相妒，山灵乃见罔。雨师故可鞭，鬼物非吾党。石室閟仙踪，邈若河汉广。穷途哭自今，胜游得如曩。若得云中鹤，跨之九垓上。归来仍残灯，浩歌悲俯仰。

---

① 莆田人。

小　岩　洞

平生丘壑姿，适性在云水。到处逢名山，欢若遇知己。所贵
抉幽閟，匪徒徇俗耳。歧路千万端，顿有山僧指。穿莽浥竹露，
窥洞探石髓。密□既钩衣，峰棱亦伤履。独木跨穷涧，下视不见
地。划然石作门，丹灶环清泚。登降虽苦疲，得之良足喜。仙驭
去不会，蒲庵炊已毁。饥鼯号颓垣，妖狐穴荒垒。俯仰倍凄然，
兴衰亦有以。陵谷纵变迁，亦自胜朝市。扰扰风尘间，呜呼吾
老矣。

由坠星洞达竹园作

山僧惮贵游，灵迹每自秘。达者为名高，亦无冥搜志。巨石
塞道周，径草多荆刺。历险敢豫期，探奇偶然遂。削壁列委巷，
历落乱堆厕。小者承似撑，大者欹如坠。忽尔出幽谷，豁然见天
地。疏篁耸万竿，蒙蒙滴空翠。步虚穿林杪，却忘来何自。险怪
□轩荡，不晓山灵意。大海何茫茫，俯视但一气。未惜筋力疲，
聊咤耳目异。安得脱津梁，□壑随所至。

太　姥　墓

陈五昌 [1]

坤维戴巨鳌，海气蒸灵谷。鸿蒙礜未剖，仙踪閟南服。何意
垂衣时，名区托贞淑。荷锄斸孤云，艺蓝出修竹。深溪何潺潺，
奇峰何矗矗。风雨度危桥，□䂪置牢屋。川岳寄遐姿，甘露涤阳
腹。鸡犬想已升，形骸委岩麓。清昼有时来，黄棺长夜覆。白猿
叫啸腾，黑虎咆哮伏。探奇陟荒隧，怀古动愁目。晦昧墓门扃，
光阴何迅速。

---

[1]　福清人，翰林院检讨。

摩霄峰

胡尔慥①

罡风拥高岭，天末开奇嶂。企石窥清都，云崖非一状。缥缈
登其巅，振衣看直上。周览缅浮沉，四游环莽宕。闽越东南垂，
霄汉微茫旷。朝阳涌钜轮，海月翻高浪。鸾骖罗玉屏，蜃色结珠
帐。仙子不可呼，石庵敞虚抗。睫极兴有余，骨清神俱王。勿谓
吏情俗，褰帷寄遐尚。

大 岩 洞

崔世召②

言陟眠牛岗，坐据蟠桃石。飞梁巨鳌□，閟洞鬼斧擘。石扇
峭以纾，虚窗忽然白。残梫半倚崖，古罴不盈尺。递藓上佛衣，
流云逗香积。乞食僧乍归，守关鹤一双。而我披霞踪，与君漱露
液。但觉尘鞅空，宁知仙凡隔。洞口散豪情，诗肠轇奇癖。太姥
虽千秋，余怀寄双屐。人世一何悲，长途徒逼仄。

七言古诗

太 姥 墓

（宋）陈嘉言③

吾闻尧时种蓝姬，世代更移那可数。帝尧朽骨无微尘，此间
犹有尧时墓。墓中老妪知不知，五帝三王奚以为。狼贪鼠啮攫尺
土，爇木未枯因易主。君不见，仙人掌，分明指取青天上。骑龙

---

① 德清人，知州。
② 宁德人。
③ 怀安人，建州。

谒帝大罗天，不逐华虫挂尘网。又不见，石棋盘，人去盘空局已残。当时胜负此何有，争先夺劫摧心肝。请君绝项试飞鴞，左望东瓯右东冶。山川不见无诸摇，但见烽烟遍郊野。野老吞声掩泪哀，茫茫沧海生蓬莱。

梦游太姥

林爱民①

与天隔处是摩霄，极目瓯台霭可招。绕麓一溪泻蓝液，相传染姥自唐尧。訇然石扇列八九，荡云入之偻腰。坛东门里开洞室，可坐数十松与乔。羽衣月下驭玄鹤，天柱峰巅吹凤箫。断崖版跨千仞谷，攀缘斜度望仙桥。尼庵西萦勾鸟道，瞰危仄足魂惊摇。奇峰六六卓云外，天圭玉笋争岩尧。夜寒拥衾霜洒簟，灵籁万壑声潇潇。银台金阙夺照耀，四黑立见海日超。大昕岚雾督咫尺，顿散彩吐诸孤标。气吞秦峙排天浸，扶桑虬怒奔雄潮。缁禅习对岩窟静，客至似觉增喧嚣。一僧辟谷可旬日，煮茗只向石底烧。摘来胡荽练杵大，一嚼眸莹肺渴消。於乎，兹山汉封闽左壤，迤西百里予生长。丁戊莲阳俱见邀，病躯两负羡独往。到处寻真不惮遥，却此寡绿徒梦想。三涧掀髯得绝观，记述千言堪抵掌。卧间时展三琳琅，翠黛神游袂飘□。群仙携我采芙蓉，缥缈凌虚入苍莽。霍童屹峙宁之阳，第一洞天名更广。王邓登来白玉蟾，代有高人亟称赏。贤豪本是山灵遭，振衣岗头在吾党。

太姥山歌为史使君赋

屠隆②

闽南海气何盘回，结秀太姥高崔巍。山桥甫上辄斗绝，天风

---

①　福宁剂人，金事。

②　鄞县人，主事。

蓬蓬吼晴雷。崖穷路转不可极，忽讶谽谺石扇开。仰视空明逗一线，涌出片片层云来。磴道险仄可容足，天阴石滑生寒苔。断崖缺处见堂户，垂萝偃覆长松树。落日山深有鬼嘶，小队五骓骊。嶙峋百尺当风立，天清气朗云雾收。吁嗟片石耸孤介，可以直下使君拜。使君青眼何时逢，海滨白石千秋在。今日搴帷远送君，回飙积雪叹离群。春来卧治无余事，太姥山头望白云。

太　姥　歌

曾孟麐①

太姥嶙峋兮，壁立夭娇。曲径逶迤兮，上接危桥。登高旷览兮，海水波潮。振衣长啸兮，风雨潇潇。偕仙侣兮，共逍遥。疑身世兮，出云霄。安得一枝兮，寄鹪鹩。

游大小岩洞歌

林祖恕

乱石插天天欲□，紫雾苍烟飞洒洒。突兀眼前光怪多，凡人岂得游其下。昔闻尧母悟真诠，蜕化至今几千年。遂令与地称灵迹，大岩小岩三洞连。石床生苔炉火死，溪畔桃花逐流水。冥冥霞气标蓬壶，自有乾坤始有此。九天日月落眉端，越徼羊城缅可看。呼吸阴晴散风雨，银台翠海空漫漫。巨灵欲闼阛不得，五丁倏忽驱风伯。一斧劈破神鬼愁，谼洞顿成至人宅。暗窦微通云日光，青天一线何茫茫。侧身欲走足仍却，飞泉无数沾罗裳。乍过巑岏复幽窟，万转千盘无路出。是谁力决巉屼开，划然仰面见白日。顿足大叫万山青，老龙欲眠还复醒。丹砂夜照佛灯起，洞户琼楼各未扃。仙掌高擎悬半壁，玉板片片刀痕耆。又有九鲤朝上玄，罗汉数尊吹短笛。小洞纡回遍石苔，大洞参差叠楼台。胡麻

---

①　麻城人，福宁州判官。

之饭流未出，玉芽迸笋何人栽。山川灵异几屈指，雁荡罗浮差可拟。只尺天门一啸通，微茫雪色飞千里。却笑当时谢永嘉，有足不踏兹山之□砑。空令今古夸登眺，岁岁闲开洞口花。謇子本狂士，十年三到此。欲起东方生，为之扣终始。太姥头颅葬空山，古墓累累墓草班。须臾海上潮声响，惊破游人醉后头。

天源庵访碧山上人

平生山水好，复此费招寻。逢君问姓字，疑是支道林。相将便枕溪头石，话到长林情脉脉。竹间风吹煮茗香，户外橙柑枫柏赤。日落野烟残，流霭四面寒。桥边分手鸦飞尽，明日还思会瓦宫。

太　姥

张大光[1]

七闽本是山水国，霍童太姥尤奇特。太姥千峰障海边，鬼斧神工巧雕刻。玉湖影浸碧琅玕，曝龙泉涌生秋寒。窍地中脉透沧海，井底往往蛟螭蟠。峰前峰后云片片，钟离仙子云中见。半空咳唾谷三传，数里鸿蒙天一线。神羊天马何牲牲，狮蹲虎踞羁麒麟。十丈莲华吐青嶂，莲舸千年尚无恙。忽疑误入梵王宫，真僧罗汉遥相望。献怪争奇那可纪，摩霄俯瞰几千里。南粤东瓯几席前，三更日出扶桑水。就中时听紫鸾笙，仙人来往相逢迎。烹龙炮凤宴太姥，停骖紫阁□容成。嗟余雅好山水癖，海内遨游发将白。岂知太姥在此邻，眼前自有神仙宅。丹炉丹井旧依然，一匕神楼待有缘。便当永谢凡尘网，结屋山中栖紫烟。

---

[1]　州人，知州。

摩霄绝顶

谢肇淛

太姥去天不盈咫，三十六峰参差是。片片芙蓉玉削成，千崖
万壑徒为尔。五色龙车去不回，丹床药臼空莓苔。晴云犹让金茎
掌，夜月长窥玉镜台。我来太姥洋中望，秀色苍茫在天上。欻忽
扶藜造绝巅，青山碧落宛相向。俯视下界何冥冥，山河大地漫纵
横。石门倒泻银河影，松风遥送海涛声。大海茫茫绕如发，点点
南闽复东越。羲驭犹衔半岭烟，天吴已捧波心月。月出日没杯中
泻，云霞足底奔如马。呼吸应通帝座间，虚无岂在诸天下。御风长
啸意悠悠，鹤驭鸾骖不可求。但将九节仙人杖，同作卢敖汗漫游。

国 兴 寺

崔世召

野风吹云暮烟湿，踯躅离离山鬼泣。子规啼歇寺门红，半颓
孤塔撑遗迹。寺门荒莽杂樵路，樵子能说前朝谱。绣幢宝册金银
宫，昔日繁华今尘土。始信昆明有劫灰，我来吊古空徘徊。石柱
摩云百楚楚，欲坠不坠生苍苔。国兴赐名本唐代，北寺才兴国旋
改。青山阅尽往来人，几度桑田变戍海。请君不用长叹嗟，芭蕉
树下夕阳斜。何日黄金重布地，莲台依旧醮春花。

五言律诗

太 姥

（唐）薛令之①

扬灵穷海岛，选胜访神山。鬼斧巧开凿，仙踪常往还。东瓯

---

① 　长溪人，太子侍读。

冥漠外，南越□茫间。为问容成子，刀圭乞驻颜。

白　箬　庵

（明）姜芳①

烟雨空蒙处，如来箬笠还。琪花飘绿树，瑶草遍青山。乱瀑晴翻雪，寒云静掩关。清歌传白玉，涧水和潺湲。

太姥群山

徐启东②

太姥相传久，山仍太姥名。俏峰奇石耸，古洞暮雪横。路险凭僧引，林深绝鸟鸣。行行尘虑寂，移榻结山盟。

摩霄庵夜宿

攀岩跻绝顶，满谷乱云飞。月色生祇树，星光落客衣。山空歌吹远，夜静海潮归。不尽登高兴，呼僧慢掩扉。

金　峰　庵

步步层崖入，幽栖隔世氛。到山金作字，对面障为云。双石重门锁，孤庵万竹分。临行迟去马，犹自醉斜曛。

钟　离　岩

突兀一片石，人疑是汉仙。洞中藏石髓，潭地起云烟。万叠青螺拥，千重紫雾旋。渺燃尘世隔，我意欲逃禅。

---

① 仪真人，知州。
② 上虞人，州同知。

一　线　天

古窍何年辟，中间别有天。窦穿云彩细，漏入曙光偏。危石常疑坠，悬崖似欲连。丹邱何处是，玉杖倚山边。

摩霄庵夜宿

　　　　　　　　　　　　史起钦①

山中尘不到，只许白云飞。万丈峰摩汉，一轮月照衣。出门无路去，入定有僧归。石室堪留憩，清风绕竹扉。

金　峰　庵

绿环僧舍竹，便是隔尘氛。玉障围空翠，金峰扫乱云。石扉自天设，古木屿高分，欲尽登临兴，疏林挽落曛。

太　姥　墓

天琢玄岩古，崔嵬不可攀。英灵飞白日，幻壳瘗青山。鹤唳松风惨，苔封碣石斑。我来参谒处，一片彩云还。

摩霄庵夜宿

　　　　　　　　　　　　于沣②

入关忘去路，鸟倦夕阳飞。寒月穿禅榻，残云挂衲衣。羊肠无客到，鹤驭有仙归。茗碗清诗骨，听经静掩扉。

---

① 鄞县人，知州。
② 山阴人，判官。

仙 人 桥

黄凤镇①

才跻仙桥路，还思未了因。石危明避鸟，树密暗穿人。世界诸天旧，乾坤一日新。飞鸿何日驾，色相绝埃尘。

玉湖庵迟林天绩不至

钱行道②

何处缨堪濯，澄湖玉一杯。蜂衙花坞散，燕舍草堂开。日莫僧初定，春深客自来。同心不同赏，惆怅白云隈。

谒太姥墓

太姥藏真处，丹霄第几重。今名因汉改，古迹自尧封。树黑啼山鬼，潭腥卧钵龙。钟离为近侍，已化白云峰。

天源庵访碧山上人

源通奇石顶，庵结断桥西。曲涧桃花泛，空山杜宇啼。到来初地迥，归去白云迷。指点朴间路，同师出虎溪。

叠 石 庵

行尽千林竹，才过万仞岗。径阴缄石翠，风暖落松黄。不离红尘远，安知白云长。揭来无别事，合掌拜空王。

过国兴寺

寺荒僧亦少，何况客来稀。岭月猿呼起，松云鹤曳归。薜斑

---

① 晋江人。
② 长兴人。

罗汉钵，金剥世尊衣。不独空梁上，丹青落碧微。

大　龙　井

周千秋

龙井藏幽壑，千盘度薜萝。披云穿涧曲，燃炬入岩阿。削壁缘绳下，危桥架竹过。骊珠宁可得，衣染水痕多。

大　龙　井

谢肇淛

危桥断复连，抱石出层巅。路绝缒藤下，崖幽秉炬穿。风雷轰白日，苔藓起苍烟。欲取骊珠去，神龙恐未眠。

天　源　庵

清溪环竹屋，不觉类禅关。酌此庵前水，遥看天际山。棋声春院闭，鹤梦午松间。借问僧何处，采茶犹未还。

白　箬　庵

樵径草凄迷，春香扑马蹄。峰围庵向背，路逐涧东西。天柱青初近，云芽绿未齐。□蕉诵经处，谢豹隔窗啼。

天　源　庵

陈五昌

小径度桥人，清幽闭竹关。白云千片合，碧涧千重湾。香信出篱散，瓢从挂壁闲。林深犹有寺，不待老僧还。

圆　潭　庵

合沓回青嶂，伤心一院荒。薜萝蒙断壁，狐兔窜空梁。古洞疏寒溜，圆潭霁夕阳。残僧谁驻锡，早晚为焚香。

摩霄庵（二首）

萧如玉①

一

杖屦来仙馆，晴空景物饶。白云常在户，紫气欲摩霄。壁裂窥天线，藤牵锁石桥。山僧供茗碗，诗态转成骄。

二

临跳当绝顶，凭栏一望赊。却怜身是寄，安得此为家。碑古苔侵字，窗虚日印花。天源应咫尺，宁肯负韶华。

玉　湖　庵

石磴曲通寺，山云巧到门。慧猿缘树狎，静鸟抱沙喧。古木青攒汉，新茶翠点园。俗僧煞风景，藓合玉池痕。

白　箬　庵

涧绕层云路，春深白箬房。霞容分石户，露色满绳床。拂藓碑难辨，穿崖树屡僵，归途风冉冉，一带玉兰香。

送周乔卿游太姥

欧应昌②

胜迹寻山去，红尘隔市分。星辰峰顶拾，雷雨洞中闻。蜃气青窥海，茶香绿采云。神仙霄汉共，能忆鹿麋群。

---

① 沔阳人，州判。
② 福清人。

五言排律

一 线 天

谢肇淛

积翠看无极，层峦险不胜。地应疑斧劈，天已得阶升。石润蒸常滴，岩悬势欲崩。半泓功德水，一线照迷灯。丹井虚遥望，云根忽暗登。猿窥松嶂月，人倚石门藤。力尽时眠草，途穷每问僧。寒流听渺渺，众壑望层层。夹道排屏障，当空耸剑棱。绝无飞鸟度，只有宿烟疑。灶伏千年火，沙埋六月冰。天阍低可叩，仙驭杳难乘。便欲凭风去，尘踪恐未能。

七言律诗

太 姥 山

（宋）刘镇①

滚滚千山人马蹄，山游回首日乎西。人从杜宇鸣时别，天向蒹葭尽处低。白鸟得鱼闲钓艇，黄蜂抱蕊闹花枝。好将老母山前路，付与孤猿自在啼。

拟游太姥山

（明）林况②

每怀太姥古名山，谢屐房筇梦寐间。声彻鸾笙清俗骨，心期鹤驭铸仙颜。烟霞缥缈连三岛，风露清冷别九寰。他日浪游谁是伴，床头有剑绿成斑。

---

① 知县。
② 州人。

圆 潭 庵

陈良谦①

水光荡漾碧圆潭，竹插疏篱草结庵。一段烟霞成世界，四围云树拥晴岚。身同木石参禅偈。境绝氛埃对圣龛。莫讶个中无乐处，园疏山茗有余甘。

午 所 庵

野色玲珑午所浓，秋光摇荡菊篱东。坂回九折穿云入，桥度二仙冒雨冲。竹叶盖庵通漏日，松风满榻遁疏钟。突生奇石缘崖立，倚昑摩霄第一峰。

国 兴 寺

国兴翘首近摩霄，蹑足丹梯万丈遥。石势参差罗佛像，潭光隐见掣龙标。泉开卓锡通双井，塔镇楞伽锁断桥。华表鹤归遗迹远，几回抚景叹萧条。

玉 湖 庵

王有太②

碧落空中太姥岚，白云深处玉湖庵。残宵寥落星辰近，清晓朦胧烟雾含。鸟道几回山列戟，龙潭万丈水浮蓝。登临共访烟霞迹，笑对禅僧问指南。

---

① 州人，通判。
② 崖州人，训导。

摩　霄　峰

陈勗 ①

桃坞仙香隔岸薰，摩霄一握度孤云。东溟下绕秦川水，西岳高骞汉禅文。无数翠峦空外矗，有时金管月中闻。披衣起看扶桑影，日观天门未足云。

宿摩霄庵

黄凤镇

一自容成煮药年，翩翩紫气下神仙。玉湖云雨长衔寺，石壁芙蓉半插天。缥缈远开沙海碧，逍遥静觉法门玄。几时了却浮生梦，频借摩霄醉衷眠。

登摩霄绝顶宿普槛上人白云精舍

钱行道

一

梯云万丈上嵯峨，咫尺烟霄坐可摩。峭石定知妨月御，飞泉直欲挽天河。僧空色相看花落，客悟声闻听鸟歌。若使仲连来此地，不教东海蹈沧波。

二

习静闲房对法筵，欣逢惠远证初禅。同炊白石餐云母，自煮寒流试月圆。五夜钟声清万籁，早空竹色晦诸天。山中一宿心如水，消尽红尘四十年。

白箬庵怀成方和尚

纡回荒径乱云侵，踏遍穷崖访道林。鱼贯仅通天一线，蛇行

---

① 宁德人，太仆卿。

直下岭千寻。洞穿流水苍苔净，松卷寒涛白日阴。遗址独怜人去后，不禁啼鸟落花深。

到金峰庵

越壑披榛见化城，金峰一点应长庚。山腰竹染春云绿，谷口溪流午磬清。石榻仅容高士卧，松关不禁老僧行。斜阳欲别重回首，黄鸟枝头唤友生。

新 月 峰

马邦良

半弯新月系天涯，移向峰头色更华。玉女侨妆梳影小，渔翁高挂钓钩斜。台前宝鉴初开匣，架上冰轮半掩花。几度徘徊翘首望，分明一线出烟霞。

游 太 姥

陈仲溱

一

虹桥直上彩云边，海上岩开古洞天。行客更谁披莽入，居民犹记种蓝年。石船坐落微茫月，铁笛吹开缥缈烟。亲接群真朝太姥，红盆金柱五更圆。

二

绝顶凭临瞰大荒，遥天极目思茫茫。龙归玉洞嘘残雨，鸟下珠宫背夕阳。三十六峰回紫翠，百千万劫转沧桑。还丹试觅容成子，不信人间鬓有霜。

三

紫纤鸟道总难穷，万壑深沉海气中。金薤影摇岩洞日，玉兰香卷石楼风。屐穿晓露千林碧，杖斸秋霞一涧红。山北山南斜有寺，数声清磬小桥东。

四

松栝笼烟乍有无，寻真宁问路崎岖。千寻翠壁寒丹灶，百道红泉泻玉湖。处处野花长自异，年年秋草不曾枯。却怜遗蜕尧时冢，落日遥山响鹧鸪。

送谢在杭游太姥

送君何处访仙踪，太姥岩开六六峰。萝洞竹园通一窍，箸溪蓝水束千重。中天海飓蓬蓬起，经岁潭云黯黯封。愿得摩霄生曙色，青山尽露玉芙蓉。

送周乔卿游太姥

马歘①

嵯峨太姥白云岭，方外遨游似向禽。九里松阴萝径合，三春草色石坛深。洞留捣药探金杵，岩泻鸣泉听玉琴。瓢笠未能携共往，梦魂随尔度层林。

送谢在杭职方游太姥

王毓德②

新制荷衣与籧冠，言从太姥问还丹。长溪杨□听莺过，古洞桃花驻马看。度岭孤筇青霭湿，入林双屐白云寒。山中暂许亲猿鹤，四海苍生望谢安。

送周乔卿游太姥

□药幽寻碧海濆，奇峰六六望中分。坐来丹灶松间见，梦觉瑶笙月下闻。凉履岩头编露草，山衣洞口剪春云。玄都多少名人

---

① 侯官人。
② 侯官人。

笔，知尔先探古篆文。

游太姥道中作

周千秋

春明树底鸟声喧，瘦马冲云度石门。几处茶园分别墅，数家茅屋自成村。山花尽放初晴色，经草犹沾宿雨痕。三十六峰青不远，何须方外间仙源。

大 竹 园

风吹紫雾晓氤氲，怪石纵横路不分。洞湿乳泉晴亦雨，岩围修竹昼常云。隔林海色依山转，上界钟声出寺闻。欲向此中开净室，余生长对鹿麋群。

白 箬 庵

丛林寂寂背摩霄，十里寻源鸟道遥。白箬数椽云际寺，清溪几曲竹间桥。篱疏春暖花依砌，洞古烟深树挂瓢。阶下残碑荒藓合，开山惟记自前朝。

送陈伯全太史游太姥山

徐𤊻①

暂别词垣尺五天，山衣遥历翠微烟。断崖井睡骊龙母，古墓泥封羽鹤仙。玄篆标名由汉代，玉书封禅自闽年。争言太史游踪异，禹穴探奇笑马迁。

送谢在杭游太姥山

欲趁清都上帝朝，古仙名胜访唐尧。千年药气留丹井，百道

---

① 闽县人。

松声响石桥。阴洞雨来寒滴水，高峰云净直摩霄。谢公雅有登山癖，双屐招寻不惮遥。

送周乔卿同谢在杭游太姥山

秦川洞府閟仙踪，君去寻真踏乱峰。长日对棋陪谢傅，清宵挥麈学周颙。溪桥采药云粘屐，石殿翻经雨罄钟，我负山灵将白首。梦魂常绕翠芙蓉。

陈惟秦自太姥归谈山水之胜有作

怜君丘壑兴偏长，两月登临不裹粮。山色近摩霄汉碧，松花深染石林黄。乱峰踏遍芒鞋湿，灵药携归蕙带香。助我卧游胜图尽，一时云气满山房。

游太姥道中作

谢肇淛

新晴山气转氤氲，野鸟舠辀处处闻。溪女买花当午道，畲人烧草过春分。数行岩瀑千层雪，一线天梯半岭云。迢递前村何处宿，竹篱茅舍日初曛。

玉湖庵感怀

松杉十里插天青，小寺残灯望□冥。百道泉飞双树月，乱峰云护一函经。采茶人去猿初下，乞食僧归鹤未醒。沧海为田君莫恨，从来胜迹易凋零。

岩洞赠庆和尚

春岚万壑散晴烟，蹑棘攀萝鸟道边。怪石叠成空外色，悬崖穿破地中天。洞蒸岚气时时雨，路绕峰头处处泉。茅榻竹房人不到，老僧长抱白云眠。

金　峰　庵

莆庵石室倚崔嵬，岩瀑潺湲曲磴回。百亩翠云寒玉滴，半窗黛色锦屏开。道流伏火留丹灶，野鹤窥□下玉台。避世山中忘日月，落花流水即天台。

太姥山中作

崎岖历尽扣山家，日午山蜂已放衙。到处探云筇竹杖，入门迎客海棠花。野猿竞采初春果，稚子能收未雨茶。自分鹿麋踪迹久，老僧无用具袈裟。

太　姥　墓

一片玄宫削不成，苔封丹井黛为屏。彩云长护仙人掌，断碣犹传太姥名。隔水芙蓉鸾佩影，中宵华表鹤归声。如今沧海扬尘久，唯有蓝溪不世情。

国兴废寺作

绀殿高标半有无，老僧犹自忆乾符。沙埋碧瓦金光散，雨打青灯宝篆枯。遗像尽归山鬼卧，残碑空剩石龟趺。禅心何事论生灭，日落千峰叫鹧鸪。

宿摩霄庵

万壑空青敞梵宫，下方一气俯溟濛。昏钟半落天河外，返照全低碧海东。苦竹半窗山鬼语，寒云一榻老僧同。松风吹醒游仙梦，身在瑶台积□中。

叠　石　庵

□娥已架空中石，古寺仍存叠石名。出门十里但竹色，荒山尽日惟溪声。已无剥啄妨入定，只有翠蒨同幽情。老僧养蜂当说法，蜂泥落地花纵横。

太姥道中作

陈五昌

闽天遥控古温麻，太姥云山接永嘉。度岭僧归松际月，褰帷人出海东霞。茫茫烟屿防秋堡，黯黯疏篱买酒家。三十六峰青缥缈，香风吹送木樨花。

岩　洞　庵

天开石洞障芙蓉，绀殿深沉响暮钟。烟暗竹园眠锦雉，寒生松坞起苍龙。行当峭壁应无路，望入层崖更几重。最是此中空世谛，小桥流水坐高春。

御　风　桥

盘旋鸟道从虚空，隔断摩尼顶上宫。桥自容成驱石驾，路从太姥开山通。云横翠壁来天际，日照红涛出海东。罗列危峰千万态，一声长啸御微风。

观　音　洞

摩霄峰转玉玲珑，白箸溪环翠巘中。寂寞鸟啼山涧雨，缤纷花落石楼风。洞开浑沌僧来少，径入幽深客未穷。向晚不愁归路远，坐凭流水得圆通。

摩霄绝顶

峥嵘乱剥玉芙蓉，簇簇遥开六六峰。地控南天唐姥辟，山名西岳越王封。云横断壁千层险，烟起澄浑一片浓。极目直穷沧海外，凭虚身已蹑仙踪。

国 兴 寺

名僧卓锡自何年，碧瓦销沉浅涧泉。山麇眠当香积冷，野猿啼过佛堂烟。尽郎久没丹青藻，玉井长浮子午莲。石柱攒云三百六，更谁重复旧人天。

摩 尼 宫

珠宫一望渺茫茫，阊阖风生卷大荒。绝顶平临金相古，中天时放玉毫光。坐当清净慈航稳，身出虚空法海长。为与白云山寺近，斋钟初罢便焚香。

摩 霄 庵

青莲梵宇挂崔嵬，绝岛遥连翠壁开。寺□四君悬日月，檐临万壑起风雷。飘摇幡影空中漾，浩荡潮音海上来。身出白云超觉路，夜深黑虎近香台。

送陈惟秦游太姥

张宗道[1]

青天望望削芙蓉，木落深山远听钟。蹑屩客来寻汉峤，采蓝人去问尧封。千林夕翠回幽竹，万壑秋涛响乱松。三十六奇探欲尽，登临多在最高峰。

乔卿在杭归自太姥于山水之胜有作

青山空抱廿年期，忽听神仙窟宅奇。精舍摩霄谁共宿，孤峰临海几层窥。路迷竹涧猿能辨，树隐瑶花鸟不知。一自骖鸾人去后，至今云雾待君披。

---

[1] 福清人。

送谢在杭游太姥

郑邦祥①

名山三十六芙蓉，此去寻真第几重。数里松萝天一线，半空烟磬夜孤峰。石楼岚霭钟声沚，深洞云蒸藓色浓。知到摩霄最高顶，□山仙子坐相逢。

送周乔卿同谢在杭游太姥

远于太姥访仙坛，云翠千重映簝冠。石上新芝和露采，壁间残篆拂苔看。清溪漱齿松泉滑，石洞烹茶瓦鼎寒。愧我卧游成懒癖，东山双屐欲从难。

游 太 姥

郑世魁②

车边香涧泛胡麻，十里蓝溪太姥家。一线天中穿午日，三珠洞口逗烟霞。奇峰雨洗山山色，古刹春深处处花。信宿摩尼宫畔梦，夜分笙管月光斜。

太 姥 墓

崔世召

曾传神姥此藏丹，蜕骨云封土一丘。绀气久无留药鼎，蓝烟犹自抱溪流。霜嘘鬼火荒坛冷，月闭禅灯古洞秋。惆怅碧桃花畔路，空山春草梦悠悠。

① 闽县人。
② 宁德人。

由坠星洞入竹园

怪石穿云一径通，洞门长日午阴浓。天开别界斜拖白，星坠虚岩暗度红。寒玉万竿摇谷口，水帘百道泻园东。从来尘足希游地，倚竹高歌兴转雄。

小 岩 洞

蹩足披荆兴不禁，山僧指点恣登临。洞因岁古冲岚入，路忽云迷傍险寻。乱径老狐眠竹暝，荒坛啼鸟诉花阴。漫游不用深怀古，一啸长风出远林。

龙 井

玉华翳井蛰龙蟠，石角藤踪百级难。曲窦云依僧火下，澄浑霜逼客衣寒。仙姑颂咒降湫水，野老呼雩上灌坛。坐许忽疑风雨动，骊珠隐匕照飞湍。

登摩霄峰

李梦师①

探奇直上最高峰，极目遥天意不穷。石壁烟云全杳霭，沙河世界半虚空。溪声咽石危桥下，海色含涛落照中。心地顿然超物累，上涛宫阙夜应通。

送谢在杭先生游太姥

欧应昌②

春山屐齿趁初晴，万壑松篁绕瀑声。星照玉湖人影净，珠探

---

① 晋江人，把总。
② 福清人。

龙井电光生。真源好觅流花路，古洞应妆薜篆名。更向摩霄峰顶望，日边宫阙五云平。

五言绝句

蒙　　井

（宋）郑樵①

静涵寒碧色，泻自翠微巅。品题当第一，不让惠山泉。

白　云　庵

（元）陈阳极②

缘岗蹑丹崖，东风拂瑶草。飞鸟时往还，山闲白云老。

钟　离　石

（明）傅汝舟

古仙遗形骸，双髻至今秃。不听汉皇呼，见我偏注目。

传　声　岩

林道传③

一

□□千仞岩，匕下何人屋。长啸天地宽，连声应空谷。

二

青天不可问，丹石何能言。下有万窍洞，玲珑声相吞。

---

① 莆田人，枢密院编修。
② 长溪人。
③ 州人。

七言绝句

蓝　溪

（宋）蒋文嘉

万仞嶙峋翠色迷，乳鸦啼散夕阳西。短蓑黄犊溪头路，欸乃声中绿树低。

石　船

黄通①

舟泊山头久不移，满天风浪任相吹。世人自爱沉缘海，停棹千年欲渡谁。

妙　香　庵

（元）陈阳纯②

一栋翚飞锁白云，几看瑶月自黄昏。龛灯未灭僧初定，风挟潮声到寺门。

太　姥　山

（明）俞士章③

顷刻崚嶒到此间，石门深处扣禅关。相逢且说浮生话，入坐晴云翩翩闲。

---

① 邵武人。
② 长溪人。
③ 宜兴人，福建参政。

玉　湖　庵

　　山色随秋到玉湖，波光和月荡金铺。经声夜息闻仙乐，指点蓬莱弱水隅。

望　仙　桥

　　南望望仙仙可怜，一杯青冢向寒烟。劝君金屈休辞醉，竹绿枫丹五尺天。

登太姥山

　　　　　　　　　　　　　　　　　　沈儆炌①

　　太姥遥临海国宽，梯航日出望中看。夜深击节摩霄顶，万里风吹月影寒。

登顶天石

　　　　　　　　　　　　　　　　　　钱行道

　　独持长剑倚崆峒，吴楚江山一望通。片片青云飞不上，方知身在玉虚中。

望　仙　桥

　　绝壁凌空度石桥，樵风习习羽衣飘。白云有路通天柱，坐听洪崖弄紫箫。

白　云　洞

　　鸟语花香亦不闻，玉泉瑶草并氤氲。醉眠犹恐衣裳湿，自折松枝扫白云。

---

　　①　归安人，提学副使。

山中杂诗

谢肇淛

一

空山丛薄日无光，怪石当胸古木僵。涧道纡回沿不尽，东风十里玉兰香。

二

老树盘根湿绿苔，泉声白日沸风雷。春风不到层水洞，山半梅花二月开。

望 仙 桥

翩翩鹤驭下摩霄，月户云阶隐寂寥。丹嶂排空三十六，春风吹度望仙桥。

圆 潭 庵

曲曲溪流隔浅沙，松炉烟冷石床斜。竹门闭雨山僧病，大吠篱头木槿花。

一 线 天

崔世召

钜灵擘石自何年，绝扇平分小有天。遥指一痕空外影，好峰片片洞门前。

天 源 庵

□杉曲曲抱溪环，竹榻疏篱坞不关。托钵僧归天又暮，独敲清磬和潺湲。

摩霄绝顶

周千秋

苍崖千尺晓烟消，岛屿微茫海色遥。无数乱峰皆足底，不知身已近青霄。

望 仙 桥

绝涧虹梁挂碧空，间浮世界有无中。仙人采药归何处，天际凭虚欲御风。

玉 湖 庵

百叠青峰过雨痕，蒙茸草树出云根。山前不见湖光续，惟有溪流咽寺门。

国 兴 寺

先朝古刹白云层，过客凄然感废兴。千亩佛田归别主，半龛残火坐残僧。

送客游太姥

蒋奕芳①

一

古径苍茫不可从，玄猿白鹤引游踪。芙蓉削壁层层秀，君在云间第几峰。

二

染蓝人去水漫匕，千载登临拄杖看，夜静月明松影乱，恍疑笙鹤干空坛。

---

① 长乐人，举人。

太姥山续志

（清）王孙恭　著

编校者按

　　《太姥山续志》一书系有清一代秦屿王孙恭、王锡龄、王迟云祖孙三代人之劳作，厥功巨伟，弥足珍贵！其中关于太姥娘娘身世之记述，乃转引自《道藏·仙真衍派》，颇具参考价值，特抄录如下：

　　　　王母第三女太姥夫人青蚨至闽中托土以居。因不事修炼，形容衰退。后独处南闽山中调摄。西母在度索会后，念其苦行多年，乃放驾来山，顾传以九转丹砂。太武炼而服之。太武所居山有三十六峰，汉武改名太姥。后闽王封为西岳。

迨至民国，卓剑舟先生编《太姥山全志》时，王氏所书内容悉被采用。为免重复，今但存目矣！

《太姥山续志》目录

《太姥山续志》序

　　太姥传自尧代，其事荒远不可考，而山之名胜久著寰宇，亦可见造物储精为灵古矣。庚子岁暮，奉檄权知福宁府事，都人士为余言，山在府治东北九十里福鼎县地，苞奇孕怪，矗立海滨，心窃向往之。履任以来百废未修，方图补葺，今夏又值风伯为灾，嗷鸿遍野，日筹赈抚诸务，复何以暇为探幽揽胜计？是何烟霞缘悭也。郡绅王瑾卿驾部出福鼎王恪亭先生《太姥山续志》问序于余，余曰冗簿书，久无以应。公退之余焚香瀹茗，偶一开卷审习，恍见千岩万壑玲珑倐诡，天然图画隐与花光竹影交相掩映于几席间，心炫目迷，令人应接不暇。盖不啻身历其境焉。呜呼奇哉，慨夫古人游历所至车辙马迹几半天下，余忝守斯土不获便道一访容成旧迹，其若山灵所窃笑何□。日者倘天假奇缘，获与二三同志乘兴作数日游，会当蹑屐扶筇陟其巅而穷其险，远瞰扶桑琼岛，近观浙水天台，亦平生快事也。但未知此愿何日偿耳。昔韩昌黎以未游而记滕王阁，余窃比斯义光附前贤之后为幸亦云多矣。是为序。

光绪辛丑年长至前五日五凉张澂雁甫识

凡　　例

　　谢在杭先生前志重梓时悉仍其旧，惟传写失真，间有可疑者详注于旁。兹志亦别为一帙，不敢有乱前人旧章。

　　山图原拟每峰每洞每石每水分类绘写，编成一卷，恨海滨僻壤时无名手，以俟将来。

　　兹山万壑千岩，玲珑俶诡，编辑名志最难精详。不佞宦游既久，筇屐全疏，是编虽视前志稍有釐定，而挂漏舛错殆□不少，后有作者望加□焉。

　　福鼎凭山濒海，物产最饶，兹特取山中所有者补辑前志所未备。药品尤多，非常用者不录，间有或从俗称，窃不敢附会本草，致有误人。

　　前明艺文与在杭先生同时赋咏未经收录前志者，及万历以后诸文人著作见闻所及率多登载。时贤艺文以所寄之先后为序，虽间有去取亦不敢效前志之严。窃期广收博采以资后贤订正。至付梓后有寄到者，俱登续刻。

　　前志秦屿皆作"峯屿"，今官司印篆文移秦字亦概加"山"旁。按洪稚存地理考据一统志以秦屿为"麇屿"；通志又伪作"秦峙"；诸书则多作"蓁屿"，"峯"字字书不载，今从明史地理志作"秦屿"。

征先祖王恪亭《太姥山续志》艺文启

王迟云

盖闻阆风悬孤标异境于寰中，方丈瀛洲秘踪迹于海外。由来洞天福地半属仙灵，自是鹰

侔鹏英渐多题咏。柳子厚留情丘壑，凿险穷幽；王右军寄兴文章，崇山峻岭。此容成托迹于才山而闽峤竟传夫太姥也。夫以万窍玲珑，千寻崔崒，俯瞰琉球日本，近窥浙水天台。灵开轩代，迹著尧年。锡嘉名于汉武，藏画本于唐宫。三十六奇峰，岩飞鹄峙；四十五别景路转螺旋。纪胜迹而能徵，谢司马流风未远；订遗篇于既往，郭使君余韵犹存。其奈鱼鲁多讹，可识从来已旧。

况复鸿文日盛，能无踵事之增？先祖恪亭（讳孙恭，乾隆庚辰恩科举人，福州府学教授，兼管鳌峰书院）榕城司教鳌岫延英间，尝因其旧册，益以新裁，会著作如林，古籍琼瑶悉采，广搜罗于昔日名人爵里，详书茧纸，遥仿采动徐陵玕笔架蕉函叠至珍，逾泊珠船。要皆披圃流览以当卧游，不曾蹑屐登临亦传神会。久已琅玕折幅立付钞翡翠裁笺严装家帙矣。谨自今年议典补葺，伏望。

圣世词宗方家手三管敷华，八琅播乐。窃惟产兹土者固易投琚，即凡游是山者自多留墨。是用印送新图，兼呈原志。远希千里逢迎早惠百朋邮寄。滕王阁昌黎有说，素未经过；天姥峰太白哦诗，但标游梦。从兹地脉烟霞益壮名山之色；长使人间蓬岛，大开艺苑之祥。

跋

　　此卷著于乡先辈王恪亭先生，盖先生掌教鳌峰时辑也。未梓返道山。嗣经迟云山长重加参校，且广征远近艺文以益之。山长其孙也，悉手自登选自初稿，迄今已历百有余载。偶从王氏家藏阅及此卷快读，一遇不啻身在摩霄并识王氏先后纂辑殊费苦心。若再延时日，浔母散失之虞欤。惜山长续登诸作缺然无存，则此卷尚属初时鉴定非全稿也。须合旧志及邱古园先辈指掌分为四册，先行付梓，倘笔墨有灵，凡所手订不至终湮，自当续刻以继其后。

　　　　　　　　　　　　　　　　后学江本侃谨识

游太姥山图咏

（清）林树梅　编著

遊太姥山圖詠

煌

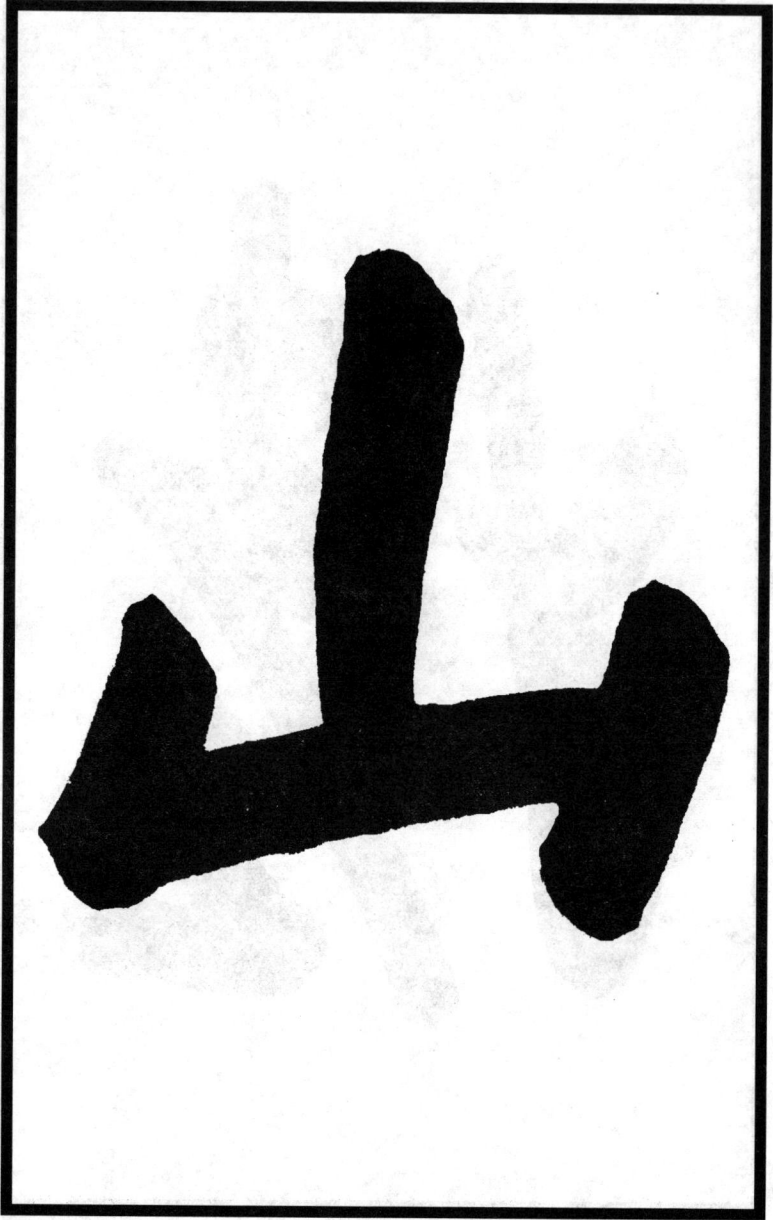

道光辛卯重九

前五日

清寺朱栢

少小曾
聞太姓名
洞門丹
竈訪袞
戈欲求仙
侶空山遠
鐵笛橫風

第幾峯

危岩攢翠
嶙峋聲枝
石狹空
鶍鵝飛
三十六峯
遊未了袖中
攜得出
雲迷
渡雲自題

遊太姥山記

吾閩為山水奧區談遊覽者武夷而外惟
太姥為最太姥在福宁之寀與距郡東百
里而遙相傳黃帝時容成子修煉於此堯
時有老母居之種藍為業得道仙去里人
神之稱為太母漢武帝命東方朔授天下
名山文乃改母為姥唐開元中都督辛子
言感山神示夢繪圖遞奏明皇置圖華夢

樓乾符間僧師待始築寺而居閭王封爲

西嶽予自幼侍父宦遊風濤戎馬之祸是

跡幾遍東南而幔亭太姥未能一探仙蹤

未免爲山靈所笑己丑十月至榕城吾友

宋侗巷約遊九曲未果予乃以太姥非遥

不辭跋涉冬節自榕城過北嶺次晚宿羅

源登飛鸞嶺渡海到鹽田冒雪

至溫麻翌日躋天台嶺至湖坪

三十六峯儼然在望矣是夜宿楊家谿平
明渡谿上錢王嶺嶺高紆曲險巇輿夫喘
息不可前至三佛壇憩焉復過虎頭岡始
抵蓁崀李守戎鳴皋為東道主越三日蓁
有明經黃竹岡先生名鍾瑜者賦詩送予
遊太姆幷遣其弟鍾華為導出蓁冀城西
行十里卽太姆洋沿藍谿過玉湖菴許址
升長蛇嶺曲折十餘里而路窮遂行危峯

亂石之巔上則嶙峋峷嵂皆摩胸盪腹若抱之而登下則以背貼石反手據之若負山而趨扳援里許始達望山橋橋以石爲之下臨絶壑不知其幾千仞也過橋得路有石磴百餘級名天梯拾級而上則摩霄菴在焉俯視九鯉朝天諸峯一路望而高入雲際者今悉羅列足下日晡遂宿於菴約五鼓登新月峯望海中日出處比曉因

霧霧所阻飯後天氣晴和僧性澄引予褰
裳上摩霄峯峯為山之最高處左有石蓮
花上為摩尼宮下有石船長數丈稍下為
天門至此天風襲袂飄飄欲仙遙矚閩浙
粵東萬山俯伏南望海中諸島歷歷可數
誠大觀也由天門左轉而下有巨石當道
形似獸曰麒麟石也予跨麒麟背上憑虛
一呼谷聲三應仰見隔半里外有孤峯卓

立上戴石一如孟僧曰此為仰天孟孟中
有水水產四足異魚旁有仙人棋盤石蟠
桃石蟾石龜蛇石諸形畢肖皆斷絕扳援
可望而不可即者乃由麒麟石折而西至
呈珠巖巖中二壁峭立橫亘若雙龍中嵌
圓石一如珠穿其罅而過之行數百步地
稍曠夷下視平楚蒼然如小邨落炊煙縷
縷與雞犬聲同出林際隱約中有牆垣兀

屋若古寺急趨而就憩僧與鍾華亦尾予
而來入門視之則夜所宿之摩霄菴也蓋
出由其前返由其後前與後逈不同所見
亦異也午後焚香拜辭太姥出山皆不由
舊路歸途所經迎面一石如䩨倒置於地
以底向天僧曰仙人晒䩨石也轉一面而
觀之則如武士戴兜鍪狀是為石將軍實
則䩨石也對面二石高插雲端宛然二佛

談經實則九鯉朝天之二鯉石也蓋山中
諸峯面面奇觀移步換形無一肖而實無
一不肖大率皆然也自將軍石迤邐而東
折而南其間見昂而立者如人俯而僂者
若貟突額張口者為獅縮爪伏地者為虎
巨者為象小者為兔振翅欲飛跂足而顧
蒼苔翠蘚為毛羽者則為鸚鵡異形奇狀
磊落巖嵜者目不暇給也俄而陟丹邱磴

蜿蜒入一線天二石對立百丈有奇上夾
七圓石欲墜不墜故又名墜星洞中劈一
小徑僅容一人入而仰視名不虛也行數
益名三屈腰卽滴水洞懸巖倒覆水滴不
竭內有丹井爲容成子煉丹處接連十八
羅漢洞寒氣砭人肌骨予不耐冷乃出遊
於鋸板石之前石高二十餘丈片片天開
厚薄如一玲瓏透漏尤爲奇絕山之後則

有摘星峯天柱峯玉女峯飛仙峯及仙人
掌凡三十餘處皆窈窕幽邃最後有大巖
小巖鴻雪諸洞須緣繩而下秉炬而入予
則不能也乃歸而爲之記閩泉同安浯島
林樹梅瘦雲氏譔

六七 芙蓉闢奧區名山
清靜一塵霖奇峯插漢
雲縈屐滄海回風水在
孟采藥芳蹤懷帝傳種

蘊遺事訪儼姑聞君兼

擅丹青羑好與追摹曼

倩圖止鑿羅胸腹笥

便青鞹布韉致翩

二頁

囊韻事延長吉拜石風
流繼未瘋嘉客有心知
水月此身無絆即神僊
瘦梅破膽蒼崖古快絶

探奇物外天　里言奉送

瘦雲公子游太姥山

竹岡弟黃鍾瑜埁豪

道光十一年十一月朔仁和陳善觀

武夷㠁兀間夢寐不可到
又聞有天姥僻在福海隩
昗倩題名字客成留丹竈
中有卅六峯一峯一閬素
奧一身官束縛那得窮

孟詩林生來金門遊山有
癖好袖攜天燒園一盡春
告作記之其游作圖之其貌
山或狀鸚鵡石或蹲虎
豹誤深眉軒揚意氣頗兀

傲我昔遊武當尝曾登危
帽峯名 巖洞邈盂騰閟密
悠遠眺沿溪選惟石絕頂
農長嘯繪圖二十四筆為
山窩照影詩三十八腕底煙

霞繞仙景糁在目庶可塞

嘲誚出圈互緯觀彼此相

此較孰似与孰死各之矜

其妙旁觀有王師袖手

莞尔笑謂香雪名山差地差

臕遊雜逞料山在畫圖
裹面目纔雞肖竹不蠅
遊屐到受肆溤吊趣此腰
脚健及秀年未髦此言
醉吾心仰天笑欲倒

煙雲賢友屬題

壬辰五月富春周凱

崇安武夷峯碧嶂神

仙府將樂玉華洞觀者

畫燭炬將樂業安多未

經何論溫麻遊太烧

林生示我太烧囹華墨

靈機衩光舞雲氣催

成五月秋瀑聲散作子

巖鼓桃源難火為人間
丹竈煙霞俻仙宇道是
宮成煉液深更傳墨倩
題名古星斗不知上界
高芙蓉祿覽羣山

俯林生亞歷口能言爲

余一一指其所有洞壑非

巍向背逢煙雲變幻須

史覘何末靈石蹲麒

麟不若奇峯障嶼鸚鵡

平生我六好遊人泉石

深情痼肺腑梅認雜

合訪羅浮嶽色蒼莊

入齊魯今年去作鷺

門遊海天共闊兇汎艫
雲頂

朝携雲片歸石林暮看石煙咥此臂向平
婚嫁纏空將宗炳畫圖補五嶽尋山會有
期百年逝水難屈攷誓當訪勝泛閩粵
酒襟吟歗獵風雨謁衡敢學韓昌黎登
岱重吟杜工部
瘦雲賢友出此卷索題為成長句
雪梣楊慶琛

有椿巖奇勒玉盾
森羅鷽象引僑跼
鼌靮橫羅游牆綠
月井功戎鮮芊封
石灘雲榮賞謝屑
龍宋嘖煌爆房輕

瘦雲公子遊太姥山圖並希

雙正

俚句仿篆恭題

侗菴宋任賢

巇夢全踩貪短衣玉

骿天宰虹橋武夷喚

又蹉跎七載山月江風

余丙仲陽里居七載擬之梦之

道潮九曲舫惘亭君而未隈如
畫圖

閑神王眼明心讚　君

騏麟背穩許誑文犀

我六揮手扶天漢數

聖賢立豪傑總到神仙

況太古荒虛斷爛誌

翹首神山有無間含

笑出吳鉤顧君把翫

時庚申攔溪軍臺灣

洞仙歌道光壬辰仲夏

望後題請

廢雲大兄正闋

翁惠農

游太姥山记

吾闽为山水奥区，谈游览者，武夷而外惟太姥为最。太姥在福宁之秦屿，距郡东百里而遥。相传黄帝时，容成子修炼于此。尧时有老母居之，种蓝为业，得道仙去，里人神之，称为太母。汉武帝命东方朔授天下名山文，乃改母为姥。唐开元中，都督辛子言感山神示梦，绘图递奏，明皇置图华尊楼。乾符间，僧师待始筑寺庙而居。闽王封为西岳。

予自幼侍父宦游风涛戎马之际，足迹几遍东南，而幔亭、太姥未能一探仙踪，未免为山灵所笑。

巳丑十月至榕城，吾友宋侗庵约游九曲，未果。予乃以太姥非遥，不辞跋涉。冬节，自榕城过北岭，次晚，宿罗源登飞鸾岭，渡海到盐田，冒雪行二日，方至温麻。翌日，跻天台岭至湖坪，则太姥之三十六峰俨然在望矣。是夜宿杨家溪，平明渡溪，上钱王岭。岭高纡曲险巇，舆夫喘息不可前，至三佛塔憩焉。复过虎头岗，始抵秦屿。李守戎鸣皋为东道主。越三日，秦有明经黄竹岗先生名钟瑜者，赋诗送予游太姥并遣其弟钟华为导。出秦屿城西行十里即太姥洋，沿蓝溪过玉湖庵故址，升长蛇岭曲折十余里而路穷。遂行危峰乱石之巅。上则嶙峋崒崒，皆摩胸荡腹若抱之而登；下则以背贴石，反手据之若负山而趋。扳缓里许，始达望仙桥。桥以石为之，下临绝壑，不知其几千仞也。过桥得路，有石磴百余级，名天梯。拾级而上，则摩霄庵在焉。俯视九鲤朝天诸峰，一路望而高如云际者，今悉罗列足下。日晡，遂宿于庵。约五鼓登新月峰，望海中日出处。比晓，因云雾所阻，饭后天气晴和，僧性澄引予褰裳上摩霄峰。峰为山之最高处，左有石莲花，上为摩尼宫，下有石船，长数丈，稍下为天门。至此天风袭袂，飘飘欲仙。遥瞩闽浙粤东，万山俯伏。南望海小诸岛，历历可数，诚大观也。由天门左转而十，有巨石当道，形似兽曰麒麟石也，予跨麒麟背上凭虚一呼，谷声三应。仰见隔半里外有孤峰卓立，止戴石如一盂，僧曰："此为仰天盂，盂中有水，水产四足异鱼。"旁有仙人棋盘、石蟠桃、石蟾、石龟、蛇石，诸形毕肖，皆断绝扳援，可望而不可即者。乃由麒麟石折而西，至呈珠岩，岩中有二壁峭立，横亘若双龙，中嵌圆石一如珠，穿其罅而过之。行数百步，地稍旷夷，下视平楚，苍然如小村落，炊烟缕缕与鸡犬声同出林际。隐约中有墙垣瓦屋若古寺。急趋而就憩，僧与钟华亦尾予而来，入门视之，则夜所宿之摩霄庵也。盖出由其前，返由其后，前与后径不同，所见亦异也。

午后，焚香拜辞太姥。出山皆不由旧路。归途所经，迎面一石如靴倒置于地，以底向天，僧曰："仙人晒靴石也。"转一面而视之，则如武士戴兜鍪状，是为石将军，实则靴石也。对面二石高插云端，宛然二佛谈经，实则九鲤朝天之二鲤石也。盖山中诸峰，面面奇观，移步换形，无一肖而实无一不肖，大率皆然也。自将军行逦迤向东，折而南，其间见昂而立者如人；俯而偻者如负；突额张口者为狮子；缩爪伏地者为虎；巨者为象；小者为兔；振翅欲飞，跂足而顾，苍苔翠藓为毛羽者，则为鹦鹉；异形奇状磊落嵚奇者，目不暇给也。俄而，陟丹邱磴，蜿蜒入一线天。二石对立，百丈有奇，上夹七圆石，欲坠不坠，故又名坠星洞。中劈一小径，仅容一人入而仰视，名不虚也。行数武，名三屈腰即滴水洞，悬岩倒覆，水滴不竭，内有丹井，为容成子炼丹处，接连十八罗汉洞，寒气砭人肌骨。予不耐冷，乃出游于锯板石之前，石高二十余丈，片片天开，厚薄如一，玲珑透漏，尤为奇绝。山之后则有摘星峰、天柱峰、玉女峰、飞仙峰及仙人掌，凡三十余处皆窈窕幽邃。最后有大岩、小岩、鸿雪诸洞，需缘石而下，秉烛而入，予则不能也。乃归而为之记。

闽泉同安浯岛林树梅瘦云氏撰

里言奉送瘦云公子游太姥山

六六芙蓉辟奥区，名山清静一尘无。奇峰插汉云紫屃，沧海回风水在盂。采药芳踪怀帝傅，种蓝遗事访仙姑。闻君兼擅丹青美，好与追摹曼倩图。

丘壑罗胸腹笥便，青靴布袜致翩翩。负囊韵事追长吉，拜石风流继米癫。嘉客有心知水月，此身无绊即神仙。瘦梅破葛苍崖古，快绝探奇物外天。

竹岗弟黄钟瑜奉稿

仁和陈善观书写

瘦云贤弟嘱题

武夷咫尺间，梦寐不可到。又闻有天姥，僻在福海隩。曼倩题名字，容成留丹灶。中有卅六峰，峰峰辟奇奥。一身官束缚，那得穷幽讨。林生来金门，游山有癖好。袖携天姥图，一一为我告。作记记其游，作图图其貌。山或状鹦鹉，石或蹲虎豹。谈深眉轩扬，意气颇兀傲。我昔游武当，亦曾登落帽。岩洞遂幽瞩，岗峦恣遥眺。沿溪选怪石，绝顶从长啸。绘图二十四，笔为山写照。题诗三十六，腕底烟霞绕。仙景犹在目，庶可塞嘲诮。出图互缔观，彼此相比较。孰似与孰非，各各矜其妙。旁观有王郎，袖手莞尔笑。名山无地无，胜游难逆料。山在画图里，面目终难肖。何不蜡游屐，到处肆凭吊。趁此腰脚健，及我年未耄。此言醉吾心，仰天笑欲倒。

壬辰五月富春周凯

瘦云贤友出卷索题为成长句

崇安武夷峰，碧落神仙府。将乐玉华洞，观者昼燃炬。将乐

崇安吾未经，何论温麻游太姥。林生示我太姥图，笔墨灵机欲飞
舞。云气催成五月秋，瀑声散作千岩鼓。桃源鸡犬尚人间，丹灶
烟霞留仙宇。道是容成炼液深，更传曼倩题名古。星斗不知上界
高，芙蓉只觉群山俯。林生足历口能言，为余一一指其所。洞壑
玲珑向背逢，烟云变幻须臾睹。何来灵石蹲麒麟，不落奇峰耸鹦
鹉。平生我亦好游人，泉石深情痼肺腑。梅认离合访罗浮，岳色
苍茫入齐鲁。今年去作鹭门游，海天空阔飞帆橹。云顶朝携云片
归，石林暮看石烟吐。只惜向平婚嫁缠，空将宗炳画图补。五岳
寻山会有期，百年逝水难屈数。誓当访胜从闽始，酒杯吟瓢猎风
雨。谒衡敢学韩昌黎，登岱重吟杜工部。

雪树杨庆琛

俚句仿篆恭题瘦云公子《游太姥山图》并希双正

太姥岩奇削玉蓉，森罗万象幻仙踪。蓝溪种罢波犹绿，丹井
功成藓半封。怪石拥云萦谢屐，龙泉喷瀑湿房筇。摩霄绝巘挥毫
素，尽收秦川六六峰。

侗庵宋任贤

洞　仙　歌

岳梦全疏，负短衣至骭。天半虹桥武夷唤，又蹉跎七载，山
月江风，画图开，神王眼明心赞。君骑麟背稳，许从文狸，我亦
挥手扶天汉。数圣贤豪杰才到神仙况，太古荒唐断斓。试翘首，
神仙有无间，含笑出吴钩，愿君把玩。

道光壬辰仲冬望后题请瘦云大兄正阕
翁惠农

太姥文獻搜遺

周瑞光 編

張舞徽題

下

海峽出版發行集團
海峽文藝出版社

周镐先生

大慧閣圖書

南懷瑾

甲戌丙子魯門

台湾国学大师南怀瑾先生题签

太姥山全志

（民国）卓剑舟 编著

太姥文化开拓者——卓剑舟先生像

卓剑舟（1901～1953 年），名朝榴，别署天南遁客，祖籍福鼎管阳，后移居桐山城南，系明洪武榜眼、户部侍郎、忠臣卓敬（其故里在浙江瑞安卓岙）之孙。先生为闽东著名文学家、教育家，并涉岐黄之术，擅攻麻疹。少颖异，好经学，深受蒙师周梦虞、王翼谋等人关爱。及壮，负笈沪上，与梁启超、柳亚子、黎锦熙等结为诗盟讲友。二十世纪三十年代初毕业于上海国语专科学校。1935 年任荷属西婆罗洲华侨驻京代表。抗日战争初期返乡，热心投入地方文化教育事业，曾与李得光、陈维新、林豪庵、周南等人一起创办福鼎北岭中学（今福鼎第一中学），亲任语文教员，造就茂才，嘉惠后昆。荣任福鼎县文献委员会首席委员兼修志局总纂。

中华人民共和国成立后，卓氏先后被选为福鼎县首届各界人民代表会议常委会副主席，县卫生工作者协会会长等，1953 年病逝。

卓氏平生编著有：《南洋见闻纪略》《注音字母讲义》《摩兜坚馆诗草》《太姥山全志》《太姥山纪游集》《福鼎县志稿》等。其中《太姥山全志》一书尤为海内外人士所推重，民国政府主席、辛亥革命元老林森为之亲题书名。志中凡一勺之水，一拳之石，乃至一丘一壑，俱考察精详。先生手不释卷，废寝忘餐，不辞劳苦，广征博采，费三五年之工夫，集明清以降乃至民国诸家之大成；因其旧册，益以新裁，兼及时俊诗文。凡分名胜、寺宇、金石、方物、人物、艺文各门，都十八卷，约二十万言。原福建师范大学教授、易学研究专家黄寿祺评语："从来志太姥山者，殆莫详于此书。"诚哉！盖先生斯举嗣徽前贤，遗饷后人，阐微显幽，厥功巨伟，堪值后人纪念！

卓劍舟編

太姥山全志

林森題

林森先生遺像

列眉指掌

鄭貞文題

敬題劍舟老兄太姥山全志

偉哉太姥山巍然閩東峙勝迹久傳聞命名自堯
始學道司馬翁煉丹容成子老母昔種藍猶見此藍
水天下第一山曼倩留題紀歷歷垂仙踪靈異隨處
是三三岩洞奇六六芙蓉美天造與地設到此嘆觀
止西望彼武夷安能執牛耳天臺與雁蕩北望亦無
比吾鄉山之陰去山三十里昔曾三度游游恨未窮攀
跂卓哉卓使君曠達不羈士高風追古人游踪頻繼
起十上摩霄巔名山契知己博訪發新吟窮搜矯舊
史考證筆如椽遠邁恪亭氏我今讀君書探幽如掌
指何日再登臨乘茲健步履直上第一峰萬象收眼
底

庚寅清和節周南呈草

陈　序

　　予平生足迹半天下，于吾闽亦涉其西、南、北，而独未至闽东。吾友黄伯樵屡为我绳霍童、太姥之奇，以弗获一游为憾！去岁之秋，吾友林行陀执教协和大学，行陀新自闽东来，固曾游太姥山者。其言曰：“太姥山之奇莫奇于一线天，视武夷之一线天尤胜！”予因益向往焉。游生通儒，协和大学曩昔之高才生也，谂于福鼎卓君剑舟，以剑舟之编纂《太姥山全志》行将成书也，丐予一言为之弁首。予未及游太姥，窃喜此书之成，足补史、谢、郭、邱等诸志之所未备，而增卧游之助也。抑有进者：山志之作，非徒纪名胜、详人物而已，固将考冈陵之形势，详物土之所宜，以固险阻而致丰饶也。常病向之为山志者，十之八九只以供骚人墨客之资，而无裨实用焉，将何以厕于方志之林而收史乘之效耶？以太姥言，位于福鼎，高十余里，周遭四十里，三面邻海，而东望浙之温、台，其形势足以控制海疆，而地居陆、海之间，百物丰藏，难以缕指。诚能引而利之，以实我海滨，裨吾中国恢恢乎，亦大矣！今观是书凡例，计十有二，其中有地域焉、有方物焉。窃味剑舟求合时代需要之言，意斯二者之纪载当尤详明而切实，以称述造之旨也。予老矣，久致力于吾乡文献而迄无所就，深用自愧！爰以此质之剑舟，谓为何如也？

　　　　时中华民国三十一年一月十八日，六十四叟、闽侯
　　　　陈遵统易园父识于协和大学邵武临时校舍之寓楼

邓　序

　　闽东之有太姥，亦犹闽北之有武夷。赫赫名山，维石岩岩，而怪奇瑰伟则有过之。去年冬，余奉命调摄鼎篆。太姥适处封内，近在咫尺，登览为便，只以簿书鞅掌，迟迟其游。适邑文士卓君剑舟有重修《太姥山全志》之举，征序于余。余愧不文，且未亲履其地，惧不足以形容其万一也，乃先假旧志熟读之，冀略有所识。迨今岁仲秋巡视秦屿，始登是山。出所携旧志以对奇峰异石，如按图索骥，不爽累黍。而当时同游诸子，每以目所击、耳所闻疑似之间询之土人、寺僧，反语焉不详。或言之而过甚，其词迷离惝惚、莫可究诘。使无志书以存其真，则千载下灵境胜迹早已湮没不彰。太姥虽奇，亦无以知其奇矣。文献之足以宝贵也如此。惟旧志网罗虽富，以历时久远，游人踪迹踵接，骚人墨客题咏不绝，若不重加搜集，则沧海遗珠其何能免！今得卓君董而理之，删其繁复，补其不足，以成全璧，不特足以弥既往之阙，且可开未来之胜。今后名山当以此志而愈增其奇，文字流传亦当以名山而益增其重。则卓君此举，岂止有功于文献，且当与太姥山永垂不朽矣！是为序。

贵阳邓宗海撰

黄　序

　　民国三十年冬十月，闻母病，乃自北平间关南归。道路迂
迥，展转万有余里，三月始得入吾闽东北界之分水关。吾尝立于
其上而左右望：盖关之北为浙之平阳，南雁荡山之所在也；关之
南为闽之福鼎，太姥山之所在也。太姥之奇埒于雁荡。然而平阳
自魏、晋以来，均隶永嘉。晋、宋名流，如右军、康乐诸贤先后
莅止，发为文章，播之歌咏，故雁荡之名著称于世。而太姥山隶
闽东。宋室南渡，犭獠始启，高人雅士足迹之所不经，而其乡之
人又无能为之裱褙于当世。然其灵淑之气，幽邃之境，凡雁荡所
有者，太姥几无不有之。徒以一关之隔，而显晦判然，此亦极不
平之事矣。既而抵福鼎县境，见其山水清淑，人物明秀，与永嘉
亦相亚。吾意必有奇伟明达之士生于其间，以与名山相辉映。既
而晤卓君剑舟。剑舟幼绩学久，为邑名士。晤谈之际，出其所著
《太姥山志》以示余。余披览其书，凡分名胜、寺宇、金石、方
物、人物、艺文各门，都十八卷。从来志太姥山者，殆莫详于此
书矣！而剑舟之言曰："余之作为此书，盖悯文献之无征，而名
山之湮没也。子当为我序之。"余惟剑舟著书之旨，岂不与余有
同感哉！天之生物，或材或不材，或善或不善，既已不等夷已。
而材者，或见美或不见美；而不善者，或见弃或不见弃。若是乎，
其无定衡也，凡物皆然，岂独山川哉？又岂独一太姥山哉？然则，
余之所咨嗟感叹，与夫剑舟之所矜悯爱惜者，无乃皆未达乎天之
所以为天者哉！抑或人物之隆替屈伸，皆有运命之所趋，时势之
使然耶？然则，太姥之山虽抑郁沉埋于前世，得剑舟之书又安知
不彰显辉映于后日邪？而余与剑舟又何多慨焉。姑书此以识之。

霞浦黄寿祺敬撰

杨　序

太姥山者，闽中福鼎之名山也。余尝读唐林嵩所为记，其言祥符间，僧师待者始筑居于此，乃图其秀拔二十二峰，其名始著。其称山中奇石万状，洞天一线诸胜，亦略如雁荡。自明万历以来，州守史敬所始为《太姥志》，其后诸家亦续有纂辑。福鼎卓君剑舟更继诸志，增益其所未备，以志此山。分门凡十，为卷十八。书成，可缮写矣。其嗣君亦溪来平阳，述其尊人之意，乞余弁言简端。自来艺文、地志、图经之外，其为名山纂著专书，若宋陈舜俞之记庐山、张开之志峨嵋，往往见于晁公武、陈振孙之录。自是以降，纪胜之书不能殚述。卓君既爱兹山，登陟之余，以胜迹之足游与文献之易湮也，慨然有作。其殷勤网罗之盛心，余虽未读此稿之全，观其起例发凡与自叙之大略，其书之必传无疑也。方今道途棘荆，入林惟恐不密，未遑言游事。他日者，海宇敉平，周道如天，裹粮出游，朝发而夕至，以福鼎密迩平阳，而兹山在所必至。行将躐太姥之巅，以望浙水山中之一邱一壑，就卓君之书，以按图而索骥，岂非韵事也哉！

乙酉三月横阳杨悌叙于寄石轩

黄　序

　　福鼎卓君剑舟辑《太姥山志》成，录其大略及凡例，命哲嗣亦溪踵门乞叙。余揖而进之曰："劳矣哉！子之仆仆长途也。虽然，家有鸿宝，诏及鲤庭，传授图书，沉酣文史，不鄙谫劣，远道见属，余何敢辞？"夫山之有志，纪名胜也。举其体要，贵在详赡。凡一拳之石，一勺之水，既有出处，皆宜采取。使前人游览之诗文不致湮没，甚盛举也。卓君生长于斯，凤昔栖息宴游之地。峰峦夺绿，岩石争长，龙蛇猿鹤之神奇，虎豹犀翟之文章，莫不寄托不律而宣之，又能于史、谢诸志搜其丛残，各有增益。此外，见于他说者，更掇拾靡遗，可谓勤矣。愧予衰颓，不能撰述，见各朋旧纂著名山不一而足。如黄岩杨定孚之《路桥志》、青田刘祝群之《南田山志》、瑞安张宋颐之《仙岩志》、乐清蒋叔南之《北雁荡志》、平阳周井庐之《南雁山志》，皆翔实简洁，足补县乘之遗。今卓君之《太姥山志》又成，其必后先辉映无疑矣。归熙甫云："君子之不忘乎乡而后能及乎天下。"卓君有焉。且亦溪世兄妙年隽秀，才情英发，每辱过访，志气飞动，跃跃言表。千里之驹，君家有之。噫！世界扰扰，兵尘满目，诗书墙壁，奴仆旌旄，有志之士不能有所作为。退而握管，欲以空言垂世，亦云苦矣。今幸抗战已胜，还我河山，全书之出，拭目可俟。异日手各一编，譬如巨幅名画，放览则千林万壑，声酣笙镛；收视则罗列儿孙，自成脉络。卓君此志与太姥同不朽矣！岂仅为名区生色而已哉？爰缀数言，藉资钦仰。

　　　　　民国三十四年岁次乙酉秋仲梅僧黄光谨序

题　词

卓君剑舟以所著《太姥山志》索题率赋奉政并简易园

闽侯刘以芬幼蘅甫草

闽中四名山，太姥居其一。微闻潭洞胜，武夷有逊色。攀跻寄梦寐，遥望空太息。兹行信良机，还难真面识。区区山水游，福薄交臂失。卓君淹雅士，稽古搜遗轶。辛勤著山志，殆费半生力。一卷持示我，恍如履其域。乃知著书人，实造大功德。卷端见序言，认是陈侯笔。文章固自佳，惜哉仅耳食。况我本无文，意造宁有得？诗成聊报命，山灵笑我侧。登临愿偿偿，补过期异日。

奉题卓剑舟君《太姥山全志》

福安章甫李经文拜草

八闽山多灵秀钟，太姥俯瞰万峰雄。地灵人杰非虚语，剑舟一出山愈崇。我与剑舟交已久，此日以书来相通。太姥之山我未至，剑舟之启先为容。天下名山推第一，东方曼倩题尧封。太姥一去四千七百载，至今古迹冠闽东。武夷、霍童亦名胜，未若此山名望隆。更得剑舟穷采访，山经补阙启鸿濛。虽然陵谷沧桑世所有，诗人万古名不空。人以山传非俊杰，山以人重超凡庸。史、谢、邱、王称作手，剑舟集成具神工。兹山因与太姥逢，声名传播高穹窿。剑舟复逞补天功，落笔摇岳将毋同。吁嗟乎！乱离无处访仙踪，天台桃洞去何从？安得姥山罗致千万重，避秦高士相率隐其中。

奉题卓剑舟君《太姥山志》

诸暨季侃陈阃呈稿（辛巳盛夏）

太姥乘鸾几度经，染蓝溪女各娉婷。凭君剪取残山水，犹见南溟一发青。

多君尔雅续娜嬛，小启已窥豹一斑。辍笔偏惊风景异，不堪回首念家山。

奉题《太姥山志》即希剑翁吟定

鄞县周岐隐傲稿

灵奇雁荡穷南戍，夭矫龙骧入北闽。海畔山峦宗太姥，云中鸡犬识遗民。十年著述言成史，五岳归来笔有神。堪抵梦游心亦慰，高歌我亦楚狂人。

剑舟先生来书，知新纂《太姥山志》，嘱为题词，并述离乱状况。盖十年不通音问矣。赋此代柬，并希教政

鄞县采泉周湜贡稿（戊子暮秋）

十年劳契阔，一纸动欢颜。太姥峰峦胜，高人岁月闲。名山成慧业，大劫阅忧患。寰宇皆秋雨，所思夕照间。

卓剑舟先生出示《太姥山志》，率成七古一首呈正

浙平瀛浦夏绍俅未是草

昔年曾约太姥游，东南名胜说罕俦。频年风鹤少宁救，此愿积久未能酬。荏苒时光如驶电，揽镜惊看雪满头。衰年腰脚非强健，数里犹感路远悠。天造地设称仙境，来者想历几生修。生平宿根嗟浅薄，山灵不许探奇幽。七闽畸士卓剑舟，足迹曾遍南部洲。迩来游倦归珂里，此山胜处每勾留。润色名山续纂志，弁首

鸿文邓邑侯。关心文献勤搜采，碎鳞片羽富藏收。跋涉长途承枉顾，出示大著命校雠。体制酌参前志旧，纪载翔实足千秋。更喜贤郎堪济美，父书能读世箕裘。拙编卫志久未就（去岁拟编《金乡卫志》，迄未脱稿），盥读君书增报羞。喜聆伟论诛茅塞，辟馆扫榻驻从骖。晤谈片晌忽告别，匆匆供奉惭未周。横阳、福鼎称邻邑，旦暮往返便通邮。他日驰函质疑义，幸毋惜墨换青眸。

剑舟先生编纂《太姥山全志》，率题二律，即请呈正

浙平姜会明啸樵拜稿

巍峨太姥镇闽垣，中有飞升仙迹存。持较龙湫堪伯仲，回看鹤顶似儿孙。卧游令我长相忆，述古多君不惮烦。珍重书成快先睹，何时策杖访云根。

　

勤劬铅椠暑寒更，搜访仍烦蜡屐行。山以仙传灵境辟，地因人杰志书成。洞天多为高僧占，丘壑犹镌过客名。我愧清游无胜具，秋来回送雁南征。

剑舟先生属题《太姥山全志》

镇海陈器伯纂稿

太姥三十有六峰，峰峰秀出金芙蓉。曾见王烈蟠桃记，尧时老母留仙踪。九转丹砂留异诀，升天自跨九色龙。闽王封此为西岳，胜区乃踞闽之东。绵濛林藿涵太古，武夷郁蔼难专雄。海气泉声长缭绕，五丁开壁怪石丛。造化珍闷足蕴蓄，混沌不与尘世通。分水关外劈雁荡，十年前曾曳吟筇。交臂恨未游太姥，巉岩负却青冥宫。吾友卓子籍福鼎，揽胜稽古融素衷。山川乞灵到文字，椽笔补志光珑珑。高文足为名山助，横绝南戒声闻隆。

剑舟先生以所著《太姥山志》索题，率赋一律呈教

乙酉仲秋横阳倪又迁

闽中三大好名山，姥岳嵯峨著两间。峰插云巅疑鹤伏，岩悬天际类鸳班。仙坛多被僧先占，石磴还招客共攀。垂老自嗟腰力弱，卧游倘许管窥斑。

敬题卓剑舟先生新辑《太姥山志》

宁德林开琮呈稿

弱冠登太姥，领略神仙地。迄今将不惑，方读在杭志。复有卓剑舟，一集新罗致。群峰丽笔端，举实不主异。博访与冥搜，三年穷拾坠。摩霄顶纵观，东海波涛肆。天风扫残云，扶桑供指顾。大集纪闽头，名山已位置。欲问吾州山，霍童引为二。

奉题重修《太姥山志》，即呈粲政

晚丁汉常拜稿

挈伴攀登记昔年，追惟陈迹故依然。身临胜地疑无世，路转香岩别有天。玉兔明时林莽寂，金马浴处水云连。雄文已缵名山业，墨客何须问简编？

身入招提磴道幽，蓉峰卅六望中收。陟岩弥觉群山小，观海还疑众岛浮。佛智长明宁借日，鬼工巧凿几经秋。独惭奇奥神山近，二十年才两度游。

敬题剑舟老兄《太姥全志》

庚寅清和节锐生周南呈草

伟哉太姥山，巍然闽东峙。胜迹久传闻，命名自尧始。学道司马翁，炼丹容成子。老母昔种蓝，犹见此蓝水。天下第一山，

曼倩留题纪。历历垂仙踪，灵异随处是。三三岩洞奇，六六芙蓉美。天造与地设，到此叹观止。西望彼武夷，安能执牛耳？天台与雁荡，北望亦无比。吾乡山之阴，去山三十里。昔曾三度游，恨未穷攀跻。卓哉卓使君，旷达不羁士。高风追古人，游踪频继起。十上摩霄巅，名山契知己。博访发新吟，穷搜矫旧史。考证笔如椽，远迈恪亭氏。我今读名书，探幽如掌指。何日再登临？乘兹健步履。直上第一峰，万象收眼底。

剑舟老兄编纂《太姥山志》索题，
爰成四言一章以张之

宪平缪怀珍贡稿

巍巍太姥，盘峙闽东。苞奇孕怪，鬼斧神工。廿四幽洞，卅六芙蓉。千岩万壑，傲诡玲珑。溪以蓝号，岳纪尧封。名山第一，曼倩推崇。旧志散佚，索骥无从。不有纪载，曷彰高松？蔚欤卓子，步武谢公。广搜博采，史料弥丰。刊行海内，遐迩咸宗。文献不坠，伟哉厥功！

自　叙

　　太姥古称仙都，殊绝人境。芙蓉之峰高插霄汉者，五十有四。日月星辰出没于万八千丈中，岩洞邃深，如天造地设，奇变万状。由来贤哲登此山者，多有题咏，而所传寥寥。有志掌故者，谁不引为憾事耶？

　　太姥有志，始于明万历乙未。州守史敬所搜罗胜迹，编成图志。越己酉，晋安谢在杭以史志多阙略，续纂三卷，胡州守孟修镌以行世。然皆湮没仅见矣。清康熙甲子，郡守郭公鸿儒复取谢志校而梓之。嘉庆间，玉榕王教授恪亭重刊旧志，兼事续修。未成，而教授殁，其孙迟云山长重加参校，且广征远近作家以益之。文献赖以不坠，甚盛举也。惜未梓而稿亦散佚，全书不可复得。即旧志今亦少传，间有故家藏本，复漫漶不全。倘非续采有人，岁月逾久，难免同归澌灭，何以彰胜迹而征文献？不佞爱不自量，窃思嗣徽前哲，遗饷后贤，纂辑《太姥山全志》。因其旧册，益以新裁，兼及时俊诗文。诚以洞天福地愈辟愈奇，后人缒幽凿险，间有前贤足迹所未经而迭遭沧桑之变，陵谷迁徙，所标诸胜迹未必悉符于古所云，不得不广为罗取，藉资考镜。且数百年来，所产生之清辞丽句，足以启发游兴者，亦复不鲜，非第以诗存人也。虽然，山志之刻，以先哲王氏祖若孙，竭毕生之力，几经纂辑，煞费苦心，犹且难以竣功。不佞学殖荒落，乌能肩此重任？况兵燹之后，文献难征。三载而还，竭蹶从事，昕夕不少休。幸告成书，凡为门十，为卷十八，都十余万言。极知骫骳，贻笑大方。惟后之有心人复起而续辑之，补其所未备，匡其所不逮，是诚予之厚望也夫。

　　　时公元一九四二年一月福鼎卓剑舟识于桐山之摩兜坚馆

凡　　例

（一）本志参考书为：明万历谢肇淛《太姥山志》、曹学佺《舆地名胜志》、清乾隆《福宁府志》、嘉庆《福鼎县志》、黄鼎翰《福鼎县乡土志》、周梦虞《北岭文献搜遗》、王翼谋《北岭诗文钞》等凡七十种。取裁不广，考订不精，止可为名山留一影象耳。

（二）本志编纂分为十门，曰名胜（附古迹、丘墓）、曰寺宇、曰志目、曰金石、曰仙梵、曰人物、曰田赋、曰方物、曰杂缀、曰艺文。其间因者少，创者多，非敢立异，求合时代需要而已。

（三）修山志与省、县志不同，是编凡有关山中形胜，虽细必书。如有不系姥山地界者，一概不敢妄入。

（四）田赋，前志无记录，然供亿所出，不可不书。旧有寺田，施于诸宰官善信，铭勒摩霄之流米岩间，为豪右兼并，铲去铭石，寺产荡然。赖四明傅侯维祖清归寺产，置立印册，并谓："日后修斯山之志，当以本册附载简编刊刷流传，以垂永远。"今遵斯语，备列志内，以示来叶。

（五）凡志以人物为重，系以朝代，不再以隐逸、儒林、寓贤等分类。一因山志与省、县志殊，一因人物强分门类，早为通儒所讥也。其生存之人依一般通例，概未妄入。

（六）志中所录艺文分题咏、游记、什著、辞赋四门。自唐至清，文、诗全选，时贤文诗，亦多选登。窃期广收博采，以资后贤订正。既存文献，亦免遗珠。

（七）志中诗歌，有专属者，自宜分隶各景，以合比事。属词之义，其或兼综数景，以及概咏姥山者，则统入题咏。诗分各体，人按时代，较旧志以人统诗，漫无区别者有间。

（八）诗文作者，朝代、爵里，旧志从略。兹以地书确凿可稽者概为补入，使后之阅者知所考焉。惟于世代之先后、官爵之崇卓，不能一一分其次序，阅者鉴之。

（九）方物格于志例，不能尽载，兹特取山中特产与夫土物独宜者纪之。药品尤多，非常用者不录。间有或从俗称，窃不敢附会《本草》，致有误人。

（十）什缀一门，不经之谈，本拟删削。但志山与志省、县不同，故将有关太姥古今轶事及一切神话均入之。盖入正志虽嫌不经，弃之则可惜。然每条下注明出某书，非敢妄为附会。

（十一）邱古园有《太姥指掌》一帙，可供览胜之需，附列卷末，俾便游者一目瞭然。

（十二）古今关于姥山著述，搜讨未周，鲁鱼亥豕之讹，殆复不少。愿览是编者刮垢攻瑕，匡其不逮。再版有期，俾资修正。

（十三）本志旨在翔实。顾翔则不洁，实则不文，贻消方家，知所不免。从事五年，草草卒业。卤莽灭裂，敢辞厥咎？虽然，草创之功，愿为裨谌，修饰润色，所期来者。

福鼎卓剑舟谨识于桐山摩兜坚馆
公元一九四二年一月上浣

卷之一　名胜

（峰、岩、石、洞穴、井、泉、溪、湖园）

　　太姥绝壁摩空，奇峰插汉，肖人肖物，悉出天然。无在非石，无石不奇，形胜可甲宇内。但僻处海澨，非通都孔道，游客寥寥。盖山亦如人之有幸、有不幸焉！虽然，名山之阖辟、显晦，亦各有数。杖履之所未及，仍莫得而称之也。纂《名胜志》。

　　太姥山，旧名才山，在福鼎县治东南九十里，为天下名山。周围四十里，高三千零七市尺。相传黄帝时，容成子尝栖此，炼丹其下，有石枰、石鼎、石臼尚存。尧时，有老母业蓝于山，后仙去，因名太母山。汉武帝命东方朔授天下名山，文改"母"为"姥"。闽王封为西岳之神。乃邑中诸山发祖处。有五十四峰。最高峰曰摩霄。摩霄之巅，状如覆釜，呼为覆鼎，县命名以此。全山洞壑玲珑，峰峦削拔。一水一石，别有奇妙。其嵌空变幻，气象万千；虽闽之武夷、浙之雁荡，不是过也。唐乾符间，僧师待图其峰之秀拔者，自新月至天圭，凡二十有二。明万历，州牧史起钦增以仙掌、石虎等十四峰，合为三十六奇峰。然千峰林立，无非奇者。晋安谢在杭先生复增金峰至和尚九峰，为四十有五。今据邱古园《太姥指掌》，又增弥勒至杯玹峰，为五十四峰。大略杖履所及，可得而名之耳。其下脉络隐隐可指者，约有两支：一为潋村纱帽山，宋提刑、邑乡贤杨楫家其麓；一为陀九岭，其列于姥山下之东及东北者，有草堂山，为唐刺史州人林嵩读书处；有白云山，为明遗民黄大焞殉节处；有文星明山，相传为朱子序《中庸》处；有黄崎山，相传为太姥升天处；更有星罗棋布，若象山、磨石山、台家阳山、大小箕笃山，以及澳外之屏风山。登摩霄而左右望，直培塿耳。东南则巨海汪洋。当风收烟敛，万里一碧，远而琉球、台湾，咸在指顾间。山高极冷，虽盛暑必御袷衣。冬则冰雪，春则烟雾。游眺当以夏、秋为胜。山多庵寺，半就倾圮，惟摩霄庵为著。每天朗气清，游人多憩于此。树木环绕，禽鸟飞鸣，鲜新爽气，沁人心脾，殆不啻置身阆苑间。而回视尘寰，直有仙凡之别也！

峰

（五十四峰，附二岭、一谷）

新月峰 在摩霄峰旁。五鼓可望扶桑初日。按：前人以此观月初上，故名。

明

马邦良《新月峰》诗："半弯新月系天崖，移向峰头色更华。玉女娇妆梳影小，渔翁高挂钓钩斜。台前宝鉴初开匣，架上冰轮半掩花。几度徘徊翘首望，分明一线出烟霞。"（按：马公，浙江富阳人，万历中进士。由户科外补副使镇福宁州。浑厚精明，下情悉达。秩满，迁甘肃。合属怀之，立生祠于州之西郊。）

清

游光绍《登新月峰观日出歌》："天鸡啼罢群鸡啼，残星寥落风凄凄。新月峰头向东望，沧溟波色何昏黳？海云行行细如发，丝帘倒挂蛟龙壑。须臾变幻不可名，光怪陆离纷出没。直如长人倒如山，平远周遮围碧湾。小树欹斜森错落，濛洄岛屿冥濛间。一线微划天半水，从兹闪铄开海市。鲛绡贝锦五色迷，翡翠百重披金紫。忽然万炬出建章，炎官祝融垂彤裳。朱旛绛节交辉煌，红伞丹盖遥开张。一丸跃去赤水上，炉中精金铸大匠。融融出冶无纤尘，又如明镜初磨县。相向指点二岛与十洲，目前一点认琉球。荷兰鸡隆青不定，米姑随潮沉复浮。回看大地犹烟雾，千山窅冥如薄莫。可怜罗帏锦幕人，梦魂还在华胥路。那知海角已三竿，谁能长绳缚跳丸？由来乌踆总行健，黄道赤道分寒暑。须弥山旁驹过隙，人间蹉跎朝复夕。一声太息下高峰，云荡心胸满天白。"

王鹤龄《新月峰》诗:"闻说嫦娥下广寒,新妆窈窕绾云鬟。天工不着人工巧,长扫蛾眉媚远山。"

陈奇荣《新月峰》诗:"仿佛蟾宫露半规,玉湖倒映势倾欹。采蓝女伴无相妒,齐向峰头学画眉。"

林滋秀《新月峰观日出》诗:"暝天低水腾赤虹,下鼓海风声蓬蓬。五云中涌蛟螭宫,不知何者扶桑东?须臾豪光放流矢,丹乌欲跃参差是。一碧琉璃浮尺珊,变方为满圆球起。血球托定恣人看,对此神晕心胆寒。蜃雾如城吐红紫,剥层洗过黄金盘。色何转瞬丹黄别,低处深浓高朗洁。咸池浴罢回精神,有若经风出炉铁。乍离海峤县天边,银镜寒擎著眼鲜。万壑睡云堆絮雪,偷光齐起摇高烟。竿头渐燠敛云色,经睫芒针观不得。飞涛匹练金蛇鞭,岛树千枝散霞艳。世人望日日当中,我望红轮东海空。天地奇观蔚至此,嗤尔下界视梦梦。烛龙衔照天门晓,掷出骊珠戏天表。羲和敲碎玻璃光,槲径节风乱啼鸟。"又诗:"何处风林挂玉钩?金波纤隐黛痕浮。雁横朔塞弦初度,虹落秦川璧半投。丛桂日偷三五夜,淡蛾时扫一天秋。巍然不计盈亏候,新月名峰万古留。"

王秉经《新月峰》诗:"高峰直耸九重天,想是嫦娥倚翠颠。却把玉梳螺髻挽,还将黛笔柳眉牵。孤鸿度避弓虚响,九鲤游惊钩曲悬。一线拥岚无限景,令人翘首白云边。"(按:先生秦屿人,邑增生。)

民国

卓剑舟《新月峰看月》诗:"古寺隔尘坱,晚钟悠然响。振衣新月峰,峰端月初上。乍见生孤明,立久更轩朗。白毫现空林,冷光映万象。但觉银海波,居然翻层浪。浮光浸芙蓉,秀色不可状。隔峰听猿声,泠泠动云莽。归来发浩歌,骨清神亦王。"

摩霄峰　在山绝顶，东、南、北三面皆海。东望浙之温、台。稍南而西，为南粤五岭，皆隐隐可辨。相传，太姥乘九色龙至此摩霄而去，遂因以名峰。方又超记曰："从摩霄峰后扪葛攀罗，自上而下，见洞形类落星者甚众。"

明

陈勖《摩霄峰》诗："桃坞仙香隔岸薰，摩霄一握度孤云。东溟下绕秦川水，西岳高骞汉禅文。无数翠峦空外矗，有时金管月中闻。披衣起看扶桑影，日观天门未足云。"

张渭《登摩霄绝顶》诗："独步摩霄顶，冯虚御列风。乱山看去小，沧海望来空。帝座惊相近，天涯目欲穷。诗应吟谢朓，身世出寰中。"（按：先生霞浦人，官长乐知县。）

谢肇淛《摩霄绝顶》诗："太姥去天不盈尺，三十六峰参差是。片片芙蓉玉削成，千崖万壑徒为尔。五色龙车去不回，丹床药白空莓苔。晴云犹护金茎掌，夜月长窥玉镜台。我来太姥洋中望，秀色苍茫在天上。欻忽扶藜造绝巅，青山碧落宛相向。俯视下界何冥冥，山河大地漫纵横。石门倒泻银河影，松风遥送海涛声。大海茫茫绕如发，点点南闽复东越。羲驭犹衔半岭烟，天吴已捧波心月。月出日没杯中泻，云霞足底奔如马。呼吸应通帝座间，虚无岂在诸天下？御风长啸意悠悠，鹤驭鸾骖不可求。但将九节仙人杖，同作卢敖汗漫游。"

钱行道《登摩霄绝顶，宿普鉴上人白云精舍诗二律》："梯云万折上嵯峨，咫尺烟霄坐可摩。峭石定知妨月御，飞泉直欲挽天河。僧空色相看花落，客悟声闻听鸟歌。若使仲连来此地，不教东海蹈沧波。""习静闲房对法筵，欣逢惠远证初禅。同炊白石餐云母，自煮寒流试月圆。五夜钟声清万籁，半空竹色晦诸天。山中一宿心如水，消尽红尘四十年。"（按：先生字叔达，吴兴人。少负文藻，苦吟好客。晚岁薙发，名广润，字寺慈。与程嘉燧孟阳唱和甚多。游太姥，辄累月不忍舍。）

陈五昌《摩霄绝顶》诗："峥嵘乱削玉芙蓉，簇簇遥开六六峰。地控南天唐姥辟，山名西岳越王封。云横断壁千层险，烟起澄潭一片浓。极目直穷沧海外，凭虚身已蹑仙踪。"（按：公福清人，官检讨。）

李梦帅《登摩霄峰》诗："探奇直上最高峰，极目遥天意不穷。石壁烟云全杳霭，河沙世界半虚空。溪声咽石危桥下，海色含涛落照中。心地顿然超物累，上清宫阙夜应通。"（按：公晋江人，官把总。）

周千秋《摩霄绝顶》诗："苍崖千尺晓烟消，岛屿微茫海色遥。无数乱峰皆足底，不知身已近青霄。"

秦邦锜《登摩霄峰》诗："峭岩桧柏郁崔嵬，陟望摩霄海一杯。长啸清风生万壑，金沙半是白云堆。"（山中石刻。）

胡尔恺《游太姥，登摩霄峰顶》诗："罡风拥高岭，天末开奇嶂。企石窥清都，云崖非一状。缥缈登其巅，振衣看直上。周览缅浮沉，四游环莽苍。闽越东南垂，霄汉微茫旷。朝阳涌巨轮，海月翻高浪。鸾骖罗玉屏，蜃色结珠帐。仙子不可呼，石庵敞虚抗。睇极兴有余，骨清神俱王。勿谓吏情俗，褰帷寄遐尚。"（按：公字孟修，号厚庵，浙江吴兴人，进士，官福宁州知州。）

清

杨毓岳《纵观摩霄峰》诗："绝顶上摩霄，白云堆里屋。列宿伸指穿，遐荒举足蹴。俯首瞰沧溟，瀚海侔沟渎。伏岫罗儿孙，昂头向空矗。石龙衔烛眠，金刚踞其腹。鲤跃希上天，龟蟾竞相逐。午夜海日红，不惊懒僧宿。罗汉戏云端，天池坠一舳。太姥忒憨生，迷却群生目。游人来纵观，名相千万族。突出脑后晴，六六三十六。"（独龙峰上有金刚一足，旁有懒僧石，侧耳而卧。天池在罗汉身旁。诸峰名目殊为可厌，为此一扫之。按：先生浙江人。）

陈必扬《登摩霄绝顶》诗："破雾凌绝顶，茫茫霄汉中。仰头叩天阊，帝座遥相通。瞳瞳海上日，猎猎足下风。俯仰遍寥廓，一气吞鸿濛。凭高惬元想，一洗尘虑空。倘遇采蓝人，跨龙游苍穹。"（按：先生福鼎人，诸生。）

王子仁《登摩霄绝顶》诗："卓立群峰上，蓬莱指顾间。沧溟千叠浪，闽峤万重山。众鸟归林寂，孤云卧石闲。神仙渺尘迹，化鹤几时还？"（按：先生字安卿，号敦垒，郡庠生。乾隆辛未，岁饥，先生家无储粟，谋于弟，出祭租三百石，平粜以倡，谷价为平，乡人颂之曰："秦江大德王安卿，开仓减价济平民。"至今传为美谈。）

游爆《登摩霄峰》诗："玉笋三千丈，亭亭倚太清。山从天外落，人向树梢行。溟海东南抱，罡风日夜鸣。无须频畏险，云气护前程。"

林斯芳《登摩霄绝顶》诗："一望渺无边，人登万仞巅。离天刚尺五，隔世已三千。瓯粤分星野，云霞散翠烟。青鸾如可驭，从此访真仙。"（按：先生霞浦人，乾隆恩贡，官永福训导。）

游光绍《登摩霄》诗："巉巉千盘上，苍茫四望空。悬岩春滴翠，绝壑夏生风。海气连天白，晴光照树红。声闻通帝座，人在九霄中。""到此更无上，飘然意欲仙。仰看天尺五，远隔世三千。疆域窥瓯粤，襟裾拂斗躔。一声长啸罢，吹落翠微颠。"

郑杰《登摩霄峰》诗："凭高蹑层杪，云气耸灵穹。岩郁林俱湿，人行鸟破空。闲藤穿石断，山柿隔溪红。遥望天低暮，千家夕照中。"

谢金銮《摩霄积雪》诗："太姥山头雪作堆，峰峰颜色绝尘埃。尽埋穴底层冰窟，不辨溪头二月梅。海岛独成银世界，仙山几处玉楼台。我来恰值桃花暖，好看春潮拍岸雷。"

范念恕《摩霄绝顶》诗："方丈云端结构成，人从绝顶听秋声。松生石上侏儒老，鱼育池间蜥蜴行。野草早凋龙骨现，蒙泉长洗壁题明。得闲暂作洞天客，何必山僧识姓名？"

刘坦《登摩霄峰》诗："忆昔临昭明，扪萝缘古塔。披襟向空濛，天风响猎猎。今登摩霄顶，凌灵游溟溱。身在空翠中，昭

明俯平等。龙象恣遐瞩，岩峣都眷属。天柱插汉高，天门排空
矗。不能御风行，敢垂二分足。三山涸尘寰，九曲潜幽谷。孰与
撑鸿濛？岿然此山独。"（按：先生字履园，桐山人，岁贡生，任南靖
训导。）

　　关仲仁《摩霄峰》诗："翠微诘屈晓云飘，一握危楠插紫霄。
孤鹤每惊盘峭峻，乱峰未许并嶕峣。山穷南粤堆螺小，海接东溟
叠浪遥。眼界空虚疑是幻，乘风直欲借扶摇。"（按：先生字德圃，
宁德优贡，任福州学博，著有《练野闲吟》。）

　　梁上椿《登摩霄绝顶》诗："霍林山外得名山，竹杖芒鞋几
往还。翘首层霄才尺五，此身长在白云间。""六六芙蓉指掌中，
凭高遥望海门空。危桥倘得登仙路，胜却骖鸾御远风。"

　　王锡聆《登摩霄峰观海歌》："太姥之高高千万仞，上插青云
端，周围数百里，群山不敢振。乱峰簇簇，露出嶙岏。巨石镇，
登嶙岏，望沧海，海水直输天外迅。六鳌三山不可见，但见融融
灝灝中。遥山倒如云，远浪排如阵，精卫何苦费木石？马衔当
蹊，目光闪闪不敢瞬。年来鲸鲵亦荡尽，日本七十二岛蛮夷咸效
顺。峨舸大舰往来频，得游且游，莫令红颜嗤双鬓。虬龙扳，瑶
觞进，作歌大醉呼不醒，起看江心孤月印。"

　　陈式铭《秋夜登摩霄峰放歌》："露华洗空天一碧，空山徒倚
无人迹。古松盘顶郁奇苍，支离叟晤丈人石。突地诗情触云起，
苍苍莽莽奔千里。翩鸿唳鹤不敢前，青山面面惊相视。我乃飞身
蟠紫岑，浩歌一阕正危襟。寒林响发众岩应，风云辟易蛟龙喑。
漫游清兴真越忽，青天眼开放明月。疑谓造物有私情，自是君身
具仙骨。请看碌碌尘世人，银屏蕭帐披重茵。邯郸一梦炉薰歇，
楼头明月空精神。"

　　叶开树《摩霄峰》诗："太姥之山六六峰，摩霄最上凌苍穹。
巨灵伸手开洪濛，神斤鬼斧施天工。屹峙海表齐方蓬，俯瞰群山
趋下风。安排飞盖列县钟，左拥仙女右仙童。天辟洞府敞仙宫，

逍遥唯有紫衣公。东方曼倩蹑仙踪，留题巨笔披蒙茸。天下第一
名山雄，始信名山有路通。寻幽不惮盘千重，披萝扪磴扶长筇。
纵观扶桑日瞳瞳，万顷云海荡心胸。"

　　林滋秀《秋日登摩霄峰》诗："云中之子纷来归，天风吹袂
如奋飞。我今弭节向天宇，不是青莲梦天姥。神龙九色仙者骑，
摩霄峰顶光陆离。丹成一去不复返，留得名山付谁管？群峰奔凑
东南来，左骈右蹁莲花开。化为群象或魑魅，杂以僧佛同婴孩。
明是游戏出真宰，供我喜愕莲花台。上有石梁耸绝之天台，下有
秦舰莫到之蓬莱。琉球中山指一发，嵯沙沧海浮一杯。天上星躔
落怀抱，以彼扬州分野何为哉？日出东极，其形如灰，村墟漠
漠，作雨疑猜。须臾失山色，但见裹绵堆。翻身飘入空濛里，相
逐下天吹尘埃。鸢鸠徒笑良可哀！大呼鸿龙叱玉狗。我来且缓天
门守，昆仑仙籍玉皇司，绀殿瑶宫今在否？左抱钟离衣，右搴容
成手。排云驭气乘太虚，羽盖霓旌竟何有？陶唐迄今五千年，我
欲从之问蓝母。露天黄叶下萧骚，感慨微生生髦毛。俯听淮南有
鸡犬，悔教身在乱云高。太霄玉佩不能得，浊界人烟空尔劳。吁
嗟乎！浊界人烟空尔劳，拊膺属古长滔滔。"

　　王梦松《登摩霄峰望海歌》："吾闻灵海能障百川东，大涵细
入匹无穷。浴日荡月走乌兔，育奇储怪藏鱼龙。青徐西薄折木
演，朱崖南澉天墟通。我生拘墟蛙在井，未见空洞开心胸。欲穷
千里万里目，须上千仞万仞峰。吾乡滨海足山水，太姥秀耸烟云
中。三十六峰摩霄最陡绝，一望浩渺穷秋蓬。我时竹杖与鞋棕，
探奇扪险攀巑岏。摩霄去天不盈咫，山河大地收双瞳。但见远波
渺渺，绝岛丛丛。寸越尺闽森可指，琉球日本青濛濛。未知尾闾
果安在？只见万里环汇如奔洪。君不见，发鸠有鸟名精卫，恨衔
木石填奔洪。又不见，麻姑目击桑田变，蓬莱水浅涸惊潨。古来
更变不足道，此游豪快心为雄。荡胸洗尽千斛尘，高吟古调摩苍
穹。此时蓬勃号天风，万壑战动驱灵霾。飞鸟没边日脚乱，虞渊

水涌落钲铜。斜阳射衣碧云合，观止倦憩摩尼宫。始知眼中沧海小，一泓水泻杯相同。呜呼！一泓水泻杯相同。只由置身绝顶，万象入牢笼！"

陈璲坦《登摩霄峰》诗："万丈高峰倚沉寥，登临绝顶欲摩霄。眼中星斗如棋布，空际烟霞向日消。积翠千重云外树，清光一线海门潮。为知境与尘凡别，好御仙风听紫箫。"

许若梅《登摩霄峰望海》诗："大海溟茫亦壮哉，澎湖浯屿浪掀豗。虎符龙节浮天至，鳌背鲸鳍劈月回。五寨森罗纷剑戟，十闽控蔽走风雷。怪他小丑真无赖，戈甲潢池漫戏孩。"（洋匪闻官军将集，纷纷逃逸。）

王守锐《摩霄峰晚眺》诗："雨后岚光翠湿衣，长江渺渺落阳微。残云一半归何处？散作霞光逐水飞。"

孔昭淦《摩霄峰步月》诗："索索峰头黄叶声，偈来无定道心清。天风震荡海涛啸，万里碧霄秋月明。"

林士恭《登摩霄峰歌》："人生斯世何务先？须游名山与洞天。历尽奇绝险高坚，然后胸怀浩浩飘飘羽化而登仙。况乃太姥咫尺前，跋跻不须腰万缠。即看不借费几钱？彼不汗漫探揽徒蠢然！云谁与我得并肩？我与太姥有夙缘。游之数数心不迁，盖缘摩霄一峰撑若拳。三百六日云气连，此乃大造特陶甄。容成不知其几千万年？上蠹重霄其色玄。世人欲陟心悬悬，我来如醉不醉跋其巅。天风猎猎吹我衣裳翩，袖拂北斗横空点珠圆。足濯黄河如练泻百川，俯首一气混坤乾。纵使红尘苦心运，到此不特忘蹄筌。直使亿万千百俗虑一尽镯，令我被发大叫一声口生烟。天门尸弓开两边，女娲补石惊欲颠。此时胸中奇气坌然生万千，直可驾日月驭而策风雷鞭。光明变动之功于是乎得焉。然后知古来腹笥之便便，端藉名山大泽所磨研。"又《暮登摩霄峰》诗："拨云寻古道，暮到摩霄颠。惟有天在上，更无峰耸前。风云生足底，日月压肩边。开口歌长啸，一声落九烟。"

黄金爵《登摩霄绝顶》诗："神游太姥几经年，此日登临亦宿缘。四面奇峰盘足下，置身如在大罗天。"

江本侃《晚上摩霄绝顶》诗："策杖流云起，氤氲入望飘。似闻风雨疾，不辨海天遥。衰草号奇鬼，疏林撼怒潮。振衣毛发悚，长啸谿丹霄。"又《姥峰积雪》诗："锦屏天柱列重重，何处飞来白练封？料得昨宵经六出，装成卅六玉芙蓉。"

民国

卓剑舟《登摩霄峰》诗："蹑屐摩霄第一峰，烟波倒浸玉芙蓉。云深白昼常疑雨，松老千年欲化龙。午夜鸡鸣沧海日，五更霜落石楼钟。振衣思挽天河水，一洗平生魂磊胸。"又《登摩霄绝顶》诗："姥岳登临四望遥，仰天湖阔晓烟消。眼中峭壁穿灵洞，空半浓云护断桥。雁影白横天际路，日光红涌海门潮。支筇徙倚芙蓉顶，欲访容成上碧霄。"又《登摩霄绝顶望口占二绝》诗："独上摩霄一振衣，野猿山鸟共忘机。白云寺外孤僧立，玉女峰前一鹘归。""搜奇踏遍碧霄间，万窍玲珑带眼宽。双鹤来还仙迹杳，石楼空倚白云寒。"

迎仙峰 在仙人锯板石路下，今谓之"迎仙台"，即此。

清

王家宾《夜登迎仙台歌》："空山独夜无人来，扪萝直上迎仙台。天风泠泠亦快哉，仿佛致我于蓬莱。丹崖翠巘列奇险，琪花瑶草秋岚点。青天一片月西飞，碧汉千寻波欲溅。蓝溪仙姥不可求，容成帝师今难留。空台夜夜唤黄鹤，黄鹤一去云悠悠。遥想群仙会何处？远驾神驹空际驻。霞衣缥缈紫幢飞，一曲笙歌不知曙。吁嗟我身落人寰，安得乘风独往还？微名岂足系吾素，愿攀星斗趋仙班。"

仙掌峰　在岩洞前，五指隐然。邱古园《太姥指掌》名仙人掌。

清

王孙恭《仙掌峰》诗："嶙峋仙掌插遥天，指点山灵镇大千。万里扶桑擎日起，九霄阊阖摘星悬。汉宫露冷金人老，华岳云开玉女妍。此地真形应独绝，至今天柱赖扶颠。"

陶宗尧《仙掌峰》诗："五峰如指耸亭亭，不向长天摘一星。自是采蓝香满把，抚摩三十六峰青。"

天柱峰　四面皆石，一名天柱石。在摩霄峰傍。

清

林滋秀《天柱峰》诗："杞人方解忧，共工忽大怒。一触不能倒，留此擎天柱。"

石虎峰　在摩霄庵下，蠢起当道，俗以为拦路虎云。一名伏虎峰。

清

王守锐《同李大占梅、陈二虎臣、林二绚九、画山十三兄晚步伏虎峰》诗："雨树映斜照，游人开笑颜。相随踏叶去，缓步看云还。暮色沧江外，秋声大壑间。归来谁有得？萝月满禅关。"

关刀峰

清

谢春晖《关刀峰》诗："冷艳原将浩气镕，当年谁不避英锋？（青龙偃月刀亦名冷艳锯。）清时全盛无须此，留与山门制毒龙。"

锦屏峰　在金峰之前。

民国

卓剑舟《自锦屏峰达传声谷道中》诗："揽胜攀登太姥岑，

山花踏碎薜萝深。锦屏照眼无冬夏，石穴传声自古今。到此浑忘尘扰扰，探幽不厌路涔涔。何时了却浮生梦？对此清虚一洗心。"

仙乐峰　在太姥墓旁。人度曲其上，则山亦出曲声相应。
民国

卓剑舟《仙乐峰》诗："言访仙乐峰，遥空仙乐响。泠然太古音，仿佛天籁想。"

豸冠峰　一名天冠峰，在国兴寺后。

神羊峰　在摩霄峰前。

毬头峰　在国兴寺左。

宝旌峰　在圆潭庵后。

仙女峰　在摩霄峰后。

仙童峰　在金峰后。

仙仗峰　在仙人晒靴石之上，即麒麟石。

象简峰　在叠石庵前。

碧锷峰　在岩洞水尾。

呈珠峰　在岩洞大盘石下。

团玉峰　在岩洞石钟边。

怪石峰　在白马洞旁。

三灵峰　在石天门之右，三石相排。

指天峰　在鹦鹉石旁。

捧玉峰　在岩洞。

摘星峰　在摩霄峰左。

飞盖峰　在七星洞之上，其形似盖。

灵龟峰　在曝龙石峰北。

天圭峰　在摩尼宫之上，端立若珪。邱古园《太姥指掌》名"朝天笏"，黄力夫《太姥山志略》名"珪峰"。

龙角峰　在黄龙洞上。有龙背、龙头、龙杖列于峰之左右。

悬钟峰　一名石钟峰。在天冠岩下。

石笋峰　在小龙井上。邱古园《太姥指掌》名"玉笋峰"。民国十九年二月崩碎，声闻数十里，有黑烟起数十丈，逾时乃散。

拨云峰　今名独指峰。与仙伏峰相近。

卓笔峰　在一线天之右。

童子峰　在国兴寺右。《三山志》名"车子峰"。

莲花峰　在独鲤石傍。

飞仙峰　在岩洞前。

棋盘峰　在莲花峰傍。

隐真峰　在莲花峰傍。

石鸦峰　在独鲤石傍。

大金峰　在望仙桥下五里许。

小金峰　**钵盂峰**　在岩洞傍。

三台峰　在金峰庵前。

叠石峰　在大盘石上。

　曝龙峰　在龙井西。今名乌龙岗。方又超记曰："从曝龙石峰西㑚转而东，更转而北，石断则梯绳，路暗则然炬，入地约五六里，得一洞，形如人字。中间有二巨石下垂，绝肖悬钟。洞广二百余步，长一千七百余步。内有峰，有溪，有石如墙，有道如巷，有门如葫芦样。有方池，有半月池，水极清冽，中多四足异鱼。惜烛尽而止，未能穷其胜也。"

和尚峰　在九鲤石前。今名捧经石。

弥勒峰　在新月峰傍。

三枝峰　在莲花峰傍。

鸡冠石峰　在太姥墓上。

独鲤峰　在滴水洞外。

合掌峰　在国兴寺前。

佛手峰　在锯板后坑。

蕉叶峰　在石锦屏上。

杯珓石峰　在九鲤上。

陀九岭　宋王头陀造。绝顶望，秦屿垂水面如芙蓉。走阪而下，是为太姥洋，居民数百家，皆以种茶、樵苏为生。

萨公岭　由一片瓦往国兴寺，路上逼仄难行。海军上将萨公镇冰过此，始募甃石路。凡高三百六十级，游者便之。
民国
卓剑舟《上萨公岭》诗："绝壁千层野鸟飞，廉纤雨过石苔肥。啸歌行上萨公岭，忽听钟声落翠微。"

传声谷　在摩霄峰下。四山环绕，呼必响应。登渐高，而应渐多，至一呼而四五应云。然传声之异，迥不如鸿雪洞也。

明

林道传《传声谷》诗："我来千仞岩，上下何人屋。长啸天地宽，连声应空谷。青天不可问，丹石何能言？下有万窍洞，玲珑声相吞。"

清

方牧《传声谷集句》："举目眺岖嵚，（谢康乐）淹留绝岩畔。（谢元晖）长啸激清风，（左太冲）遗响入云汉。（陆士衡）"

岩
（十岩）

钟离岩 在岩洞庵前，俨若双髻仙人。其傍有小石若蟾蜍，立而牵其袂。

明

徐启东《钟离岩》诗："突然一片石，人疑是汉仙。洞中藏石髓，潭底起云烟。万叠青螺拥，千重紫雾旋。渺然尘世隔，我意欲逃禅。"

傅汝舟《钟离岩》诗："古仙遗形骸，双髻至今秃。不听汉皇呼，见我偏注目。"

清

方椿《钟离岩》诗："曾读神仙传，每怀神仙迹。云房入终南，餐霞吸露液。胡来太姥峰？岸然脱巾帻。一枕梦黄粱，度吕蹑飞鸟。升腾万缘空，形骸槁灰匹。槁灰犹色相，万劫难久历。炼此不朽身，化作一片石。"（按：先生邑人。）

三声岩

清

黄金爵《三声岩》诗："登高舒啸效前贤，别有幽声信口连。

寄语胡僧休喝水，恐惊涧下毒龙眠。"

老鹞岩　一名鹰岩，在一线天上。

涌米岩　在摩霄庵后，石壁峭立。下有一孔，相传孔常涌米，每夕升许，僧贪凿而广之，米遂不出。然雪峰、石竺、仙岩各处皆有，亦为此说者，妄也。姑志之，以备考。

罗汉岩　在九鲤石左。

荷叶岩　在九鲤池傍。

新戒岩　在大龙井前，有新戒坠此，故名。

天冠岩　在钵盂峰下。

扦岩　在大岩洞之上。

香炉岩

石

（四十六石）

和尚看经石　在罗汉岩傍。邱古园《太姥指掌》名"孤僧说法石"。

清

林遂滋《孤僧说法石》诗："久向岩边立，为参最上乘。僧因孤更尽，法本寂无声。泡影谁先觉？禅机我独醒。山中忘岁月，不改本来形。"

吴即扬《孤僧说法石》诗："佛法同谁说？寂无半语宣。须知空即法，不说是真诠。"

顶天石　在摩尼宫后。石有巨人迹二，可长二尺。坐石可见大海。

明

钱行道《顶天石》诗："独持长剑倚崆峒，吴楚江山一望通。片片青云飞不上，方知身在玉虚中。"

蟠桃石　在岩洞庵旁，俗名仙人棋盘石。

清

林滋秀《蟠桃石》诗："宴罢瑶池天，化石不结子。再停三千年，臣朔饥欲死。"

林东震《蟠桃石》诗："怪石无根万仞高，俨如王母种蟠桃。纵教曼倩三偷手，难煮桑胶恣老饕。"（按：先生字起垣，桐山人，恩贡生。）

阮绥猷《蟠桃石》诗："琼圃何年堕一枚？化成灵石姥山隈。翻嗤汉武空看核，不遣文成渡海来。"

褚廷馨《仙人棋盘石》诗："如棋世事每劳劳，谁占仙家一着高？尘世无人持胜算，满枰奇局长蓬蒿。"

大盘石　在竹园上，广可坐百人。前眺大海，远近诸峰历历可数。今谓之望海台。

清

刘荀勉《望海台》诗："层台倚云霄，碧空净如扫。凭高骋远望，沧海归怀抱。珠树间珊瑚，神州产异宝。风烟卷天末，穷发不可考。出没露鲸鲵，巨浪排素缟。返照漾金波，澜翻石壁倒。乾坤一气浮，混茫流灏灏。隐约峙三山，方壶接蓬岛。谁为招安期？一讯如瓜枣。神仙不可学，但愿学无老。"

仙人锯板石　在小岩洞路左。方又超记曰："仙人锯板南转而西，计二里许，有巨石当道，人以腹行，由石下进，得一洞，两石对峙，长十余丈。入洞五六步，开口一呼，全山响应，如击绝大锣，震耳者久之。"

民国

卓剑舟《仙人踞板》诗："仙人锯板落人间，片片撑空未可攀。我欲借渠成广厦，好教寒士尽欢颜。"

二佛石　在小岩洞右，一名二佛谈经石。

清

叶师周《二佛石》诗："绝顶双尖怪石撑，谈经二佛旧称名。荷衣每借苍苔补，梵唱常凭夜籁鸣。相对微分龙象序，耦居终古友生情。野人休作尼僧谑，无着天亲故弟兄。"

林鹏飞《二佛谈经石》诗："偶坐谈经佛，终年口不开。无言参道妙，相对证如来。"

张为霖《二佛石》诗："迦叶维摩相对坐，终朝入定悟真诠。楞严参透浑无语，一任清风自往还。"（按：先生字瑞经，桐山人，雍正乙卯武举人。母患目疾几盲，为霖朝夕舐以舌，遂复明。）

九鲤朝天石　在御风桥前，望之宛然尾鬣皆具。黄力夫《太姥山志略》名"九鲤石"。

清

郑鹏《九鲤石》诗："石壁尖成队，三三首向东。介麟生宿藓，鬐鬣动秋风。月皎珠悬夜，烟霏沫喷空。有时能变化，雷雨一声中。"（按：先生字得云，霞浦人。雍正元年举人，官湖北利川县知县。）

范光表《九鲤石》诗："脱渊竞作朝天势，翘首龙门欲破空。堪笑昆明池上石，年年只解动秋风。"（按：先生寿宁人，长乐县训导。）

陈寿康《九鲤石》诗："太姥山头有九鲤，翩翩如泳水之沚。矢矫升腾欲朝天，虬龙变化非耶是？漾自龙门三峡来，力并巨鳌鼎而峙。口将吞月首冲霞，尾扫山岳拔地起。丙丁奇状载琴高，濠濮深情娱庄子。吐气为云卷百川，喷霄成风裂万里。呼吸直欲干层霄，高飞岂复制蝼蚁？何时移下取素书？书中一一皆神理。深文妙义义精通，宁徒仰羡无穷已。希君齐化双鬣鬐，乘雨飘飘玉河里。"

石天门 在大盘石上里许。乱石间诘屈以入，状若岩洞。今按：滴水洞外广有二丈余，下临仙桥，一望无际，今人谓之大天门。又白云寺西，两石对峙，高万仞，广三尺余，门外横有小石，下临深潭，今人亦谓之石天门。前志所称深若岩洞者，滴水洞外之大天门也。

清

江本侃《下天门》诗："扪葛下高冈，蚕丛阻且长。行云生足底，奇石辟天阊。蹉跻凌千仞，凝眸极八荒。欲从牛背立，归鸟送斜阳。"

民国

卓剑舟《从天门至一线天洞》诗："荦确天门透碧穹，神工鬼斧辟鸿濛。人游幻化云烟里，仙在窈冥玉府中。古径通幽天一线，松阴夹道树千丛。何当乞得缑山鹤，飞上嶙峋第几重？"

石船 在摩尼宫右，长三丈许。水从船下涌出，大旱不涸。黄力夫《太姥山志略》名"浮槎石"。

宋

黄通《石船》诗："舟泊山头久不移，满天风浪任相吹。世人自爱沉渊客，停棹千年欲渡谁。"（按：先生邵武人。）

清

张为霖《石船》诗："昂藏宝筏渡何人？陆地行来别有神。若得银河千尺浪，乘风直上斗牛津。"

谢春晖《石船》诗："片石居然太乙舟，仰天湖阔水横秋。松涛万斛云千顷，直欲乘风碧汉游。"

王孙恭《石船》诗（二绝）："方丈蓬莱隔十洲，仰天湖外海云秋。游人莫怪无长楫，此是南华不系舟。""尧封未必尽夷蛮，四载何由到姥山？错讶怀襄九年水，浮家谁住绿云间？"

林遂滋《石船》诗："曾传一叶驾飞仙，瑞气群瞻太乙莲。苦海红尘难尽渡，故教化石在山颠。"

喻子缨《石船》诗："不识何人系此舟？山中停泊几千秋。风临野草翻成浪，面对银河势欲流。天外浮沉云影薄，夜来摇曳月痕收。容成肯助吾帆橹？棹入蟾宫拂斗牛。"

陈寿祺《石船》诗（二首）："不悬帆席不施篙，黄帽谁能引手操？只有列真天上坐，任他平地自波涛。""彩屋西看玉女峰，仙船百丈白云封。夜来风雨吹虹片，飞落摩霄第几重？"

阮绥猷《石船》诗："浮楂曾说泛张骞，化石山椒不记年。我亦天台旧仙子，可能相送斗牛边？"

方岱《石船》诗："慈航一叶渡迷津，天外帆樯莫认真。想是道成登彼岸，千年停櫂待何人？"

民国

卓剑舟《石船》诗："人世沧桑满眼秋，奈何天地苦沉浮。何当破浪乘风去，借尔仙槎问斗牛。"

仙人足石　在浴盆石傍，一名仙人露脚，形如人足，蹠反向上。

清

梁上槐《仙人足石》诗："仙界宁如尘世劳，峰头寄迹最孤高。几人失脚风波里，共羡云根立得牢。"

石鼓　在望仙桥前，与石钟对峙。

清

萨镇冰《石鼓》诗："造化功宏遗石鼓，海陬不见大旗张。凭谁一击如雷起？倘或能醒举世狂。"

三台石　在摩霄峰之旁。

清

施为枢《三台石》诗："天门启处彩云开，偶有灵星落翠苔。瑞绚层霄呈五色，高凌绝顶接三台。（顶天石亦在此。）支机恍出天孙手，掩户如窥玉女台。倘比泰阶凭拾级，愿扳仙侣上蓬莱。"

石瓦　即一片瓦，一名半云洞。

清张为霖《一片瓦》诗："仙瓦粼粼胜画图，似曾灵质造昆吾。任教师旷琴声奏，能落风前片片无？"

蟹钳石　在石屏风下，状如蟹螯。

石狮　在大盘石上，广八十步，头尾蹄足悉具。

石鹦鹉　在石门傍。

石象　在石门傍。

石兔　在石象前。

石笋　在小龙井上。

鹿衔花石　在金峰庵路次。

石楼　在摩霄峰左，翠起若楼，下有隐泉。

石钟　与石鼓对峙。

浮屠石　在岩洞前，巨石叠起七级，俗名僧帽石。

弹丸石　在浮屠石下，峭壁数仞。中一孔若弹丸，古梅盘根其上，春半始花。

石龟　在岩洞庵之左。

石蟾蜍　在岩洞庵右。

玉匣石　在叠石峰下。

石屏风　在大盘石右，与玉匣对峙。

石门　夹峙于小岩洞路次。

鍪兜石　在岩洞后。望之若甲卒植立。黄力夫《太姥山志略》名"石兜鍪"。

金刚把门石　在金峰庵前。二石对峙，一大一小。然谓之金刚，殊不类。

独鲤朝天石　在九鲤石之上。

石麒麟　在晒靴石之上。

小盘石　在一线天之上。

仙人晒靴石　在小盘石左。峰顶一石状如靴倒竖。

洗头盆石　一名仰天盂，在摩霄庵左。

云板石　在洗头盆傍。

浴盆石　在洗头盆傍。

石鼎　在摩霄峰。

僧石　在雷轰石傍，俗名大头僧。

寿星石　在仙人锯板石下。

鸳鸯石　在仙人锯板石之南。

龙珠石　在曝龙石峰尾。

试剑石　在太姥墓傍。

双虎石　在国兴寺之前。

雷轰石　在大盘石上。石壁为雷击半落，故名。石上镌有"云标"二字。

洞

（二十四洞，附一穴）

一线天洞　在白马洞边。长如委巷，只容侧身过。仰视天光，仅窥一线。前志以为在滴水洞上，非也。滴水洞上横身可过，天光漏入，今谓之七星洞。《谢退谷诗集》："由丹邱磴而入，出大天门，过滴水洞，出三折腰右转，石径屈曲，凡数转。岭旁有一小口，长二三尺，阔仅尺余，窥之低黑，钻身俯跳而下。中则巨岩分裂成小衕，窄不容足，行者侧身扪壁，相继而进。仰视天光，真如一线。洞势微带弯曲，半衕深入丈余。令一人侧跳先下，来者踏其背，挨摩以进。至末，则上愈狭。人行肩背不可过，以屈身向下而出，计绵亘过于丹邱磴，而广狭则仅得其三之一也。出洞口，古藤大如臂，披榛莽右行，得岩洞，可坐数十人。穿洞后出，有路如巷，大石如落星从空坠下，塞于当路。俯身从石下穿过，巷穷，攀藤附葛而上，则达太姥墓石路也。旧志谢在杭所修，尔时未曾搜剔及此。在杭《一线天》诗盖指丹邱磴之七星洞而言。

宋

黄琼《一线天》诗："石壁天光一线长，两仪初剖隔微茫。妙明正在几希里，极目何须远眺望？"（按：公字子方，莆田人。进士，元符中尉长溪，戢吏便民，每出巡警，乡人莫知。居丧去位，民哀其贫，赙之。不受，徒步护丧归。祀名宦。）

明

徐启东《一线天》诗："古窍何年辟？中间别有天。窦穿云影细，漏入曙光偏。危石常疑坠，悬崖似欲连。丹邱何处是？玉杖倚山边。"

陈勗《一线天》诗："径仄崖荒石窦开，冥冥隙里望琼台。巨灵似向千寻劈，混沌真成七日摧。昼午云光时乍入，夜深月色故能来。嵼岈逼侧依空界，欲问诸天安在哉？"（按：公字世勉，宁德人。万历甲戌进士，授余姚知县，擢广东参政，再调广西副使。是时，川、贵会征番首杨应龙，勗往援，大破之。晋监军参政。协剿皮林峦，生擒苗首，抚降万计。以劳冒瘴卒，赐祭赠太仆寺卿。所著有《征苗录》《同卿遗集》行于世。祀乡贤。）

谢肇淛《一线天》诗："积翠看无极，层峦险不胜。地应疑斧劈，天已得阶升。石润蒸常滴，岩悬势欲崩。半泓功德水，一线照迷灯。丹井虚遥望，云根忽暗登。猿窥松嶂月，人倚石门藤。力尽时眠早，途穷每问僧。寒流听渺渺，众壑望层层。夹道排屏障，当空耸剑棱。绝无飞鸟度，只有宿烟凝。灶伏千年火，沙埋六月冰。天阍低可叩，仙驭杳难乘。便欲凭风去，尘踪恐未能。"

崔世召《一线天》诗："巨灵擘石自何年？绝嶂平分小有天。遥指一痕空外影，好峰片片洞门前。"（按：公字征仲，又字西叟，宁德人。万历己酉举人，任巴陵令。工诗善书。尝同谢在杭游太姥山，镌"云标"二大字于雷轰石之上。）

张大基《一线天》诗："登登疑路尽，石户劈天开。缓步跟云入，空痕漏日来。溜中摩古篆，年久蚀深苔。出洞逢僧话，夷犹首重回。"（按：先生霞浦人，贡生。）

清

杨毓岳《从一线天至岩洞谒太姥墓》诗："千岩斗胜如攒簇，微明一线自天开。阴洞直入寒毛竖，摇摇垒石亦危哉！岩缀奇花红数点，疑是神仙手里栽。嶙峋叠磴人踪灭，虎啸猿啼众壑哀。唐代尧封太姥墓，幽篁蓊蔚覆泉台。玉扎坚缄鲜传者，金灶沉泠令人猜。我亦雅慕餐霞子，横肩椰栗向天台。坐断万峰歧路尽，神仙灵药弃如灰。丹砂莫向炉中觅，一颗圆明遍九垓。桃花流水人间去，好与人间洒尘埃。"（一线天有数石如累卵，摇摇欲落。方公所创亭题曰"桃花流水人间"。）

游学海《一线天》诗："古道云深处，岩扃忽尔开。通天一线窄，破壁七星来。紫气连青嶂，红光照绿苔。丹邱即此是，何必羡蓬莱？"（按：先生字廉山，桐山人，拔贡，读书识大体。邑旧属霞浦，遇公事往返，动经旬日。乾隆四年，先生倡议呈请制府题设县治，后人便之。九年，同县令熊煌倡筑护城礁，长数里，城赖以安。大吏雄之曰"保障一方"，今其匾额犹存。其维护太姥摩霄庵尤力。今庵后石刻载有田额及全山界至，即先生彼时所立也。）

郑天衢《一线天》诗："仙掌如同擘华颠，嶙峋百丈拥云烟。双峰夹峙疑无路，一线中分别有天。岩际落星悬怪石，洞阴滴玉泻春泉。夜来桂魄凌空照，漏得清辉讶半弦。"

林滋秀《一线天》诗："鸿荒天忽惊，鬼匠劈奇斧。划此一线迹，空青横太古。娲氏夫何年？炼石不得补。坐叹无全功，冥冥逗秋雨。"

陈瑛坦《一线天》诗："不信悬崖劈，空中隙可寻。天光窥一线，云影漏千层。石阙何年补？丹梯有路升。人行看咫尺，羽化欲飞腾。"

王学贞《一线天》诗："夹立巉岩扑翠颠，回环百丈拥云烟。多时掩晦疑无路，一隙容光别有天。滴水远通幽处响（滴水洞即在其下），飞星还落峡中悬。宵来皓魄明如镜，宛在高寒玉宇边。"

蔡亦超《一线天》诗："何年鬼斧劈苍苔？峭壁中分一线开。游客不须篝火入，天根现处日光来。"

黄金爵《一线天》诗："峭壁何年鬼斧刊？中通一径夏翻寒。平生醉眼嫌天小，到此偏同坐井观。"

林士恭《一线天》诗："太姥本女皇，炼石补穹苍。收尽千岩峻，留些一线光。"

七星洞　洞上夹七圆石，故名。内有容成丹井，出洞口，即大天门。前志及曹能始《名胜志》、黄力夫《太姥山志略》皆以此为一线天，并误。洞口镌有"丹邱磴"三字。

清

林滋秀《七星洞》诗："陟绝此双岩，夹立逼成洞。高悬七峭石，星陨屹不动。客从石下来，仰视天有缝。硙礧压人顶，设想倘虚空。年深势久磬，境险心殊恫。耸壁明魁杓，滑梯怯驰輮。磴古莓纹深，岫孤云色冻。蜡屐愁阴森，拾级喜群从。近天可升阶，请君同入瓮。沟但楚秦划，市莫邹鲁哄。丹邱一罢游，碧落依然共。咨嗟过来人，出险如出梦。"

落星洞　在岩洞上。从太姥墓左折登岭数百步，巨石侧立道周。投石罅而入，两旁峭壁夹立如巷，长十余丈。一坠石悬空，塞道。从其下穿入，复有石洞豁然。石断处，架竹为桥。如是者三，始达竹园。谢退谷曰："此洞高岩撑架，势甚宏敞。"予从一线天出，路达于此。望后有径如巷，大圆石如落星，啮于当路。俯石下出之，达太姥墓。谢在杭记曰："有僧如庆引从此入，向前，崖断，编竹为桥者三，以达竹园。今桥断路废。"又云："有井，今特见一石窟注水耳。"

明

谢肇淛《由坠星洞达竹园》诗："山僧惮赏游，灵迹每自秘。达者为名高，亦无冥搜志。巨石塞道周，径草多荆棘。历险敢豫期？探奇偶然遂。削壁列委巷，历落乱堆厕。小者承似撑，大者欹如坠。忽尔出幽谷，豁然见天地。疏篁耸万竿，濛濛滴空翠。步虚穿林杪，却忘来何自。险怪欻轩荡，不晓山灵意。大海何茫茫，俯视但一气。未惜筋力疲，聊咤耳目异。安得脱津梁？邱壑随所置。"

崔世召《由坠星洞入竹园》诗："怪石穿云一径通，洞门长日午阴浓。天开别界斜拖白，星坠虚岩暗度红。寒玉万竿摇谷口，水帘百道泻园东。从来尘足希游地，倚竹高歌兴转雄。"

小岩洞　《名胜志》："在大岩洞上三里许，有歧路焉。凿石为级，上而复下，循山脊行，右折，过独木桥，有二巨石对峙如门。稍进，悬空石洞高广倍于落星。"前志："洞苦无水，有间道可走国兴寺。林祖恕记以一线天为小岩洞，盖未尝至此耳。"按前志嗤林祖恕以一线天为小岩洞。然前志所谓一线天者，乃丹邱磴之七星洞，详见前。邱古园《太姥山指掌》："岭尾路下沿岩旋进，两巨石插天对峙如门。中嵌大圆石，向左穿入，过石级折出，竹坞如巷，别有天地。直进半里许，得旧庵基。坐东面西，柱磉犹存。四围皆巨石壁，镌诗字迹宛然。基后两石峭峙，中一线，路直透五六丈，荒芜难行。下视深峻，外望平坡，俗名鸡罩洞。"（按：古园所志，即小岩洞，仍从俗称，殆未深考。）

明

谢肇淛《小岩洞》诗："平生邱壑姿，适性在云水。到处逢名山，欢若遇知己。所贵抉幽閟，匪徒徇俗耳。歧路千万端，赖有山僧指。穿莽浥竹露，窥洞探石髓。密箐既钩衣，峰棱亦伤履。独木跨穷涧，下视不见底。划然石作门，丹灶环清泚。登降虽苦疲，得之良足喜。仙驭去不回，蒲庵欻已毁。饥鼯号颓垣，妖狐穴荒垒。俯仰倍凄然，兴衰亦有以。陵谷纵变迁，亦自胜朝市。扰扰风尘间，鸣呼吾老矣！"

崔世召《小岩洞》诗："蹑屐披荆兴不禁，山僧指点恣登临。洞因岁古冲岚入，路忽云迷傍险寻。乱径老狐眠竹暝，荒坛啼鸟诉花阴。漫游不用深怀古，一啸长风出远林。"

清

关仲仁《小岩洞》诗："古磴层层西复东，清虚色界又潜通。飞桥独跨悬崖陡，瘦石双开绝壁空。小窦月来寒料峭，荒坛云透碧玲珑。金庭宛转探幽奥，已是禅林仿佛中。"

陈梦麟《小岩洞》诗："大岩洞上小岩洞，独木桥南到石门。洞道千盘纡鸟路，不知身入乱云根。"（按：先生乾隆岁贡。）

石岩洞　一名石门关，即大岩洞，在玉湖庵之背。越绝涧，重冈诘屈，可五里。悬石塞路。下有洞，高三尺许。穿之以入三百武为庵。

明

林祖恕《游大小岩洞歌》："乱石插天天欲赭，紫雾苍烟飞洒洒。突兀眼前光怪多，凡人岂得游其下。昔闻尧姥悟真诠，蜕化至今几千年。遂令舆地称灵迹，大岩小岩三洞连。石床生苔炉火死，溪畔桃花逐流水。冥冥霞气标蓬壶，自有乾坤始有此。九天日月落眉端，越微羊城缅可看。呼吸阴晴散风雨，银台翠海空漫漫。巨灵欲閟閟不得，五丁倏忽驱风伯。一斧劈破神鬼愁，颒洞顿成至人宅。暗窦微通云日光，青天一线何茫茫？侧身欲走足仍却，飞泉无数沾罗裳。乍过巉嵸复幽窟，万转千盘无路出。是谁力决巉岏开，划然仰面见白日。顿足大叫万山青，老龙欲眠还复醒。丹砂夜照佛灯起，洞户琼楼各未扃。仙掌高搴悬半壁，玉板片片刀痕恚。又有九鲤朝上元，罗汉数尊吹短笛。小洞纡回遍石苔，大洞参差叠楼台。胡麻之饭流未出，玉芽迸笋何人栽？山川灵异几屈指，雁荡罗浮差可拟。咫尺天门一啸通，微茫雪色飞千里。却笑当时谢永嘉，有足不踏兹山之谽谺。空令今古夸登眺，岁岁闲开洞口花。謇予本狂士，十年三到此。欲起东方生，为之扣终始。太姥头颅葬空山，古墓累累墓草斑。须臾海上潮声响，惊破游人醉后颜。"

崔世召《大岩洞》诗："言陟眠牛岗，坐据蟠桃石。飞梁巨鳌肩，閟洞鬼斧擘。石扇峭以纡，虚窗忽然白。残椽半倚崖，古甓不盈尺。遄藓上佛衣，流云逗香积。乞食僧乍归，守关鹤一只。而我披霞踪，与君漱露液。但觉尘鞅空，宁知仙凡隔。洞口散豪情，诗肠转奇癖。太姥虽千秋，余怀寄双屐。人世一何悲，长途徒逼仄。”

清

王世昌《石门关废址和古园邱先生有感之作》：“石门闻道盖山奇，金锡何年此护持？光怪壶天今可见，沧茫尘事远难期。蓝抽春雨无情坞，洞掩荒台没字碑。满目斜阳有兴废，容成盘石笑残棋。”

王守锐《午晴下大岩洞，忽云合雷震，亟返摩霄庵，至伏虎峰仍霁》诗：“亭午下层峦，触热剔篠簵。入洞石气森，凛若寒冰冱。黑雾夺门入，危石欲崩仆。地窟雷鼓奔，谷口虎风嘘。电光摇闪闪，黝黯认归路。跟跄上高峰，顽云竞奔赴。忽然一罅开，远见晴川树。风帆天上行，沙鸟岩际度。开阖复万变，左右屡盼顾。阳光射客衣，憩石坐晚煦。侧闻阴崖下，虢虢犹震怒。”

滴水洞　《名胜志》：“在石天门（今人谓之大天门）上，悬岩倒覆，泉滴不竭，有井承之，寒冽无比。”

清

郑鹏《滴水洞》诗：“入洞腰三折，悬岩夹径长。半天壶滴漏，尺地井成方。未雨石常润，落花泉带香。最宜销夏客，煮茗对风尝。”

谢金銮《雨歇憩滴水洞》诗：“石门天路近丹邱，翠箨娟娟古木樛。半岭阴晴殊气候，一天风雨洗清秋。入山偶伴闲云住，坐石时闻滴水流。手采岩楸烹活火，竹炉轻飏紫烟浮。”

王世昌《和谢退谷雨歇憩滴水洞》诗：“飘然把袖有浮邱，石扇藤萝俯辖樛。拄杖来游止云水，解衣无梦问春秋。却看钟乳垂空下，不得桃花出洞流。一笑风尘谁定在？回头莲岛幻沤浮。”

徐学訒《雨歇憩滴水洞》诗：“雨后看山山更幽，环峰滴水豁双眸。连天石气蒸寒玉，万壑云涛卷素秋。挂杖叱龙归别洞，听泉奏乐出层楼。洞中枸杞如瓜大，曾破泥泞一采不？"

周名彪《滴水洞》诗："倒泻明珠翠壁流，潺湲散作满天秋。月瓢小掬凉生手，玉溜闲听净洗愁。世虑都消三曲径，道心自进一层楼。（一本作：'世虑都缘明水涤，道心翻为白云留。'）岩花洞口开还落，不染浮尘色相幽。"

观音洞　在太姥墓后半里许。巨石倒覆，夹峙为洞，深广二丈，如是者三。

明

陈五昌《观音洞》诗："摩霄峰转玉玲珑，白箬溪环翠巘中。寂寞鸟啼山涧雨，缤纷花落石楼风。洞开浑沌僧来少，径入幽深客未穷。向晚不愁归路远，坐凭流水得圆通。"

小观音洞　在白箬庵前。巨石夹立，上锐下平，其状如毫。旁有二石孔，深不可测。

团玉洞　在摩霄庵右。

七贤洞

十八罗汉洞　在小观音洞前，穿石底而入，内有石榻、石臼。

清

王绍坦《罗汉洞》诗："潭水出双溪，洞云绕飞观。欲识老禅机，先来拜罗汉。"

桃花洞　在太姥墓上。门颠夹巨石如桃，圆整可爱，惟洞口石封路阻，岂仙源不许俗子问津耶？

清

阮绥猷《桃花洞》诗："洞中谁辟小乾坤？翠壁宏开薜荔门。莫遣桃花泛流水，教人错认武陵源。"

民国

卓剑舟《桃花洞》诗："大地几无干净土，此中可有葛怀民？云迷洞口仙源杳，流水桃花岁岁春。"

珠帘洞

清

王子仁《珠帘洞中见一线天》诗："滴翠悬岩岭路漫，洞中缝影不须宽。游人漫道观天小，迸出星珠似落盘。"

黄龙洞　　在洗头盆下。

民国

卓剑舟《摩霄杂咏》诗："山南山北鹧鸪鸣，叠叠白云脚底生。黄龙洞口逢急雨，石虎峰前看晚晴。"

鸿雪洞　　在太姥墓右。前有小岭，上度曲，听者立岭下小方石，声从洞中出，字音朗朗。洞壁上镌"鸿雪洞"三字，下镌"天琢玄岩"四字。

清

王世昌《鸿雪洞前传音谷用谢退谷牢韵》："山灵饶舌舌难牢，空谷无声声与遭。丝竹壁中听天乐，石钟山上记秋涛。可知鸿雪名非相，有和阳春曲更高。传我瑶笙吹月法，鱼龙烟海洗粗豪。"

李廷魁《由鸿雪洞达仙乐峰》诗："化工琢鬼斧，巧架玉栏干。如坐雪花里，六月生奇寒。半岭奏天乐，清音袅其端。仙人凭羽翼，遗迹畅盘桓。何日移炉鼎？同来煮绛丹。"（按：先生号蔚村，邑人，岁贡生。）

林滋秀《由鸿雪洞达一片瓦》诗："竿籁生崖阴，吐吞昧穷竟。鸿雪洞忽开，旁窥小仄径。碍石几卑躯，爬沙乱叩胫。刺帽榛荆芟，黏衣苔藓净。曲屡循羊肠，险匪陷兽穿。蔽亏小有天，破裂不圆镜。卓午红暾生，漏光碎斜映。暗泉傍碧泓，袯濯息争竞。妙想中嵝岈，心虚等钟磬。倘传丝竹声，飘飘若相应。神仙杳无踪，老僧忽入定。一片瓦当空，去蹑云梯磴。"

民国

卓剑舟《鸿雪洞》诗："闻道郑渔仲，品泉蓝水涯。可曾到此洞，一试绿雪芽。"（太姥茶名绿雪芽，见周亮工《闽小纪》。）

白云洞　在白云寺后。

明

钱行道《白云洞》诗："鸟语花香亦不闻，玉泉瑶草并氤氲。醉眠犹恐衣裳湿，自折松枝扫白云。"

民国

卓剑舟《白云洞》诗："峰前峰后景皆妍，福地春深别有天。饱噉黄精不归去，白云洞里扫云眠。"

白猿洞　在滴水洞旁，连十八罗汉洞。

清

游光绍《白猿洞》诗："闻道容成子，修丹向此间。至今明月夜，时有白猿还。快我穷灵壑，邀僧历远山。（一本作'草树藏灵境，云霞冠远山'。）古人不可见，洞口石斓斑。"

漱玉洞　在石虎峰之东。前吞山光，后藏邃屋。泉声琤琮可人。

龙舌洞 《太姥指掌》："在白云寺左曝龙石岸。沿岩而下，穿石罅出，从樵径右下，有横盖大石，约五六丈。二石撑竖两旁，若排龙牙者。"

双星洞 《太姥指掌》："在龙舌洞旁。从右折转出穴罅，仅可容身。两旁石壁峭竖，长十余丈，方二丈余。地势坦平，有方池长八尺，阔二尺，贮水清澈，四足异鱼游泳其中。嵌空列两大石，圆润一色，如双星然。"

八字洞 《太姥指掌》："从双星洞右转上，石磴两旁峭壁，其直如矢。仰望岩顶，如八字分开，天光漏入。下有水一泓，洞石齿出洞口，水聚成渠，清而不见底。"（前志所称落星洞、丹邱磴，似皆逊此。）

棋盘洞 《太姥指掌》："方广深幽，与双星洞垺。接八字洞。借其余光，尚有亮处，不比双星洞藉秉烛游也。有方石可列坐十余人，状类棋盘。旁有半月池。"

白马洞 在鸿雪洞旁。

柘洞

清

王守锐《游柘洞二绝》诗："踞巢老鹳与樵争，抱子饥猨见客惊。薄暮忽疑山雨至，棕榈鬼立战秋声。""危峦历尽见孤村，竹笕泉声半掩门。但向南山多种豆，催租谁解入桃源？"

璇玑洞 在瑞草堂西北三里许，相传朱子隐此。

民国

卓剑舟《璇玑洞同李华卿敬吊晦翁遗迹》诗："仰止子朱子，敬吊璇玑迹。山僧导我游，数里入榛棘。氤氲隐佳气，中有蛟龙穴。羊肠度轻筇，鸟道绝行屐。行行深复深，疑非人间域。地幽神更怡，趣得心自适。紫阳千载人，瓣香情何极？遗迹亘古存，长啸洞天碧。"

丹穴　在摩霄峰。

井

小龙井　在太姥墓右鸿雪洞内。悬石嵌空，滴溜不绝。井广五尺许，俗名通海窍。石畔老藤大如柱。稍进，复有洞，低暗洼湿。内有石级十数，上而复下，有道通岩洞庵后以出。

明

崔世召《龙井》诗："玉华翳井蛰龙蟠，石角藤踪百级难。曲窦云依僧火下，澄潭霜逼客衣寒。仙姑颂呪降湫水，野老呼雩上灌坛。坐许忽疑风雨动，骊珠隐隐照飞湍。"

清

林士恭《龙井》诗："姥峰高无际，龙井清且灌。洪通极乐天，洞透长生海。中有骊戏珠，不时现精彩。探骊人未逢，含珠且相待。"

大龙井　一名白龙潭，在摩霄峰下三里许。危石棋累，下临百仞。入者，缒藤而下。至洞口，深黑，然炬乃可行，曲折数十武。过木桥，至新戒岩。相传有沙弥坠井中，三日尸浮官井洋而出。又二丈许，达大井口，有巨石若龙头，踞而覆之。下深数丈，得木梯乃可下。底皆沙洲，广二丈余。前后二孔：一承岩上，飞瀑訇轰如雷；其一深窅无际。仰望，有一窍通天，阴风凄冽，久立毛骨皆悚。旱时于此取水祷雨，立致。（按：《名胜志》及谢志，皆以大龙井在摩霄峰下三里许。林绛神记谓：在望仙桥西。今以巨石递道，荆榛荒樵，游者皆迷其处。）

明

周千秋《大龙井》诗："龙井藏幽壑，千盘度薜萝。披云穿阔曲，燃炬入岩阿。削壁缘绳下，危桥架竹过。骊珠宁可得？衣染水痕多。"

谢肇淛《大龙井》诗："危桥断复连，抱石出层巅。路绝缒藤下，崖幽秉炬穿。风雷轰白日，苔藓起苍烟。欲取骊珠去，神龙恐未眠。"

清

王子仁《大龙井》诗（仿长吉体）："黑云撼山山欲颓，金光露爪劈天开。飞鳞怒吼出深洞，雨师风伯纷追陪。哀牢沉木触头角，银涛雪涧争喧豗。嵚崎罍昒浑一色，霎收火缴润枯苔。夭矫伸缩神变化，蚕蠋兹井犹绷孩。窈黑燃炬始可入，沙弥曾坠真危哉！木桥谁营梯谁架？乃有悬泉飞瀑轰如雷。阴风凄冽悚毛骨，骊龙方睡畴敢掠其颏？"

吴慎枢《大龙井》诗："神鬼开山日，风雷夜有声。石龙今不见，玉虎昼犹行。暗洞光资火，悬岩湿待晴。骊珠何处觅？一为俯澄泓。"（按：先生字子石，秦屿人，副贡。）

王孙扬《大龙井》诗："缒藤下深洞，燃炬欲穷幽。飞瀑晴疑雨，凄风夏亦秋。灵源通海岛，仙气绕沙洲。半夜波涛作，神龙恍出游。"

陈一元《龙井》诗："裂石崩崖撼太清，龙潭涌起怒霆声。灵山不是悲秋塞，万里西风下雪城。"（按：先生乾隆时岁贡。）

丹井　在滴水洞下。相传容成子居此修炼，常苦乏泉，忽一夕裂成是井。有虎守洞，猿候火。及丹成，猿、虎各食其余，虎变为黑，猿变为白。至今山中人多见之。

清

陈寿祺《容成丹井》诗："神仙渺茫谁所谙？南荒乃税容成骖。石坪丹臼贮寒墢，天门云窦开虚岚。黄芽七返炼玉骨，耆然夜裂清泉甘。至今飞珠洒石壁，秋霞洗出碧玉篸。山中猨虎作童仆，恍惚樵牧能追谈。胡为丹成舐余沥？不及鸡犬随淮南。璎房琳宇未可到，只同野鹿窥禅庵。我闻轩辕立五始，盖天遗制万象涵。七辅六相神所畀，三辰八风幽可覃。阴阳绝学足不朽（《汉志》：阴阳家，《容成子》十四篇），岂假云液供晨酣？洪荒定无弓狗患，何事辟谷逃穹嵁？又闻荆山命铸鼎，泰乙法象如函三。青邱紫府授藻笈，赤将黄盖归萝龛。宁封成容左彻伍，岐伯复与师皇参。先生空同藐独立（见《列子》），谷神不死传彭聃（见《列仙传》）。主憎阴道廿六卷，房中邪说遗之惭。嬴刘方士鼓黄口，一一赝托推青蓝。嗟哉三古事冥昧，欲辨云鸟难逢郯。徒留洞天一丹井，千秋西岳（太姥有"西岳"之称）供幽探。"

王孙恭《丹井》诗："丹井流香忆学仙，空山一夕裂寒泉。当时猿虎归来未？花落花开不记年。"

梁上槐《丹井》诗："真人仙去久，洞口雾冥濛。水溅沙犹湿，丹成灶已空。灵源通地脉，瑶草粲天风。猨虎今何往？山前叩石翁。"

卢士璜《丹井》诗："九还丹井涌灵泉，猿虎相随守洞前。锦索金瓶沉此日，苍崖翠壁凿何年？道书读罢传真诀，药鼎烧残冷暮烟。为问容成何处去？茫茫应在水云边。"（按：先生字牧村，寿宁人。道光间岁贡，著有《卧云子诗钞》。）

李拔《丹井》诗："功深九转自丹成，涌出灵泉积地平。猿虎相随君莫怪，只今黑白甚分明。"

蒙井　在蓝溪前三桥下，石壁坚融，中有一穴，形如斧凿，泉极甘冽。

宋

郑樵《蒙井》诗："静涵寒碧色，泻自翠微颠。品题当第一，不让惠山泉。"（按：夹漈先生尝授学澂村，提举杨兴宗从之游。）

七龙井　在金峰庵，有岩七孔，泻水如星宿海。

清

王学贞《七龙井》诗："金峰庵外水潺潺，石窦生成七孔连。闻道苍龙来大海，频教碧浪涌重渊。风云喜待三春会，鳞甲争看一日骞。何事寻芳骑马客？踏花爱酌此山泉。"

珍珠泉　在滴水洞下。

清

关仲仁《珍珠泉》诗："我爱名山灵，古洞搜澄碧。淳泓数点泉，珠琲下脉脉。天光发澹演，璀璨四五尺。宛尔秋露零，团团溅翠石。清晖相妩媚，微波间青赤。幽窦蟹眼生，老蚌疑此宅。终古在山心，冷洁见高格。霜空挂寒冰，潭潭精气射。"

七龙泉　在摩霄峰下。

卧龙泉　在七龙泉外。

黄龙泉　在瑞草堂右。

曝龙泉　在白龙潭下。

九曲泉　在岩洞傍。

瀑布泉　在大龙井内。陈仲溱《大龙井瀑石记》："洞纵广十余丈，宽可容五十人。高瞰苍茫，深临巨海。日光圆射，水气寒凛。仰视岩杪，银河从天倒落；退视岩罅，暗坎伏于阶梯。然沙前之潭水与沙平，而沙后之坎水低数尺。且断岩孤峭，千寻削空。瀑布不知从何来，洪流不竭，则余游雁荡、匡庐之所未睹也。"

赤鲤瀑　在山之麓。悬流百丈，激石飞溅，訇轰如雷鸣，声闻十里。远望又若飞雾，其流汇于跃鲤溪。

溪

（三溪，附一潭一港）

蓝溪　前志："在太姥山下，源出山顶。"《仙真衍派》："每岁八月，水变蓝色。相传太姥染衣，居民候其时取水，沤蓝染帛最佳。"《三山志》："山下有龙墩，今乌桕叶落溪中，色皆秀碧。俗云仙母归即取水以染其色。"

宋

郑樵《蓝溪》诗："溪流曲曲抱清沙，此地争传太姥家。千载波纹青不改，种蓝人果未休耶？"

明

蒋文嘉《蓝溪》诗："万仞嶙峋翠色迷，乳鸦啼散夕阳西。短篾黄犊溪头路，欸乃声中绿树低。"（按：先生字彦亨，弘治间岁贡。）

清

梁上椿《蓝溪》诗："山色人烟里，中分水一溪。桃花闲掩映，不似武陵迷。"

林士愚《蓝溪》诗："荡漾岚光映翠微，惟留仙迹染春衣。一泓秋影浓于黛，万壑寒烟湿未晞。鸥泛鲸波翻水碧，苔沾柳色画渔矶。摩霄鹤去空松月，夕照红云水面飞。"（按：先生字希贤，宁德人。素履芳洁，工诗善卜，隐重金山下，日夜吟诵自娱，与俗无交。著有《梅窗小草》十余卷。）

关仲仁《蓝溪》诗："一带花云曲岸低，蓝拖流水涨前溪。半篙鸭绿光全敛，几点螺青色欲齐。无数短簑芳树外，有时孤棹夕阳西。秋风桥上闲翘首，叶落寒鸦绕碧堤。"

王孙恭《蓝溪》诗："松风涧道水声寒，一色天光漾碧澜。溪女晚沤萝带细，山家晴染荔裳干。落红着雨随流远，澄绿涵秋欲唾难。独惜种蓝仙姥去，中宵笙管望青鸾。"

王世昌《蓝溪》诗："岭云麓树束溪光，落尽千盘见莽苍。自写天容照平楚，仍披风味寿山庄。双眸朗净香难唾，一掬精神秋可囊。好语豪游诸雅伴，临流珍重漱诗肠。"

李拔《蓝溪》诗："蓝溪胜迹古流传，染就轻盈叠翠烟。试看年年秋水碧，混同莫辨蔚蓝天。"

箸溪　在山之南，绕金峰太姥洋之背而出，溪流萦纡，最为幽胜。

叠石溪　在叠石峰下，绕太姥洋之前而出，修篁百亩，翠云欲滴。

白龙潭　在捧玉峰前。天旱，祷雨辄应。
清
李拔《白龙潭》诗："选胜青潭下，相逢乐未疲。染成光灿烂，琢就石厓羲。不睹钟灵巧，安明造化奇？凭栏聊寄意，漫衍叶天倪。"又："悬崖瀑布似云屯，触石风涛彻远村。疑是骊龙争海底，几回听罢欲销魂。"

饮港　在蓝溪下。《闽都记》："饮港作敛港，在蓝溪寺前。"
（今激城村灵峰寺前。）

湖

（三湖，附二池一涧）

玉湖　在山之麓。由太姥洋登岭五里许，松桂竹木扶疏蔽天，洞泉一道，泠泠不绝。惜为僧填塞，引水他注。

清

王锡聘《玉湖》诗："玉湖半亩宽，波动云光没。飒飒满天风，吹落山头月。"

仰天湖　在石船之前，中有四足异鱼。

清

蔡文蛟《仰天湖》诗："远水长天一色秋，星辰夜夜浸寒流。乘槎航海浑多事，我欲临池讯斗牛。"

西湖　一名水湖，在瑞草堂上。

九鲤池　在九鲤朝天峰左。

清

王式金《九鲤池》诗："百顷方池傍麓开，曾传九鲤此徘徊。升腾次第看烧尾，变化连翩笑曝腮。此日锦鳞依古藻，何年云路脱凡胎？龙门陡立三千仞，好待春回震一雷。"

七宝池　在九鲤石右。

白鹤涧　在山之半，悬泉泻涧，远望如鹤立林表。

园

（二园）

竹园　在落星洞内，修竹千章。复有一径南出，穿二石洞直出林杪。南面大海渺茫无际。

清

金向水《竹园》诗："地幽山自胜，园僻竹成围。白石林间隐，青鸾天际飞。客来长日坐，仙去几时归？流水闲云径，横峰锁翠微。"

大竹园　在叠石峰下，一望里许。

明

周千秋《大竹园》诗："风吹紫雾晓氤氲，怪石纵横路不分。洞湿乳泉晴亦雨，岩围修竹昼常云。隔林海色依山转，上界钟声出寺闻。欲向此中开净室，余生长对鹿麋群。"

古　迹

（附）

国兴寺塔　唐乾符间建，今毁。

慧明塔　在摩霄庵旁。永乐十五年，为僧慧明建。

九龙墩　尧时，太姥所居，亦名太姥墩。或云王氏兄弟九人肄业于此，后为九州太守。

黄墩　太姥升天处。

望日台　在摩霄峰畔，郡守李拔建，旋圮于风。面俯大海，可望东南诸外国。

清

王世昌《登望日台》诗：“三十六峰凌紫辰，峰巅突兀石台新。青天倒挂蛟龙窟，白日翻飞风火轮。上界可怜空土木，今人不解识金银。海山双绕瓯闽小，何处蓬壶世外因？”“怒飔真疑落帽辰，积云吹尽混茫新。烛龙何物长衔火，箕伯能神不附轮。出没催人溟海眼，光芒终古恨山银。餐霞欲醉扶桑顶，掷笔成虹未有因。”（太姥山高风大，盛暑不去絮衣。而此台又在空际，四面皆风，烈如飓，期不可久坐。）

何西泰《客有谈太姥山望日台光景甚奇作此纪之》诗：“玉鸡啼时欲五更，金鸡啼时鸡未鸣。石鸡向东啼一声，海天涌动青天倾。划然一线吐红紫，顷刻变幻摇双睛。水光云气两摩荡，欲上忽落心怦怦。径圆约略可百尺，如铁出冶顽无精。须臾飞上三十丈，火轮不动沧波平。寒芒渐露彻海底，回首四山犹未明。奇观所至颇游历，此景卓绝虚平生。我虽未见意自晓，想象光怪豪端呈。二年为客神山下，咫尺不到空留情。”（按：公字素华，号实斋，侯官人。进士。曾充福鼎县桐山书院山长。）

蔡文蛟《望日台》诗：“晴云烛起半天赤，晓月无光沉桂魄。山容四面豁鸿濛，海波万丈摇金碧。始知闪烁放豪光，继似流霞凝琥珀。倏然半掩黑云昏，若火燎原烟熠迫。眼中浊浪怒排空，经时指点迷沙碛。咸池扶桑渺难寻，但闻波声稍澌澌。须臾依旧露寒芒，潮头暂落晨曦辟。灵光骏采渐有神，复讶鲸鳌互呿㖞。纵横跌宕不成圆，洪炉涌出丹砂液。中边云驶疾如飞，扶起朱轮离咫尺。欲升忽坠坠复升，幻出灵奇足千百。乘风破浪飞上天，龙堂鲛室冷光射。霞边树挂珊瑚枝，水面岩堆赤城石。俯视下界尚冥冥，始知境有尘凡隔。”

周名彪《望日台》诗：“鸡鸣登日观，东望扶桑红。天海发五彩，启明吹晓风。半吐磨金镜，祥云绕一弓。倏忽金轮现，人间大发蒙。阳光无损益，万古此瞳瞳。"

孔昭淦《望日台》诗："潮涌重轮上海东，云霞缭乱一天红。琉球山色秦川水，远近都归眼界中。"

林士恭《晨上望日台》诗："素有葵心向，何行多露忧？欲穷千里目，直上一峰头。云净天烧半，风恬海沸稠。俄看进竿上，影射万山浮。"

倚姥亭　在太姥山麓。

半岭亭　在太姥洋半岭。清同治元年，摩霄庵住持僧守纯募建。

御风桥　在大岩洞上。下临绝壑，有石磴一百五十级，名天梯，极奇险，疑鬼斧神斤所成。非御风而行，不能过也。

明

陈五昌《御风桥》诗："盘旋鸟道耸虚空，隔断摩尼顶上宫。桥自容成驱石驾，路从太姥辟山通。云横翠壁来天际，日照红涛出海东。罗列危峰千万态，一声长啸御微风。"（纱帽岩石刻）

周廷侍《过御风桥》诗："驱石何年出海东？蓬莱顶上跨霓虹。群仙昨日乘风过，力牧容成太姥同。"（按：公金坛人，官福宁州州判。）

郑璿《御风桥》诗："四望苍茫眼底宽，桥横石罅对秋看。飘飘我欲凭虚御，长啸风前万壑寒。"

林滋秀《御风桥》诗："短虹悬涧构飞梯，俯视群山万壑低。客自御风行得得，隔林不信鹧鸪啼。"

民国

卓剑舟《御风桥》诗："怪哉御风桥，悬崖险欲坠。鬼匠运奇斧，驾空人共异。游者股犹栗，谈者心亦悸。我偶桥上过，飘飘有仙意。摩挲三尺碑，剥蚀已无字。其下千顷云，想见诛茅地。灵气万象函，幽怪不一类。一犀望月奔，九鲤朝天企。岩花天际飞，四顾滴寒翠。振衣千仞冈，悠然动诗思。"

望仙桥　一名仙桥，在岩洞庵太姥墓旁。

明

林祖恕《望仙桥读残碑》诗："白昼临穹崖，中区显孤峙。上有尧时封，下有唐人纪。片石勒奇踪，迄今万余祀。此事知有无，总在六合里。缅想丹成时，虬蜿谁能驻？长风吹不休，四顾千山紫。"

黄凤镇《仙人桥》诗："才蹑仙桥路，还思未了因。石危明避鸟，树密暗穿人。世界诸天旧，乾坤满目新。飞虹何日驾？色相绝埃尘。"（按：公晋江县人。）

俞士章《望仙桥》诗："南望望仙仙可怜，一抔青冢向寒烟。劝君金屈休辞醉，竹绿枫丹尺五天。"（按：公明天启中官左参政、江南副使。）

钱行道《望仙桥》诗："绝壁凌空度石桥，樵风习习羽衣飘。白云有路通天柱，坐听洪崖弄紫箫。"

谢肇淛《望仙桥》诗："翩翩鹤驭下摩霄，月户云阶隐寂寥。丹嶂排空三十六，春风吹度望仙桥。"

周千秋《望仙桥》诗："绝涧虹梁挂碧空，阎浮世界有无中。仙人采药归何处？天际凭虚欲御风。"

清

金向水《望仙桥》诗："缥缈霞衣拂紫绡，笙鸾飞驭驻层霄。游人望断神仙返，落日空山隐石桥。（隐，一作'倚'。）"

游暠《由望仙桥问白云寺》诗："问讯白云寺，螺峰第几重？林深烟景密，山晓露华浓。洞阒神仙气，人惊虎豹踪。禅栖何处是？桥畔一声钟。"（按：先生霞浦人，乾隆三十年举人。）

林一鸣《望仙桥》诗："太姥墓前云冉冉，钟离岩下草萧萧。望仙毕竟仙何处？徒有空山一片桥。"

陈瑛坦《望仙桥》诗："欲访丹邱路，层层上远峰。危桥临万丈，峭石瞰千重。承露金茎捧，凌云绛节逢。染蓝人去后，遥望觅仙踪。"

高南英《渡望仙桥》诗："几度望仙不见仙，飞虹终古驾云烟。清风引我桥头立，翘首天南一鹤翩。"

黄金爵《过望仙桥》诗："长空行处仄还欹，似是秦时鞭石为。此去蓬莱应未远，望仙桥上立多时。"

民国

卓剑舟《望仙桥》诗："奇石走崔嵬，飞虹绝壁开。望仙仙不到，一片白云来。"

丘　墓
（附）

太姥墓　《名胜志》："在岩洞庵前。一石跌如龟背竖窣堵，太姥既上升，里人思之，虚为立墓于此。"方又超《太姥山记》："从太姥墓前向南直□，乱棘荒榛，芜秽殊甚。有巨石壁立千仞，外一巨石斜倚半开，一矍趄趑扎其中，忽恢宏如大屋，曲折凡数重。洞底有潭，深不可测，水波摇绿，投以小石至水面，辄如雷鸣。"

宋

陈嘉言《太姥墓》诗："吾闻尧时种蓝姬，世代更移那可数？帝尧骨朽无微尘，此间犹有尧时墓。墓中老姬知不知，五帝三王奚以为？狼贪鼠窃攫尺土，蘖木未枯已易主。君不见，仙人掌，分明指取青天上。骑龙谒帝大罗天，不逐华虫挂尘网。又不见，石棋盘，人去盘空局已残。当时胜负此何有？争先夺劫摧心肝。请君绝顶试飞翯，左望东瓯右东冶。山川不见无诸摇，但见烽烟遍郊野。野老吞声掩泪哀，茫茫苍海生蓬莱。"（按：公怀安人，宋末为建州司户。元兵下建州，以嘉言尝上策请救襄阳，必欲得而甘心。乃由间道逃之太姥，聚徒讲学。赋此，借撼忠忱，极其悲愤。）

明

史起钦《太姥墓》诗："天琢元岩古，崔嵬不可攀。英灵飞白日，幻壳瘞青山。鹤唳松风惨，苔封碣石斑。我来参谒处，一片彩云还。"

钱行道《谒太姥墓》诗："太姥藏真处，丹霄第几重？今名因汉改，古迹自尧封。树黑啼山鬼，潭腥卧钵龙。钟离为近侍，已化白云峰。"

陈五昌《太姥墓》诗："坤维戴巨鳌，海气蒸灵谷。鸿濛郁未剖，仙踪閟南服。何意垂衣时，名区托贞淑？荷锄劚孤云，秋蓝出修竹。深溪何潺潺，奇峰何矗矗。风雨度危桥，硵砑真牢屋。川岳寄遐姿，甘露涤肠腹。鸡犬想已升，形骸委岩麓。清昼有时来，黄棺长夜覆。白猿叫啸腾，黑虎咆哮伏。探奇陟荒隧，怀古动愁目。晦昧墓门扃，光阴何迅速！"

谢肇淛《太姥墓》诗："一片元宫削不成，苔封丹井黛为屏。彩云长护仙人掌，断碣犹传太姥名。隔水芙蓉鸾佩影，中宵华表鹤归声。如今沧海扬尘久，惟有蓝溪不世情。"

崔世召《太姥墓》诗："曾传神姥此藏舟，蜕骨云封土一邱。绀气久无留药鼎，蓝烟犹自抱溪流。霜嘘鬼火荒坛冷，月闭禅灯古洞秋。惆怅碧桃花畔路，空山春草梦悠悠。"

清

陈寿祺《太姥墓》诗："神工琢玄岩，石笋去天咫。不知何代坟，窆堵中屼峛。或云尧时妪，艺蓝给邻里。羽客授还丹，餐霞洗玉髓。鬻草招昌容，饮醪乞女儿。八月溪云平，空碧变寒水。犹疑染衣人，明月照罗绮。放勋告禅初，瑞备握河纪。偓佺及方回，本非功名士。睢盱耕凿民，岂解餐鹅蕊？如何巾帼中，蛾眉学鸥视。三河受赤图，妄书陈绛氏。（见春秋纬合诚图。）中山祠夫人，（雷泽西五十步，有中山夫人祠，云尧之四妃。见路史注。）洞庭望帝子。纷纷时伊祈，太姥犹是矣。婉婉九色龙，七夕事恢诡。藏舟外形骸，曷以委荒址？谷林已云封，蜕骨安足齿？春风落山花，长卧呼不起。世人慕神仙，神仙固若此。"

郑兆源《太姥墓》诗："丹砂成九转，白日跨飞龙。既已登仙去，何为马鬣封？"

周名驹《太姥墓》诗："蜕骨千秋尚有坟，曾于飞蜒认遗裙。瀄蓝溪色空秋水，种竹园阴散暮云。舍利不堪埋俗劫，丹经无可授灵文。归来鸿雪三更月，天半瑶笙隐隐闻。"（按：先生字叔昂，秦屿人，诸生。嗜吟咏，惜早逝，稿多散佚。）

卢鼎庠《寻太姥墓》诗："云旆金支说跨龙，染蓝人去忆仙踪。不知何处藏衣履，踏遍丹崖几万重？"（按：先生乾隆间岁贡。）

姚大椿《太姥墓》诗："虚塚何年丽碧峰？客游枉自辨尧封。眼看此日登天石，无复人垂九色龙。"（按：公子瑞年，号古龄，霞浦人。嘉庆戊辰恩科领解，历任德化、沙县教谕。秩满归里，箧无长物。郡守聘主近圣书院讲席。著有《史记评议》，未刊，惟《敬信录》一书行世。）

萧功超《太姥墓》诗："采蓝道骨洗尘因，身后尧封姓字新。千古神仙少窀穸，一邱独吊女真人。"（按：先生字卓甫，点头人，廪贡生。历任龙岩州学及闽清、漳平等县教谕。生平喜为白话诗，所作如《塾师衣匠》以及《拓底寺怀古》等篇，迄今尚脍炙人口。）

宋乡贤杨楫墓　在礼澳草堂山。

清

王梦松《谒杨楫墓》诗："七闽山水区，太姥尤精绝。人杰由地灵，斯语不虚说。提刑潋溪英，见道夙了彻。负笈游朱门，直卿为心折。鹿洞与鹅湖，义理常磋切。诚实诚可嘉，不苟见奇节。尉微帅自尊，疏忓真英烈。事奇人始知，被荐居朝列。剺论杜愫风，君子小人别。吾乡僻海隅，理学未灭裂。考亭道长存，向往思前哲。佳城托荒郊，六百余年穴。我来披莽榛，仰拜敢轻亵！落日搜碑文，苔藓蚀断碣。惜少后来人，崇封为表揭。悠悠百岁下，闻风起顽劣。"

道本和尚墓　在摩霄庵右，民国三十八年重修。卓剑舟题联云："一点灵光还大宅，千年舍利傍摩霄。"

卷之二　寺宇

太姥在昔，梵宇之盛，可称绝特。今则岁月迭更，渐就圮废，不足为名山生色。黄金布地，绀宇重新，是在于十方檀那也。纂《寺宇志》。

摩霄庵　在摩霄峰南稍平处。一名白云寺。上有顶天石，旁有摩尼宫，石兔右有慧明塔。塔后岩有"天下第一名山"六大字。庵左有七宝池，下有望仙桥。桥上可望九鲤朝天岩，称险道，富阳马公驾石梁，翼以木栏。下有传声岩，有白龙潭，常吐光怪。康熙二十三年，郡守郭名远重建。乾隆二十二年，僧迪应重修。民国三十年，僧步德重建。

元

陈阳极《白云寺》诗："缘冈蹑丹崖，东风拂瑶草。飞鸟时往还，山间白云老。"（按：先生为福宁州学正天锡之子，侯官县尉阳盈之弟。兄弟五人俱擅才名，有《棣萼集》行世。）

明

傅汝舟《摩霄庵》诗："我昔游幔亭，极高揽秋月。清光洗列洞，可数千人发。今宵此山中，乃为天所罚。狂飚起石龙，黑雨打林樾。灯前对佛经，逐字犹鹘突。遥思芙蓉园，白兔定在窟。老弟能大觥，诸朋更奇崛。驰情不能寐，一夜梦飞越。"

徐启东《摩霄庵夜宿》诗："攀崖跻绝顶，满谷乱云飞。月色生祇树，星光落客衣。山空歌吹远，夜静海潮归。不尽登高兴，呼僧慢掩扉。"

史起钦《摩霄庵夜宿》诗："山中尘不到，只许白云飞。万丈峰摩汉，一轮月照衣。出门无路去，入定有僧归。石室堪留憩，清风绕竹扉。"

于澧《摩霄庵夜宿》诗："入关忘去路，鸟倦夕阳飞。寒月穿禅榻，残云挂衲衣。羊肠无客到，鹤驭有仙归。茗碗清诗骨，听经静掩扉。"（按：公山阴人，官福宁州州判。）

萧如玉《摩霄庵》诗："杖履来仙馆，晴空景物饶。白云常在户，紫气欲摩霄。壁裂窥天线，藤牵锁石桥。山僧供茗碗，诗态转成娇。""临眺当绝顶，凭栏一望赊。却怜身是寄，安得此为家？碑古苔侵字，窗虚日印花。天源应咫尺，宁肯负韶华？"（按：公沔阳人，贡生，官福宁州州判。）

郑濬《宿白云寺》诗："招提临绝顶，不觉此身遥。石髓香丹灶，松涛叠海潮。危楼天际耸，清梦雨中饶。隔断红尘路，白云几度飘？"（按：先生霞浦人，贡生。）

秦邦锜《摩霄庵》诗："太姥凌霄汉，菁葱鸟道遥。烟迷常带雨，寺隐独闻潮。说法神龙绕，谈禅世味销。摩霄回首处，身与白云飘。"（石刻在摩霄右。）

黄凤镇《宿摩霄庵》诗："一自容成煮药年，翩翩紫气下神仙。玉湖云雨长衔寺，石壁芙蓉半插天。缥缈远开沙海碧，逍遥静觉法门玄。几时了却浮生梦？频借摩霄醉里眠。"

谢肇淛《宿摩霄庵》诗："万壑空青敞梵宫，下方一气俯溟濛。昏钟半落天河外，返照全低碧海东。苦竹半窗山鬼语，寒云一榻老僧同。松风吹醒游仙梦，身在瑶台积翠中。"

陈五昌《摩霄庵》诗："青莲梵宇挂崔嵬，绝岛遥连翠壁开。寺历四朝悬日月，檐临万壑起风雷。飘摇旛影空中漾，浩荡潮音海上来。身出白云超觉路，夜深黑虎近香台。"

清

周敬修《宿摩霄庵》诗："鸟道摩空迥，登临路曲盘。拖云衣半冷，印月屐双寒。兰若依岩结，林花入夜看。禅房清净地，扫揭伴黄冠。"

　　游曇《宿白云寺》诗：“古寺摩霄上，楼台近九天。鸟归青嶂外，人宿白云边。梵语风前度，钟声月下传。老僧长不寐，剪烛爱谈禅。”“寒夜静幽幽，飞檐接斗牛。诸天清似洗，古刹肃于秋。月落云归树，更阑霜满楼。晓来无鸟语，初日上帘钩。”

　　谢金銮《同邱古园宿摩霄庵》诗：“寺笼烟雾里，人宿半山秋。倦鸟争归树，飞萤自上楼。连床君且话，入定我先休。不辨僧和俗，云深合卧游。”又《摩霄庵》诗：“仄径攀藤古磴牢，竹门破衲许相遭。石台俯瞰三山日，烟瀑遥飞万树涛。吸水龙归沧海远，捧经僧上碧云高。名山如有前期在，赋咏深惭泼墨豪。”又《摩霄庵坐雨赠古园》诗：“三日游客倦还卧，四山暑雨阴复晴。闲花何意开半树？幽鸟有时啼数声。”

　　王孙恭《宿白云寺》诗：“梵刹枕山邱，高台接斗牛。诸天清似水，凉夜肃于秋。月落云归岫，灯残萤入楼。幽栖眠正稳，山鸟又钩辀。”

　　游学海《中秋摩霄庵玩月》诗：“信宿摩霄寺，刚逢八月中。一轮初皎洁，万里总晴空。影泻蓝溪静，光凌丹穴融。（寺旁有丹穴。）星辰信手摘，身在广寒宫。”

　　陈球《摩霄庵》诗：“夜访山僧欹竹篱，禅床斜挂绕厜㕒。岚光影射灯龛火，瀑响声喧梵呗辞。足底云烟浓似墨，眼中星斗大如箕。卧闻清碧烦襟涤，五蕴曾无俗虑羁。”

　　卢鼎享《摩霄庵》诗：“黝崖题刻半苔封，问讯山僧说异同。炉火烧残天外雨，钟声敲落海东虹。晚烟遍染群峰紫，返照斜拖远水红。笑与阇黎乞蔾豆，山花开到紫薇丛。”（按：先生福鼎人，乾隆间恩贡。）

　　王世昌《摩霄庵和退谷韵》：“盘盘四十里山程，人到摩霄雨亦晴。停屐回看青霭合，攀萝对面白云生。奇哉所历都如梦，妙矣何峰不可名。指点沧波溟渺里，一抔浮处是莲城。”“阴森绀殿静蒲牢，竹树回环绿一遭。万壑风来吹海气，六峰月上散云涛。

空阶桧影僧楼落，坏壁虫声佛火高。几夜连床梦西岳，荡胸应不负诗豪。""禅关胜绝一丸封，鸡犬尘寰迥不同。猿虎山空云满路，沧溟水尽海环虹。新题会剔烟岚紫，香供长分蒼葡红。岩气清幽风露重，春花初放玉台丛。"

林一鸣《宿白云寺》诗："白云寺古白云封，此夜来听寺里钟。拥被何人求好梦？挑灯有客话奇峰。楼台天压星辰动，岩磴秋深雾露浓。好与高僧分半榻，卧看三十六芙蓉。"

金初丰《白云寺》诗："寺门百尺挂云梯，为访禅宗独杖藜。雪水晴消岩下溜，松花香坠涧中泥。烟笼古碣青无字，风送微波绿一溪。支遁不归山欲暮，夕阳谁管白猿啼？"

阮绥猷《摩霄庵》诗："梵宇镇山巅，巍然迫九天。卷帘低日月，开户散云烟。眼纵奇峰豁，身闲古洞眠。红尘都已净，何用更参禅？"

范念恕《摩霄庵中秋玩月》诗："地迥尘氛隔，秋分璧月中。诸天开净境，皓魄丽晴空。影泻蓝溪水，凉生玉宇风。上方云气冷，如步广寒宫。"（按：范，寿宁人。）

林滋秀《游白云寺》诗："白云邀客往，不与锁禅关。天地无今古，神仙自往还。花开三径雨，秋画一屏山。拟借蒲团坐，浮生暂得闲。"

曾庆澜《摩霄庵夜坐》诗："千峰月满雨花台，云气烟痕一扫开。清磬佛宣无字梵，活泉地奋不时雷。风生绝壑疑龙啸，人坐虚堂看斗回。欲向上方参大乘，尘襟何处涤浮埃？"（按：先生字海观，秦屿人，举人，官瓯宁教谕。）

褚廷馨《宿摩霄庵》诗："已隔红尘万里遥，此身何幸卧云霄。不无醉月千钟酒，恨缺临风一曲箫。虎啸猿呼烟漠漠，山高露冷草萧萧。几回惊觉游仙梦，盈耳秦江半夜潮。"

姚大椿《白云寺晓起》诗："山鸟呼僧启竹扉，濛濛岚气湿人衣。数声清磬落何处？一带晨烟锁翠微。"

周名彪《宿摩霄庵》诗："引客卧云僧掩关，梦中凡想一齐删。偶然起坐心无罣，枝影亭亭月在山。""睡鸭香销云满床，披衣小立度回廊。一天露气侵人骨，斗大星辰历落光。"

陈式铭《摩霄庵夜坐》诗："明月出东斗，禅房生暮凉。琴心沉远水，松影压长廊。拥絮寒先怯，挑灯梦欲忘。微吟耐遥夜，清露滴衣裳。"又《摩霄庵即景成句》（限韵）："小雨松庵静掩关，薰笼孤拥一身闲。寒厨竹里方停午，清磬楼头犹看山。茗碗暂浇幽闷破，奚囊思检好诗还。明朝回首星岩路，迢递仙风下九寰。"又《摩霄庵早起》诗："松阴桧影满长廊，绝顶禅关起上方。碧落四垂涵夜气，繁星万颗纵寒芒。风回大海潮音远，露重诸峰鹤语凉。何处银台戏仙子？横吹铁笛倚天阊。"

高南英《宿摩霄庵与友人对饮》诗："玉京旧谪饮中仙，往往一饮诗百篇。我无其才有其量，时亦潦倒芳尊前。""姥峰开辟数千载，闻道今名因汉改。山灵许我初来游，当筵有酒兴更倍。""王郎周郎（俱秦屿人）与萧郎（卓甫舍鱼昆仲），豪情胜概不可当。放怀大爵各酣畅，狂歌醉舞神仙乡。""明月穿窗风入牖，衔杯齐唱旨且有。乘兴步从玉阶前，醉眼看天小北斗。""山僧莫厌多狂态，别有幽情自慷慨。请看碌碌名利场，昔日繁华今何在？""何如今夜饮峰巅，与君洗盏乐陶然。更须醉倾三百酹，拚与白云相对眠。"（按：先生字史卿，号雅叔，桐山人，岁贡生。同治乙丑、丙寅两年，主桐山书院讲席。著有《吟耕堂遗稿》。）

王守锐《摩霄庵夜坐》诗："月影千峰转，泉声万壑流。云开孤寺夜，人坐半天秋。荒径过豺虎，虚堂接斗牛。何因居下界？百尺说高楼。""多少尘凡想，翛然到此消。空音闻缥缈，幽兴入清寥。古佛同无语，群仙似可招。黄冠休面壁，听我弄璃箫。"

谭莘牧《摩霄庵晓起》诗："庵际青霄瞰曙霞，夜深风雨走龙蛇。晓来散步山岩畔，飘落玉兰无数花。"

林培芳《宿摩霄庵》诗："禅房初入结新知，道是名山许问奇。记得黄昏僧欲定，叩门正是叩钟时。""层峦列幛锁禅扉，夜色苍茫接翠微。秋意未深凉早到，衾寒坐拥借僧衣。"（按：先生字慎五，增广生。）

郑开禧《夜宿摩霄庵》诗："卅六芙蓉耸太清，白云何处觅容成？仙从蓝水家何在？碑记乾符字半明。顽石不知兴废事，青山无限古今情。淮南鸡犬神仙侣，我问梅花修几生？"（按：先生字雪农，霞浦人，光绪间举人。）

孔昭淦《摩霄庵夜坐》诗："独坐蒲团对短檠，尘心消尽道心清。萧萧满地梧桐影，寂寂空山蟋蟀声。僧觉夜凉先入定，鸟知人静自呼名。超然身在摩霄顶，欲上青天揽月明。"

周梦虞《宿摩霄庵与弟敬生联句》："卅六峰前即我家，（遁）久怀登览兴便赊。芒鞋乍着尘心净，（敬）布衲相逢青眼加。海气嘘成楼阁幻，（遁）仙山忽被雨云遮。晚钟敲罢天开霁，（敬）共坐蒲团证月华。（遁）"

林士恭《宿摩霄庵》诗："寺古自春秋，飞檐挂斗牛。鸟无巢宿谷，月不梯上楼。曼倩尚题笔，青莲乍梦游。一声钟昧爽，云日正悠悠。"又《摩霄庵晓起》诗："一啸风生万壑松，鸡声忽起寺鸣钟。月华满地白于水，山气冲天奇欲峰。逸兴鹅经倾露写，耐寒鹤氅剪云缝。李囊裹尽秋多少？饱揽芙蓉六六供。"又《和郑雪农夜宿摩霄庵感作》："六六危峰挈紫清，同游何幸得康成？寒过两日风如割，话到三更月正明。缁侣半皆新子弟，白云不舍旧游情。慨然直上摩霄顶，长啸一声风四生。"

民国

何振纲《宿摩霄庵》诗："叠石成庵驾碧空，宵深恍入广寒宫。人间那得清如许？六月抱冰卧雪同。"

陈鸣銮《宿摩霄》诗："危岩悬天际，古寺出云浮。落日天涯杳，横霞海外悠。难穷千里目，却惹一身愁。一枕清凉梦，风高月满楼。"

李春华《摩霄庵集句》："溪山不必用钱买，（杜荀鹤）石怪疑行雁荡间。（陈师道）门外白云常在眼，（吴志淳）楼无一面不当山。（刘后村）"（按：先生字实秋，福安人。）

卓剑舟《白云寺题壁》诗："朝上萨公岭，晚向白云投。到门钟梵寂，坐见四山秋。莫谈人世事，且把古碑搜。岩花空际飞，白云衣上流。言眺摩霄峰，游脚捷于猴。生性喜幽寂，行行犹未休。忽到人境外，缥缈豁清眸。星辰手可摘，万象望中收。我自海外归，轮蹄厌远游。白云如有待，将隐此山邱。"

国兴寺　在玉湖庵后三里许，一名兴国寺，里人呼为下院。奇峰万笏，罗列其前。由东南登山者，必于此少憩焉。唐开元间，以都督辛子言奏，因敕建于山麓，至宋废。有柱三百六十根，大半狼藉卧荆棘中。石塔、石池胜迹尚存。清末叶，僧守纯复就殿址建佛堂及僧房数间而已。民国廿八年，僧钦彬重建。

明

钱行道《过国兴寺》诗："寺荒僧亦少，何况客来稀。岭月猿呼起，松云鹤曳归。藓斑罗汉钵，金剥世尊衣。不独空梁上，丹青落翠微。"

陈良谦《国兴寺》诗："国兴翘首近摩霄，蹑足丹梯万丈遥。石势参差罗佛像，潭光隐见掣龙标。泉开卓锡通双井，塔镇楞伽锁断桥。华表鹤归遗迹远，几回抚景叹萧条。"（按：公字德益，霞浦人，嘉靖癸卯举人。）

谢肇淛《国兴废寺作》："绀殿高标半有无，老僧犹自忆乾符。沙埋碧瓦金光散，雨打青灯宝篆枯。遗象尽归山鬼卧，残碑空剩石龟趺。禅心何事论生灭？日落千峰叫鹧鸪。"

陈五昌《国兴寺》诗："名僧卓锡自何年？碧瓦销沉浅涧泉。山麂眠当香积冷，野猿啼过佛堂烟。画廊久没丹青藻，玉井长浮子午莲。石柱攒云三百六，更谁重复旧人天？"

周千秋《国兴寺》诗："先朝名刹白云层，过客悽然感废兴。千亩佛田归别主，半龛炉火坐残僧。"

崔世召《国兴寺》诗："野风吹云暮烟湿，踯躅离离山鬼泣。子规啼歇寺门红，半颓孤塔撑遗迹。寺门荒莽杂樵路，樵子能说前朝谱。绣幢宝册金银宫，昔日繁华今尘土。始信昆明有劫灰，我来吊古空徘徊。石柱摩云百楚楚，欲堕不堕生苍苔。国兴赐名本唐代，此寺才兴国旋改。青山阅尽往来人，几度桑田变成海。请君不用长叹嗟，芭蕉树下夕阳斜。何日黄金重布地，莲台依旧蘸春花。"

清

周名彪《国兴寺》诗："五丁力拔天地奇，只斧劈破混沌迷。不作大皴小皴披麻体，雕人削物谁之为？蓝姥顷从玉阙来，种蓝为业破苍苔。修仙有术既得道，至今尚想升仙台。升仙台，亦可哀，尧时直到祥符开。二千八百有余岁，更无男子结婴胎。缁流争恋无上脱，不学烧炉学托钵。黄金众掷若恒河，即时布遍祇园阔。金碧琳琅摇赤霞，风幡雷鼓落天花。海潮杂磬声不断，岚烟直扑寺袈裟。大众如列阿罗汉，比丘恰遇惠与赞。养定沧珠历劫明，乌兔循环八千旦。奈何极乐土中归众僧，薜涂碑篆鼠偷灯。颓垣败址攫荆棘，空剩浮图第七层。我来辗转生长叹，求仙仿佛将何唤？不磨不朽尚凋残，何况龙楼凤阁芙蓉馆！"

吴士镜《国兴寺》诗："空山留古寺，绝磴隐丛林。石咽泉声冷，花飞贝叶深。废兴增客感，岑寂悟禅心。白日依寒谷，苍台锁夕阴。"

梁以浩《国兴寺怀古》诗："翠微深处访真禅，屐齿来稀鸟道偏。采药山空云占路，种蓝人去鹤归天。满阶败叶秋声啐，一盏残灯佛火圆。世事茫茫何足恨？蓬莱深浅几经年！"

叶师周《下院》诗："废寺荒凉如古墓，禅堂石柱尚撑天。

黄金布地知何似？故老空教道昔年。"（按：先生字子望，号缄垒，寿宁人，乾隆十八年贡生。）

王绍书《国兴寺怀古》诗："善绘名山辛子言，黄金布地始开元。如来不散诸天雨，谁问祇陀太子园？""犹传金版署乾符，香积厨中长绿芜。石柱空留三百六，谁将绀碧竖浮图？"

林士恭《国兴寺怀古》诗："古刹卓超群，时迁不得闻。只留青石柱，三百六凌云。"

江本侃《国兴寺》诗："古道沿溪入，奇峰觌面来。尘氛三径辟，梵宇一林开。厨饫新香积，庭余旧劫灰。昂头看怪石，身已近蓬莱。"

民国

卓剑舟《国兴寺怀古》诗："六六芙蓉倚太清，记曾仙姥驾龙行。青山阅尽桑田梦，白社空余石柱横。烟霭欲迷鸾鹤影，云霞犹带管笙声。（见唐辛子言事。）抚碑尚认祥符字，徒倚寺门感慨生。"

玉湖庵　在山麓，今废。庵前有湖，洞水倾泻，状如珠帘，后为山僧填塞。

明

王有太《玉湖庵》诗："碧落空中太姥岚，白云深处玉湖庵。残宵寥落星辰近，清晓朦胧烟雾含。鸟道几回山列戟，龙潭万丈水浮蓝。登临共访烟霞迹，笑对禅僧问指南。"（按：公崖州人，训导。）

张应庚《宿玉湖庵》诗："何处仙人避玉湖？香林斜倚夕阳孤。潺湲一水今犹古，缥缈群峰有若无。曲径云根依石鼎，悬岩月色照浮图。来朝欲尽登临兴，直上摩霄探蕊珠。"（按：先生霞浦人，诸生。）

钱行道《玉湖庵迟林天绩不至》诗："何处缨堪濯？澄湖玉

一杯。蜂衙花坞散，燕社草堂开。日暮僧初定，春深客自来。同心不同赏，惆怅白云隈。”

俞士章《玉湖庵》诗："山色随秋到玉湖，波光和月荡金铺。经声夜息闻仙乐，指点蓬莱弱水隅。"

谢肇淛《玉湖庵感怀》诗："松杉十里插天青，小寺残灯望窈冥。百道泉飞双树月，乱峰云护一函经。采茶人去猿初下，乞食僧归鹤未醒。沧海为田君莫恨，从来胜迹易凋零。"

周千秋《玉湖庵》诗："百叠青峰过雨痕，蒙茸草树出云根。山前不见湖光绕，惟有溪流咽寺门。"

崔世召《玉湖庵》诗："石磴曲通寺，山云巧到门。慧猿缘树狎，静鸟抱沙喧。古木青攒汉，新茶翠点园。俗僧煞风景，藓合玉池痕。"

清

王孙恭《玉湖庵》诗："泠泠涧泉道，不长玉湖波。花落石桥满，鸟啼山树多。茅庵云去住，烟磴月来过。时有山僧度，前峰问若何？"

民国

卓剑舟《过玉湖庵废址》诗："一鞭斜日乱山含，无限天光覆蔚蓝。草树蒙茸深涧里，行人犹说玉湖庵。"

岩洞庵　即一片瓦，一名半云洞。奇石万状，洞门三尺，伛偻而入，豁然别有天地。平园数亩在焉。有小兔，题"尧封太姥之墓"。度石桥，桥上可望仙人掌，有石棋盘、石蟾蜍，进石门，有石龟，绝肖。有钟离石，一石卓立，类黄冠道士状。傍一石附焉，若虾蟆。有滴水洞，洞垒石而成。有一线天，从洞中行，水滴如雨。洞内有井，行人鱼贯而入，仰视空青一抹。庵稍敝陋。万历甲辰，僧如镜重建。清咸丰十年，僧瑞球重建。光绪十一年，僧海岸重修。民国十一年，僧进场再修。

明

谢肇淛《岩洞庵赠庆和尚》诗："春风万壑散晴烟，蹑棘攀萝鸟道边。怪石叠成空外色，悬崖穿破地中天。洞蒸岚气时时雨，路绕峰头处处泉。竹榻茅房人不见，老僧长抱白云眠。"

陈五昌《岩洞庵》诗："天开石洞障芙蓉，绀殿深沉响暮钟。烟暗竹园眠锦雉，寒生松坞起苍龙。行当峭壁应无路，望入层崖更几重？最是此中空世谛，小桥流水坐高春。"（石刻）

陈季立《岩洞庵》诗："洞门深窅俯溪湄，涧道盘回步独迟。荒草坟留古太姥，悬崖石肖汉钟离。露浮仙掌涓涓滴，芝润龙泉色色奇。细语安禅诸老衲，名山舍此欲何之？"

俞士章《岩洞庵》诗："顷刻峻嶒到此间，石门深处扣禅关。相逢且说浮生话，入座晴云片片间。"（石刻）

清

梁上槐《岩洞庵》诗："洞门春水长，山口白云封。路滑非关雨，岩幽正卧龙。印苔携谢屐，观瀑挂房筇。欲使尘襟息，频听午夜钟。"

民国

卓剑舟《岩洞庵》诗："四年三至此山家，鸿雪洞前对晚霞。老鹤飞鸣一片瓦，苍鹰抓落半崖花。"

金峰庵　在望仙桥五里许，有七龙井。有岩七孔，泻水如星宿海，发源岩上，飞瀑不绝。唐咸通间，僧惟亮结茅于此。后为樵火毁其居。今之庵乃惟亮故址也。磻溪林仲叔重建。

明

徐启东《金峰庵》诗："步步层崖入，幽栖隔世氛。到山金作字，对面嶂为云。双石重门锁，孤庵万竹分。临行迟去马，犹自醉斜曛。"

史起钦《金峰庵》诗："绿环僧舍竹，便是隔尘氛。玉嶂围空翠，金峰扫乱云。石扉天自设，古木屿高分。欲尽登临兴，疏林挽落曛。"

钱行道《金峰庵》诗："越壑披棘见化城，金峰一点应长庚。山腰竹染春云绿，谷口溪流午磬清。石榻倦容高士卧，松关不禁老僧行。斜阳欲别重回首，黄鸟枝头唤友生。"

谢肇淛《金峰庵》诗："蒲庵石室倚崔嵬，岩瀑潺湲曲磴回。百亩翠云寒玉滴，半窗黛色锦屏开。道流伏火留丹灶，野鹤窥人下玉台。避世山中忘日月，落花流水即天台。"

清

阮绥猷《金峰庵》诗："陟磴访禅林，迢迢度层岭。言寻太姥峰，奋袂摩霄顶。旋憩金峰庵，涧落石泉冷。风树杂钟声，潭花乱人影。客坐片时幽，已觉喧嚣屏。颇仰大乾坤，尘土俱凡境。愿揖容成子，羁此空山景。"

游光绍《金峰庵故址》诗："石磴盘旋下，冈峦又几经？峰如金出土，庵向锦为屏。荒径锄黄独，寒潭贴紫萍。徘徊寻故址，白昼雾冥冥。""脉自摩霄下，宫传劫火经。至今山不废，莫谓佛无灵。梵呗寒溪水，禅灯腐草萤。盘桓频拂石，坐看远峰青。"

王家宾《重游金峰庵》诗："望仙桥下寺，树古洞云迷。蹑屐寻来径，吟诗忆旧题。僧归见虎迹，客到听鸡啼。回首蓝村路，寒流雪一溪。"

天源庵　在岩洞庵左，摩霄峰后。从西北逾山背，循涧行五里许，清泉环汇，竹木幽胜，今废。

明

钱行道《天源庵访碧山上人》诗："源通奇石顶，庵结断桥西。曲涧桃花泛，空山杜宇啼。到来初地迥，归去白云迷。指点林间路，同师出虎溪。"

　　谢肇淛《天源庵》诗："清溪环竹屋，不觉类禅关。酌此庵前水，遥看天际山。棋声春院闭，鹤梦午松间。借问僧何处？采茶犹未还。"

　　陈五昌《天源庵》诗："小径度桥入，清幽闭竹关。白云千片合，碧涧几重湾。番信出篱散，瓢从挂壁间。林深犹有寺，不待老僧还。"

　　崔世召《天源庵》诗："柽杉曲曲抱溪环，竹榻疏篱冷不关。托钵僧归天又暮，独敲清磬和潺湲。"

　　圆潭庵　在天源庵左。清光绪二十年，僧奕果重建。
　　明

　　陈良谦《圆潭庵》诗："水光荡漾碧圆潭，竹插疏篱草结庵。一段烟霞成世界，四围云树拥晴岚。身同木石参禅偈，境绝氛埃对圣龛。莫讶个中无乐处，园蔬山茗有余甘。"

　　谢肇淛《圆潭庵》诗："曲曲溪流隔浅沙，松炉烟冷石床斜。竹门闭雨山僧病，犬吠篱头木槿花。"

　　陈五昌《圆潭庵》诗："合沓回青嶂，伤心一院荒。薜萝蒙断壁，狐兔窜空梁。古洞疏寒溜，圆潭霁夕阳。残僧谁驻锡？早晚为焚香。"

　　清

　　王子仁《夜至圆潭庵访僧不遇》诗："长溪明月照寒沙，路入圆潭石径斜。绀宇夜扃山鸟静，门前闲落欸冬花。"

　　江本侃《圆潭庵》诗："荒径阳光澹，披荆下翠微。螺鬟蟠鸟道，云栋辟岩扉。劫溯红羊换，潭仍金带围。老僧谈轶事，遗迹未全非。"

　　民国

　　卓剑舟《圆潭庵》诗："扶筇偶至姥仙家，返胜穷幽未有涯。便作王侯何所羡？圆潭庵里一杯茶。"

白箬庵　旧称午所庵。至玄成禅师任山，易瓦以白箬，故名。明万历丙午重建。环溪五里，萦纡宛转，最为幽胜。庵面乃摩霄之背，可梯而上。惟行者率从天源沿涧道而北，溪流屈曲，乍左乍右，石梁木彴十数度，凡五里许始至，前后百亩皆茶园。庵前两巨石对峙，形若覆舟。有小观音洞，穿洞门而入，十八罗汉洞在焉。民国三十六年，尼题敬重建，改名曰天门寺。

明

陈良谦《午所庵》诗："野色玲珑午所浓，秋光摇荡菊篱东。坂回九折穿云入，桥度双仙冒雨冲。竹叶盖庵通漏日，松风满榻递疏钟。突生奇石缘崖立，倚盼摩霄第一峰。"

钱行道《白箬庵怀成方和尚》诗："纡回荒径乱云侵，踏遍穷崖访道林。鱼贯仅通天一线，蛇行直下岭千寻。洞穿流水苍苔净，松卷寒涛白日阴。遗址独怜人去后，不禁啼鸟落花深。"

姜芳《白箬庵》诗："烟雨空濛处，如来箬笠还。琪花飘绿树，瑶草遍青山。乱瀑晴翻雪，寒云静掩关。清歌传白玉，涧水和潺湲。"（按：公，仪真人，曾官福宁州知州。）

谢肇淛《午所庵》诗："樵径草萋迷，春香扑马蹄。峰围庵向背，路逐涧东西。天柱青初近，云芽绿未齐。圃蕉诵经处，谢豹隔窗啼。"

周千秋《白箬庵》诗："丛林寂寂背摩霄，十里寻源鸟道遥。白箬数椽云际寺，清溪几曲竹间桥。篱疏春暖花依砌，洞古烟深树挂瓢。阶下残碑荒藓合，开山惟记自前朝。"

崔世召《午所庵》诗："涧绕层云路，春深白箬房。霞容分石户，露色满绳床。拂藓碑难辨，穿崖树屡僵。归途风冉冉，一带玉兰香。"

清

王孙恭《白箬庵》诗："屋瓦凋残白箬飞，旧传午所认依稀。

人来玉洞探泉入，僧踏金峰乞米归。青草千秋开墓石，寒云终日护禅扉。谁知吊古搜奇意，徒倚空山送落晖。"

周名彪《午所庵吊古》诗："神斤鬼斧辟奇嶂，三峰插汉石气壮。双柱嵯岈架天门，黑衣陡起韦驮状。四万八千论丈尺，飞鸟跳猿不能上。中有琪花落涧香，平坡如掌小仙乡。云是菩提三藐地，前劫曾经作上方。古僧诛茅号午所，历遭兵燹与风霜。只今斜日横秋色，禾黍离离四堵墙。断碑斑剥无完字，故老传闻知一二。六六旃檀如返魂，谁向山坳问废寺？玲珑剔透野烟穿，花光最好午时天。我生恨晚虽不见，犹得寻味西方禅。兴衰定数浑已矣，一笑都忘大小年。藏龙有井难寻迹，顷刻兴云在眼前。"

卢光埰《午所庵》诗："洞门日午白云封，绀宇中天积翠浓。秋草乱埋无字碣，虚堂空听旧时钟。谈经僧去余啼鸟，礼佛人来忆伏龙。峭壁只今留胜迹，山灵长护玉芙蓉。"

民国

卓剑舟《白箬庵偶句》："白箬溪边白箬齐，迷茫烟色草萋萋。寺门寂寞无人迹，唯见饥鸟向客啼。"

叠石庵　在金峰庵南二里许。峰顶有叠石，故名。一名石龙庵。明景泰间重建。清康熙二十三年，郡守郭重建。又有一庵，名下叠石庵。

明

林祖恕《宿叠石庵》诗："坐览石龙山，幽期惬素癖。登顿乍然离，竹床疏巾帻。白云冒山冠，阴雾守元宅。劲风递洪波，浮天摇岁崫。深窟有猿啼，晴雷喧大泽。僧定心转清，钟鸣境逾寂。学道割情恋，胡为春泉石。堀埂日纷纶，欣赏此晨夕。瓢笠来何迟？永愿谢羁勒。"

钱行道《叠石庵》诗："行尽千林竹，才过万仞冈。径阴缄石翠，风暖落松黄。不离红尘远，安知白日长。竭来无别事，合掌拜空王。"

谢肇淛《叠石庵》诗:"夸娥已架空中石,古寺仍存叠石名。出门十里但竹色,荒山尽日惟溪声。已无剥啄妨入定,只看翠倩同幽情。老僧养蜂当说法,蜂泥落地花纵横。"

妙香庵　在摩霄峰旁,今废。
元
陈阳纯《妙香庵》诗:"画栋翚飞锁白云,几看瑶月自黄昏。㲯灯未灭僧初定,风挟潮声到寺门。"

福成寺　在龙虎洞,民国二十八年,僧进勤建。

白龙庵　在曝龙石峰上,今废。

白马寺　在金峰庵右,民国二十八年,僧进明建。

灵狮洞庵　在叠石庵后,清道光间,僧福钦建。

摩尼宫　在摩霄庵右,方广丈余,俱石块甃砌,中有石像。
明
傅汝舟《摩尼宫》诗:"太姥上升日,乃在摩尼宫。神光夜式来,草木尽摇红。长蛇山不如,旋复化微虫。此事老僧说,侧令心内忡。宝书久上天,吹下必长风。纷纷来游者,空望海溟濛。"

林祖恕《摩尼宫》诗:"太姥横秀色,千盘上云表。古佛开丛林,寒溜飞㳫㳫。阴洞夕阳回,天挂余虹杳。中有黑雾屯,外有丹霞绕。奥突潜蛟龙,风雷时夭矫。桃花夹石梁,樵人行木杪。下视无底壑,目眩神亦掉。往往见仙人,吹笙拾瑶草。我闻逍遥子，卜筑此幽栖。洞琴浮湿烟，山树接回溪。窗槛隔修竹，清猿日夜啼。老僧共焚香，玉堂教炼药。偶对花间弈，不知松子落。坐遣浮生累，高情寄寥廓。"

陈五昌《摩尼宫》诗："珠宫一望渺茫茫，阊阖风生卷大荒。绝顶平临金相古，中天时放玉毫光。坐当清净慈航稳，身出虚空法海长。为与白云山寺近，斋钟初罢便焚香。"

清

吴士镜《摩尼宫》诗："摩尼宫即傍摩霄，咫尺云间路更迢。石室斜通罗汉洞，瀑泉遥注望仙桥。旃檀树下长垂荫，鸾鹤空中不可招。佛是虚无仙杳渺，孔颜乐趣足逍遥！"

张绍禹《石室》诗："非竹非茅一小庵，洞天别自有云岚。岩中久秘神仙术，好倩灵威发禹函。""石室中空方丈宽，化工变幻本无端。分明一座维摩室，莫作寻常洞壑观。"

梦堂　《通志》作乞梦堂，在摩霄庵后。登山者祈梦于此，多验。

明

周千秋《宿梦堂》诗："予生爱邱壑，名山恣遐观。太姥表灵异，天巧开岩峦。绝顶逼霄汉，日月同弹丸。云海望不极，沧溟浩漫漫。回眸隘八荒，蹑足青云端。花宫倚空碧，夜宿萝细寒。蘧然一梦觉，起视明星残。"

清

王世昌《梦堂和谢退谷先生韵》："我也灭因想，甘酸两不尝。最怜迷佛果，长啸下山堂。雨色青苔瓦，风声白箬墙。枕头诗烛焰，心在醉中乡。"

王家宾《宿梦堂用周千秋韵》："海气郁灵阜，东南耸巨观。摩空矗青嶂，云险排岩峦。俯视尘世界，城郭罗星丸。欲从漆园叟，栩栩游弥漫。须弥与芥子，梦境浑无端。达者平等观，炙手若冰寒。华胥何所恋？月落山钟残。"

林一鸣《梦堂》诗："世事皆如梦，游人入梦中。有缘原是幻，无想即成空。失路迷蕉鹿，浮生叹雪鸿。何如归大觉，一问信天翁。"（按：先生字蜚庭，桐山人，诸生。）

林遂滋《梦堂》诗："世事原如梦，登堂莫认真。劈开灵觉路，唤醒梦中人。"

游瑞俊《梦台》诗："历遍诸峰已倦游，睡魔催我入仙洲。台前借得一拳石，权当邯郸旧枕头。"（按：先生字隐石，点头人。）

高南英《过梦堂》诗："尘寰扰扰谁非梦？何事山间辟梦堂。我问梦中人入梦，梦乡何处是仙乡？"

孔昭淦《梦台即景》诗："夜凉如水景寥寥，一瓣心香结愿烧。梦未分明醒已促，野猿啼近望仙桥。"

林士恭《梦台》诗："处世若大梦，胡为又梦台。梦中求梦觉，觉笑梦中来。"

民国

卓剑舟《梦堂》诗："虚堂知阅几千秋，云气蟠胸自在游。寄语名缰利锁客，试来此地梦封侯。"又诗："浮生一梦耳，胡为上梦堂？红尘身扰扰，何日醒黄粱。"

林嵩草堂　在山之南，旧名灵山。唐咸通中，林嵩结茅山中，因更名草堂。嵩，州人，官金州刺史。草堂楹联句云："士君子不袭唾余，时把海涛清肺腑；大丈夫岂寄篱下？还将台阁占山巅！"堂久废。是处周园数亩，泉虽旱不涸。里人祷雨，蝘蜓见则石壁流液，甘雨随应，人奉为有蝘蜓仙云。

清

王绍言《草堂》诗："石室深幽处，循山到草堂。飞梁挂藤薛，残碣问沧桑。人以斯文重，名难易代忘。徘徊想芳躅，独鸟下斜阳。"

瑞草堂　在水湖，民国初年建。

民国

卓剑舟《过瑞草堂》诗："杜鹃声里足徘徊，几处园林认劫灰。一抹斜阳山色暝，湖光白到草堂来。"

卷之三　志目

史志久佚不传，谢志尚存，然亦仅见矣。其后乡先辈王恪亭教授重刊旧志，续修而未成。其孙迟云山长补修，未梓。而稿亦散佚无征。余学殖荒落，率尔操觚其间，亦何能有所发明？盖不忘其山川之形胜与先哲之文献也。僭书以俟后贤，逐时而继新之可矣。纂《志目志》。

史起钦《太姥志》一卷
（未见）

《四库全书总目提要》：《太姥志》一卷（浙江巡抚采进本），明史起钦撰。起钦，字敬所，鄞县人，万历己丑进士，官福宁州知州。太姥山在福宁州境。传尧时有老母业采蓝，后得仙去，故以为名。中有钟离岩、一线天诸胜迹。起钦因创为此书。成于万历乙未，前列图，次列记、序及题咏之作。然山以岩壑、寺宇为主，法当分门编载。起钦但为总绘一图，悉不加分别诠次，非体例也。

谢肇淛《太姥志》三卷
（存）

谢肇淛自序

胡孟修使君治秦川之明年，移书语余曰："太姥盘峙海陬，岩壑之胜甲天下。尔愦不敏，即不足当地主。幸俨然为山灵辱之，予谢不敏。迨又越二载，而始践其诺也。盖实藉一二同志共杖履焉。先是，吾友林叔度、陈惟秦两游之，而两为余言至今。

舌本芙蓉，犹历历可忆也。比游，而信所闻之非夸矣！间尝论吾闽山川之奇，指不胜偻。武夷、九鲤以孔道著；越王、九仙、石鼓以会城著；独太姥苞奇孕怪，冠于数者。而鹤岭碍云，鸾渡稽天，即有胜情，徒付梦想。考之古今纪载，何寥寥也？盖山川于此亦有幸不幸焉！余既竣事，感胜迹之不常，惧文献之无征，乃为掇拾传乘，而益以所睹记，裒为志略，付之梨枣，以复孟修。且知今日之游，为使君故，非使君不足重太姥也！

万历己酉二月，晋安谢肇淛识。

崔世召跋

谢在杭先生既志太姥成，移书诧召曰："余之游太姥，盖有四奇焉。不腆之行李，筇杖孤琴，款段萧萧，则以胡孟修刺史为东道主。刺史，余旧知，雅千里道故，杯酒壮行，足添吾游兴十倍，奇一；而是时梅雨且剧，潦潢没膝，计高山长薄，中饶岚雾，对面无有睹者。自驱车出郭门，天日为我开朗。沿溪踏莎，直抵摩霄巅。首为九回，沧海一杯，瓯闽一粟，白云冉冉，微香袭人，庶几太姥驾鸾鹤仙衣下垂。甫下山，而雨师迓余道中矣！奇二；自太姥名播震旦，游客冠盖相望，山僧视为畏途，相诫埋匿佳境不语客，令山灵短气。而吾侪觅一快僧与俱，历历指点。凡幽洞花源、云床玉窦及蛤蚜黝黱、神龙出没之处，靡不寄足。先是，伯全陈太史游归，傲余，不知余今且挟二三拾遗骄语之矣！奇三；烟霞缘悭，胜伴难偶。是役也，不谷主盟，乔卿掌山史事，宪周按图，而微仲以扣武夷君进蹑至，次第韵语，左举右拍，差尽此山之胜，是四奇也。不佞召盖深击节斯言。夫人重山川，山川亦重人。太姥自秦代历汉，醮祠斋宫，迄今阅人已多百千春秋。游踪胜事，俱陆沉于暮烟春草间，不可复记。即山下主人岂无操如椽者？而竟留以待先生，景物遇合信有时哉！虽然，先生鼓山长也。志鼓山既烂然，而复贾其余勇，并吾太姥而掩之，先生摇笔亦太横矣！而余观从古江左诸贤，若幼舆丘壑、安石东山、元晖宣城、康乐永嘉，青山彩笔，种种属谢家故物。他日，先生五岳游成，将到处借灵文，何况太姥！昔李太白登太华落雁峰，以不携谢朓惊人句为恨！兹志传千载而下，风华映人，当与太姥争奇矣！

霍童山居征仲崔世召撰。

胡尔恺序

太姥肇迹于轩尧之代，最为玄古。夫容成帝师、蓝妪仁母，岂尽以刀圭著灵？汉武摈闽越，徙其民江淮，及授名山文而独不废太姥，亦已显扬褒异之矣。

余承乏长溪，始获一再登是山。群碧摩天，一蓝漱玉，洞石岩阿，各擅奇倔。候月摩尼，视悬窝若冰壶，云中笙鹤隐隐自海上来归。而读是山旧志，寥落不称，为之慨叹。今春，余师谢司马偕二三同志俨然辱而临之。司马才高八斗，癖嗜五岳。登高作赋，发幽兴于名山；选胜抽词，剔闳灵于绝代。比归，而成山志者三卷，叙述烂然。夫兰亭之为亭也，赤壁之为壁也，永州之为山水也，其胜不能如其名。然而阅千秋有胜色者，则右军之书，长公之赋，而子厚之记也。今太姥既擅神皋，而复得司马为之阐绎，足当不朽矣！尔恺幸而主封内，亦获与闻轶事。昔开山禅师有慧性后往金陵，而化其骨飞还太姥。徒从拾而葬之摩霄。国初，陈文起修净业，山中老狸化为童子，为之拾橡栗给朝夕者十余年。语在稗史氏，司马固未及也，抑又有疑焉？力牧黄帝七辅而系之，侈谈者往往称商代，何也？王烈《蟠桃记》明言："母七月七日乘九色龙马而仙，其下有龙墩。"复言："王氏兄弟能无蛇足乎？夫山川无穷，杖履有限，司马固尝言之，后之作者无废斯言。相与捃摭扬抚，勒成胜事，则藉此志为前茅，直易易耳。"是山也，原以才名，下为才村。林降神、杨通老，咸雄文理学，辉映后先，非徒以姥重也。夫昔人才隆起，仙源则阒而不彰。今玄扃辟矣，人文之盛又若不无少逊，岂山灵固自有待耶？余将游而问之。

万历己酉岁秋菊月吉日，吴兴胡尔悊书。

郭名远《重镌太姥山志》三卷

（存）

郭名远自序

岁辛酉，余奉简书承乏长溪。祖道时，即有诧闽北名山如霍童、太姥者在余封内，得为此山之长，亦一快事。及莅任，适逢展界，哀鸿甫集，嗷嗷吁诉者日以千数。加以羽檄交驰，坐堂皇，目不暇给，此外何暇有车辙马迹焉！每羡古人足迹所经，几半天下。余于封内二山不克一再登，何缘之悭也！迨甲子春，奉文图绘天下名山胜迹，太姥亦叩访。及山坐海澨，被迁，诸精蓝悉属灰烬，而山志亦毁无存。爰搜获旧本，乃前守胡公所镌，但多为蠹鱼残蚀，亥豕模糊。因召匠重梓，而山僧复有重建缁庐之举。甫倡募，适余有秦屿之行，便道一观，见其怪石干云，奇峰插汉，肖人肖物，各呈其异，与山志之所载俨然在望也。缘叹莅斯五载，日冗簿书，不获一探仙踪，未免为山灵所哂。今得梓其旧志，而蹑其山巅，又未始非山灵之默契也。然僧云游山宜秋时，天宇清爽，登摩霄绝巘，可俯视一切。但未识届期能作数日游，以望扶桑晓旭，一穷千里之目焉否耶？

康熙甲子孟冬谷旦，三韩郭名远鸿儒氏识。

吴　学　序

尝考天下名山，五千三百七十。而六六洞天，独首霍童。东分支干，千崖万壑直奔长溪，海澨结秀姥山。其绝壁插天，群峰入汉，怪石巍峨，肖人肖物，难以殚纪，形胜可甲宇内。但僻在海陬，非通都大邑孔道，虽过客游人亦多题咏，而史传不多概见。此盖仙灵所栖，若厌尘嚣而居幽静者焉。山旧有志，登临者挟之，按图观览，甚便胜游。续缘海岛扬波，山遂弃，迁界外，志亦随毁无存。近幸展复。今春，奉文图绘天下名山洞天，而兹山亦叨访及。又逢吾师郭公莅守是土，恐古迹湮没无传，公余取旧本校正而重梓之，将以达胜迹于宸聪，显仙踪于海内，且发扬。先建摩霄、叠石二庵，以栖禅侣，而寓游踪，二者皆为不朽盛事。昔羊叔子尝登岘山，置酒谓从事邹湛曰："自有宇宙，即有此山，由来贤哲登此者多矣，俱寥寂无闻。"湛对曰："明公德冠四海，令闻令望必与此山并传。"时感其德，为之立祠，刻碑其上。然则斯志也，藏之名山，传之其人。而禅宫梵宇又将次第告成。是公之德泽闻望直与姥峰并峙，蓝水共长，岂但立祠刻碑炫耀一时而已哉！公讳名远，字鸿儒，别号恭庵，辽东人。

康熙二十三年岁次甲子仲冬既望，长溪门人吴学谨识。

林开琮《太姥山志钞后跋》

《太姥山志》三卷，长乐谢在杭于万历三十七年春，与崔徵仲、周乔卿、张宪周同游，后为州守胡孟修作也。上卷纪全山名胜，有峰四十五、岩七、石三十九、洞十一、墓一、塔二、谷一、园二、洋一、溪二、湖二、潭一、井五、泉六、池二、桥一、寺一、庵十、宫一、堂二；中卷纪文，有记六首、序一首、启一首；下卷纪诗，有五古十四首、七古十首、五律二十八首、五言排律一首、七律五十六首、五绝五首、七绝二十二首。前有孟修序、在杭引，末有徵仲跋，盖裒集当时及前人图、记、题咏而纂辑之者也。而于前知州史起钦之《太姥志》并不提及，抑以史志体例未当而不言耶？考史志，见《四库存书提要》有云：是书成于万历乙未，前列图，次列记、序及题咏之作，然山以岩壑、寺宇为主，法当分门编载。起钦但为总绘一图，悉不加分别诠次，非体例也。是《太姥山志》已有史起钦为之先，而在杭于十余年后加以诠次而增辑之，俾合体例，而不为人所删没，厥功尤伟矣。予弱冠时曾游太姥，为期二日。山中名胜未能——遍历。而所经见者如太子帽、三覆船、七星祠、三曲腰、白马洞、一片瓦、鸿雪洞等，俱是志所无，想皆后人增益。正如唐以前，峰尚无名。乾符间，僧师待始图二十二峰示林陶，陶因为之名。后又增十四峰，为三十六奇。起钦图绘之。至在杭又增九峰，为四十有五而志之。是举其有名者，岩石洞等皆然。其他名胜为后人增益者，又何可胜数耶？在杭之后，续辑山志者，有嘉庆初秦屿王恪亭广征郡人著作，惜未梓而稿亦散佚。近年卓君剑舟竭三年之精力，冥搜博访，并参访方志，以科学方法分门别类，辑成《太姥山全志》一书，以待剞劂。曾邮书促其早日付印，使海瀓山灵能发扬其灵秀幽奇之气，得与武夷、壶公、越王、九仙、石鼓并著海疆，为中华生色，非独为游览者先导已也。况其为闽王时，与霍童同被封为东、西二岳者耶。去秋，李君实秋以北岭中学学生钞录本假予录副，盖从寺僧假得康熙刊本传钞者。考其首，有康熙二十三年长溪吴学重镌小引，谓时值奉文图绘天下名山洞天，郭君名远莅守是土，恐古迹湮没无传，乃取旧本校正而重梓之也。读中卷末江时宪《太姥集》一篇，下卷末郭名远《黄甲》七律二首，为重梓时所增入者，余俱仍谢刻，似无所增损。抄校既毕，亟以原本归实秋，而识其略焉。

民国壬午冬，义园林开琮识于福安县立图书馆。

王孙恭《太姥续志》五卷

（佚）

张 澂 序

太姥传自尧代，其事荒远，不可考，而山之名胜久著寰宇，亦可见造化储精为灵古矣。庚子岁暮，奉檄权知福宁府事，都人士为余言：山在府治东北九十里福鼎县地，苞奇孕怪，矗立海滨。心窃向往之。履任以来，百废未修，方圆补葺。今夏，又值风伯为灾，嗷鸿遍野，日筹赈抚诸务，复何暇为探幽揽胜计？是何烟霞缘悭也！郡绅王瑾卿驾部出福鼎王恪亭先生《太姥山续志》，问序于余。余日冗簿书，久无以应。公退之余，焚香瀹茗，偶一开卷审玩，恍见千岩万壑，玲珑倜诡，天然图画隐与花光竹影交相掩映于几席间。心炫目迷，令人应接不暇，盖不啻身历其境焉！呜呼奇哉！慨夫古人游历所至，车辙马迹几半天下。余忝守斯土，不获便道一访容成旧迹，其若山灵所窃笑何？异日者，倘天假奇缘，获与二三同志乘兴作数日游，会当蹑屐扶筇，陟其巅，而穷其险，远眺扶桑琼岛，近观浙水天台，亦生平快事也！但未知此愿何日偿耳？昔韩昌黎以未游而记滕王阁，余窃比斯义，先附前贤之后，为幸亦云多矣。

光绪辛丑年长至前五日，张澂雁初甫识。

方镇《太姥山志补遗》一卷

（佚）

黄宗健《太姥山志略》一卷

（佚）

邱椿《太姥指掌》一卷

（佚）

邱椿自序

古园子生于太姥之下，养于太姥之下。幼而游焉，长而知好，壮而弥笃，近老而弗衰。计自髫龄迄去年辛亥岁，凡十游其地矣。每往，辄更数日夜，竟欲忘返。春秋冬夏，靡不毕经风日雨雪境俱遍。其在家居闲处，独常神仿佛如游其处。至若奇岩怪石，高下块磊，心遍识之。如器物之杂陈屋中，习居者暗中摸索，无所不得。客有欲游太姥者，由秦屿来，则虽不相识，必歇吾门，引为向导。予既不能悉应之，乃历书其所在路径、岩洞、峰石，形肖最极其态为一小册，曰《太姥指掌》，其名号标拟雅驯者无论耳。他如仙人锯板、伏猪诸称，皆旧志所载外，多有增入者。俗人口眼所及，时时乐言之，予皆仍其陋不改，唯其肖而已，所以便游观者也。册成，好事者皆喜而为之序。嗟乎！予幼悦名山，今四十有五年矣。功名之念，既所弗骛，菽水藜藿，略自充。方期毕儿女婚嫁，了尘世事，结茅依此山，以尽吾齿，而人事忽忽，恐不可得。头童齿豁，筋力渐衰。他日者，尚欲穷春秋，涉冬夏，以从诸君子于此山者，是予之志也夫。呜呼！吾将老矣，而诸君者挟小册，穷幽险，则予之心迹已俱游。其或者较东西，审向背，指某峰、某石曰：某于某果极肖，此吾邱某之所谓某某也。则其注目凝想于奇岩秀石间者，犹将分其精神意气一接于予。呜乎幸矣！乃自为之序。

王世昌序

注《齐谐》者曰：知而不能变化，平知而已；物而不能变化，平物而已。乃至于人、于文而不能变化，则草木腐酱瓿覆而已。奚贵焉？天下即无不变化者，若佳山水，何独不然？吾秦太姥，闽东北名胜也。上古神仙所宅，事无足征。独其山摩空际海，飞凌云烟缥渺之上千百万仞。石则大者、小者、高者、下者，锐、削、皱、摺、屈曲者，突兀怒欲飞去者，礧砐支架若蠔山砺房者，虚临无底势将坠而不坠者，率皆情状诡谲，刿目刺心。阴窦石扇，刿然森张。自云，自雨，自为昼夜。缒幽凿险，火入而风拒，绳下而水阻，有力者恭焉。以故，唐宋迄今，豪游者无能遍踪迹，诚可谓尽变化之致者矣！其乌能名之？然吾谓太史公身走名山大川，向乎尺筇緉屐，翱翔五岳，彼讵以邱壑足尽变化而已乎？抑于流峙间仰焉？而日月往来、星辰经纬、风雨露雷，其文之变化者，若干数俯焉。而飞潜动植，蠢蠢灵灵，充数无算。而名不相干、实不相假者，又若干数。何者？凡以志变化也，而后变为文章。成一家言，卓卓不可朽。今秦屿儒者，日在名胜肘腋，多老死不一至。间见游者，辄怒诃之，若舍业以嬉，类浮浪子弟者。然其视古人之胜情，何如耶？古园先生喜山游。著有肖象册，穷极抚拟。或病其藻缋，形似而无能变化也。子曰士人尊小体，不出户庭，有如儿女子谓林泉无裨嗜好利欲，龌龊若性命，有如市井细人。此当以不变化者变化之也。先生假此，多悦其耳目，易惬其心志，俾流连者久，渐习渐化导之游，而或有见焉。则挟是编，虽以游一切山水，以变化其人，以其物之变化而变化，以得其知于吾文无难矣。倘谓天官地舆、荒远神异，诸作者皆荒诞不根，拘狃名象，是能不辙而仙、不书而圣，吾则莫究其变化之所以然。而汗漫之野、无何有之乡，且不足以当一吷。况此私志，直刍狗耳。先生闻之，笑而不答。

乾隆壬子秋，王世昌面城序于拥万垒。

卷之四　金石

由来高贤游躅所至，选石撰刻，一字一句，标奇争胜。顾历年既久，磨灭不可读，心甚恨之。爰录文献，剔苔藓，镌石留题靡弗录，古碣残碑靡弗辨。务使古今名贤之遗文剩字长留天地间，永垂不朽也。纂《金石志》。

"天下第一名山"六大字摩崖　东方朔题，镌于摩霄庵右石壁上，字模糊不可辨。

太姥墓碑　镌曰"尧封太姥舍利宝塔"。明林祖恕记云"唐元宗赐祭题额"，疑即此。

唐太姥山记　舆地碑目，乾符六年林嵩撰。

弹丸石诗摩崖　明天启左参政、江南副使俞士章撰，见《艺文》。

"丹邱磴"三字摩崖　在七星洞口。

"别有洞天"四字摩崖　在三伏腰口，闽人吴宗刚书。

元琢奇崖摩崖　在鸿雪洞口石壁上。

"紫烟岑"三字摩崖　在七星洞上。

"鸿雪洞"三字摩崖　在太姥墓旁。

"福地洞天"四字摩崖　在摩霄庵右。

"法轮常转"四字摩崖　在鸿雪洞口。

"天然仙景"四字摩崖　在摩霄庵右。

岩洞庵碑　明谢肇淛撰，文见《艺文》。

摩霄峰诗刻摩崖　在石船上，明秦邦锜撰，见《艺文》。

"太姥摩霄第一峰"七字摩崖　在摩霄峰顶，人迹罕到。郡守李拔来游于此，始辟荆棘，作亭其上，刻其石曰"太姥摩霄第一峰"。又有联云："仰观三极星辰近，俯视四垂日月低。"东南望海，子丑迎日，最为大观。今亭已废。

"云标"二字摩崖　在雷轰石上，明宁德崔徵仲同谢在杭游山，镌此二大字于其上。

望仙桥碑　高广三尺许，总十五行字，剥蚀不可读。

"山海大观"四字摩崖　在摩霄庵右。

御风桥诗摩崖　明万历太史陈伯全偕友人陈仲溱游。诗成，命僧勒石。

纱帽岩诗摩崖　明检讨陈五昌、提学副使沈儆炌撰，见

《艺文》。

岩洞庵诗摩崖　明左参政、江南副使俞士章撰，见《艺文》。

摩霄庵诗摩崖　在庵右石壁，明秦邦锜撰，见《艺文》。

"一片瓦"诗摩崖　明检讨陈五昌撰，见《艺文》。

闽少方伯黄公赐碑　在摩霄庵后石壁上。

瑞草堂碑刻　在瑞草堂石壁，宋嘉熙杨涅撰。（瑞光按：石刻应为元代文物。）

登山界至石刻　在摩霄庵后石壁上，清初游学海立，惜被寺僧刮去殆尽。

黄龙泉摩崖　在瑞草堂旁。

太姥山诗摩崖　民国福鼎县长陈廷桢撰，在国兴寺上萨公岭边。

卷之五　仙梵

山以岩壑、寺院为主。惟缁黄之流为能张大其事迹，其人类皆敝屣富贵，抗志烟霞，即庄子所谓游于方之外者也。纂《仙梵志》。

上古

容成先生　黄帝时人。尝栖太姥山炼药，后居崆峒。轩辕黄帝师之。今中峰下石井、石鼎、石臼犹存。(见《力牧录》。)

太姥　尧时人。种蓝为业，家于路旁，往来者不吝给之。有道士尝就求浆，母饮以醪。道士奇之，乃授以九转丹砂之法。服之，七月七日，乘九色龙马而仙。后人改"母"为"姥"，因名太姥山。(见王烈《蟠桃记》。)

唐

司马承祯　温人，字子微，号白云子。学辟谷导引术。遍游名山，尝栖真太姥山中炼药。(今山中丹井犹存。)后居天台玉霄峰不出，武后、睿宗、玄宗迭召见之。卒谥"贞一先生"。

惟亮　咸通间结茅于金峰。月下山乞米一次，日用二三合，煮野菜食之。或转施贫乏，则经旬不食。其后樵火毁其居，遂改居柘阳里。见饿虎，因弃身以饲之。

师待　乾符间，筑居于太姥山，图其秀拔二十二峰示林陶，陶因为之名。

宋

杨彦国　潋村人，以三舍法入太学。崇宁间退隐，方著《易解》，夜忽光明满室，由顶而出，遂崇内典。栖才山，号太姥居士。著《楞严经解》。妻王氏，名正慈，亦得佛法。

明

慧明　邑桐冈李氏子。八岁，礼昭明寺僧志宏为师。遍叩诸方，求上乘法。洪武十六年，钦取高僧灵谷住座。年八十七跏趺而逝。谛世偈云："八十七年，如梦相似。梦破还醒，无一垩处。"今摩霄庵旁有慧明塔，是其葬处。

碧山　天源庵僧。能诗，与张叔弢友善，叔弢尝目为诗僧。莆田林祖恕游太姥，读其诗，有"雨白双溪路，灯青七祖莲"，又"白云一片能相恋，消尽风尘是此心"句，大赏异之。

如庆　万历间岩洞庵僧。与谢在杭先生相友善。如庆躬诣州守胡公尔恺，面陈栖泊之艰，求派田若干亩存庵饭僧，以供游客。庵之有僧田，如庆力也。

清

泰净　摩霄庵僧。庵自唐、宋及明，田赋称盛，赡僧待客，日可供三百余人。铭勒摩霄庵之流米岩。无如，海氛不静，寺废僧逃，豪强吞没，仅有存者。泰净先后趋谒邑侯傅公维祖、徐公德峻，陈请清查差追，设置印册，永充焚修。扶倾起废，再振精蓝，泰净之功，诚不可没也。

奕茂　乾隆间摩霄庵僧，颇知诗，喜藏名人墨迹。

福钦　道光间灵狮洞僧。尝得丹经，日夜揣摩，始悟修炼玄机，洞达禅意。同治五年，邑大旱，有司祷雨弗应。闻师夙著苦行，乃延请祈禳。师往祷，果应。欲赠谢之，师曰："吾子孙众得数兰若足矣。"有司遽指资国、栖林、资福、清溪等十数寺归之，遂开福鼎曹洞一脉云。

奕果　光绪间摩霄庵僧。善技击。振颓举废，庄严佛相，重兴之功，果实居多焉。

卷之六　田赋

太姥摩霄,自唐及宋,田赋称盛,故梵宇以兴。逊清以来,豪右兼并,所剩无几。旧志无记录,然供亿所出,不可不书。今备列乾隆本山寺产印册,俾观者察其所以盛,知其所以衰,庶几有檀那起而谋伊蒲之馔者。纂《田赋志》。

邑侯傅公维祖《太姥山寺产印册》

福宁府福鼎县正堂加二级纪录二次傅

为清查寺产,永卫名山事。照得:名蓝胜迹,天下流芳,举废兴颓,古今济美。本县历仕漳平,奉调福鼎。即闻封内有名山太姥者,天造地设,孕秀胎奇,与武夷、鼓山、霍童诸胜并峙。自揣得辖此山,亦大快事。甫下车,阖邑士庶金以兴建清查具请。当是时,建县伊始,百政待举,置此缓图。辛酉冬,公务抵秦屿。道经是山,因陟其巅,突兀嶙峋,奇峭万状,信所闻果不虚也。乃绀宇倾颓,缁流鹄面。询其寺产,僧泰净备告:从前,宰官、善信捐置田产,赡僧待客者,日可供三百余人,铭勒摩霄之流米岩。无如,海氛迁徙,寺废僧逃。及展复,而豪强兼并,铲去铭石,且将本山契照悉为匿去,稽考无由,回署之后,邑人复请清查差追。乃获披阅旧簿。开载:本山原无檀越,有陈振升、史继华等勇于为善,倡率邑之绅士踊跃捐资,凭其簿照出典者赎,给管者还。虽未复古,已开恢复之渐。鸠工于国兴寺旧基,先建左庙以作居停,而正殿诸宇俟渐次建造。其摩霄一庵,重加修葺,增高楼于左,以培补龙沙。夫世界沧桑,废兴旋转。是山开于尧,盛于汉、唐,重于宋、明,本朝绘图列于天下名山之内，可谓幸矣。然揆厥由来，大抵田占始寺废，寺废始山荒，后之视今，犹今之视昔。邑人因复恳所清还之寺产，置立印册，以垂永远计，殊得也。准将现在田亩造册四本，其本山界至并基园等业仍照簿开列册首。一贮诸县，一给诸僧，二存诸民间。自兹以后，僧人固不得将田出典，其有豪强私相典买者，亦重惩无贷焉。至于寺僧承接，则照法派相传，以诚实勤苦者主持之。倘未得其人，必当明呈当事另简一人，不得徇私充顶。日后修斯山之志，当以本册附载，简编刊刷流传，庶无铲去之虞，永为名山之产。本县与士民均有厚望焉。须至册者。

太姥山四至：东至矮松大路对面，有鸡爬笏、石桃岩，大路下有坑，透出鲤鱼坪尾、国兴大路后洋桥为界；南至叠石庵外大茶园峰梁为界；西至旧官路三十六湾塘汛，过亭至矿埠面，过五峰山下大坑，直上至五蒲塘汛面前莲花山下大坑为界；北至五蒲大路，直上高丫、矮丫、龙籤亭至矮松大路交接为界。

摩霄旧与国兴寺分管：东至扦岩下茶园尾透，出国兴寺路。又载：旧管茶园一片，在国兴寺山西首鹦鹉路下。此外，属国兴掌管。

南至与叠石分管：自叠石山下大坑东向，直透出玉湖溪，至后洋桥交接为界。自叠石山下西行，上至小丫门。下去，坑中有大石，水从石下流出，五印山外大坑，直透大屋基旧官路交界。

本庵旧管山基园一所，坐落太姥洋玉湖溪路边田面。

本庵旧管仓基一所，坐落太姥洋玉湖岭下。

本庵买得瑞云寺太姥洋庄基一所，并上岑园一坪。

本庵旧管屋基一大片，坐落太姥洋宫底，又连过墙屋基一所。

本庵旧管茶园一片，坐落太姥洋宫后烽右边。

本庵旧管茶园一片，坐落石牛坞。

今将太姥摩霄寺田地墩亩数开载于后：

一田坐落京坪底洋，二亩九厘三毫。东至路，西至坑仔，南至山，北至山。一田坐落太姥洋长垟头，一亩五分二厘二毫。东至本庵田，西至山，南至坑，北至路。一田坐落太姥洋底桐林柴架门，三分八厘。东至林家田，西至山，南至王家田，北至林家田。一田坐落太姥洋玉湖岭边，五分六厘。东至坑，西至玉湖岭，南至湨，北至山。一田坐落太姥洋玉湖溪，一分九厘。东至坑，西至山，南至山，北至山。一田坐落太姥洋底洋，土名曲尺塘，五分六厘。东至坑仔，西至山，南至湨，北至山。一田坐落太姥洋后门，土名水垅头，五分六厘。东至山，西至山，南至山，北至山。一田坐落太姥洋，土名过笕，五分六厘。东至施家田，西至陈家田，南至陈家田，北至山。一田坐落北峰山，土名大坝下，一亩五分二厘二毫。一田坐落长崎岭亭边，一亩三分三厘二毫。东至坑外施家田，西至山及路，南至坑面本庵田，北至亭。一田坐落长崎岭，土名宫处，五分六厘。东至坑，西至路，南至坑，北至路。一田坐落长崎岭下塅岭边，一亩一分四厘二毫。东至坑，西至山，南至坑，北至大路。一田坐落长崎岭浮桥头，杜藤埂，七分六厘一毫。东至林家田，西至李家及江家，南至邱家田，北至林家田。一田坐落才堡，土名小洋，三分八厘。东至李家田，西至李家田，南至李家田，北至山。一田坐落太姥洋宫垟，一亩九分三毫。东至小路，西至宫前小路，南至坑，北至大路。一田坐落太姥洋宫前，五分六厘。东至坑，西至本庵田，南至本庵田，北至坑。一田坐落太姥洋宫前，土名过溪塂，二亩一分三厘二毫。东至本庵田，西至本庵田，南至本庵田，北至河夹。一田坐落太姥洋，土名圭角丘，二亩九厘三毫。东至本庵田，西至本庵田，南至本庵田，北至李家田。一田坐落太姥洋，土名桐林，九分五厘二毫。东至山，西至山，南至山，北至李家田。一田坐落太姥洋，土名黄泥岑，一亩五分二厘二毫。东至山，西至本庵男，南至山，北至坑。一田坐落太姥洋外洋店，土名八斗洋，二亩四分六厘三毫。东至小溪，西至施家田及山，南至山，北至山。一田坐落锦鸡山，土名隘头，一亩三分三厘二毫。东至施家田，西至山，南至王家田，北至山。一田坐落锦鸡山，土名外斗洋，三亩八分六厘。东至山，西至山，南至山，北至坑。一田坐落太姥洋，土名上水井，二亩一分三厘二毫。东至本庵田，西至何家田，南至李家田，北至大路。一田坐落太姥洋外洋店洋中，四亩一分八厘七毫。东至大路，西至山，南至山，北至小溪外本庵田。一田坐落太姥洋外洋店，土名九斗洋，二亩九厘三毫。东至大路，西至山，南至山，北至小溪外本庵田。一田坐落太姥洋，土名夹垅，一亩五分二毫。东至河夹，西至山，南至施家田，北至坑。以上田系陈振升、史继华捐赀，在施斌侯处赎回归寺。

一田坐落太姥洋，土名箩一仔，三亩三分五厘。东至本庵田，西至本庵田，南至本庵田，北至本庵田。一田坐落太姥洋外洋店路下，一亩七分一厘三毫。东至大路，西至山，南至山，北至本庵田。一田坐落太姥洋上水井下，一亩三分三厘二毫。东至本庵田，西至本庵田，南至河夹，北至大路。一田坐落太姥洋石镇坪，二亩二分八厘四毫。东至山，西至大路，南至溪，北至李家田。一田坐落太姥洋下水井，一亩一分四厘二毫。东至宫前小路，西至本庵田，南至河夹，北至大路。一田坐落太姥洋门首，一亩九分四毫。东至本庵田，西至山，南至本庵田，北至河夹。以上田系陈振升、史继华在许龙宫处赎回归寺。

一田坐落赤溪长湾白笕园右边，一亩三分三厘二毫。东至山，西至王家田，南至山，北至坑。一田坐落赤溪长湾白笕左边，一亩七分一厘三毫。东至坑，西至山，南至坑，北至山。一田坐落赤溪长湾白笕园洰下，七分六厘一毫。东至山，西至山，南至山，北至山。一田坐落太姥洋烟墩下，九分五厘二毫。东至山，西至山，南至溪，北至山。一田坐落锦鸡山过坑，五分六厘。东至山，西至山，南至山，北至山。一田坐落长崎岭垅，七分六厘一毫。东至山，西至山，南至山，北至坑外本庵田。一田坐落太姥洋门首，土名九十丘，五分六厘。东至本庵田，西至山，南至山，北至本庵田。一田坐落长崎岭，土名九字曲路下，一分九厘。东、南至路，西、北至山。一田坐落赤溪，土名和尚丘，五分七厘。东至王家田，西至陈家田，南、北至施家田。一田坐落赤溪，土名车担岗，三分八厘一毫。东、南、西、北均至施家田。

一田坐落赤溪长塆白笕园，七分六厘一毫。（此田粮未入寺。）东至本庵田，西至王家田，南至山，北至坑。

以上系前僧存寺田。

一田坐落长崎岭，土名四箩墈，六亩五分四厘三毫。东至江家田，西至坑，南至山，北至坑。一田坐落长崎岭，土名三箩陆，五亩七分一厘。东至陈家及施家田，西至林家及施家田，南至大路，北至林家及唐家田。一田坐落长崎岭，土名大墈，一亩五分二厘二毫。东至本庵田，西至本庵田，南至坑，北至邱家田。一田坐落长崎岭，土名苏墈，一亩五分二厘二毫。东至林家田，西、南至施家田，北至本庵田。一田坐落长崎岭，土名蕉湾寮仔下，五分六厘。东至坑，西至江家田，南至李家田，北至唐家田。一田坐落长崎岭尾，土名塘坪，一亩九分三毫。东至陈家田，西至路，南至路，北至山。一田坐落长崎岭，土名花台墈，七分六厘一毫。东至坑，西至坑，南至王家田，北至坑。一田坐落长崎岭，土名杜藤埂，五分六厘。东至山，西至李家田，南至邱家田，北至林家田。以上系陈嵘给管国兴寺田，令愿缴照退还归寺。

一田坐落长家山，九分一厘三毫。东至叶家田，西至叶家田，南至叶家田，北至坑。此田系陈嵘原卖与叶子文处，今僧泰净修价赎回。

邑侯徐公德峻《太姥清归寺印册》

时授福宁府福鼎县正堂加三级徐

为清归寺产，以垂永久事。照得：邑内有太姥一山，屏障东南，向称名胜。其上有摩霄庵，为沙门精舍，曾置田产以奉香灯，历有年所。自遭海氛之变，寺废僧迁。平复之后，又为豪强兼并，而寺产竟不可复问矣。及前任傅莅任后，慨然有重兴之志，因从邑人陈振升、史继华等之请，随清查寺产，修葺祇园，颇称恢复。更查出邑人林次履之祖平溪原在太姥之涧溪庵出家后，迁界至霞邑之建善寺焚修，带有田一十二箩九斗，被僧徒朗月、圆兴典卖民间为业。复捐俸六十七金，令陈振升向圆兴买田七箩一斗。又劝邑之绅士捐银九十二两，令建善寺僧文朗议还太姥取赎，文朗立有退约，陈振升执约向邱文明赎回朗月原卖田五箩八斗。共买赎田一十二箩九斗，俱付太姥摩霄庵为香灯田产，一切文契附卷，诚善举也。乃至乾隆十一年间，据僧人文朗忽以陈振升藉名冒赎占管等事具控，府宪奉批发讯。嗣因前县屡关文朗赴案质审，而文朗以病迁延，并不到案已一载余矣。本县于本年六月莅任后，遐企太姥名山，时深仰止。迨披阅此案，随即缮关移提文朗等到案，研讯前情无异，众供确凿，随将傅任与福邑绅士所捐银两赎回十二箩九斗之田，仍归太姥摩霄庵为香灯田，填入印册，饬令太静、管业等情详覆府宪蒙批。据审控争租业本属太姥支庵之产，并非建善原有寺田，后经傅令率同绅士赎还太姥，是物归旧地，情理允协。况先后授受，历有渊源，文契退约，确有证据，毫无疑义。且建善、摩霄同为萧寺，均属赡养僧人，诸法平等，奚分彼此？何物刁徒辄萌觊觎，唆僧滋讼仰。将邱文明、林元受各责三十板，具报。仍于林元受名下勒追十一年租谷，给僧太静承领，并饬永远不许林元受轮种此田。余如详完结缴县卷并发等因奉此。除将邱文明等遵照发落，并于林元受名下追还租谷给僧太静收领外，随将赎归田亩续填印簿，并审看批文备叙入册，以存证据，以垂永久。至于管业之寺僧，不得擅行典卖与承接之，住持均照法派相传。前县已言之详矣，其各遵守勿替。伫见扩而充之，非持斯山之胜概媲美于鹿苑鹫峰，而且人物声华钟灵蔚起，当与名山并其悠久，此则本县所深望焉，用以为记。

今将赎归太姥摩霄寺田地塅、亩数开载于后。

一田坐落八都才堡，土名东边，一亩三分八厘六毫。一田坐落潭头，九分二厘四毫。一田坐落奶宫前，九分二厘四毫。一田坐落牛塘头，五分七厘八毫。一田坐落深田门首，三分六厘七毫。一田坐落竹牪外，四分六厘二毫。一田坐落南园，九分二厘四毫。一田坐落牛埕，九分二厘四毫。一田坐落浿口，四分六厘二毫。一田坐落宫后，九分二厘四毫。一田坐落鲤鱼巷，四分六厘二毫。一田坐落瓦窑墩，四分六厘二毫。一田坐落沙墩，六分九厘四毫。一田坐落大丘下，四分六厘二毫。一田坐落墓亭里，二分三厘一毫。一田坐落神宫洋上、下，共一亩一分五厘六毫。一田坐落旱头岗，六分九厘四毫。一田坐落城脚下，四分六厘二毫。一田坐落高墩兜，二分三厘一毫。一田坐落岭下，二分三厘一毫。一田坐落董家墩，四分六厘二毫。一田坐落犁下，一亩八分五厘。一田坐落下仓，三分四厘七毫。一田坐落牛埕，一亩八分五厘。一田坐落南园，四分六厘二毫。一田坐落竹岚外，九分二厘四毫。一田坐落官路面，一亩一分五厘六毫。一田坐落官路面上，一亩一分五厘六毫。一田坐落井尾亭，九分二厘四毫。一田坐落神宫洋，六分九厘四毫。一田坐落桴柴岚，六分九厘四毫。一田坐落下尾面前浿面，四分六厘二毫。一田坐落下尾面前浿下，六分九厘四毫。一田坐落广下，六分九厘四毫。一田坐落里路峡，五分七厘八毫。一田坐落外路峡，四分六厘二毫。一田坐落横洋，一亩三分八厘六毫。一田坐落墓亭枰上，二分三厘一毫。一田坐落墓亭坪下，四分六厘二毫。一田坐落东边，六分九厘四毫。

《太姥山寺产印册》后序

　　邑侯傅公既治福鼎之明年，百废聿新，四民乐业。乃遍览志乘，稽访山川风土胜迹。时会都人士议其所当为者。冬，公车抵秦屿，道经太姥山麓，因陟巅，俯仰上下左右，顾而乐之。作志纪盛事，慨然有振兴心焉。夫天下佳山水多矣，莫不藉灵于贤者。如滁之亭，以醉翁名；钴鉧之潭，以柳柳州显；石钟山超然台，以髯苏传；即吾闽若夹漈、若武夷幔亭、若云谷紫霞洲之属，俱以朱晦翁、郑渔仲益著。若是乎。山水之有待于人如是乎！惟太姥之性澹，以蓝水较诸山，尤为幽静，若远尘嚣，而独抱真趣，非仁者罕登。间或游屐所至，亦漠不相关，是以昔贤伟绩鲜有继志述事者。康熙甲子年，太守郭公奉诏绘图一整饬之。而善后无据，年久泽湮，是山未免又在榛莽中。噫，惜哉！今天子建新邑，封守得人，一游览间，追遗卷，清寺产，屏犁锄，严樵采，重新梵宇，设置印册，命刊山志编内与山永久，厥功远矣！宁藉灵已哉？昔李格非书《洛阳名园记》后曰："天下之治乱，候于洛阳之盛衰；而知洛阳之盛衰，候于名园之兴废而得然。"则兹山之兴，岂偶然欤？盖天下之太平久矣。居是邦，沐休养生息，爱其慈，仰其政，公亦乐吾俗之厚与民之淳。凡所以振兴斯邑，大概类此。故因太姥之成功连及之，使后之观感而兴者知所向往也。夫宣父母德意，以与都人士共乐道之，亦缙绅事也。为叙册后，以志不朽。且告同志曰：古砧基载太姥原无檀越，今即以邑侯傅公当之也可。

　　乾隆七年壬戌桂月，邑人游学海谨识。

《太姥山寺产印册》后记

太姥山开于尧，盛于汉、唐，重于宋、明。其佛宇，众善成之。旧有田产施于诸宰官、善信，赡僧待客者，日可供三百余人。逊清初年，海氛不靖，豪右兼并，仅有存者，幸赖傅侯维祖、徐侯德峻先后追遗卷，清寺产，设置印册，永垂梵修。自是，香积无亏，供亿有赖，使山僧得栖神净域，不以衣食撄其心，二侯之功不亦伟欤！然则，斯寺之祝二侯与山俱寿，可也！

中华民国三十一年四月，桐山卓剑舟谨记。

卷之七　人物

天地清淑之气，凝而为山，毓而为人。太姥原以才名，下为才村，贤哲迭兴，更仆难数。林降神、杨通老辈，文章理学，辉映后先。古人云：地灵人杰，岂不信哉！纂《人物志》。

唐

林嵩　字降神，赤岸人。咸通中，读书太姥山草堂，有大志。乾符乙未，登进士。明年，归省亲。福州观察使李晦奏改其乡里旌之，因敕赐乡名"劝儒"。辖五里：曰擢秀，曰望海，曰遥香，曰育仁，曰廉江。旋召除秘书省正字。黄巢乱，东归。观察使陈岩辟为团练巡检官。秉公赞理，举贤翊化，转度支使。后迁毛诗博士，官至金州刺史。尝著《华清宫》《蓬莱山》《九成宫避暑》，政声感人。诸赋载《唐书·艺文志》。祀乡贤。

宋

杨惇礼　字穆仲，濑村人。崇宁五年，与兄定国俱登进士。授兴国军司法，转太学博士。与乡人黄荐可、林乔卿并命，时谓"北乡三博"。蔡党有为中丞者欲援其力，却之。丐外出，判秀州，乞休。建炎元年，以监察御史召。与赵鼎、黎确、沈与求同命。惇礼曰："艰难无从术之劳，时平享盈丰之乐，吾不敢也！"力辞归，诏许在家言事。子缜，字伟明，以通迪郎赐绯致仕。家贫居丧无资，宜人林氏鬻钗具棺，陈止斋为铭。

杨兴宗　字似之，惇礼孙，少师事郑夹漈，后执经林光朝之门。登绍兴庚辰进士，调铅山簿。孝宗登极，上封事，极言时政得失，求陈以守为攻之策。时相主和议，使人要曰："若登对无立异，当以美职相处。"却之。累书抵东府力争。孝宗嘉其志，除武学博士，召充馆职。条对切中时弊。历迁校书郎，与林光朝校文省殿。擢郑侨、蔡幼学、陈傅良，时称得人。修《四朝会要》。历迁司勋郎。论张说不当与赵汝愚同拜，不报。驳杨和、王存中封爵太优，忤时相虞允文，出守处州，大有政声。除知温州，改岩州，终湖广提举。著有《自观文集》。(《道南源委》)

杨楫　字通老，惇礼孙。淳熙戊戌进士。与杨方、杨简为朱门高第，时号"三杨"。楫学行纯粹，政事著美。调莆田尉，闽帅程叔达移县括逃田，楫历疏其不便以报，叔达虽从，而心不乐。秩满上府，叔达怒曰："尉格帅命乎？"楫徐徐陈对，无所屈，罢去漕使，林祈谓叔达曰："以一尉敢与帅辩，大是奇事！"遂荐之。累官司农寺，簿札简论："进君子，退小人，勿徇左右之请，以重中书之权。饬执政之臣可否，相济以任忧责，奖廉静之操，禁奔竞之风。"除国子博士，转少卿。台臣或干以私，答曰："台有纪纲，学有规矩，当各守其职。"出知安庆，移湖南提刑、江西运判，终朝散郎。其迁司农丞时，谢启有云："使一日炫鬻以求售，实生平梦寐所未闻。"又与陈相自强有旧，陈劝使谒某王。楫曰："常仪如何？"陈曰："礼须下拜。"楫曰："吾膝不可屈。"其刚介不苟合率类是。著有奏议《悦堂集》。祀乡贤。

清

金向水　字慕园，康熙岁贡。家贫嗜学，为文多奇气。善接引后进，一时知名士咸出门下，学者称慕园先生。尝馆其戚磻溪林某家。某幼失怙恃，族党利其财产，将谋杀之。惮向水，不敢发，啗以重利。向水佯与善，诡云："挈归以图。"由是得脱。教育成立，送之远家，人称其义。

余耀　字钦电，又字双髯，诸生，家贫，笃天性。嗣伯父后，父卒，擗踊呼号，哀感行路。季弟雍溺闽海，裹粮觅归，抱骸寝者三年。师小义学，未几，病剧，泣告生徒曰："予殆弗起矣。大事未毕，奈何?"时王孙恭训导政和，邮金以助。却云："缅麦舟之助葬，敦古处者，于今复见一人，念蘡椑之掩亲，若旁贷焉。毕竟所学何事？此非曰义不受怜，实期乎丧当自尽。"遂竭馆金，力疾营葬，躬自负土。坟成数月，卒，年四十二。尝有哭弟诗："长恨弟为长恨鬼，可怜兄度可怜宵。"极为悲痛。所著有《双髯遗稿》《才山草木志》。

周敬修　字菊人，秦屿人。少即奇杰。纪文达学宪试福宁，语诸生曰："福宁士子少读书，今予首选一卷，是极有读书文字，可为诸生式者。"均莫测为何许人。及揭晓，乃敬修也，一州皆惊。与余耀友善，推衣食与共，日以斯文相砥砺，出游辄行歌互答。市人目为"两顽仙"云。

郑光天　字云坡，诸生。家贫甚，事母孝，弟六人尽仰给焉。疫作，抚诸弟汤药，皆躬亲，因以劳，染疫卒。与余耀友善，倡和极多。著有《云坡诗稿》。

陶自超　字远舟，诸生。父母殁，罄所有营丧葬。因授徒自给，弟五人皆无赖。每得未归，作饭置釜，中俟诸弟食已，乃食。或数日断炊，弦诵不辍。间有赢余，即以济友之乏者。妻高氏，富室女，共食贫，无闲言，人比之"莱妇"云。著有《远舟诗文集》，友人王锡聆为之序。

王孙扬　字觞亭，诸生。父早世，事寡母孝，安贫乐道，至老弥笃。为侯官谢金銮高弟。金銮梓其文于《春树暮云编》及《吉光集》。尝赠以诗曰："敝衣芒履，蓬首垢面，真味在胸，如不可见。春鸟能吟，闲花自落，闭户独居，中有邱壑。"盖实录也。

林元燮　字时和，诸生。清贫自守，事亲备甘旨。昆季四人，终其世尽资以为生。执丧一循古礼。壮年失偶，义不再娶。设绛四十余年，尽心讲解，尤以礼义廉耻为训。盖以教自任者，暮岁式礼弥谨。

叶信祥　字大千，号金坡，诸生。家酷贫，事母备极色养，至老犹作孺子慕。处兄弟终身怡怡无间，非义一介不受。馆于富室，束修之外有所赠，辄却之。箪瓢屡空，晏如也。工吟咏，与同志结大雅社。临殁，言笑从容，启手足以示其子。著有《音学》四卷，《大千诗集》二卷，《集唐》二卷，灾于火。

陈一田　字希尹，号心耕，诸生。性耿介，风裁凛然。馆陈氏、施氏，皆幼孤，外多窥伺，训之成立，外侮以辑诸子业农。尝夜为守圃，乃遍逻数里内邻圃，逾十余夕，盗远谓曰："陈先生盍归休？先生所为，必与众共利，吾侪不敢犯矣。"又灯节，二恶少挺刃相角，适途遇而谕之，恶少愧逸。其为人敬惮率类此。素嗜酒，居亲丧，勺饮不入口。

黄钟瑜　字竹冈，岁贡生，乡试屡荐未售，邑中耆宿也。少耽吟咏，与叶金坡结黄叶社。曾设教秦屿文昌阁，造就多士，人皆推为良师。著有《燕石集》三卷。

王孙恭　字恪亭，乾隆庚辰举人，授政和县训导。葺星溪云根书院。倡捐多金，置朱韦斋祠祭田，并以其余资助士子乡会试，事登《政和县志》。旋移诏安，迁福州府教授，监理鳌峰书院。时福州城西西隐寺厝棺累累，孙恭买地瘗之，计棺八十，以碑记其姓名、住址。大府知其能，命修学宫，新试院，葺鳌峰、文笔二书院，浚河沟，完城垣，襄军需。皆尽心竭力，不辞劳勤焉。福鼎地濒海，寇盗充斥，频年被扰，所居秦屿城坏，孙恭移书当事，议修筑之。素敦内行，立义田以赡族人之贫窭者。所著有《太姥续志》三卷、《政和县志》《寄草庐无聊集》《熊山学吼星溪集》《丹诏集》《榕阴书屋集》。

吴士镜　字秉方，一字莲川，乾隆丙子举人。幼颖异，读书一览十行，久不忘，往往舍所业以游。既登贤书，再上公车，不第，废书叹曰："人生富贵有命，何滑没郎当道上也？"植名花，饲佳禽，怡然终日。与胞弟分居，相抱以泣曰："从此骨肉疏阔，不得如畴昔，相聚无间耳。"哭声达乡邻。闻者异之。因著于屏曰："兄弟若手足，妻子类衣服。孰重孰轻，当仔细思量。"乡人传为训。卒年四十。

邱椿　字古园，诸生。嗜读书，工吟咏，与侯官谢退谷、同里王恪亭友善。时偕二子登太姥山，穷搜岩壑峰峦之胜，辄纪以诗。著有《太姥指掌》及若干诗文稿。平日孝友谨慎，宗族乡党称之。

王世昌　字文祉，号面城，诸生。性颖悟，读书数行俱下。十龄能吟咏，喜作画。诗宗少陵，画仿南宫。极力揣摩，臻其堂奥。奉媚母，养志惟谨。于科名进取泊如也。酷嗜名山水，尝登摩霄绝顶，携句问天，笑谓友曰："吾曹浊体丰硕异李邺侯，细骨轻躯随风飏去，恐折伤鹤翅耳！"其善谑如此。卒年四十有八。所著有《蚓窍葩言》二卷、《章江草》八卷、《邀月山堂吟稿》若干卷。

王家宾　字雨岩，由拔贡举乾隆庚子顺天乡试。充四库馆誊录，议叙国子监学正，迁天津长芦通判闲曹，可以读书养病，家宾曰："通判有捕盗责，吾虑不能塞责，岂可谓闲曹哉！"未几，卒于官。事见《通志》。

王遐春　字东岚，秦屿人，贡生。尝校刊唐以来闽中乡贤遗书十种传世，事见《通志》。刑部尚书福州陈若霖铭其墓。

徐訒　字兼山。多读书，工吟咏，然淡于功名。橐笔游台、澎诸远地作，入幕宾。平日与王世昌、周名彪诸人友善，倡和佳章，盈箱累箧。今其后嗣不获守先砚，遗稿多散佚。

王锡龄　原名锡聆，字虚谷，别署空同子，乾隆丙午举人。父孙恭好积书，锡龄读之，丹黄殆遍。其学以宋五子为宗。笃内行。季弟绍勤与女弟早世，抚其子女如己出。建四亲祠，依朱子家礼为条约。倡捐祀田赡族之贫乏者，岁歉则竭藏谷赈济。嘉庆初，海氛不靖，练乡团完城堡以待，寇不敢至其乡。尝授徒讲学，多所成就。兼精天文、岐黄家言。所著有《春秋三家经文同异考》《周易十家集解》《早闲垒日录》《水源木本录》《先忧录》《虚谷诗文集》，共四十卷。祀乡贤。

王绍言 字东格，号平洲。乾隆己酉举人。事嗣母孝谨，授海澄县训导，不愿之任，母勉之行。既遇覃恩，得请封，遂乞终养。凡十七年，母即世。事兄如父。兄寝疾，侍汤药，及卒，丧葬尽礼。王氏家世异居同财已数传矣，至绍言主其事，人咸服其公平。诸昆季相继逝，教养诸孤无异己子。复广束修以尊师儒，慨施予以赡危急。置漏泽园以收枯骸。所著有《浣心居文集》《先儒言行录》《陔南丛考》。

陈寿康 字玉山，廪生，年十三以默经补弟子员。尤邃于《易》，而精熟宋五子书。家贫甚，非义一介不受，以道自任。刻苦求合，不随俗俯仰。时人率以迂阔诮之，若罔闻知，守日益笃。著《人极书》三卷、《兰轩集》，王锡龄为之序。

张朝发 字骏亭，由偏裨以捕获海盗积功授浙定海镇总兵。道光庚子，英人因我国焚其鸦片，停止通商，藉口索偿烟价，突驾兵舰驶入舟山。朝发率兵船扼港口，冒死督战。忽敌弹飞中左股，向后晕倒，舁至岸上，气始绝。疆吏以其时定海旋陷，卸罪朝发，不为请恤。光绪间，国史馆饬本籍官吏详查事实并眷属，闻者莫不幸其获蒙昭雪焉。

王学贞 原名会图，字吉泉。甫成童，以默写十三经补博士弟子员。乡闱屡荐不售。年五十，以廪贡生官宁洋县训导。平日急公好义。道光庚子，英人以我国焚其鸦片，肆掠闽浙濒海各地。时学贞居乡，立栅门，设海椿，修器械，募水勇，出赀至数千金，里闾赖以宁谧。及司训宁洋，日以修学宫、教子弟为要务。复孳孳阐穷鏊苦节隆敬老宾筵以及引经劝葬，为地方树风化。甫半载，忧心将母，解组归。士民额其署曰"言表行坊"，又为立去思碑。所著有《尔雅补注》十九篇、《悦堂遗事》《冶南经籍略》《麟后山房文集》。

陈式铭　字本西，号秋塍。道光乙未经魁。自少聪颖绝伦，读书目数行下，乡闱文出都下，花样为之一新。奈数奇，三上公车不售，遂授徒里塾。所居屋后有一小山，曰寒碧，与周鸿逵、林鸿苞诸名宿结诗社其间，怡然自得。工行、草书，持缣素求者踵相接，门限为穿。每夜间，必披书到漏阑，丹铅殆遍，至老不倦。著有《寒碧山斋诗草》。

周名彪　字希渊，庠生，著有《味道轩吟稿》。尝读书后崎化云楼。父菊人（敬修），与同里余双髯友善，时相唱和，出游辄行歌互答，市人目为"两顽仙"。兄叔昂（名驹），亦嗜吟咏，惜早逝，稿多散佚。先生之能诗，盖渊源家学云。

蔡文蛟　字云海，瓜园人，岁贡生。性地清灵，下笔敏捷，刻烛之余，吟诗数幅。往往眼前景，口头语，一赴腕间都成妙趣。先富后贫，恬然不事家人生产。常设教姥山之麓，讲学多所成就。著有《水木山庄诗集》四卷。

王梦松　字章南，一字楚材，廪生。父世昌负文望。先生生而颖异，善音律，时人赞其有父风。与同志结大雅社。乡贤王虚谷称为具厚力，克肖其父。后因授徒霞之桃城，遂家焉。所著有《拥万垒遣愁集》《听涛斋诗集》。

王宗屏　字龙潭，邑庠生。生平乐善好施，里中义举，如建义勇祠，修挈壶桥，诸役皆独任其劳，不吝巨赀。复偕其从侄缵徽多舍田亩为邑兴学，今里闬犹盛称之。

王守锐　字迟云，虚谷次子，道光己酉拔贡，会试未售，以教授终。建兼葭亭，以祀乡贤金向水、余耀等八人，所谓"秦屿八先生"者。平居好作书画，以自寄意。春蚓秋蛇，幽兰怪石，迄今故家往往犹可见之。著有《礼记摘解》《迟云诗钞》。

周梦虞　字桐崖，晚号遁庵，别署遁庐老人。光绪间副贡。庚辰，重游泮宫，性沉默简重，不苟言笑，终日书卷不释手。为文宏深恬静，卓然成家。与弟敬生齐名。邑中数文学，首推周氏。曾任桐山书院山长。鼎革后，历办中、小学有年。诲人孜孜不倦，学者宗之。著有《遁庐诗文集》《北岭文献搜遗》《福鼎县名辨讹》《唱和诗集》《续修福鼎县志》若干卷。民国二十九年十二月十五日卒，年七十有五。其遗嘱有云："头可斩，身可死，汉奸断不可为；抗战必胜，建国必成，但恨余不能及见。昔陆放翁云：'王师北定中原日，家祭毋忘告乃翁。'汝等须仿照办理为要。"读之，足见此老至死不忘国家，允为吾党楷模。邓县长鹏秋宗海挽以联云："平昔有姚惜抱精神，考献征文，不愧斵轮老手；弥留摭陆放翁诗句，励孙勉子，足见爱国热心。"盖实录也。

周梦庄 字敬生，别署蜻埮，廪生。性颖悟，为诗文多警语。省试累荐不售。聚徒讲学多所成就，里闬知名士率出其门。著有《容庐诗文集》。

林步蟾 字寿卿，别署寄楼居士，邑诸生。雅有文名，工书法，喜吟咏，与岭东蔡瀛壶、卓勋一交，便称知己。晚年尤旷达，成《生挽诗》，一时和者遍国中。著《寄楼鸿雪集》待梓，瀛壶及卓宁庞眉翁友兰、白下吴蕖公鸣麒均为之序。

邹逸 字华逸，邑诸生。为人温文尔雅，制科停后，隐于医，善草书好为诗，多警句，尤工七言古，远师澄海蔡瀛壶居士，与海盐谈文炾，同里卓坚齐名，时称蔡门谈邹卓。著有《寄寄诗存》，蔡瀛壶、张墨遗、周遁庵三先生为之序。

卓坚 字纯青，别号耸青，幼聪颖，性耿介，家贫授徒讲学，以束修充甘旨，所为诗文具有根柢，书法尤佳。远师澄海蔡卓勋，诗思大进，暇日辄与海内外作家相唱和，虽远隔万里而和诗答韵，情景依依，著有《兰香居诗草》《介庐文存》。

杜琨 字悦鸣，自号九鲤散人，乌杯人，中国大学国学系毕业，尝从行唐尚秉和大师游，目为异才，著有《北游吟草》《张氏词选校注》《闽东诗钞》《三余山馆诗话》《霍童倡和诗》《文字音韵学》如干卷。卒年仅三十有四，惜哉！

卷之八　方物

《禹贡》一书载物产甚悉。故凡天地间飞潜动植，无不可志。太姥为闽中名山，地居陆海之间，百物丰藏，不可殚记。其特产与夫土物独宜者，若曰名区生息，赖之以章，则吾岂敢！纂《方物志》。

货　之　属

茶　周亮工《闽小纪》："太姥山有绿雪芽茶。"按：绿雪芽，今呼为白毫，香色俱绝，而尤以鸿雪洞产者为最。性寒凉，功同犀角，为麻疹圣药。运售外国，价与金埒。清王家宾《绿雪芽茶》诗："高岩荒榛剐，野人种群绿。春风一夜生萌芽，岁岁旗枪森如玉。焙以柘溪楠木红，瀹以蓝水之新绿。俗朴不敢斗花间，装向筠笼自结束。崇安商人三月来，收买往往争先躅。世间万事蒙虚名，武夷乃是太姥属。我来六六峰上游，穿岩仍虑岚气溽。僧人贻我山上珠，珍之不啻金笃耨。炉烟袅袅奏瓶笙，雨脚粥面相断续。持向天门石上饮，清香直把肠胃浴。卢仝七碗未为多，王濛茗饮讵言酷？解衣磅礴发浩歌，历尽奇峰万事足！"

太姥岩茶　邑中随处皆有。茶产山中者为上，曰太姥岩茶。运往欧美，年可三万余箱，每箱约八十市斤。

蓝淀　俗呼青淀。民国初年，太姥洋村农尚有种者。自洋靛输入后，种者遂寥寥。

蜜　《仙经》："蜜为众口芝，又呼为卉醴，一曰百花醴，久食之长寿。"山僧多有养蜂酿蜜以自给者，以瑞草堂产者为佳。

黄蜡　蜜蜂房所煮。

龙须席　由龙须草织成。龙须草茎细而长，丛生石穴中而倒垂。编为夏席，性凉宜人，可耐久用。今山下流坑一带出品最多。

蔬　之　属

野菰　产岩壑树木间。山中人采鲜者食之，味香而美。生松下者，曰松菰；生茅下，曰茅菰；白大如盘者，曰鸡肉菰。凡菰无名而味最甘者，往往杀人。煮菰宜切姜及投饭粒以试之。姜、饭黑，则有毒，不可食。中其毒者，地浆及甘草汁解之。

红菰　一名朱菰，为妇人产后食品。

竹笋　在叠石峰下竹园极多，一望里许。生产之春笋、冬笋亦极夥，味俱鲜美。

苦笋　以汤煮去苦汁，漂以清水，经一昼夜，既无苦味，脆爽特异，风味殊胜，人多嗜之。

蕨　山菜也。初生紫色，似鳖脚，长如小儿拳，连茎可食。掘根捣汁澄粉，凶年以御饥。野人今岁焚山，则来岁蕨生甚繁。

芋　俗曰芋蛋。叶似荷而长，不圆。茎亦可食。凡十四种。其属虽多，有水、旱二种。旱芋，山地可种；水芋，水田莳之。叶、根皆相似，而水芋殊胜。破梗汁擦蜂螫，尤良，涂蜘蛛咬伤，亦愈。

丝瓜　嫩时可充蔬，老则大如杵，筋络缠纽如织成。经霜乃枯。以涤釜器。其花苞及嫩叶卷须皆可食也。此瓜可入药，主去风解毒、消肿化痰、祛痛杀虫及诸血病。

苦瓜　清心明目。

果　之　属

菩提果　在七星洞口。藤生果，味甜可口。

木瓜　姥山产者佳。能理脚气。山僧切煮作片，渍以蜜，饷客，风味殊佳。

桃

柿

榛

栗

橄榄

柚

橘

甘蔗

杨梅

柑

石榴

草 之 属

鼠曲草　一名棉菜。茎长二三寸，叶尖花细。山中人于清明节采茎叶和米粉炊以为粢，祭墓。

仙草　土人捣汁和米粉煮冻，夏日食之。

毛毡苔　产于金峰寺左近。

茅膏菜　产金峰寺左近，为食虫植物。

竹 之 属

猫竹　即毛竹。笋冬生者，供食用。春生者，成竹可供制纸原料及建筑器之用。

苦竹　类猫竹者，名大苦；其小者，名小苦。叶长阔，笋味苦，初夏生。

箬竹　即毛竹。六尺叶阔大，长七八寸。其干细长坚韧，可供制竹笠。五月，人家包粽亦用之。

箭竹　叶阔大似箬。干细质强韧，可作茶筛诸器。

淡竹　山中最多，叶可入药。

赤竹　大而劲，可以撑舟，多生于山岩间。

方竹　外方内圆，作杖尤雅。

凤尾竹　高七八尺至丈余。丛生，可作藩篱。夏月生，笋可食。

佛面竹　近根十余节，欹斜相亚，正视宛如面形。质薄而坚，作杖最轻。

按：山中各种竹皆有之，四时食笋无缺。

木 之 属

松

柏　摩霄庵前有柏一章，高可摩霄，葱翠夺目，不下数百年物。（瑞光按：此柏树于"文革"间被秦屿镇武装长章某下令砍伐供作办公傢具之需，惜哉！诗人高一迅叹曰："十年风雨鬼神愁，杉柏无辜亦枭头。"正是："树犹如此，人何以堪！"）

樟

梧桐

棕榈

枫

楣

冬青　以叶长青而名，其实即女贞子。可为酒，明目益寿。

沙罗　叶青而细，经霜不凋，仰天湖旁有之。

杉

槐

椿

楝

乌桕

桂

杂木

（按：太姥杂木，千形万状，不可殚述。今举其著者有：杉、麻木、楠木、鸭掌木、水冬瓜、黄冬瓜、水金镜、黄金镜、黄谢豹、蓝谢豹、白谢豹、乌椎米、椎蓝、沙柴、牛乳椎、细路荞、大路荞、红鸡颈、白鸡颈、柯柴等。）

藤 之 属

古藤

风藤

赤根藤

鳖藤

吉钓藤

金刚藤

蛇莆藤

花 之 属

素心兰

玉兰　树高一二丈，花白如兰，香味浓郁。

午时莲　花白似莲而甚小，至午始开，过午即合。

风兰　一名挂兰。花黄白，能催产，分娩时，挂房中最妙。

赛兰　小如金粟，香特馥烈，戴发髻，香闻十步。佛经，伊兰，即此花也。

杜鹃花 一名山踯躅。有五种，绯红、粉红、蓝、碧、紫五色。随处有之，惟摩霄庵左右最盛。

美人蕉

药 之 属

鹿衔草 铺地而生。叶上白下蓝，花白单茎。《府志》：产太姥石壁中，但不数得。

何首乌 以产太姥者为佳。蔓生，根多成形。如山川鸟兽者佳，似人者不可得。能强筋骨，乌髭发，久服延年成地仙。

黄精 一名黄芝，俗呼山姜。叶状似竹而短，根似葳蕤。二月采根，九蒸九晒，久服轻身延年，为《仙经》所贵。此物虽邑中处处有之，惟以太姥产者为佳，尤以摩霄绝顶不闻鸡犬声者为上品。其叶乃与钩吻相似，惟茎不紫、花不黄为异。钩吻即野葛，又名断肠草，食之杀人，服黄精者不可不察。按：韭菜汁滴野葛苗，苗即萎死。误服野葛者，食韭菜可解，或以羊血灌之亦可解。

石菖蒲 深谷中多有之。亦有一寸而九节者，濯去泥土，清以清水，根须连络置盘中，数十年不枯。列几案间，可玩。味辛温，无毒，服之能延年益智，耳目聪明。周颠仙对明太祖，常嚼菖蒲饮水，问其故，云"服之，无腹痛之疾"，太祖御制碑载之。道藏有《菖蒲传》一卷，其语粗陋，言服菖蒲得道仙去者甚众。虽若诞妄，以周颠仙观之，或亦有故也。

青蒿 亦以产中者为佳。

百合 一名鬼蒜。花鲜艳，可玩。根小者如蒜，大者如碗，数十片相累如白莲花，故名百合。夏日煮食，能祛暑益肺。荒年，山中人取以疗饥。

香薷 山中产者佳，能治暑、消烦、止渴、暖胃。

络石　帖石而生，其蔓折之有白汁。气味和平，主筋骨关节风热痈肿。若喉痹肿塞、喘息不通，欲绝者，用络石一两、水一大碗，煎一大盏，细细呷之，少顷即通，神验也。

骨碎补

紫苏

金线草

毛 之 属

虎　旧传，山中虎不噬人。

野猪　山中最多。大者重二三百斤，最害禾稼，为患不浅。

麂

獐

猿

兔

羽 之 属

杜鹃　一名子规。山林中苦啼，自夜达旦，乍听之，若"不如归去"。今按：子规乃鸣"春去了"三字，分明也。

提壶　山鸟自呼曰"提壶"。

竹鸡　性好啼，南人呼为泥滑滑，因其声也。

鹧鸪　多对啼，乍听之，若"行不得也哥哥"。

罗汉鸟　鸣类呼佛声，故名。

白头翁

白鹇

虫　之　属

蝾螈　俗名四足鱼，仰天湖、龙潭俱有。清王家宾《四足鱼》诗："物情蕃变乌可测？万仞峰头有甘泽。泽中游鱼不可数，四足跂跂形脉脉。每当夏令亢阳时，致以山下祈灵液。惟鱼下山云雾随，江村霖雨看盈尺。鱼至夜深必还山，封之瓮缶去无迹。鳞虫岂真有剑术，遁形纳气不可索。大抵二气有灵能，燕或为蛤蜒朽麦。瓜化为鱼鱼化人，老鲤成龙半天赤。六六奇峰多嵌空，插根虚无窍千百。山岚海气冥漠通，禽鱼飞潜本无隔。君不见，飞蚊入水即为鱼，安知鱼不为蚊返灵魄？人生昨暮尚为人，数日不见埋幽宅。潜者翔者更何常，安知是龙与是蜴？"

蜂

金线虾蟆

石　之　属

水晶　产于摩霄峰下大岩腹中。露刃光芒，倒悬棱棱。厥色不等，有白者、黑者、红者、绿黄者。每块俱八棱，通明如鉴，洁净若冰。

云母

卷之九　杂缀

圣人之学，识其大而不遗其小。关于太姥，古今轶事稍涉神话者，捃拾而存之，亦以供考证之资也。纂《杂缀志》。

容成先生尝栖姥山滴水洞修炼，苦乏泉。忽一夕，裂成丹井，有虎为之守洞，有猿为之候火。及丹成，猿、虎各食其余。虎变为黑，猿变为白，至今，人多见之。（县志）

唐白云禅师修行于摩霄庵。庵多魅，现形叵测。师住月余，魅遂灭。（县志）

开山禅师有慧性①，在太姥山修行，后圆寂于金陵。其骨飞还太姥，徒从拾而葬之摩霄庵右。（县志）

唐开元十三年，都督辛子言来闽，自越泛舟止海上。梦朱衣玄冠者执圭而前曰："某神吏也。昧爽，仙真将之蓬莱，司风雨者先驱，以荡鱼鳖之腥。中丞舟当路，幸移楫焉。"既觉，亟移舟。果风雨暴至，洪涛驾天。少顷澄清，云霞绚彩，有鸾鹤笙管之音。子言到郡，绘图奏闻。元宗张其图于华萼楼，宣示诸王宰辅，勅本道春秋祀之。（《正统州志》）

明初，陈文起修净业于太姥山，有老狸化为童子，为之拾橡栗，给朝夕者十余年。（《稗史》）

闽地多名胜，墨客骚人题咏孔博。独太姥苞奇结秀，崖渊之胜甲天下，而考之古今纪载足传者鲜。如刘行人中藻、连孝廉邦琪、方孝廉德新、陈刑曹学孔同游其地，撰诗文，著为记，始足与姥峰永峙。盖非其人，不足重太姥也。（《艺苑纪闻》）

明天启四年秋，龙斗太姥，地震雨雹，屋瓦皆裂。（县志）

---

①　慧性当作慧明。今有慧明塔墓存焉。

长乐谢枚如（章铤）云：太姥有司马承祯丹井，有"承祯炼丹处，风雨况悲号"之句。（谢章铤《赌棋山庄集》）

太姥岩洞玲珑，实诸洞天冠。只以僻在海滨，鲜能一一探其佳胜。惟东瀛出日，先窥之耳。（林栋《莲中君传》）

跃鲤村陈某日樵采于太姥山中。一日，风雨大作，躲石洞口，见一龟大如斗，足黏四小龟，负而行，不辍，奇之，脱衣以裹获焉。负归示众，皆以为宝，而莫知所用。饲月余，值船来，商人以五金买去。陈方幸得价，饮于市，有告之曰："此龟王也。商得之富，士得之贵，何贱售若是？"陈悟，往追之，已扬帆去矣。此咸丰四年事也。（《井蛙语》）

陈焕，湖林头村人，光绪间孝子，家贫。一日，诣太姥祈梦，姥示种绿雪芽可自给。焕因将山中茶树移植，初年仅采四五斤，以茶品奇，价与金埒，焕家卒小康。自是，种者日多。至民国元年，全县产量达十万斤矣。（《说剑斋丛话》）

民国十九年二月，太姥石笋峰崩，声闻数十里，有黑烟起数十丈，逾时乃散。（县志）

民国三十二年二月初五夜，余梦中晤一友人，与余论太姥山旧名林山，余历举各志书力辩其诬。友乃为余诵宋、元、明人咏林山诗句甚夥，皆确指太姥山无可疑者。并言太姥之为林山，乃缘平阳故事，而得名凿凿可据。醒时，不尽省记，只悉其大略如此。亦一异事，记之以稔吾友卓君剑舟也。（黄寿祺《六庵随录》）

谚云："太姥山东黄慕芹，太姥山西卓景伦。"至今犹传诵之。按：宋绍兴间，有黄慕芹者居太姥之东，与溢溪卓景伦齐名。当时土旷人稀，二族最大，策名仕版者实繁有徒。顾今麟江黄氏虽号式微，子孙绵绵犹有千余指。而溢溪卓氏无一存者，仅遗地主宫，土人尚呼为卓氏地主云。（《说剑斋丛话》）

卷之十　艺文　题咏一

　　兹山虽处穷僻，夙称胜地。历代文人高士记载歌咏篇章滋多。谨就闻见所及录之，俾前人撰著之精神久而弗泯，一以便后人之咏述源源不绝也。纂《艺文志》。

五言古诗

明

傅汝舟

　　一名舟，字木虚，自号丁戊山人，又号磊老，闽县人。方颡碧瞳，小指有四印文。年十四，即博学有异才。弱冠，却举子业，攻声诗。御史李元阳欲见之，汝舟角巾道服至戟门，元阳方踞坐堂上，汝舟却立不进，元阳不得已迎之。入，与谈经史、性命、象纬、术数、诸子百家，其应如响。乃大惊，以上客礼之。汝舟诗文古色苍黝瑰奇处，人不可及。虽师郑善夫，而天然之趣尤胜。与高濲齐名。闽人谚曰："高垂腹，傅脱粟，言断断，中歌曲。"性高旷，远游桂林象郡间二十余年。晚好神仙方外学，隐小西湖上。王慎中谓其才智文采足以得意于仕进，独舍而不好。其舍之尽至于乡井屋庐，不可复居，而妻子不足畜也。举一世之荣利无足好，而区区吟咏之工不能忘。亦其才志所敛，不可终藏而见之于此也。

太姥山二首

一

　　名山多石门，太姥奇莫状。想当开辟初，必有万鬼匠。驱雷运大斧，劈此千仞嶂。大石架不如，小石巧相放。乍看怖欲堕，谛视极牢壮。一夫过仅容，云至不能让。初从俯身入，栈级屡下上。天容漏日微，龙井滴泉旺。暗折展复光，九门递趋向。出门见石峰，秀色九天望。一削到地平，匪特取屏障。霞古荡成痕，真骨固无恙。老树多生芝，幽泉亦成浪。好鸟时出游，于人每相撞。居然见闾阖，果尔闾壶阆。始知东方生，图记语非妄。斯游满深衷，何以答神贶？

二

昨登摩霄顶，举目周无倪。雨来趋下方，自恨己居卑。何意古老殿，快睹石参差。吁骇问天地，巧何至于斯！精灵一泄漏，朽腐尽神奇。或如老佛坐，云端手阿弥。复似圣僧迎，顶礼见头皮。导盖必鸾鹤，拥仗多象狮。翩翩玉皇吏，一一汉天师。冠峨却似豸，玉棒不在墀。上下俨相对，左右森有仪。浮邱下接引，萧史并追随。刘王挈鸡犬，许令逐蛟螭。跳跃百丈鲤，婆娑千劫龟。龙老脱其角，月生才有眉。云来入天阙，云去拱无为。名为石笋掩，妙岂俗人知，半生此一见，五岳或有之。三步还九顾，一挂知万遗。本无北征笔，莫拟南山诗。安得高石门？画归示妻儿。

林祖恕

莆田人，布衣。

由圆潭散步入白箬禅林因怀张叔弢

西陟极攀援，旷瞩神屡折。回溪漾青冥，繁条莽缪辐。复嶂相纠维，寒威弥凛冽。箓影乍纷披，朝曦融阴雪。潭上不见人，空沙远明灭。修冈带神皋，云房坐清樾。当窗映棕榈，偃户饶松栝。山厨接飞溜，琤琤驶且决。琼帘寒不收，元珠喷可咄。龛灯苍虎守，野雾紫麏啮。揽衣肃然恐，四顾迥潒沈。惜无和歌人，孤赏自幽绝。

谢肇淛

　　字在杭，号玉林，长乐人。万历壬辰进士，筮仕司马，累官至粤西方伯。前后皆有廉能声。尝抗疏数千言云："不忍以闾阎有限之膏脂，付诸阉竖祖侩之手。"语极剀切，神宗优容之。己酉，携崔茂才徽仲、周山人乔卿登太姥，与僧如庆相友善。以史州牧起钦旧志多缺略，乃著《太姥山志》三卷。

将之太姥，出城十里遇雨而返

　　霖雨因孤客，跬步无所往。三十六芙蓉，居然结梦想。一朝喜新晴，出门惬幽赏。仆夫戒前途，奚奴具笻杖。天地忽异色，惨淡如反掌。肤寸初沈山，檐溜已承响。小儿岂相妒，山灵乃见罔。雨师故可鞭，鬼物非吾党。石室閟仙踪，邈若河汉广。穷途哭自今，胜游得如曩。焉得云中鹤，跨之九垓上。归来仍残灯，浩歌悲俯仰。

清

谢金銮

　　字退谷，侯官人，乾隆戊申举人。历授南靖、南平、安溪等县教谕。殁祀乡贤祠。尝应秦屿王锡聆家西席之聘，授徒于其宅后之见山楼。讲学而外，谆谆以道德勖从游者。著有《春树暮云编》《吉光集》。

晚霁眺西北诸峰遇雨归

　　几日宿祇林，晚凉出禅宇。信步眺崇冈，遥海尽一俯。西望插天高，孤峰秀玉柱。落日下天门，空山过秋雨。乘兴归来迟，梵堂已钟鼓。

　　　　　王世昌

　　见人物。

次谢退谷晚霁眺西北诸峰遇雨归韵

　　薄暮天气佳，好山扑眉宇。招我立摩霄，众山齐首俯。东回万顷潮，西矗千寻柱。海风卷残云，客衣湿斜雨。晚食傍僧楼，秋旻上河鼓。

> 　　太姥山望仙桥左侧得一新洞，甚深，曲不亚诸洞。考旧志，未有游者。问住僧，亦云："豪游如方定远，来搜索数遍，不知此中之有此绝景也。"谢退谷先生长歌纪之。余作二十六韵，写其形势之大概、踪迹之始终，志不忘云。壬子六月十八日记

　　浮磴飞硱谷，仙桥挂晓风。上过虹委宛，左瞰月玲珑。容足石门小，钩衣草树丰。（过仙桥仰望，上二巨石夹耸，若石天门形。由此入，得樵径，草木甚盛。披而下不数武，怪石磊落，洞势高广，可悦。）怒稜斜露级，叠砖巧撑空。竞欲寻迷路，奚能绝绝衕？邓兵旋暗度，周道忽旁通。（洞口怒石如盘踞而遮之。越十数步，皆嵌空千尺，作堂殿状。下有石棱，可行数折，忽无路，深峭若衕，力索之，乃知倒回。径侧有暗窦，盘旋而下，仍至其中。）狭处天仍线，缭时地可弓。谁从烂柯后，迷此断沟中？曲曲珠穿蚁，盘盘砌篆虫。嵌岩斑藓晕，圆体落星同。（既入，则仍从石夹中行。上小，似一线天，较轩豁，而不甚长。过此，转折而大石飞架重叠，拓地甚广。中有突出圆石，竟如落星。洞外望有藤，束枯柴一把，上下取之，皆无能及也。意樵者误坠。以深峭不可下，故弃之。）困惫珍余力，高轩喜内盅。冥搜多险怪，

屡转信穿窾。坐爱霞光静，身沾雨气濛。沙平凝夏簟，水净醒秋瞳。石髓千条永，苔毛半壁鬇。瓢承仙雪绛，香试御绫红。（再寻路，曲折斜行前进，颇难为力，欲回原洞处稍息焉。数转，地忽坦，白沙平静。旁皆参天大石重叠，乱石嵌结，其顶缝有夫须草蒙茸下垂，流澌如线，交溜坠会沙之坳，上下作二小池形。坐许久，乃出饼饵以瓢承水下之，真烟霞有香，肺腑欲沁矣。）重欲呼诗伴，行将索化工。冲氇探虎穴，束煜近龙宫。昏黑招谁见？幽深听不聪。翻疑穿大海，黝笑落阴酆。流饭思刘阮，吹光乏葛洪。坐兹成瘦缩，因以叹樊笼。（坐已久，乃复前行。几处光朗可通，左边一口斜开，有石递累而下，若可行，第深黑不知分际。投以石，毕剥声久乃能止。时未带烛，束枯竹朽木焚之，傍光而入，阴飔浩浩，作波涛声。同行者戏谓："此必大海，恐蛟龙醒怒，则风雨雷电继至矣。"乃返。余以未尽突奥，不能如神仙飞行之乐，不胜怅叹。）故辙羞回首，康衢恨密丛。归堪夸健者，移那得愚公？外且繁门户，今先谱始终。豪游方定远，夜梦隔江东。（众意咸欲寻出路，不愿返旧途。索之甚力，竟得洞门，苦为竹木所断，不知路之所由。旁一径皆玲珑，乱石森森，无数洞天。饥困无心再游。聊取故道倒入，归焉。嗟呼！使长溪方定远在，则长绳大烛，食物毕具，必有以尽其豪矣。能无临风叹之！）

六月廿三日，偕谢退谷游一线天洞归。知谢在杭志中所称似指丹邱磴下之七星洞也，作此订误

灵秘封山腹，古磴遮榛筱。从来游屐稀，半坐尘眼小。我来拜西岳，扳陟追飞鸟。力尽兴弥豪，直扫百幽窅。荒莽数里间，获此洞窈窕。中虚椭且阴，外窦隘而湫。扪足下虚无，身与垂藤袅。到地不知深，细瞩叹苍渺。卓午漏日光，崭绝侧天表。笑我徒步劳，蹒跚计分秒。阴飔刺骨寒，有臂不敢掉。云何石中断，黝晦杂虚晶？进退两崄巇，上下判昏晓。风入不能回，云出不能绕。千寻查匦中，猿狄困轻矫。平生山水癖，快意双目瞭。更爱

逐朋侪，探奇穷缥缈。蚁旋手相援，鱼贯趾相翲。辛苦难具论，约略记回缭。轩豁一伸腰，振衣忽林杪。翘首空际峰，魄褫舌应挢。老树绣岩根，千仞出寸缥。嗟此半壁天，意恐全闽少。安能帝座通？骑鹤入空杳。搔首发狂歌，持句问谢朓。

方　镇

字定远，乾隆戊申举人。性聪慧，博览群书，讲求字学。尝从正史中搜字典未收者凡三千余字，作《北郊玄妙观序》，读者多不识其文。闱墨二艺，古藻缤纷，长乐梁章钜中丞采入《制艺丛话》，谓："南宋鸿词家摹古文字，有过之无不及也。"年未五十卒，论者惜之。著有《太姥山志补》。遗稿藏于家。

游太姥集唐

姆中有高人，（元结）伊昔炼金鼎。（李白）此地留遗踪，（岑参）悠悠孤峰顶。（李顾）相传羽化时，（元结）灵变在倏忽。（储光羲）吁嗟信奇怪，（韩愈）终古神仙窟。（皮日休）晴明试登陟，（孟浩然）稠叠千万峰。（李白）森森蟲干载，（王周）直立撑鸿濛。（李商隐）扪石入空曲，（李益）有洞若神剜。（韩愈）洞气黑眕眃，（皮日休）石径阴且寒。（于鹄）寻寺到山头，（白居易）周顾惬心目。（宋之问）清眺极远方，（羊士谔）浮巘竞奔蹙。（宋之问）顷刻异状俟，（韩愈）白云生座边。（元稹）碧峰几千绕，（孟郊）合沓遥相连。（刘长卿）夜分先见日，（刘禹锡）晃朗天水红。（薛琚）试凭高处望，（韩愈）坐令开心胸。（包融）爱之看不足，（白居易）此怀何由极？（元稹）搔首独徘徊，（崔塗）信为造化力。（宋之问）

王孙恭

见人物。

太 姥 山

海上仙人宅，信有飞来峰。峰峰插霄汉，面面青芙蓉。清虚本灵境，气候无春冬。岩花自开落，洞水常琤琮。谁能炼玉液？于此巢云松。濯缨期我志，脱然洗尘容。绝顶发浩歌，四山鸣笙钟。但恐余音散，惊起圆潭龙。

方　显

字即扬，霞浦人，岁贡生。

游太姥集唐

隐嶙抱元气，（独孤及）直立撑鸿濛。（李商隐）群峰乱如戟，（王建）秀夺五岳雄。（孟郊）古穴下彻海，（皮日休）洞门昼阴黑。（王建）厥初孰开张？（韩愈）信为造化力。（宋之问）凤昔栖真仙，（权德舆）今日方一往。（白居易）云梯升几重？（常建）绝涧临千丈。（蔡文恭）盘折通岩巅，（白居易）杰出天汉上。（陶翰）人寰与此分，（于邺）试凭高处望。（韩愈）众山比全低，（孟浩然）浮岫竞奔凑。（宋之问）长啸招远风，（韦应物）周顾惬心目。（宋之问）俯入裂厚坤，（杜甫）潜洞黝无底。（张九龄）石径阴且寒，（于鹄）有时白云起。（李白）羽人邈难视，（萧颖士）羽化留仙踪。（李白）此怀何有极？（元稹）浩歌盼青穹。（李顾）

方　牧

字轩臣，霞浦人，岁贡生。

游太姥集唐①

凤龄爱远壑，（沈约）靡靡忽至今。（王正长）暇日聊游豫，（卢谌）随山上岖嵚。（范蔚宗）此山何时有？（湛方生）崭绝峰殊状。（邱希范）层曲郁崔嵬，（陆士衡）参差互相望。（沈休文）万象森已形，（庾僧渊）云气出表里。（王融）灵异居然栖，（谢元晖）下凝尧时髓。（宗炳）赏心于此遇，（谢朓）登高眺遐荒。（卢子谅）飘飘放志意，（曹子建）其乐信难忘。（逸民）

黄　毅

福鼎人，岁贡生。

游　太　姥

朝发蓝溪村，暮浴玉湖水。白云遥天来，青嶂横地起。三十六芙蓉，攒簇互角掎。醒龙卧虎岩，岩岩如可指。湫洞泻寒泉，涓涓洗人耳。月出望仙桥，空色散暮紫。谁招游太清？契怀容成子。

陈时煜

字敏斋，号雪堂，桐山人，乾隆间岁贡生。秉性严毅，任事有才智，有胆力，尤好义。其师郑兆源，晋安名儒，殁于塾。哀礼俱尽，扶榇回里，赗以厚赀，率同学白衣送数十里。教授子侄，皆成名。当时士林中有"十八坦"之称。

游太姥山

平生山水癖，嗜奇厌培堘。海上太姥峰，流传亦已久。芙蓉三十六，灵气孕众有。危桥空中悬，云关谁能扣？万窍俱玲珑，

---

① 唐，应作古。

下有神鳌负。方知扶舆奇，蕴真元气厚。岩壑辟洞天，白云通户牖。日出扶桑红，波荡蛟龙吼。变化不可状，山灵护岩薮。俯瞰渺无涯，置身凌北斗。时听紫鸾笙，金石振林阜。天门佶屈通，劈自神功手。忆昔容成子，焚修当轩后。炼药此山中，丹成留石臼。亦越陶唐时，闻有种蓝母。飞升跨九龙，遗迹永不朽！神碑琢元晷，山尖匹峋嵝。巍巍崝秦川，沧海环其右。东南眼界宽，登临纵翘首。

吴国翰

字铁耕，霞浦人，拔贡生。小颖异，承其父芝圃孝廉庭训，应童子试，即以冠军游庠食饩。弱冠，登拔萃科。时乃父任兴化、台湾诸郡教授，国翰千里省亲，得历览山川风物，著之咏歌。而欧山兴安人士，闻其名，延主讲席。课士之余，与其乡名流唱和，篇章益富。诗体薄风骚而轹汉魏，不作唐后一言。书法真、草、隶三体，尤冠绝一时。年六十余卒。著有《蟫余吟草》，未刊。

方子又超游太姥归，具述山中之胜，喜而志之，以助卧游

扶舆气块轧，雄峙矗天表。东锁八闽关，凌江势天矫。万载閟灵踪，谁窥造化巧？卓哉方又超，好奇恣穷讨。言始入山时，便觉豁怀抱。云傍衣裾生，涧随屐齿绕。初缘复磴危，陡见群峰绕。争耸势弥怒，相偎意如嬲。奋作鱼龙飞，猛疑狮虎蹻。鬼沸杂仙真，戈戟错旌旓。象凭目讨新，奇想天工造。何来万鬼斧，忽复凿幽窅。宕然峰脚开，千窍列窈窕。高下拘玲珑，中外割昏晓。探异兴弥豪，投险舌且挢。快从地户游，众形记窈窕。或若屋高深，或若巷委小。或若堂宽平，或若径回缭。或若囷囵员，或若窦窖湫。或若舍旁启，或若隧阴杳。或若井窥天，或若窗露

嶰。或危若习坎，或夷若孔道。或踞若雄关，或环若列堡。或若
阁垂梯；或若瓦覆橑。或敞者若屏，或牵者若舣。或凸者若墩，
或窳者若沼。或仰若盘盂，或覆若栲栳。或黟若突黔；或净若垩
扫。或溜湿若浇，或石焦若燎。或诘曲若迷，或谽谺若咬。或轰
若雷鸣，一掷震高嶙。或铿若钟撞，长蹈出林杪。暗壑游异鳞，
阴坞产瑶草。溪静碧溶溶，潭空白瀄瀄。恶藤络壁粗，怪树触岩
老。缅从跰跚来，百险随颠倒。搜冥赖炬然，绝峻恃绳绞。苔滑
妨跬跟，石锐碍衩衱。蹭磴怯回身，伛偻国深窈。鱼贯互扶将，
蚁旋计分秒。势穷偃腹趋，力尽踞岩愀。长呼气乍盈，暂憩神顿
悄。危步只脚悬，高扳双臂拗。崖陡觅径迂，路仄劳目挑。连跻
不得休，骤落千寻掉。九地任潜穿，猨狖逊轻狡。坐邻沧海根，
涛声暗相搅。罙入更离奇，颓然魂惮恈。出险尚冥迷，洞门翳萝
筱。愕如梦初醒，一瞥长空皎。飞杖蹑层云，决眥送归鸟。万里
荡银盘，群山簇寸缥。怪雾萦刚风，漫漫极天晶。投足空濛间，
四顾忽茫渺。咄哉适奇观，旷然忘饥饱。若非口悬河，安能抉幽
眇？方子世外人，开我胸了了。正如读异书，环奥豁双瞭。平生
山水癖，兹游悔不早。拍案起长歌，东望何缥缈。行当访容成，
汗漫破烦恼。

陈珧坦

　　字碧川，时煜子。乾隆己酉举人，授陕西保安①知县。保安
地界西陲，汉回杂处，民顽俗悍，向称难治。珧坦道以德礼，百
姓蒸蒸向化，风俗一变，久之，狱讼渐稀。公余，辄手披医书，
有人署求诊者，悉为施治，全活甚众。在任六载，并理宜川县
事，卒于官。扶柩回籍，囊无一钱，绅耆集赀助之。祖奠日，哭
声震巷，有白衣冠送至数百里者。著有《树德堂小草》《春秋辑

---

　　①　今陕西省志丹县。

要》藏于家。

游　太　姥

　　胜地辟洞天，太姥嵯峨峙。三十六芙蓉，灵巧何乃尔？扶舆万窍通，神工凿地纪。一线漏天光，去天不盈咫。仙桥断复连，扪苔印屐齿。直上摩霄峰，身在烟云里。龙咽瀑布泉，日浴扶桑水。神鲸吼怒潮，巨灵劈五指。雷轰空际悬，摘星差可拟。登临意欲仙，飒飒松风起。何必访樊桐？丹灶留遗址。

陈璃坦

乾隆间郡诸生。

登太姥山观日出

　　巍巍闽川镇，太姥称巨观。登高骋远望，丹翠罗峰峦。扶桑五更红，海水回银澜。灵潮百尺立，鳌吼蛟龙蟠。瞳瞳出日影，如揭颒珠盘。东方紫气生，铜钲挂团栾。乌踆翔渤澥，直作扶摇抟。天门通一缕，天梯倚云端。仙风泠然御，指顾明星残。何须登岱宗，始觉宇宙宽。

林滋秀

　　字纫秋，桐山人，幼颖敏，有神童目。乾隆乙卯，年十七举于乡。计偕北上，名噪都下，屡荐不售。主讲湖北梅花书院、浙江罗阳书院及邑桐山书院。尝馆梁蕉林相国家六载。相国多藏书，滋秀悉取读之，才思益进。为文最工骈体，诗取裁唐、宋，巧力两到。七言古尤气势雄阔，盖神似昌黎而能别开生面者。清仁宗五旬万寿，撰《集姓千字文》以祝，无一字无来历，为时所称。签分湖北荆门州知州，未到官，卒。著有《穋园十三种》，计一百一十三卷行于世。

循缒藤洞至小桃源

习癖耽奇幽，砥矢降危巇。递缅黯岩扉，秉炬事扳践。小石衔磴琥，大石逼回转。前侣忽散失，高下人声显。矴离趾畏空，隙隘身容扁。赋命一蚍蛾，曲珠累重茧。缒凿五里昏，仙室敞平衍。刘阮不可遇，隔泉静花犬。倘无僧引梯，何以出层巘？杨朱泣沾襟，幸托山灵免。

许若梅

字雰林，宁德六都人，嘉庆间诸生。著有《寓厲亭诗存》八卷。

游太姥山一百韵

太虚足元气，山生元气间。想当开混沌，胎此良险艰。盘古转天轮，灵胡造冈峦。帝命六甲将，又勅五丁蛮。曰汝厉鬼斧，曰汝铲神镵。曰汝奋雷锤；曰汝劈天钻；曰霹雳吐火；曰列缺施鞭；曰焚轮鼓荡；曰欃枪雕剜。汝百千鬼卒，往钦毋惮谩！百灵劳蹠掌，乃辟此巉岩。余丙寅孟夏，作客长溪南。忽动太姥兴，从游弟兄班。（时余妻弟黄道鸣、家兄觉亭、从弟孔殷同往。）山行二百里，始抵太姥洋。云树有人家，种作荷锄芟。奇峰忽斗绝，剑槊青天劖。蹩躠度小岭，水声鸣潺湲。琮琤走乱石，漪洄浮翠蓝。（即蓝溪。）鼓勇凌绝磴，魄嵬复巑岏。足躩踏垂外，手扪摸倚岩。爬沙尻益峻，挽葛爪多般（乌间切）。幸有云烟护，不知垂堂患。侧身度仙桥（即御风桥），天风吹濛漫。俯瞰劈万仞，胆落几破肝。仰视摩霄峰，尚在碧云端。剔藓觅旧题，雕镂半蚀残。丑犀望月伏，怪虎当道拦。（有望月犀、拦路虎诸胜。）犬声吠天上，知近白云庵。僧徒降阶迎，脱我征尘衫。闭户养腰脚，禅房供醉闲。四更跨龙背，直薄日台山。天鸡鸣喔喔，海日红团团。一轮乍吐缩，五色纷斑斓。（日从海底来，波面望去有物，如荼如火，忽缩忽长，光怪异常。乃知为浪淘涌使然也。奇绝！幻绝！）斗上飞火轮，早有祥云环。进薄摩霄顶，真觉天体圆。四围落云海，万峰如螺蛳。兀者已灭顶，犟者仅留尖。俄顷云瀚流，出没游波澜，旗纛舞回风，蓬樯走碧滩。鬼魅远离立，貙貐争傲顽。《齐谐》可志怪，禹鼎宜铸奸。白日照云背，坐看蛇龙蟠。大海濒东南，拭目穷台湾。浮天无崖岸，浴日走风帆。割然发长啸，羽化欲飞翰。越谷上星槎（俗名天船），来叩天门关。双扉接阊阖，门者立鹓冠。天回石忽劲，目眩面发酡。浮云从西来，都向门中攒。须眉洒风露，袍袖饱烟岚。疑是雨骤至，出险日未衔。诘朝下紫岑（刻有"紫烟岑"三大字），壶榼呼僮担。九鲤欲化龙，鳞鬣光斓斑。最奇罗汉岩，插汉列天官。拜若效南膜，坐若礼瞿昙。胖若皤大腹，缩若垂华鬘。钝若秃古木，长若抽竹竿。擂若击坎坎，俯若诵喃喃。或作仙童立；或作野猿参；或作孤掌擘；或作一指掺；或作半钟悬；或作偏鼓安；或作神锯板；或作鬼戴盘；或作云飘去；或作鹤化还。（以上皆胜迹石状。）云门多狡狯，变幻拟雕檀。好奇穷幽险，岂惜脚力殚。洞刻丹邱磴，峭壁开空嵌。昂首讶星坠，七石落复篝。（洞口峭壁如巷，仰天七石坠而复篝，曰七星洞，又曰坠星洞云。）天浆下玉露，古井滴淙潺。旁分二崆峒，（洞中分左、右二门，曰桃源洞、观音洞。）绝有人能探。半日游鬼府，阴风毛发毰。洞穷路乍转，又觉人天宽。（洞穷路转，有门洞开，回视来路，山已穿过数岗矣。）线天在岩口，石裂如绳弹。僧言小梯绝，客游毋过贪。舍之上南坂，尧墓古苔斑。（即太姥墓，云尧时瘗此，俗辄云尧墓云。）僧导入雪洞，（洞口镌"鸿雪洞"三字。）逼仄嫌体胖。接手效猿饮，牵衣学蛇穿。明晦人鬼判，进退生死拼。出镵复入镵，天日坐瓮观。委迤得石厂，片石盖孤坛。（洞后户得石厂，号"一片瓦"。）真别有天覆，湛空悟圣凡。离洞走危梁，崁花香馣馣。回首所来往，都如隔世看。僧言游未遍，信宿容徐攀。峰奇

凡六六，洞曲有三三。容少安毋躁，再导行龙潭。到寺月在户，
树影摇栏干。瞥见人千仞，纵目方瞳酺。手挈紫金蛇，绿发容儵
儳。白虎前鼓瑟，元熊后推銮。玉女四五人，翩翩高翠鬟。云旗
飞闪忽，仙乐鸣琅玕。云我此山神，为君下尘寰。天生我怪奇，
不置通都阛。班马无隽语，李杜绝英谈。名阙载常典，羽客徒盘
桓。困我闽海隅，所嗟知己难。予愚对以臆，此非造物悭！古来
有贤圣，绝德久必谙。神非衡岱敌，直与蓬壶骈。勿厌吾跻壁，
请为下赞叹。语罢忽惊觉，缺月遥天弯。

张际亮

　　字亨甫，建宁人，道光举人。闽中十诗人之一。诗宗盛唐，
尤以学太白自命。侯官陈恭甫谓："亨甫七古自高，青邱后无此
作。"生平喜纵览名胜，与邑孝廉陈式铭为同年友，极相得。曾
来游太姥山。著有《松寮山人集》。

忆太姥旧游

　　昔登太姥巅，空碧见东海。安期不可逢，缥缈三山在。余时
下危磴，挥手来长风。七星坠北斗，高挂悬崖中。重岩窈以复，
滴水断复续。秋思满潇湘，揽之不盈掬。金骨古仙坟，涧花明罗
裙。万里一倒景，飘然生片云。云边飞鸟绝，千嶂乍明灭。潮平
岛屿青，暮天杳烟雪。长啸渡石梁，洞壑何苍苍。谁怜片瓦在，
坐对思沧桑。还途顾九鲤，鳞甲腾空起。高呼石应声，笑卧霞峰
紫。暝倚摩霄松，翠霭纷重重。孤灯照万籁，独醉闻疏钟。自从
甯甫上①，兵燧今何向？今年忆榕城，丹台浩清旷。人言李邺
侯，少喜衡岳游。青萍不得试，余亦凌沧洲。

---

　　①　指1842年7月英军攻陷定海，时为第一次鸦片战争初期。

林瘦云《游太姥山图》

东卧岱宗云，南听罗浮雨。北踏太行雪，或醉嵩洛野。平生惯浪迹，万里若庭户。长剑气摩天，短衣倒跨马。忽忽时归来，江山在笔下。林君颇好奇，为我述太姥。邱壑归胸中，纸上无寸土。想见招天风，长啸百灵舞。容成骨朽尽，方朔亦漫语。安用写岚翠，此意浩终古。君尝帆沧溟，蓬阆了可睹。神鱼衔赤日，夜挂珊瑚树。中有李白魂，骑鲸去何所？吾欲一问之，乾坤谢游侣。

王作栋

字芳圃，福安棠濑人。

游　太　姥

秋风千万里，吹度招仙姥。仙姥不可招，纵情在洞府。初步仅容足，渐次见庭户。中有丹砂灶，药白苔俱古。又有石棋枰，年深无人取。忽闻山鬼啼，疑风复疑雨。出洞上层颠，晴空湛秋宇。天外送风来，与我为宾主。高低尽神奇，一一化真腐。石门参差开，二仪初判剖。绝顶何茫茫？双双老眼竖。伸手排阊阖，相去刚尺五。海水三两杯，大块一抔土。人烟渺如丝，不尽子孙俯。有景动自然，何曾资斤斧？名目殊纷纷，熟视竟无睹。谁不志摩霄，肯与培塿伍！彩凤浴天池，仙踪会接武。切勿贡谀辞，恐妨山灵怒。

太姥杂诗

久闻太姥名，未识蓝山面。却曲上层颠，嵌巘通一线。始知五岳游，胜读《列仙传》。三十六奇峰，峰形朝暮变。

雨霁岫容清，秋高天宇空。人家布似棋，江海小于瓮。此处有神仙，何年相伯仲？朝观四足鱼，暮宿七星洞。

鸿钧划此山，形胜据东海。采葛忽三秋，种蓝成万载。丹炉火气微，石臼苍苔在。我欲叩延年，仙人不可待。

翠微何莽苍？一万八千丈。绝险怯身扳，奇形难绘状。陡然双屐高，忽自下山上。清福此时罗，往来神气爽。

张荣培

字蛰公，吴县人，诸生。著《食破砚斋诗钞》《惜春阴馆词钞》。

周遁庵先生辨正福鼎县名，系之以诗，拜读一过，爰成五古以张之

前人纂地志，考证不厌详。一字或传讹，贻笑比弄獐。福鼎与鹤顶，音训须较量。一取覆釜状，姥峰摩穹苍。一留霁雪景，名胜著平阳。风马不相及，如何混一方？错久成铁铸，李竟代桃僵。千载传笑柄，野语同荒唐。周子当代英，才识冠一乡。阔谈采璞岩，诗句辟凤翔。正误先正名，倍增邑乘光。鲰生羞好古，读竟喜欲狂。牛女定分野，闽浙严画疆。庶几杜假托，不在迁地良。郡国究利病，卓哉此引喤！

许树枌

字情荃，江苏如皋人，岁贡。

遁庵先生考正福鼎名义以辟平阳鹤顶之讹，赋诗徵和，敬赠一章

九字列郡县，名义本相召。世远易滋讹，俗儒忘典要。匪独

安与娄，（安县即娄县之讹，见《养新录》。）肝胎更致诮。（误盱眙县为肝胎，见《类篇》。）昔我辨江皋，今复识闽峤。皋地僻海隅，不闻奉楚号。谬托射雉谈，乃设大夫庙。（如皋襟江带海，状如覆釜，有皋如之象，故名。乃好事者附会。贾大夫射雉御以如皋之说，城曰雉城，池曰雉水，设贾大夫庙于东郊，荒谬已极，续修县志已辟之矣。）是犹平阳山，越疆名人冒。何来笙鹤声？此山应胜笑。忽近而图远，假借鸡立教。鼎或取《易》义，太姥形尤肖。名正言乃顺，事成史有耀。左证广搜罗，虚声不容盗。表章重词赋，胜境资游钓。考订儒者功，此才徵远到。

池源瀚

字仲霖，号苏翁，瑞安人。年十八补学官弟子。旋食饩，文誉以起，巨室争延授经，从者益众。后以孝廉方正徵试一等，得知县，分发福建，适遭国变。民国四年，以保荐知事赴闽，宰平潭、松溪、崇安三县。洁己爱民，所至以政绩见称。

奉题卓剑舟《太姥纪游集》
（有引）

剑舟仁兄以所撰《太姥纪游集》并题句邮视，以灵运之清才，发柳州之高咏，意抱胸襟，为之一爽。不揣芜率辄书题辞，以副雅鉴，即请郢政。

昔闻太姥山，峨峨闽南峙。厥高三千尺，厥周四十里。伊古炼丹翁，相传容成子。天下第一山，曼倩题名纪。四十五石奇，五十四峰伟。十岩廿四洞，奇异叹观止。最高摩霄峰，状如覆鼎似。（或云：福鼎县名取义在此。）曩在乾隆时，邱公古园氏。殚力极攀跻，著书等掌指。越今卓使君，探幽步如坻。题句抗前尘，摩剑天可倚。昨者觇诗篇，仿佛康乐体。蒙曾游武夷，九曲收眼底。亦常发清吟，滔滔岁月驶。独惜太姥峰，足迹未一抵。今日读君诗，心醉目为眯。顾影已龙钟，济胜无具矣。拟倩名画师，为写图多纸。闭门摅遐想，卧游自此始。题咏诒使君，赓吟傥可俟。

民国

李翰藩

字屏石，福安人。

太姥山吟

吾州两名山，霍童与太姥。相隔百里遥，胜游恨不早。太姥更雄奇，三十六峰好。中有万岁松，又有千年草。九鲤上朝天，盘石向下倒。溪水秋变蓝，化工精妙造。及登摩霄巅，大足慰怀抱。海阔茫无边，隐影琉球岛。浪翻白辚辚，日上红杲杲。水天浑一色，极目穷探讨。荡胸生层云，仰天叹浩浩。

萧鲁瞻

四川合川县人。

太姥山

山胡名太姥？远在唐尧年。种蓝来太姥，后忽成地仙。闽王封西岳，灵应著开元。子言梦神吏，仙音叶管弦。绘图奏唐宗，图张御楼前。山麓建寺宇，春秋祭祀虔。天台与雁荡，遥瞰如一拳。琉球和日本，俯视等螺鬟。蓝溪岁八月，沤蓝染色鲜。山灵多奇迹，纪载纷简篇。我蓄观海愿，思陟崇山巅。翘首眺闽海，可有三神山？好挟飞仙去，御风时一还。

王　琨

字贡瑶，福安人，历任连江、福鼎等县审判官。

读卓剑舟先生《太姥纪游集》，爰成五古一首，录奉郢正

青莲梦天姥，所吟多幻侈。剑舟登太姥，云烟收笔底。五十四高峰，如图绘于纸。我亦好寻山，五岳余二矣。独憾邻太姥，游屐未曾履。斯山三千尺，去天只一咫。东海诸岛屿，历历手堪指。谈者每道及，至今犹在耳。今岁客桐城，与山益相迩。簿书得偷暇，当偿素仰止。丹灶迹依稀，傥有容成子。一卷指路碑，卓氏有诗史。

卓剑舟

自题《入山采药图》

八表同昏日，入山恐不深。丹青得石谷（谓王俊甫君），妙手写素心。相彼摩霄顶，黄精或可寻？又有千年草，蒙蒙交绿阴。山光恣吞吐，令我涤凡襟。愿从容成子，结契白云岑。

游太姥阻雨，未获遍探诸胜，赋此寄怀

雨余山径荒，缓踏苍苔路。行行九节龙，万壑披霾雾。名峰三十六，乱石势奔赴。境幽不知疲，登陟险屡度。逶迤摩尼宫，深喜得真趣。灵泉注一泓，游鱼清可数。岩畔有奇花，山头多古树。好鸟相应答，寒云自吞吐。此境非人间，神仙所栖寓。荦确摩霄峰，太姥最高处。混沌窍雕镂，濛渤气布濩。我欲一跻攀，连朝苦风雨。竟日坐僧楼，嗒然为题句。

五言排律

明

陈季立

字益斋，连江人，著有《毛诗古音考》《屈宋古音义》《五岳游草》等书，合刊为《一斋全集》。

游太姥山

侵晨发叠石，薄暮到摩霄。紫气留荒塚，红尘断小桥。云将九鲤去，线引一天遥。怪石难名状，神仙若可招。青分闽浙岫，白尽海溟潮。深雾迷藏豹，悬崖宿落鹛。老僧惟破榻，废寺自前朝。隐隐闻钧乐，高高迫斗杓。避人堪此地，明月有清瓢。（山有太姥墓、九鲤岩、一线天、仙桥诸胜。）

清

王孙恭

见人物。

夏日偕友人陈振鸣、余钦电登太姥摩霄，眺诸胜迹

避尘趋古刹，览胜上岩峣。身与白云绕，眼看沧海遥。振衣忘溽暑，挂杖待朋僚。穿洞玲珑透，登峰卓荦骄。俯临小城郭，仰视逼烟霄。夜静星堪摘，窗虚月可邀。参禅求法侣，选佛入僧寮。处处扪萝径，行行过竹桥。岩花自开落，山鸟任啁嘹。石老生鞍瘃，泉飞碎玉瑶。烟峦时领略，风壑漫消摇。闻乐空中和，

迎曦浪里跳。曾传蓝染水，偏骇雨随潮。丹井今犹在，绀卢昔已
销。改名从汉武，表碣溯唐尧。狐穴钻香积，虫丝幔锦幖。梵堂
晨露浥，禅榻暮云飘。爽气重宵落，阳威六月消。浮生同旧话，
好梦共良宵。莲社如堪结，从君谢市嚣。

乔　煌

题《重刻太姥山志》

水极东溟盛，山分越国遥。坤灵钟太姥，龙马溯神尧。乐奏
仙鸾舞，丹成玉鼎销。云峦攒巚嶪，胜迹久飘摇。宛委蟠桃蘲，
（晋王烈有《蟠桃记书》，已失传。）娜嬛脉望骄。江霞怀谢朓，（山志
肇修于前明谢在杭先生。）缑鹤美王乔。（近王恪亭教授重刻谢志，兼有
续修。）

集腋征文史，雕虫愧庶僚。何当随杖履？茧足叩摩霄。

卷之十一　艺文　题咏二

七言古诗

明

林爱民

字子之，嘉靖甲辰进士。初授户部主事，榷税浔阳，舟至无不即渡关者。初，关中令救溺货者有赏。公令救人者，赏倍之。出羡金置俯江楼及周濂溪、陶渊明祭田，寻管银藏。时阉方佞佛，岁费香赀十余万，不足，欲发库银给之。公弗许。谪兴国州同知、判嘉兴。值倭变，守北楼四十日，筑桐乡城，工成而寇至，城赖以固。擢广东佥事。著有《隆庆州志》《肖云稿》。

梦游太姥

与天隔处是摩霄，极目瓯台霭可招。绕麓一溪泻蓝液，相传染姥自唐尧。訇然石扇列八九，荡云入之仍偻腰。坛东门里开洞室，可坐数十松与乔。羽衣月下驭元鹤，天柱峰颠吹凤箫。断崖版跨千仞谷，攀援斜度望仙桥。尼庵西萦勾鸟道，瞰危仄足魂惊摇。奇峰六六卓云外，天主玉笋争岩峣。夜寒拥衾霜洒簟，灵籁万壑声潇潇。银台金阙夺照耀，四黑立见海日超。大昕岚雾督咫尺，顷刻散彩吐孤标。气吞秦屿拍天浸，扶桑虬怒奔雄潮。缁禅习对岩谷静，客至似觉增喧嚣。一僧辟谷可旬日，煮茗只向石底烧。摘来胡麻练杵大，一嚼眸莹肺渴消。於乎！兹山汉封闽左

壤，迤西百里予生长。丁戊莲阳惧见邀，病躯两贤羡独往。到处
寻真不惮遥，却此寡缘徒梦想。三涧掀髯得绝观，记述千言堪抵
掌。卧闲时展玉琳琅，翠黛神游袂飘爽。群仙携我采芙蓉，缥缈
凌虚入苍莽。霍童屹峙宁之阳，第一洞天名更广。王邓登来白玉
蟾，代有高人亟称赏。贤豪本是山灵遭，振衣冈头在吾党。

屠　隆

字长卿，号赤水，浙江鄞县人。进士，官郎中。平生好交
游，畜声伎，以诗酒自放。太守阮自华尝以仲秋大会词客于乌石
山，宴集者七十余人，而推隆为祭酒。酒阑歌罢，奋袂作渔阳掺
挝。鼓声一作，旁若无人，四座服其豪迈。著有《篇海类编》
《白榆集》《由拳集》《南游集》。

太姥山歌为史使君赋

闽南海气何盘回？结秀太姥高崔嵬。山桥甫上辄斗绝，天风
蓬蓬吼晴雷。崖穷路转不可极，忽讶谽谺石扇开。仰视空明逗一
线，涌出片片层云来。磴道险仄可容足，天阴石滑生寒苔。断崖
缺处见堂户，垂萝偃覆长松树。落日山深有鬼啼，空门岁远无僧
住。林存虎迹兽犹惊，井吐龙涎水尽腥。峰排突兀逾千尺，空嵌
玲珑凿五丁。芒鞋行抵国兴寺，丰碑磨灭祥符字。宝相堪嗟香火
残，雕楹尚拟皇居丽。东走遥临万丈潭，窅深定有虬螭睡。寒泉
历历鉴须眉，飞瀑时时溅衣袂。绝顶夜宿摩霄宫，呼啸真疑帝座
通。金尊直吸星河白，银界初吞海日红。南来五岭凭陵外，东去
诸峰指顾中。春秋寒煖须臾变，高下阴晴迥不同。吾闻太姥主名
岳，尧时得仙启关箓。朝游昆阆暮蓬莱，来往笙箫控鸾鹤。兹山
合是神灵都，力牧容成此炼药。史君丰骨本成仙，五马专城出守
年。天教太姥属封内，应与名山旧有缘。绛雪神丹传玉札，彩云
天乐侑琼筵。我欲寻真来采药，解衣烂醉卧其颠。

全天叙

浙江鄞县人，官少詹。

赋得太姥山赠史州守

越王城南越王石，历落嵚奇斗天碧。蜃气春蒸结海云，闽烟
画锁迷山色。谁其披睹称仁侯，骄嘶小队五骅骝。嶙峋百尺当风
立，天清气朗云烟收。吁嗟片石耸孤介，可以直下使君拜。使君
青眼何时逢？海滨白石千秋在。今已褰帷远送君，回飙积雪叹离
群。春来卧治无余事，太姥山头望白云。

（通首皆言越王石，只末句带言太姥，疑借题赠州守，非赋太姥山。）

曾孟麐

麻城人，官州判。

太姥山歌

太姥嶙峋兮壁立天矫，曲径逶迤兮上接危桥。登高旷览兮海
水波潮，振衣长啸兮风雨潇潇。偕仙侣兮共逍遥，疑身世兮出云
霄。安得一枝兮寄鹪鹩？

马世珍

太姥山歌

名山太姥称西岳，六六奇峰削如玉。仰观天宇若吾庐，俯临
沧海犹一粟。唐时老母炼丹砂，乘龙飞去泛云霞。只今唯有山中
月，长照秦川十万家。

张大光

字叔弢，霞浦人，万历乙酉举人，授广东长乐县①，寻判饶州。以忤权珰，迁知晋安州。逾年，乞休，父老馈赆，谢以诗有"陶潜有酒开三径，刘宠何功受一钱"之句。归隐南山，将卒，作诗驰告亲友。及期，衣冠兀坐而逝。

太 姥 山

七闽本是山水国，霍童太姥尤奇特。太姥千峰障海边，鬼斧神工巧雕刻。玉湖影浸碧琅玕，曝龙泉涌生秋寒。窍中地脉透沧海，井底往往蛟螭蟠。峰后峰前云片片，钟离仙子云中见。半空咳唾谷三传，数里鸿濛天一线。神羊天马何甡甡？狮蹲虎踞羁麒麟。十丈莲华吐青嶂，莲舸千年尚无恙。忽疑误入梵王宫，真僧罗汉遥相望。献怪争奇那可纪？摩霄俯瞰几千里。南粤东瓯几席前，三更日出扶桑水。就中时听紫鸾笙，仙人往来相逢迎。烹龙炮凤宴太姥，停骖紫阁携容成。嗟余雅好山水癖，海内遨游发将白。岂知太姥在比邻，眼前自有神仙宅。丹炉丹井旧依然，一宿神楼（原注：楼字可疑。）待有缘。便当永谢尘凡网，结屋山中栖紫烟。

清

吴　学

州人，广文。

太姥山歌为州太守郭公赋

闽北峰峦千万重，直奔太姥聚仙踪。名山文授东方子，绘出

---

① 今广东省五华县。

三十六芙蓉。力牧容成丹鼎在，当时蓝母此乘龙。摩天插汉峰峰异，为人为物肖其容。仄磴遥岭何碌碌？竹杖芒鞋艰彳亍。屭屭陟尽上摩霄，去天咫尺云堪搁。沧海红时鸡未鸣，扶桑日出僧犹宿。俯观瓯越万山低，大小琉球亦入目。岩洞遥连一线天，五丁凿就嵌空悬。跬步仙桥望九鲤，鼓鼗掀聱皆宛然。过数洞门拜姥墓，喜闻仙乐谷声传。草径芊芊堪席坐，赏音击节俱忘旋。自尧迄今几千祀，过客游人多至止。六六参差各献奇，入画供诗咸肖似。神仙窟宅仗山灵，那知古迹有时圮。忽闻迁弃及兹山，绀殿琳宫灰烬矣。台湾迩日尽来庭，海不扬波边境宁。郭公奉勅图名胜，重镌姥志垂丹青。可是仙灵相默佑，摩霄叠石建云根。五马行春登翠巘，鹤鸾笙管奏新铭。

王世昌

见人物。

太姥山古歌行和谢退谷先生

噫嘻！太姥之高高不见巅，阴陂阳麓回乌鸢。太姥之奇剺剻刻削，几万鬼斧千雷鞭。昆仑方丈非人世，东泰西华空巍然。想当未开辟，胎孕不知年。洪荒一落流峙出肖，此云凝水泐障海而遮天。郁冥冥兮森挺挺，三十六尖扪翠顶。佹形变相难可名，如读益经看禹鼎。瀑雷下洞水龙飞，日驭上壁天鸡醒。春秋冬夏云霞变化外，弗能周遭索其下？荒荠亏蚀无孔罅，唐林宋草相侵霸。朗者日月壶，黝者泉台夜。小者衔衔大镗鞳，天风浩浩流景射。噫嘻！太姥之奇不可知，四十里尽蟠蛟蠵。嵌空礴礴没根柢，长跟大肘互撑持。君看凹凸皱瘦间，玲珑心肾悬肝脾。要当百岁穷窈奥，乃信万窍纷义歧。滋生幽险穴猿狖，来往云气游神祇。始叹仙山佛国造化异，俯抱峦岫如孙儿。操蛇之神得无痴，徒负通都大会之康逵。面面亭台错金碧，日日钟鼓喧禅缁。胡为落荒僻，永与朝市辞？华轩高盖不得到，苍苍空翠长照霍童及武夷！山灵前致辞，主者故无私。浊淖产珠贝，枯朽生菌芝。灵物自阔畏，尘俗孤高久与荒僻期。君独不见孔与墨，艰以绝德逢当时！

甄士林

字南墅。

游太姥山

咄哉！太姥山三十有六峰，何年鬼斧雕镂工？罗列禅海西岸天台东。冠帔突兀蠹霄汉，孙视秦屿儿霍童。容成帝师去已久，丹井药白留仙踪。太姥昔艺蓝，蓝水何淙淙！东方献图汉武世，以姥易母理则同。遥遥百代事荒渺，但见狮象麟虎蹴踏凌苍穹。我家太室少室下，四岳端拱朝高嵩。温泉濯足陟层巘，广成招手来崆峒。故乡蓬莱宫阙可望亦可到，兹山呼吸将毋通。天门诀荡怪石辟，化作星斗悬长虹。歘然冷气砭肌骨，首夏凛冽成严冬。眼前松竹失葱翠，阴森岩壑驱蛟龙。颓焱雾雾洒黑汁，精舍鞔虺洪涛中。飞泉百道出林表，怒雷惊电争轰隆。芒鞋彳亍觅归路，咫尺恐入鲛人宫。烟云变灭千万状，峰尖幻作青芙蓉。山灵莫笑兴易尽，稍待凉秋佳日看尔霁色开鸿濛。

林光照

字在寅，号珠浦，霞浦人，为光禄正卿林祖成之子，登乾隆辛巳进士，官江苏句容县知县。

和甄南墅《游太姥山》原韵

我本长溪人，应审长溪峰。长溪蜿蜒何处工？太姥之峰长溪东。古人山水为性命，屐迹不到真蒙童。有友遗我蓝母图，千岩万壑列奇踪。上穷碧落绝猿鸟，下临百丈奔飞淙。六六峰峦各一态，神工鬼斧无雷同。把卷卧游四十载，梦魂飞绕凌苍穹。濒海虽奥区，足匹岱与嵩。容成务修炼，何必居崆峒？灵仙窟宅不可测，天下岩谷宜相通。昔日见图今见诗，诗成排奡气如虹。谲怪幽奇呼欲出，长吟短调玉丁冬。朝天鲤，出洞龙，分明飞跃砚池中。令人仿佛梦天姥，欲乘屏翳驱丰隆。君不见，东方生，授图汉帝来绛宫。蓬莱方丈拾瑶草，飘然手把青芙蓉。我将携诗问苍旻，海天风雨吹溟濛。

陈星焕

太姥山

忆昔曾读名山志，五千三百多奇异。更有方丈与蓬瀛，缥缈虚无远难跂。才山屹立秦江滨，肇迹轩尧称胜地。幽崖绝壑郁苍苍，历险探幽骇人意。瞥见去天不尺五，如登东山而小鲁。控引吴越与东瓯，隐隐明灭皆可睹。崷崒摩层霄，又若蟠龙虎。古洞何玲珑，豁然开窗户。至今沧桑阅多年，不测烟云时吞吐。丹灶石枰依然在，渺渺仙踪谁接武？

王锡龄

见人物。

太姥吟次朱执邦韵

昔人欲借樵人斧，斫尽林桂清光吐。君今吟哦新月峰，月殿嫦娥为起舞。胡为黑夜蹋碧空，坐看金乌升玲珑。豪情快意看不足，乱穿岩石东西通。观音洞口新棘筱，蛇行蚁磨缩颈小。谁知百转总不穷，一落寒潭千丈窅。昌黎陟险华山梯，发狂痛哭谁扶携？君当欲上不得上，遗书何处亲笔题。但闻流水吐洪溜，不见斜光驹影透。苏武也曾居深窖，君却居此无底窦。长日饥饿作微吟，三更古道跫足音。翻悔当时不饿死，姓氏不得镌高岑。人间长夜苦未晓，沧海茫茫云渺渺。何妨直葬此洞中，也使凡骨出尘表。煮浆老母醉不醒，丹邱古墓长冥冥。世间附会乘龙去，请看墓草年年青。我家门前扫落叶，开窗便与群峰接。十年误踏软红尘，三岛烟霞聊补帖。上方俯视下方低，果否曾闻海上鸡？鸡声催促东方白，予犹拥被自息兮。

陈珑坦

太姥山歌

七闽自昔山水国，合沓嵚崎不可测。太姥峨峨镇温麻，扶舆灵气尤怪特。旧传老母自尧时，丹砂九转驾云螭。续经汉武封西岳，山灵往往显幽奇。三十六峰瞭如指，突兀嶙峋还逦迤。千岩万壑扫云霾，鬼斧神工孰比拟？丹崖壁立吐莲花，上有真人放飞鸦。灵龟猛虎辈辈见，空嵌应觅神仙家。石笋悬钟亘千古，茫茫去天不尺五。天际芙蓉玉削成，大小灵岩辟洞户。悬崖仅劈一线通，摩霄俯瞰晨曦红。望仙桥上登绝顶，千盘遥接鞠陵东。飞泉古洞叹奇绝，容成仙子去如瞥。迄今丹灶址尚存，扪萝谁授炼丹诀？惟有山环秦海滨，岚光如画隔红尘。何日结庐此山下？云浆更乞种蓝人。

吴国翰

见五古。

望太姥山歌

蓝母峰，何屃颜？尺丈寻常不可以数计，但见峨峨矗立千烟寰。想当开辟初，谁为罗列相持扶？无乃东南天柱欲倾倒，割取蓬壶万笏擎太虚。群峦足下走，日驭崖边趋。九夏炎云吐五采，仿佛绣幢芝盖环皇衢。俄而云也非云山非山，杂杂逦逦纷纷不可删。又疑九龙将子赴天阙，百千万怪随趁趋。颇闻此山中灵根几万窍，下与沧溟通，上纳羲娥耀。其间空腹玲珑处，又似人工造作罗众妙。前者吾友方又超，胆力雄豪穷廖宨。旬日出没九地里，蚁穿珠曲蛇蟠蚴。嗟哉！我生尘内愁险巇，安得手把仙人九节杖，蹴蹋烟雾凌崴巍。左握容成手，右搴太姥袖。餐我玉壶之丹砂，醉我流霞之仙酎。骑赤龙，驾青虹，下视茫茫空宇宙。寄语操蛇人，为我招群仙，秋风飒飒吹我去，岂甘劣懦孤良缘？准备芒鞋布袜青行缠，裹粮补被径往扳层颠。排天门，登日观，摘取列星为酒钱。那能郁郁久居此，俯仰尘土徒凄然！

吴斯勃

阅《太姥山志》赋长句

十洲三岛在海中，海滨岩洞将毋同。太姥名山有灵迹，即在闽峤长溪东。局促辕驹未骋足，披图乃惬卧游衷。三十六峰削芙蓉，琢雕鬼斧兼神工。叠石为门径险仄，陡然地绝而天通。窪者窍穴透巨海，高者屏障张层穹。两岩合沓亘数里，漏光一线划长空。旌幢冠笏纷罗列，石化仙船桥架虹。狮凤龙鳞龟鹤猨，肖形象物探奚穷。云霞绚采势飞动，瀑泉夏玉声玲琮。更上摩霄峰绝顶，不须羽翼能乘风。阊阖可呼星可摘，俯视下界青濛濛。四更海底看日出，黑波中有黄云烘。移时万道金蛇涌，火轮跳出烧天红。日本琉球浙闽粤，都涵曙色之瞳昽。天台石梁泰山颠，与此鼎峙观称雄。其余洞壑难仆数，况乃错列梵王宫。奇以峰峦幽以树，松杉竹柏何苍葱？缁黄尽忘出尘世，节屐自诧穿蚕丛。我羡奇踪疑转积，容成力牧辅轩熊。七闽未列职方志，奚来岛上栖其躬？老母山居种蓝业，岁时孰记唐尧隆？饵丹白日跨龙去，何有墓碣形穹窿？汉录唐封差有说，总缘荒忽相推崇。侧闻洞天在闽境，十六武夷首霍童。羽客栖真炼丸还，后有长庚前葛洪。太姥飞升尚有墓，毋乃桥山葬剑弓。三山俱是神仙宅，足傲岱霍衡华嵩。掩卷长吟纪其略，梦游诗逊青莲翁。安得五丁在我手？凿破混沌天无功。

江从如

字善旌，王渡人，诸生。司训建宁、安溪、光泽等县，转福州府学教授。

游太姥歌

游山最喜登崔嵬，烟云万里足下开。奇岩怪石惊刺眼，松风万壑如奔雷。拂衣长啸天地空，身在云霄飘渺中。此山旧有仙人迹，缤纷鸾鹤招乔洪。丹邱古磴游亦遍，白猿候火今不见。药臼丹灶烟景迷，玉井仙泉雪花溅。摩霄頫瞰诸峰列，如挈儿孙绕大耋。瀛海波平一镜磨，云气水光争皎洁。剧怜断碣荒丛里，游人题咏殊堪纪。我歌不作负来游，齿音乍发山禽起。山禽突起声互答，人声鸟声韵还合。支筇蹑屐下层云，晴空月色千山匝。

许若梅

见五古。

长溪晤王面城，出其所作《太姥吟书长句》为赠

我闻学诗如学仙，金丹换骨方飞升。俗物安得有好语，肺肝龌龊无由清。吾郡山水多奇特，代生才士如列星。令之不作皋羽死，石堂复继杨复生。更有兴之与梦锡，傲睨复有能诗声。其间又复几年代，蝇声紫色徒纷争。吁嗟！霍童太姥之山高嶙峥，谁以只手能将大雅撑？昨见面城太姥歌，下笔能作黄河倾。水之大者物毕浮，长短高下音鈜铮。诗家君得三昧诀，丹炉火力求其青。久服延年方两瞳，谪仙原是金之精。不然相与把臂求承桢，手掣白蛇朝玉京。

刘尹方

福安人，著有《赘柳集》。

太 姥 吟

大江涌出九鲤峰，峰势欲凌霄汉中。夜转斗杓北极北，朝探沐日东海东。我闻太姥果福地，乘云常有羽人至。琼浆傥许酌流霞，月明莫忘放鹤迟。

王作栋

见五古。

游太姥山

二十八宿罗心胸，数千万丈追仙踪。昔闻太平有慈姥，竹为箫管如吟龙。谁知太姥佳更绝，天下名山第一重。鬼斧劈破至人宅，大仪日夜工陶镕。涧将断时水声续，山当缺处云随缝。小石累累架大石，大峰棱棱帅小峰。大石小石参差出，小峰大峰开芙蓉。何洞有奇不搜尽？有奇何险不披茸？双屐摩霄吞大渎，况开眼界忘稽慵。东望东瓯左东冶，无诸霸业夸纵横。百岁子规啼别调，桃花着雨三春浓。力牧仙去容成老，古墓但传尧时封。蓝液入地草争碧，寺前赢得数株松。我辈本无仙骨在，丹砂驻颜何年逢？唯有许掾情具好，曲途危磴时相从。一邱一壑非吾事，朝登罗浮暮岱宗。惆怅蓝姬不可见，千秋溪水长淙淙。

林 栋

字隆山，寿宁人，进士。民国任国会议员。著有《梅湖诗钞》。

留太姥两日，未获遍探诸胜，晓登摩霄顶，
回即起程往桐山，赋此聊订后游

石船飞从天北来，满载斗宿千璠瑰。容成受之不暇择，巨细一一陈山隈。有麟有狮有鹦鹉，为钟为鼎为樽罍。太古是谁与镌凿，又孰玲珑岩洞开？我欲经旬恣游赏，桐山行急频相催。造物亦复深秘惜，时飘微雨湿路苔。名山第一传自古，蓝溪溪水清尘埃。卅六洞天漏不载，文渊何意遗云台？恰幸不来车马客，令我鸟兽生惊猜。（由太姥洋入，岩径峭绝，肩舆不能上。）海上三山望莫接，此岂其一分蓬莱。遍探佳胜待他日，夜宾出日登崔嵬。置身已在最高顶，喜睹万道红光烛九垓。（四更起登摩霄顶看日出。）

孔昭淦

字桂舲，福鼎管阳乡西昆人，拔贡生。任省谘议局议员。所为诗文多伉爽语。著有《海棠窝小草》一卷待梓。

秋月同友人登太姥纪游行

光绪十年秋八月，天朗气清兴豪发。闭门闲检名山志，恍惚胸中生邱壑。雁溪陈子来不期，邀登太姥同游嬉。我时恰有看山兴，一闻斯语神已驰。信宿直达五蒲岭，天门三峰隔尘境。初在山下望山上，几疑无路通绝顶。竹阴深处转一湾，耳畔微闻水潺潺。穿穷诘曲崎岖路，别有处所非人间。鸡声啼出白云里，小树婆娑穿数里。侧首斜入梦神堂，蝙蝠一双忽惊起。林杪露出摩霄庵，宫阙缥缈隐烟岚。苍崖翠壁诗题遍，入门合掌参瞿昙。中央即为太姥殿，金璧辉煌两目眩。宝鼎烟浓香正烧，铜瓶风定花犹颤。道南还有蓝谷神，座前水浅清无尘。岁或不时遇旱潦，祈祷有愿皆如人。抖擞尘襟欲朝拜，夕阳明灭秋山外。空庭唧唧寒蛩号，古木萧萧黄叶败。禅堂入夜豁山门，明月出岭光入阁。天籁

无声丈室静，前峰后峰黄鹤言。老僧蒲团观自在，诵经喃喃灯相对。塔中细语送风铃，天外清音飘云碓。昧爽来登望日台，鸿濛澒洞拨不开。须臾红日上东海，天光云影共徘徊。左望琉球隐不见，右观日本山初现。回头复顾来时路，屈曲萦纡悬一线。平明更历望仙桥，桥畔清风吹玉箫。鸾骖鹤驭纷来往，我愧尘容不敢招。坐观二佛谈经所，山色依依若魂与。分明说罢俱点头，寂然不动空延伫。直下便为九鲤岩，朝天一一状钦嵌。中有一鲤最神似，鬐鬣悉具尤非凡。横穿转入七星嶝，七星玲珑摇不定。两边绝壁立千寻，山腹中间擘一径。嶝口有嶝青漫漫，寒风薄人而上抟。相传此下有龙井，令人不敢低头看。滴水岩边时憩息，举头一望高无极。日光㶁㶁射方池，泉水泓澄净如拭。薄饮一掬心骨寒，手扪怪石欹且刓。腰经三折蛇行出，豁然开朗天地宽。缓步东寻国兴寺，修竹森森滴浓翠。石柱纵横没草莱，千秋胜迹烟霞秘。门前山果不识名，离离几树垂繁英。午餐足以疗饥乏，摘尝甘酸回味清。沿溪曲径踏沙去，狰狞石虎横蹲踞。峰腰凿破片石痕，大书"云标"云深处。下有四角种蓝地，池中荇藻纷离披。闻道尧时种蓝母，居此种蓝人不知。石桥西出约数武，清歌泠泠闻牧竖。舍利宝塔埋荒烟，摩挱断碣空怀古。空谷传音岭上来，石门中对梵堂开。清阴上覆一片瓦，千年不扫生绿苔。古佛拈花自微笑，宝光相射齐炫耀。琉璃灯映水晶瓶，圆转光明无私照。一枝石笋高插天，金龟有意抓其颠。万仞巍巍不得上，爪痕两线犹宛然。细寻壁有灵虚窍，"天琢元岩"该众妙。神斤鬼斧凿已奇，石灶石床形毕肖。凭虚一啸清风生，白猿跳出驯不惊。牵衣导我穷幽谷，谷中隐约闻笑声。云锁双扉钻不入，清泉溅石苔衣湿。旁横小几漏斜明，肴核杂陈未收拾。奇境灵迹览已全，一游三日犹留连。此去茫茫落尘海，未知重会在何年？再拜愿与山灵约，平生与尔契不薄。今虽暂出归有期，毋使山中笑猿鹤！

林士恭

字钧璜，秦屿跃鲤人，廪生。工骈散文，尤嗜六法，笔力仿佛瘿瓢子。著有《鸣蜇集》《井蛙语》《莲城志》藏于家。

游太姥山至天门歌

呜呼！噫嘻巍哉夐焉！抚气象之万千，造物殆为宁州辟洞天。宁之东北百二里，群山环拜太姥前。太姥幽洞七十二，嵌空玲珑石欲仙。漏间吞日月，穷处隔云烟，上摩清霄下彻海，背坐霞山履秦川。仰观三十六峰之森错，卓立如笋能解箨。更有九鲤朝苍天，天门两扇亦磅礴。左高昂，右直削，龙兮骧，虎兮跃，当空而欲飞，有如云中舞白鹤。重岩叠嶂何鳞鳞，矗不知其几千万落？是时天虹插云根，阳侯不作寒风喧。闲僧遥指烟树外，樵歌无数落前村。呼童扫叶煎浊酒，衔杯坐听月黄昏。醉里欲寻容成子，相与穷太姥之胜而饱我乾坤！

蔡卓勋

字竹铭，别署瀛壶。广东澄海人，清光绪戊申岁贡。壮岁遍游国内外。所作诗文豪放恣肆，人不能窥其际。创立"壶社"，交游满四海，均一时名流。著《壶史》二卷、《壶社丛选》五卷及唱和集、尺牍、《瀛壶集外》多种。

遁庵先生主修《福鼎县志》，订正县名，系之以诗，邮寄岭东，余受而读之，发我无穷感想，长歌述意

海上名山传太姥，天然形势同覆釜。因山成邑邑名山，福鼎之义非妄取。何来鹤顶浙东峰，附会牵连入乡土。数百年间讹传讹，正误无人能笔补。遁庵老人搜坠遗，不惮订今兼援古。别翻疑案炳千秋，浙闽从此分疆部。吁嗟乎！古来史册疑误多，

耳闻臆断难胜数。史才安得起老人，笔削麟经继东鲁。即今《壶史》方告成，惜无大匠施斤斧。只留传笑到他年，大惭小惭思韩愈。

朱家驹

字遁庸，晚号遁叟，江苏奉贤人，清光绪举人。内行醇笃，与兄贞介公友爱备至，筑"两廉亭"以见志。

遁庵先生纂修邑志，辨析福鼎县名之传讹，委嘱题句，敬赋一章

闽有山，太姥峰，岧峣拔地一千丈，望如覆釜其形同。覆福之读音不异，县名以地宜相从。浙有山，称鹤顶，亦名福鼎山，两地疑相并。诗人兴到发吟咏，稽考地志未暇审。二百年来讹传讹，后学小子谁揣摩？遁庵考献具只眼，昭然发曚传咏歌。悬之国门不可易，老友林君非臆测。一笑东坡只好奇，不辨当年两赤壁。（黄州赤壁，非周瑜破曹处。）江南老遁闻之奇，是浙是闽今无疑。程途遥隔二千里，扣檠扪烛聊为诗。诗成一梦登太姥，茶熟松风石鼎时。（上年承邹君华逸惠太姥岩茶，至今未罄。）

张树屏

字海帆，号无恙，别署墨遗老人，江苏六合人，副贡。

雒诵福鼎证讹四长律率呈遁公吟坛

福鼎县始清乾隆，误会由于鹤顶峰。以讹传讹二百载，不免疑义罗心胸。旧志王诗与夏记，先后浪传无异议。疆域沿革几变迁，穿凿附会因文字。伟哉遁老稽古心，山川地理事搜寻。忽忆卅载旧诗句，飞来天姥几沉吟。昔第纪游今特笔，咏事亦堪作典实。况据《迂园阔谈》篇，离而二之不能一。义取鼎新语无征，

状若覆釜肖其形。定为实录入邑乘，亦足昭告慰山灵。不循夏五郭公例，重为考献征文计。一墩杜绝王谢争，江璞岩后此其继。

周利川

字岐隐，鄞县人。浙江通志局分纂。工诗词，尤精于岐黄之学。著有《棋音室诗存》《伤寒汲古精神病广义》。

太姥峰歌呈福鼎周遁庵前辈
（并序）

福鼎之山以太姥为望，其峰如覆鼎，谐覆为福，遂以名县。犹吾鄞覆船山之亦名福泉山也。旧志以县之得名，因于浙平之鹤顶山，附会不经，由来已久。今吾宗遁庵先生重修邑乘，正经界而重名实，既纠前人之讹，复以诗歌征和海内。爰为长歌以咏，并奉为先生寿。

吾欲望鲁蔽龟蒙，八闽风云气蓬蓬。武夫揭竿起内讧，文人溯典辨异同。（先生征诗时，值福建宣告独立。①）粤有大儒遁庵翁，道德文章亢吾宗。重修邑乘董其功，综核名实折其衷。福鼎望山太姥峰，状如覆鼎高摩空。象形谐声意俱工，以此名县理实充。迢迢鹤顶浙之东，两不相及马牛风。以讹传讹太朦胧，远招外客作主公。翁独力将异说攻，老眼不花气如虹。立极正名博而通，名山得公名益隆。太姥佳气郁葱葱，洞天福地神之宫。以山为县青龙崆，高鼎兀兀镇其中。一邑之望岳之嵩，百里之内托帡幪。仗公卓识破鸿濛，史笔光气发熊熊。山灵大笑达天聪，喜公年老心犹雄。愿公之寿比华松，福鼎之福来无穷！

---

① 指陈铭枢等国民革命军第十九路将领发动兵变后成立之福建人民政府。

陈庆新

字少良，福安人，诸生。工古文词，尤精《周易》，著述颇富。

太 姥 吟
（有序）

予自太姥游归，绘其形图，想其奇峰怪石。爰作一赋，日夜吟哦。神倦忽睡，梦游太姥，所见境物迥异从前。因再吟此，以志神异。

方士美蓬瀛，耳闻殊难信。幸生闽东近太姥，灵仙窟宅可亲睹。太姥尊号肇唐京，千秋价重拟连城。天下名山此第一，岁星东驻亦心倾。（岁星即东方朔之前身，太姥在唐尧时已显应，汉武帝令东方朔授天下名山文，改"母"为"姥"，朔又题"天下第一名山"六字，镌石于摩霄绝顶。）我固渴想梦魂越，举杯夜饮邀明月。明月伴我影，乘醉下鼎溪。夹岸桃花今尽落，空中惟有子规啼。天门高百丈，着屐上云梯。晨钟敲野寺，振羽动莎鸡。天梯石栈五丁凿，玲珑宝洞罗汉眠。风飚飚兮云飘石，山岩岩兮龟逾巅。长笛一声声彻汉，枫林千树树含烟。（由陆路登太姥必由天门经过，险不可言。）云腾雨施，电雳山摧，遗尘扫荡，小口忽开。车渠绿荷满香阁，麀鹿白鸟戏琼台。痛我仆兮瘏我马，想仙母兮仿佛而来下。仙人欲语竟回车，骂余心事乱如麻。回风鹢退追无及，侧身西望长咨嗟。黄粱新幻今方觉，觉时翻失旧烟霞。噫嘻！浮生若梦尽如此，消夜扪心淡如水。我期汗漫去不还，长吹法蠡谢人间。被褐怀玉历名山。世事都捐害马去，何须朝夕郁郁愁心颜！

邹　逸

见人物。

太姥俚歌并怀卓子剑舟

　　我年四十游太姥，六十才吟太姥诗。吟诗惹得山灵笑，山灵笑我何久睽。我答山灵曰否否，我楼与山近尺咫。旦旦看山无别离，楼与山成交游史。山在一楼中，三十六巘森天空，四百八寺领闽东。岩花璀璨涧水红，神仙快活佛玲珑。山中更何有？石头拼地走。大若巨灵臂，长类夸娥手。病者如猱，矫者如骝。憨者如封豕，蠢者如牯牛。祝融吹火芙蓉立，罗汉牟尼青欲滴。九鲤鼓鬣割云根，七龙奋鬐钻洞壁。游山到此叹奇观，蹋足疑踏雁荡昆仑间。雁荡昆仑虽绝胜，无此嵚崎险怪岭岈峻拔堪跻攀。既不学晋温峤，遇异族，燃犀照，此间蛇穴龙洞蛟龙宫，佇有苞符待泄之奥妙。又不学李谪仙，搔搔首，问青天，满携谢朓惊人句，长结青山翰墨缘。太息劳人六百甲子过草草，对山更觉惭怀抱。日驭难回星又移，年年青峭送吾老。稼翁胸富称幽才，吟风跌荡天门开。山经百卷搜寻尽，笔花绚烂金银台。行当与子御风去，乘云翔，高跨绝顶三万六千丈，吹笙击缶山之阳。将诗医俗骨，借酒养清狂。游戏容成子，玩弄汉东方。不问乎功名富贵，宁管他羹沸蜩螗。但向山灵歌祝嘏，君唱我和，笑逐蓝姥之水，千龄万禩长乎长！

周　　南

　　字锐生，福鼎人，福鼎县民众教育馆馆长。

恭题卓剑舟先生《太姥纪游集》

　　君为出山人，重寻入山路。也曾破浪趁长风，南洋群岛亲指顾。归来游兴尚未厌，振衣独上摩霄巅。卅六芙蓉开胜境，神工鬼斧状万千。名山今古谁知己？继东方后有卓子。一邱一壑遍搜寻，万象尽收诗囊里。纪游一集足千秋，高风合与谢公俦。何当与子共攀陟，第一峰头看斗牛。

卓剑舟

登太姥山放歌

天风吹我登姥峰，一路看山兴何浓！绝壁千仞天表立，五丁凿就玉芙蓉。荦确石径携轻筇，攀萝扪葛诸生从。拨开烟雾一翘首，七星炯炯悬虚空。仄穿三伏苦鞠躬，仰视天光一线通。从此搜奇复寻胜，光怪森罗皆天工。如桃如笋如锯板，如屋如瓦如屏风。如盖如柱如盘盂，如塔如船如鼓钟。更有奔者立者伛者吸者，类人类禽类兽无一同。山僧指示得洞穴，石门众草纷青红。窥之正黑无所见，疑有蛟龙蟠其中。振衣长啸摩霄顶，笑语只恐惊天公。白云叠叠起脚底，下视人世尘濛濛。平生倦眼快一览，胜持长剑登崆峒。回首青霄身置际，但觉天风浩浩荡心胸。

七言排律

清

蔡伯源

字平洲，布衣。

游 太 姥

西岳容成曾领略，玉湖师待复徘徊。微风引我白云去，空谷声传叠石来。蓝水南从秦屿泻，天门东断浙潮洄。孤僧听法头微点，二佛谈经口不开。九鲤朝天穿一线，七星坠地映双才。洞含鸿雪名犹在，岩熟蟠桃树已摧。太姥丹成余紫气，钟离衣破补青苔。国兴寺绿都修竹，午所厨香半野梅。板有墨绳遗去迹，船无帆橹渡谁回？千年睡鹿衔瑶草，四足游鱼待瑞雷。童子浴盆通九曲，芙蓉绣壁接三台。锦屏荷叶围茶灶，蒙井莲花献酒杯。靴晒棋盘知客醉，钟悬仙乐杂猿哀。牙签象管纵横列，石笋金峰次第裁。黑虎叩禅幽径坐，黄龙出蚰乱云堆。观音座上调鹦鹉，罗汉池边认劫灰。新月圆潭澄色相，摩霄瀑布洗尘埃。摘星只用聊伸臂，望日何须别筑台。曳杖未能临绝顶，搜奇肯信到蓬莱。更多佳景烟霞里，留与诗人仔细裁。

吴葆镫

字闵生，翠郊人。

游太姥山

曾传遗迹自容成，此日犹留太姥名。放眼频窥天一线，相呼宛听应三声。遥闻谷口元音静，傺讶山巅野渡横。石笋奇峰今即古，洞蒸岚气雨初晴。山园野蕨充僧腹，岩窦甘泉洗俗情。踏遍洞天归卧后，晓钟乍动梦魂惊。

卷之十二　艺文　题咏三

五言律诗

唐

薛令之

字君珍，号明月先生，廉村人，神龙二年进士，全闽登第自令之始。开元中，累迁左补阙、太子侍讲。会李林甫间东宫，令之感慨题诗于壁，谢病归。玄宗闻其贫，令有司岁资粟，令之节受之。肃宗立，以旧恩召之，而令之已卒。因敕其乡曰"廉村"，水曰"廉溪"，岭曰"廉岭"。著有《明月先生集》。祀乡贤。

太姥山

扬舲穷海岛，选胜访神山。鬼斧巧开凿，仙踪常往还。
东瓯溟漠外，南越渺茫间。为问容成子，刀圭乞驻颜。

明

史起钦

太姥群山

温麻寻胜地，太姥更留名。拥卫群峰合，参差古树横。
穿云看鸟过，漱石听泉鸣。踏遍丹崖路，留题聊订盟。

徐启东

上虞人，万历二十年任福宁州州同。

太姥群山

太姥相传久，山仍太姥名。峭峰奇石笋，古洞暮云横。路险凭僧引，林深绝鸟鸣。行行尘虑寂，移榻结山盟。

瓯应昌

福清人。

送周乔卿游太姥

胜迹寻山去，红尘隔市分。星辰峰顶拾，雷雨洞中闻。蜃气青窥海，茶香绿采云。神仙霄汉共，能忆鹿麋群？

殷之辂

安徽宣城人，官福宁州知州。

蒋洋道中望太姥山四首

一

问俗驱王事，斋宫耐可期。寒花明绛节，孤月映摩尼。缥缈浮虚廓，苍茫弄晚曦。三山如可接，莫遣汉臣归。

二

望里仙踪渺，烟霞沧海东。径迷丹灶外，人转大还中。虬偃千林日，鸾吹一夕风。停骖迟太姥，蓝水洗尘容。

三

绝巘云霄外，嵯峨杳霭间。云将山岫湿，鹤伴月华闲。流水溪溪静，琪花树树殷。攀跻犹未得，清梦绕禅关。

四

层崖缘石涧，孤树耸危桥。海色侵衣袂，松风破沉寥。佛门苔藓古，山径薜萝饶。回首斜阳外，神仙未可招。

陈云鹭

宁德人。万历间以岁贡任邵武教授。生平为文不属稿。工诗，著《剑游草》、《雪斋集》。

梦入太姥摩霄峰

梦入摩霄顶，清风冷绮罗。云深山欲雨，月白水生波。钟磬空中落，星辰指上过。觉来余兴在，始信卧游多。

清

郭名远

字鸿儒，号恭庵，辽东人。康熙间，官长溪郡守。重镌《太姥山志》三卷。

观《太姥山志》有感

太姥由来古，才山浪得名。幻从尧代著，仙自汉时评。蓝水千年碧，莲峰万壑清。可堪邻海澨，沮我胜游情。

李 馨

字少白，福安人。雍正元年举人，官四川郫县知县。为文诸体悉工。尤邃于诗，著有《莲舫诗文钞》《韩文翼》行世。

太姥山怀古

太姥多灵景，岧峣峙海边。一溪蓝染月，群岫碧摩天。

不见霓旌影，空寒丹灶烟。山中无甲子，何处记尧年？

游 燝

字传参，霞浦人。雍正七年举人，官灌阳知县。

游太姥山

太姥郁巃嵸，秦川作镇雄。天低飞鸟外，地尽大瀛东。古峡留云补，阴崖借月通。百灵纷杂沓，鸾鹤舞晴空。

王世昌

见人物。

僧楼晓起

偶尔得心趣，僧楼起独巡。晓山黄鸟到，夜雨紫薇新。绮语应无过，香花故不尘。幽寻丹井洞，解脱半生因。

陈从潮

字瀛士，号韩川，福安人，解元。性狷介，不逐时趋。少即喜治古文辞，于诸家著作无不窥其底蕴。尤笃嗜昌黎文，著有《韩川诗文集》行世。

太姥山怀古

太姥生何代，霓旌去几年？山川自灵秀，世俗好神仙。丹灶成荒草，鸾笙寂远天。空教说遗迹，蓝水荡寒烟。

谢金銮

见五古。

游太姥半岭遇雨，款白云寺

为访仙岩景，来偕胜侣游。澹烟六月曙，凉雨半山秋。水落七星窟，云封二佛头。祇园欢喜地，暂为法缘留。

黄　泗

游太姥山

闽南钟太姥，天壤一奇观。地古松身健，山深石骨寒。群峰凌汉表，双塔倚云端。扳陟无边际，苍茫眼界宽。

方从直

侯官人，举人。

游太姥山二律

一

太姥归何处？山名此地留。路随孤嶂转，人踏片云秋。怪石罗狮象，危桥跨斗牛。千岩与万壑，佳气望中收。

二

寺古千年在，林深百鸟嬉。烟霞生绝壑，苔藓上残碑。瀑洒遥峰雨，龙蟠老树枝。染蓝人不见，溪水尚含漪。

陈寿祺

字恭甫，闽县人，官编修。以外艰归，念母老，遂不复出。主讲泉州清源书院，旋主讲鳌峰书院。凡兴利除弊，常佐大吏为之。初受业于孟超然，为宋儒之学。及出朱珪、阮元之门，乃博闻强识，专为郑、许之学以疏证经传。于闽中实开其端焉。兼善沉博绝丽之辞，词馆中尤推重。著作多有功经学。卒祀乡贤。

纪太姥山逸事

前代陈文起，青山隐梵家。狸童秋拾橡，鹿女暮衔花。静入三摩地，高悬五衍车。十年莲社后，何处履金沙？

刘瑞紫

阅《太姥山图》

浩浩海云平，云端洞壑撑。著灵自唐汉，擢秀拟蓬瀛。鼓棹欣遥望，（己亥，航海北上，篙师为指太姥、霍童诸胜，历历在目。）披图发逸情。奇峰三十六，何处访容成？

王绍衣

秦屿人，贡生。

才山晓行

迤逦历危峰，凌晨积翠浓。长松千嶂雨，古寺四山钟。游屐经秋惯，仙踪几日逢。扪萝寻洞府，踏遍白云封。

王作栋

见五古。

太姥杂咏四律

一

昔有尧时母，此山曾种蓝。蓝溪流碧色，明月满烟岚。机静鹤为偶，丹成鸾是骖。至今余紫气，半在斗牛南。

二

才山高不极，上与九霄齐。洞洞开生面，峰峰任品题。中天秋色净，下界午烟低。为问炼丹处，茫然满目迷。

三

去天不盈尺，拔地几千寻。谷暗变寒暑，岩嵌忽晓阴。白云衣上湿，沧海望中深。飞越平生志，相逢欲鼓琴。

四

海国烟霞景，凭高一览包。名应齐华岱，险欲压函崤。振策
情何极？吟诗手自抄。向平知损益，富贵早全抛。

林　栋

见七古。

太姥山重晤元鉴上人

昔别上人少，今逢逾廿年。休惊予鬓改，世界岂从前。峰峭
阻来蹬，树深闻午蝉。声声如笑客，不解此参禅。

林挺秀

字简斋，桐山人，诸生。

游太姥山二律

一

长歌游梵寺，徙倚对珠林。星洞风霜古，梦台岁月深。浮云
连海岱，落日隔山岑。为问天门路，仙桥自有音。

二

太姥高无极，登临望不穷。白云回复合，青霭聚浮空。
绝顶中峰变，摩霄积雾濛。归僧牛背路，回首指苍穹。

林士恭

见七古。

晚到太姥山

踏遍鸟盘路，斜阳又几重？白云何处寺，新月认前峰。万籁

此俱寂，一僧时叩钟。禅门关不住，俟我露华浓。

江本侃

字嬖臣，文渡人，岁贡生。喜吟咏，傲居秦屿，名所居曰"寄庐"。著有《寄庐吟草》藏于家，文亦清矫拔俗。

登太姥山作

欲乞仙人笔，来从太姥题。披图寻洞壑，扪葛认招提。岭峻沙尤滑，岩多树不齐。振衣临绝巘，四望五云低。

民国

邓宗海

字鹏秋，贵阳人。历任海澄、福鼎等县县长。

游太姥山

太姥名山在，巍然阅废兴。奇峰呈突兀，怪石露峥嵘。径狭僧先导，岩危我独登。摩霄观日出，云海蔚霞蒸。

董　申

字品三，平阳人。

题卓剑舟先生《太姥纪游集》

太姥名幽古，芙蓉五四峰。故人招历览，尘土滞游踪。去路知何许，迷云定几重？相期题壑句，奇峭荡吾胸。

卓剑舟

太姥怀古 （壬午）

探奇游宝地，绀宇逼诸天。云过千林下，人登万嶂巅。霄凌仍碧峭，溪绕尚蓝烟。访古怀仙姥，跨龙何处边？不见容成子，空游太姥山。瀑翻龙穴晓，云锁洞门闲。丹灶光难觅，鸾笙影未还。断碑荒草里，愁睇藓痕斑。

山中口号 （癸未）

去天才尺五，到此即灵山。树古如人立，石危作虎看。神仙不可见，游客每生叹。何日千峰顶，飞飞逐紫鸾？

太姥山 （戊子）

名蓝时梦寐，今上紫烟岑。欲买才山隐，长为太姥吟。寒涛烟瀑聒，空翠石楼深。消尽人间虑，悠然有远心。

施得宣

字哲人，桐山人。

重游太姥有感

太姥闻名久，奇观六六峰。仙踪传汉代，胜迹纪尧封。新月蓝溪印，寒烟丹灶笼。山中几岁月，世变感年凶。

名山曾一过，此日赋重游。洞府玲珑巧，禅关今古幽。看云寻岭径，听雨卧僧楼。国事蜩螗甚，登临满目秋。

卓亦溪

剑舟子，原名廷濂，以字行。著有《也是居剩墨》。

游太姥山

昔闻西岳胜，今到此间游。古洞连云冷，空山带雨秋。泉声敲石磴，树影印僧楼。何处寻仙姥？探玄悟道修。

卷之十三 艺文 题咏四

七言律诗

宋

刘 镇

字方叔，乐清人。嘉定中，任长溪，政绩甚著，民为立祠。祀名宦。

太 姥 山

衮衮千山入马蹄，山游回首日平西。人从杜宇鸣时别，天向蒹葭尽处低。白鸟得鱼闲约艇，黄蜂抱蕊闹花蹊。好将老母山前路，付与孤猿自在啼。

明

林 况

字汉卿，霞浦人，赠户部主事。

拟游太姥山

每怀太姥古名山，谢展房筇梦寐间。声彻鸾笙清俗骨，心期鹤驭驻仙颜。烟霞缥缈连三岛，风露清泠别九寰。他日浪游谁是伴？床头有剑已成斑。

史起钦

太 姥 山

选胜咸推太姥名，登临不减访蓬瀛。拨云峭壁飞空翠，拂树层霄弄晚晴。瀑喷玉龙群峭合，潮生银河迅雷鸣。篆余小试阳春脚，分付山灵记此行。

陈仲溱

字惟秦，侯官诗人。倨直寡言笑，与人言，少拂即掩耳去。诗苦吟求工，不惬意不止。每出其诗示人，以手按纸，手颤口吟，人或诵其诗，喃喃与相应和，其自喜如此。明万历戊申，同福清陈太史伯全游太姥，有游太姥记并诗。

游太姥山四长律

一

虹桥直上彩云边，海上岩开古洞天。行客更谁披莽入？居民犹记种蓝年。石船坐落微茫月，铁笛吹开缥缈烟。亲接群真朝太姥，红盆金柱五更圆。

二

绝顶凭临瞰大荒，遥天极目思茫茫。龙归玉洞嘘残雨，鸟下珠宫背夕阳。三十六峰回紫翠，百千万劫转沧桑。还丹试觅容成子，不信人间鬓有霜。

三

萦纡鸟道总难穷，万壑深沉海气中。金薤影摇岩洞日，玉兰香卷石楼风。屐穿晓露千林碧，杖蹋秋霞一洞红。山北山南斜有寺，数声清磬小桥东。

四

松栝笼烟乍有无，寻真宁问路崎岖。千寻翠壁寒丹灶，百道红泉泻玉湖。处处野花长自异，年年秋草不曾枯。却怜遗蜕尧时塜，落日遥山响鹧鸪。

送谢在杭游太姥

送君何处访仙踪，太姥岩开六六峰。萝洞竹园通一窍，箬溪蓝水束千重。中天海飓蓬蓬起，经岁潭云黯黯封。愿得摩霄生曙色，青山尽露玉芙蓉。

马　歘

怀安人。

送周乔卿游太姥

嵯峨太姥白云岑，方外遨游似向禽。九里松阴萝径合，三春草色石坛深。洞留捣药探金杵，岩泻鸣泉听玉琴。瓢笠未能携共往，梦魂随尔度层林。

王毓德

侯官人。

送谢在杭职方游太姥

新制荷衣与箨冠，言从太姥问还丹。长溪杨柳听莺过，古洞桃花驻马看。度岭孤筇青霭湿，入林双屐白云寒。山中暂许亲猿鹤，四海苍生望谢安。

送周乔卿游太姥

采药寻幽碧海濆，奇峰六六望中分。坐来丹灶松间见，梦觉瑶笙月下闻。凉履岩头编露草，山衣洞口剪春云。元都多少名人笔，知尔先探古篆文。

周千秋

字乔卿，号一邱，莆田人。文雅能诗，与谢在杭方伯友善。晚岁目瞢，入武夷，筑室于山北之礜金岩，静摄数载复明。年七十余，披阅不倦，灯下犹能小楷。后其子迎归养，逾数年，无疾而化。

游太姥道中作

春明树底鸟声喧，瘦马冲云度石门。几处茶园分别墅，数家茅屋自成村。山花尽放初晴色，径草犹沾宿雨痕。三十六峰青不远，何须方外问仙源？

徐　燉

字惟起，一字兴公，闽县人。博雅多闻，善草、隶书。藏书七万余卷，曹学佺为构宛羽楼庋之，又构室，曰绿玉斋。平生广交游，遍揽四方豪俊。著有《鼓山志》《鳌峰集》等书十余种。初与赵世显、邓原岳、谢肇淛诸人结社芝山。上继林鸿、高棅十子，中衍郑善夫、傅汝舟。与曹学佺狎主闽中词盟，后进称"兴公诗派"。又通禅理，悟元旨。缁衣黄冠视先生称许为声价。学佺赠句云："应有好缘供赞叹，更无名士不周旋。"人以为实录。

送陈伯全太史游太姥山

暂别词垣尺五天，山衣遥历翠微烟。断崖井睡骊龙母，古墓泥封羽鹤仙。元箓标名由汉代，玉书封禅自闽年。争言太史游踪异，禹穴探奇笑马迁。

送谢在杭游太姥山

欲趁清都上帝朝，古仙名胜访唐尧。千年药气留丹井，百道松声响石桥。阴洞雨来寒滴水，高峰云净直摩霄。谢公雅有登山癖，双屐招寻不惮遥。

送周乔卿同谢在杭游太姥山

秦川洞府闷仙踪，君去寻真踏乱峰。长日对棋陪谢傅，清宵挥麈学周邵。溪桥采药云粘屐，石殿翻经雨罥钟。我负山灵将白首，梦魂常绕翠芙蓉。

陈维秦自太姥归谈山水之胜有作

怜君邱壑兴偏长，两月登临不裹粮。山色近摩霄汉碧，松花深染石林黄。乱峰踏尽芒鞋湿，灵药携归蕙带香。助我卧游胜图画，一时云气满山房。

谢肇淛

见五古。

游太姥道中作

新晴山气转氤氲，野鸟钩辀处处闻。溪女卖花当午道，畲人烧草过春分。数行岩瀑千层雪，一线天梯半岭云。迢递前村何处宿？竹篱茅舍日初曛。

太姥山中作

崎岖历尽扣山家，日午山蜂已放衙。到处探云筇竹杖，入门迎客海棠花。野猿竞采初春果，稚子能收未雨茶。自分鹿麋踪迹久，老僧无用具袈裟。

陈五昌

福清人，官检讨。

太姥道中作

闽天遥控古温麻，太姥云山接永嘉。度岭僧归松阴月，褰帷人出海东霞。茫茫烟屿防秋堡，黯黯疏篱卖酒家。三十六峰青缥缈，香风吹送木犀花。

张宗道

福清人。

送陈维秦游太姥

青天望望削芙蓉，木落深山远听钟。蹑屐客来寻汉畤，采蓝人去问尧封。千林夕翠回幽竹，万壑秋涛响乱松。三十六奇探欲尽，登临多在最高峰。

乔卿在杭归自太姥谈山水之胜有作

青山空抱廿年期，忽听神仙窟宅奇。精舍摩霄谁共宿，孤峰临海几曾窥？路迷竹涧猿能辨，洞隐瑶花鸟不知。一自骖鸾人去后，至今云雾待君披。

郑邦祥

一名绂，字孟麟，闽县人，诸生。弱冠博极群书，著述甚富。诗尤沉博绝丽，凡三中副榜。与曹学佺、谢肇淛、徐𤊺、徐㷆树帜坛坫，著有《玉蟾庵诗篇》。

送谢在杭游太姥

名山三十六芙蓉，此去寻真第几重？数里松萝天一线，半空烟磬夜孤峰。石楼岚翳钟声涩，深洞云蒸藓色浓。知到摩霄最高顶，缑山仙子坐相逢。

送周乔卿同谢在杭游太姥

远于太姥访仙坛，云翠千重映䌽冠。石上新芝和露采，壁间残篆拂苔看。清溪漱齿松泉滑，古洞烹茶瓦鼎寒。愧我卧游成懒癖，东山双屐欲从难。

郑世魁

宁德人。

游　太　姥

车边香涧泛胡麻，十里蓝溪太姥家。一线天中穿午日，三珠洞口裹烟霞。奇峰雨洗山山色，古刹春深处处花。信宿摩尼宫畔梦，夜分笙管月光斜。

欧应昌

福清人。

送谢在杭先生游太姥

春山屐齿趁初晴，万壑松篁绕瀑声。星照玉湖人影净，珠探龙井电光生。真源好觅桃花路，古洞应收藓篆名。更向摩霄峰顶望，日边宫阙五云平。

清

黄　甲

宛陵人。

奉陪州侯郭公航海之秦屿与王副戎卜营基
监放军饷，望太姥山有感

碧天无际阵云高，舳舻旌旗蔽海涛。太守风流恣玩景，将军礼数倍斟醪。遥观太姥思游屐，问讯山僧兴转挠。三十六峰荆棘里，精蓝没地挂征袍。

朱俣思

字本硕，霞浦人，岁贡。任将乐训导。性敏捷，家贫，寄情诗酒，著有《梅花》《采莲百咏》《硕果》等篇。

蔡平洲招游太姥不果寄怀

君今思我肯相招，安得陪游倚九霄？峭壁可曾留醉笔，香泉未许洗诗瓢。无仙洞里来烹石，有客峰前赋采萧。鸿雁霜寒飞不到，大家辜负御风桥。

谢金銮

见五古。

邱古园出示《太姥山志》赋赠

六六芙蓉高插天，先生游之四十年。眼看怪石都成趣，老与名山更有缘。浣笔拟师郦氏注，买船欲效米家颠。金丹真诀无聊理，说到相从意惘然。

入 山 作

丹崖苍壁自年年，壶榼相随野兴偏。云合乱峰徐酿雨，洞开裂石仰窥天。春衫染草入遥翠，藤杖排萝出远烟。十载大还心事在，问途何处碧霞仙？

余 耀

见人物。

拟游太姥山

抱病无因续旧游，只从枕上忆仙邱。石桥草满蜂寻路，竹涧人喧僧倚楼。穿径好随丹桂月，入门频问海棠秋。归来倘索奚囊句，应报诗筹胜酒筹。

陈其瑞

号肇五。

癸卯重九重游太姥

愧无佳句志奇观，三陟摩霄兴未阑。洞曲不忘云引入，峰高犹忆月移看。峥嵘直欲杯量海，劳崿真堪块视山。莫酒年年都旧事，胜游又得一回还。

钟 正

太 姥 山

天产名山耸海东，登临轩豁兴无穷。千层石磴烟霄里，万里沧瀛指点中。洞壑几疑通地户，岩峦无处不天工。奇峰六六青如洗，可是仙灵染就功？

袁凤鸣

游太姥初入山

山田一带路如藤，蹑屐相逢过绿塍。度鸟桥危横片栈，看人楼迴立孤僧。依岩石发烟新洗，旁午花须露尚凝。记得昔年曾到此，金铺十笏肃衣登。

邱 椿

见人物。

僧楼困雨

禅房寂寞雨霏霏，四顾无声静掩扉。雾罩层楼僧入定，云栖深树鸟忘机。一时泉咽添寒溜，几处阴霾失翠微。屐齿不堪山外折，卧游只在此依依。

方 镇

见五古。

游太姥四律

一

怪石排云蠡万重，开张奇骨豁尘胸。何年鬼斧神斤力？无数蜿蹲虎攫容。遥带沧江波缥缈，上凌天汉气葱茏。我来高处舒吟眺，最是摩霄第一峰。

二

元渺仙踪那可寻？芒鞋踏遍翠微岑。飞升饱阅灵奇迹，眺瞩遥增感慨心。瓯越山川归指顾，汉唐文绘叹消沉。一声长啸千岩响，散作鸾音与凤音。

三

天镜莘确辟洪蒙，名胜应教匹华嵩。三十六峰俱秀削，百千万窍总玲珑。登临迥与人寰隔，呼吸真疑帝座通。蓦地弥漫仙雾白，下方俯视尽溟濛。

四

胜游岂惮路峥嵘，况复名山拟碧城。乘峻忽如天上立，缒幽常向地中行。溪云黑幻峦千叠，海日红掀月四更。此景料非尘界有，合教汗漫慰平生。

吴策馨

霞浦人，乾隆举人。任兴化教授。

登太姥山二首

一

巨灵乱劈玉芙蓉，翠列东南海上峰。两戒河山收客眼，诸天云雾护仙踪。路沿阴窍晴光漏，岩倚香台瑞气封。笑隔红尘三万丈，可能风御逐虬龙。

二

龙拏虎攫裂坤垠，却避嚣尘托水滨。灵石驾空山立骨，危梯笋翠岭蟠云。春回古洞余丹气，夜静遥天过鹤群。三十六峰深处所，定多笙管月中闻。

林鹏飞

字鲲溟，霞浦人，乾隆丙子举人。任缙云知事。

太 姥 山

怪石奇岩势若飞，芙蓉六六拥朝晖。真看星斗天边落，信有神仙海上归。尧代蓝烟余罨房，唐初碑碣认依稀。几回搔首摩霄顶，万里风涛卷客衣。

林肇锦

福鼎人，乾隆间恩贡。

偕友人游太姥山

踏破芒鞋笑眼开，同心携手上三台。千层绿向平芜尽，万叠青随碧嶂来。幽鸟飞飞过竹涧，慈云故故傍僧台。才山胜境浑如画，谁是登高作赋才？

王世昌

见人物。

壬子六月十二日同退谷游太姥。退谷有入山之作，和之

一

飞躧丹梯见盛年，袭衣野气晓凉偏。由来神怪浑多雨，此日登临更有天。绝顶白云摇玉笋，双才古路绕香烟。半肩箬笠随风出，问讯樵苏恐是仙。

二

秋雨随师十六年，夏山今雨地犹偏。海门回首龙拏雪，涧道遥看鹤挂天。停榼酒香瑶草洞，飞瓢泉破石门烟。锦囊蜡屐二三子，招手重霄骨欲仙。

寺门吹笛

九节龙高雪半封，天风吹入铁笼中。寒生上界来青鸟，气绕千峰起白虹。烟发不知山桧舞，秋心欲醒海棠红。潮头酒力涛声壮，莫送扬州绮丽丛。

太姥洋小坐山神庙

玉湖仍泻旧蓝香，石齿横开太姥庄。篱落犬团桑荫屋，庙门蝉簇稻花墙。无尘欲画田夫古，有味微分过客凉。奇胜山连幽绝地，半程消受好风光。

李大瑛

字秋潭，闽县人，乾隆乙酉举人。

题《太姥山续志》
（有序）

古来若斜川、兰亭、绿嶂、石门诸名胜，特一邱一壑耳。而其精神发露几与嵩、恒、泰、华相颉颃。岂非彭泽、右军、康乐诸人为之生色欤？恪亭先生近续《太姥山志》，因前明谢在杭之旧，逸者存之；讹者正之；疑者缺之；凡例有八。非故立异，亦不从同。把三十六芙蓉之胜于缥缃研席间。行当与《三山志》《名胜志》诸编并垂不朽。昔太史公历天下名山大川，而其文疏宕有奇气。杜少陵穿巫峡，揽白帝城，故老去渐于诗律细。闻闻见见，大抵如斯。仆既无搜奇抉奥之能，又乏霏玉缕金之雅。尘埃涸迹，滋愧殊多矣！然仰前辈之高风，喜卧游之有具，自不敢以塞默终也。聊作鸣虫，要期附骥云尔。

闻说维摩欲解衣，山中猿鹤待将归。三台指点青龙幻，太姥然疑白日飞。莫但登峰携谢句，真堪筹海握兵机。图编更慕尧封事，愿学张衡叫辟扉。

庄廷魁

游太姥山

地僻林深路曲盘，登临宁复畏巉岏！洞门留隙穿云入，石背镌诗拂袖看。夹道泉喧溪涧远，摩天峰耸斗牛寒。自从仙姥乘鸾后，借问何人此炼丹？

陶宗尧

游太姥集唐

别有仙人邱壑幽，（宋之问）不知经历几千秋？（王昌龄）云中鸡犬无消息，（胡宿）洞里乾坤只自由。（吕喦）片石孤峰窥色相，（李颀）凉风清景胜春游。（白居易）山随匹马行看暮，（李益）汀月寒生古石楼。（贾岛）

黄汉章

字卓人，侯官人，贡生。著有《紫云楼诗文集》。

游太姥山追和陈仲溱韵四律

一

六六芙蓉峙海边，灵岩秀巘欲通天。每因蓝母登仙事，更溯容成炼药年。孤嶂五更窥浴日，寒泉终古滴飞烟。望仙桥外云无际，凤管鸾笙思渺然。

二

九色神驹下大荒，碧虚云旗望微茫。龙潭白浪涵秋水，珠馆青林蘸夕阳。镂柱几株余梵刹，摩霄三面指榑桑。茅庵此夕清尘梦，松叶萧萧落石床。

三

扣葛攀藤路欲穷，寻幽人入乱云中。千行倒挂悬岩雨，万窍斜嘘出洞风。玉窦春生泉髓绿，丹砂时染土花红。仙灵奥宅人争说，更胜蓬莱在海东。

四

欲问神仙事有无？千年古冢尚崎岖。浮空卷霭云归岫，出洞潺湲水到湖。飞鸟势盘千磴远，野猿身倚一藤枯。空山何处寻真侣？苦竹丛中叫鹧鸪。

蔡文蛟

见人物。

太姥山下催租与诸同人小集施阃斋爱吾庐
（十首录一）

何曾作吏也催租？生世年来愤道途。老树霜华最斑驳，断桥人迹尚模糊。好山如画终朝读，野客知名到处呼。翻藉俗缘图胜会，梦魂先绕爱吾庐。

阮绥猷

字殷谟，福安人，嘉庆十二年府贡。

游太姥山

一

丹梯万折渺凌空，衣袂飘飘欲御风。不觉路盘霄汉上，忽疑身立画图中。苍茫一气围寥廓，笋拔千寻匹华嵩。最是五更山翠暝，海门光闪日轮红。

二

鹘矫龙拏太姥岑，参天拔地郁森森。石尖乱矗峦苍翠，峰脚斜嵌洞浅深。紫府谁窥新世界？白云空锁旧禅林。吾家本有神仙侣，欲访天台觅素心。

陈凌云

福安人。有《效颦集》。

太姥山怀古

乘龙身去石坪空，翠巘丹崖入望中。太姥依稀犹有墓，容成飘渺已无宫。蓝溪长照当时月，白箸空余太古风。最是游人指点处，啼猿唳鹤思何穷！

王锡聆

见人物。

次谢退谷入山作

寻幽选胜复年年，行步何知屐齿偏。岩洞玲珑无一物，奇峰削拔自参天。入山气候多寒雨，回首平芜但暮烟。悔是春明尘土上，不同郭璞赋游仙。

江从如

见七古。

夏日登太姥山

何必乘凉销夏湾，登高且喜入仙寰。人间赤日愁多暑，天下名区得此山。云气湿时三伏冷，僧楼清处一身闲。残红落尽浓阴出，行遍松关与竹关。

方　岱

号石洞，霞浦人，嘉庆间举人。教谕台湾，掇科名者多出其门。秩满归，足不履公庭。著有《鸣鸟集》《桐山斋吟》。

太　姥　山

丹梯翠袖衬朝晖，玉削芙蓉插四围。万劫不消仙色相，孤云如拥佛皈依。岩间雾气蟠龙起，洞口霞光化鹤飞。千古云林夸懒瓒，难将老笔写岧巍。

江凌波

游太姥山四律

一

高接层穹耸翠颠，诸峰罗列罕齐肩。碍云阻石疑无路，扪葛攀藤别有天。回首如超尘界外，倚身真在斗牛边。平生最擅登临兴，万仞摩霄许独先。

二

兰宫绝顶俯平沙，独立苍茫四望赊。极目更无山斗翠，当头惟有日生华。一杯沧海朝宗水，万叠晴岚冠岭霞。回首白云自来往，不知何处是吾家？

三

岂但峰峦属化工，山中拳石亦玲珑。岩分鸟道千盘转，径入羊肠一线通。细草成花迷曲涧，片云出峡散长空。此身应与神仙近，服气餐霞自不同。

四

把酒分题十日留，层峦历历望中收。未能好景频添赋，犹幸名山得遍游。峭壁踏残身未老，枫林落尽叶皆秋。从今若许乘闲兴，策马纵横十二州。

薛　隽

游太姥山

岧峣太姥俯烟寰，天柱孤擎霄汉间。辇驾斑龙游碧海，丹余黑虎守空山。钟声遥送云千叠，塔影斜分月一弯。惆怅染蓝人去后，西风猎猎响松关。

祖之栋

阅太姥山图怀古

奇峰六六古温麻，蓝母何年此浣纱？天外采云迎玉珮，炉中琼液炼丹砂。空传黑虎沾余沥，无复斑龙驾碧车。我亦武夷山下客，披图还欲泛游槎。

王作栋

见五古。

太姥杂咏十律
（录二首）

一

才山三十六峰峦，快意平生得此观。万载乾坤开洞府，九天星斗落眉端。业传蓝姥荒坟在，老去容成药灶寒。喜得卢敖相结伴，豪游长拟作汗漫。

二

灵岩到处纪仙踪，不见仙人到处逢。自有汉明迎佛骨，从无舍利入尧封。乾坤偶露真山水，今古能支几展篘？稍得闲时便登陟，秋来莫负最高峰。

谭莘牧

游太姥山

偶穿云磴踏枯藤，为爱清游悔不僧。胜迹流连三日快，名山结想十年曾。龙潜漫讶形俱寂，仙去犹传语辄膺。欲访容成跨赤鲤，御风直上最高层。

王聘三

字乐莘，福鼎前岐人，岁贡生。

和谭莘牧游太姥山作

着将谢屐蹑枯藤，世外应逢惠远僧。选胜情酣连日遍，惊人句就问天曾。登临已觉星堪摘，吟啸还教谷与膺。回首青霄身置际，荡胸云气涌层层。

林 栋

见七古。

登太姥山

卅年方践摩霄约，（前赠卢牧村学博诗有"期君共倚摩霄顶"句。）驯虎如羊迎翠屏。（旧志载有星虎巡山云云。）秦客有源犹未入，尧时此地早称灵。容成丹鼎辉宵魄，老姥蓝溪泻古青。可惜永嘉谢康乐，仙都咫尺不曾经。（山之东即永嘉郡县。）

孔昭淦

见七古。

庚子秋自省垣归，重游太姥感愤时事，率成四律

一

经年爪迹遍闽南，乌石鳌峰次第探。囊里图经半山水，马头诗草有烟岚。荔香犹忆西禅寺，（初秋时，同友人在怡山长庆寺啖荔甚快。）梅信还寻北岭庵。（庵为古北岭地，时适近十月。）一笑拈花问弥勒，秋来几度与同龛？

二

躐屐摩霄第一峰，海滨乐土话尧封。西来梵月明千里，北望燕云黯几重？小丑敢为肆蛇豕，此身恨未化鱼龙。独持长剑天阍倚，感愤难平发上冲。

三

扰扰胡尘逼九寰，陶唐世界有名山。梅花不俗自今古，鹤梦无心时往还。长啸天风海月里，置身青嶂苍崖间。未携绝顶惊人句，谢朓高风不敢攀。

四

超然遐想托千秋，明月清风惬后游。水木山中原自好，烽烟海内不胜愁。赌棋别墅怀安石，击楫中流感豫州。安见古今人莫及，好从岩穴试征求。

林士恭

见七古。

游太姥山四律

一

喜得晨晴递晚晴，杖藜扶我拔峥嵘。危岩挂石都成趣，幽鸟逢人自报名。树老多经兴废意，山深无限古今情。年来得觅清奇胜，多藉前头鹤引行。

二

神斤鬼斧斗奇工，辟出名山峻拟嵩。把盏临光喉入月，攀萝履险腋扶风。人疑羽化飞天际，路若螺盘串日中。一曲浩歌云四起，芙蓉六六插长空。

三

涤尽尘氛百斛清，四山风应晚钟声。非秋霜已林间点，举趾云从胯下生。修到神仙犹葬骨，（中有太姥墓。）久来岩石便成精。（山多石精。）腾身第一峰头上，俯仰乾坤万象呈。

四

洞天万窍佛玲珑，费我蛇行屈曲穷。举趾天光饶一指，低头潭影沁双瞳。桥横蓝水疑云汉，庵结摩霄恍月宫。为访容成修炼处，巨灵鼓掌指璜翁。

孙　雄

榜名同康，字君培，号师郑，江苏常熟人。清光绪甲午进士，以庶吉士改吏部主事。湛深经术，曾任北京大学堂文科监督。主张读经救国。著《师郑堂骈文》《禹斋诗文集》《道咸同光四朝诗选》，著作宏富，艺林推之。

遁庵先生寄示新诗，述福鼎命名之义，订正旧说之讹，因赋一律乞政

鼎占易象符凝命，福备箕畴肇叙伦。青笋佛头列屏幛，红嘴鹤顶薄缨绅。姥峰灵气联珠涌，霞浦余光尺璧珍。覆釜兼山参艮义，此中嘉遁有诗人。

郭瞻淇

字少斋，福安人。著有《环翠楼遗稿》。

冬日同秋岳鲁斋游太姥山二律

一

地近蓬莱未易攀，呼朋蜡屐看名山。漫持卓笔为题咏，喜拔层云任往还。无限嶙峋都入画，不施浓翠倍怡颜。芒鞋踏向诸峰去，人自忙来境自闲。

二

人爱春来黛色浓，岂知奇处瘦于冬。悬岩喷瀑青无极，飞盖遮炎碧数重。仙仗高擎红日近，石杆环绕白云封。停车指点山中景，山后山前六六峰。

高　穰

字子旸，闽侯人。曾任福鼎县县长。

遁庵先生以县名正误诗见视，次韵奉和

一

南州设榻亦前缘，抚字心劳近一年。地必正名君有识，时方右武我无权。刚肠自分难谐俗，华发多惭已坠颠。折足恐占公𫗧覆，低头太姥最高巅。

二

乾隆析置湖开先，邑以山名亦适然。畛域既分瓯越属，版图岂易晋唐编？征文古有谐声误，画界今无疑案悬。三十六峰瞻北顶，地灵人杰不虚传。

王　煦

字瀛仙，湖北麻城人。

奉和遁庵先生县名正误诗一章

县名福鼎有因缘，时在乾隆第四年。自昔颂扬尊帝制，而今正误重民权。摩霄取义原无错，鹤顶谐声实已颠。何必他山相借助，翻忘本邑姥峰巅！

黄金爵

字锡卿，霞浦人，举人。官广东连库大使。

遁庵先生以鼎邑命名诗索和，谨步元韵

一

浙尾闽头结胜缘，名称混合许多年。竟于旧志翻成案，肯任邻封夺主权？仙术尚难将地缩，山灵久已笑人颠。须知两字谐音误，取义端从太姥巅。

二

蒲门划界在州先，彼此封疆已判然。笔探骊珠排谬论，名更鹤顶补遗编。李张那许淆冠戴，真赝难逃似鉴悬。覆釜象形成铁证，纷纷謷说漫流传。

刘谷荪

字谷僧，江苏武进人。

次遁庵先生正误县名元韵

一

文字犹多未了缘，纂修邑乘几经年。定名奚借他山力？据理重翻此地权。易筮鼎新堪引证，音沿釜覆解迷颠。崔巍鹤顶东瓯境，我亦曾登百丈巅。

二

腹笥便便边孝先，漫云两龚已皤然。文章堪继《辨疑志》，（唐陆长源有《辨疑志》三卷。）学术优长《考古编》。（宋程大昌有《考古编正续》二十卷。）闽浙分疆难混合，夏王纪迹尽殊悬。新诗正误千钧重，好与摩霄共永传。

胡介昌

字兹传，江苏无锡西麓人。

次周遁庵先生县名正误元均

一

佛说微尘总是缘，变迁淆惑一年年。前人处事原无滞，大邑称名亦可权。借得他山辉简首，飞来此地妙毫颠。兼收并取天留巧，覆釜高高又姥巅。

二

博物应推张茂先，证今考古乐陶然。搜罗文献光新志，辨正淆讹草旧编。一羽却宜天府贵，千金真可国门悬。谐音鹤福微茫晰，从此佳诗不胫传。

龚谷成

字道才，江苏无锡人。

次周遁庵先生县名正讹韵

一

好缔看山鄞县缘，天门鄂邑媲何年？（鄞县有天门山与湖北天门县同名。）地方界域归原主，要路人才正执权。掌故特分霞土广，鼎新深究釜音颠。攸同君子疑何似？福禄辇高紫翠巅。

二

物名称道昧于先，叠韵双声总宛然。瓯水联标裁旧志，姥峰独立附新编。风雷一字羞相应，日月两丸怕并悬。晋颂闽江天锡祜，遥山北顶纪名传。

江本侃

见五律。

游　太　姥

芙蓉卅六幻神工，奇辟应堪赛华嵩。汩汩灵源通地脉，蓬蓬古木振天风。千秋猿鹤栖云表，八极山川在眼中。徙倚断崖奇绝处，一声长啸海天空。

林步蟾

见人物。

遁庵先生纂修邑乘考正县名，寄示地理志小序稿，余受而读之，叹"为悬诸国门，不易一字"。已而先生复赋诗征和，爰依原韵成两长律以应之

一

命名当日起何缘，置县遥遥感昔年。太息前闻久滋误，怎如今是善通权？重翻旧案才无碍，得正群讹喜欲颠。福鼎几曾关鹤顶？分明覆釜在峰巅。

二

纂修何必诩承先？成事因人岂自然！志在鼎新兼取象，义须革故决重编。双方疆界终难混，一字国门尽可悬。昨梦山灵欣告我："而今邑乘免讹传！"

方鼎荣

字醉云，秦屿人，邑诸生。

奉和遁庵先生县名正讹韵

一

一山海上旧因缘，邑以山传自昔年。铸错九州谁聚铁？析疑两字不从权。划分彼界真超解，考证前闻岂放颠。覆釜谐音兼取象，命名端在姥峰巅。

二

风光本地占来先，比较他山孰自然？鲁析邾闻接邻境，郢书燕说笑前编。高谈快若江河泻，特识明如日月悬。寄语从来修志者，不刊之论早流传。

邹　逸

见七古。

遁庵师伯主修邑乘考正县名以辟浙平鹤顶
之讹传，既成地理志，复作诗征和，谨步原玉

一

木天簪笔叹无缘，书局聊除慰暮年。可卜千秋今有数，得争二字古无权。疑团蓄久嗟贻误，赝鼎辨明笑放颠。据摭遗文翻旧案，思潮涌到姥山巅。

二

立意从知在笔先，王诗夏记岂其然。登峰早讶乱真口，考献新成稽古编。鹤顶虽高难附会，犬牙互错况相悬。一枝斑管能扛鼎，留作将来佳话传。

陈仲㶷

字海客，侯官人，诸生。

剑舟词兄出游《太姥四》律见示，读之觉清新俊逸有过前人，客中无俚，技痒即步其韵奉教

一

竺翠层峦各示雄，名归卅六最奇峰。一溪迢递寒弥甚，万树周遮荫较浓。古径无人黄叶满，前山有寺白云封。壮游正值霜天晚，新月如钩挂太空。

二

恍入灵山最上峰，群仙招手看池蓉。倘教学道调驯鹤，何用安禅制毒龙？洗净世缘千丈瀑，催醒尘梦一声钟。归来惆怅无言语，自掬溪云荡俗胸。

三

劈空岚翠接非遥，策杖来登磊块消。妙处浑疑探月窟，险时直似驾虹桥。道心了悟荣枯树，世事料量起落潮。雁荡天台无此景，老身遮莫在层霄。

四

好山好水足留连，翙复躬亲是洞天。任达不惭名下士，得专便算地行仙。豪情共仰凌空马，才思争称下濑船。笑我无缘徒想像，风尘沦落白华巅。

民国

林咏荣

字沁芬，闽侯人。官屏南县县长。著《友梅轩吟稿》。

太姥山即景

一

花鸟怡情乐本真，何如解组脱红尘。山山夹雾似悬帛，树树争春来迓人。入眼高峰青有意，放怀大海碧无垠。台湾在望长惆怅，（时正酝酿中日战争。）未许优游老此身。

二

喜挹高冈眼暂明，清幽信不愧知名。海中红日如盘涌，脚底白云作浪生。时雨时晴山变化，为人为物石峥嵘。似经雕刻非凡手，莫是娲皇炼得成？

叶定贵

字一萍，号可杭，浦城人。历任寿宁、福鼎、泰宁、闽清等县秘书，著有《廿里草诗集》。

己卯春与林沁芬、卓纯青偕游太姥，归纪二律并示剑舟

一

此山真不愧名才，（旧名才山。）万窍玲珑势壮哉！凿地惊开天一线，分阶巧列石三台。洞遗丹井传仙迹，庵傍玉湖绝点埃。闻道溪流蓝可染，而今瓢水少人来。

羊肠踏遍碧苔封，路转幽时兴转浓。上下庵谁分叠石，高低峰自耸芙蓉。石缘岭峻盘千级，山为寺深围几重？蠖落一身嗟久困，摩霄何日许攀龙？（最高峰曰摩霄峰，相传太姥于此乘龙而去。）

王道纯

字微一，湖南益阳人。任福鼎县县长。

卅二年秋游太姥山

嵯峨太姥俯闽东,卅六峰如泰岳崇。九鲤朝天霄汉外,七星悬洞巉崖中。舳舻横海波难靖,宝剑余光气尚雄。极目澎台何处是?收将故土报元戎。

梁镜寰

字鉴洲,桐山人。任县教育局局长。

登太姥山

芙蓉卅六迥人寰,凭眺如悬霄汉间。沧海眼中留一粟,白云足下拥千鬟。玲珑岩洞雕镌巧,陡绝天门度越艰。恰值夜宾(《书经》:寅宾出日)观日出,金光万道色全殷。

缪怀瑾

字守瑜,桐山人。

纪梦游太姥

一

欲穷姥岳愿难酬,飞梦偏教作卧游。月落松梢烟漠漠,云迷洞口路悠悠。锦屏绕树宜消夏,石笋撑空不计秋。好景当前劳应接,扶筇过处又回眸。

二

卅六芙蓉耸碧穹,孕奇包怪自鸿濛。人游佛国仙山里,景在神工鬼斧中。曲洞听泉岩泻玉,扶桑观日水连空。蓬壶莫道飞难到,径路还凭梦寐通。

陈鸣銮

字佩玉，福安人。日本中央大学毕业，官将乐县县长，福建第九、第一两区专员（现为旅台闽东同乡会会长）。

乙酉秋日，与李华卿、卓剑舟二学长同登太姥

远上才山步步迟，扶筇处处看神奇。登云来作仙家客，探胜追随古寺缁。满目群峰俱下侍，当头红日已西垂。海天浩荡漫无际，倚剑摩霄抚岛夷。（山志载：摩霄峰傍可望扶桑初日，今日人投降，当有以镇抚之。）

王良有

字韫玉，霞浦牙城人。

剑舟老友出示同陈佩玉兄游太姥山
佳章索和，谨次原玉奉酬

一

鬼斧神斤处处呈，姥峰灵异本天生。遥看晓日兼涛涌，时听岩泉漱石鸣。远岫云迷明隐约，悬崖壁立具峥嵘。仙源未许渔郎问，合让诗人着屐行。

二

扶筇直上峰卅六，一啸真教辟俗尘。万木撑空留积翠，重洋入望迥无垠。洞天岁月能容我，烟雨楼台大有人。见说君携苏笠屐，缤纷珠玉落蓬瀛。

读剑舟词兄《太姥纪游集》，谨赋一律题后

未向名山认屐痕，廿年人海困吟魂。白云漫道游踪懒，黄绢应堪峭壁存。卅六峰峦争绝险，万千岩壑几穷源。尽搜奇胜归诗

稿，不数文章庚小园。

卓　坚

见人物。

乙卯秋日偕友游太姥追咏二律以志雪鸿

一

起我顽躯杖亦奴，入山深处语声粗。林花过眼烟初敛，岩石当头云乱扶。呼吸真堪通帝座，古今无恙寿浮图。夕阳半壁疏钟落，已辨伊蒲出净厨。

二

月上空山雨乍晴，空山对月道心明。容成邈矣余丹鼎，蓝姥归乎数玉笙。结诗酒盟仙即友，具衣冠拜石为兄。无端忽动还家念，一到名山岁屡更。

王　琨

见五古。

戊子首夏偕卓剑舟、郭孝先游太姥即景

诸山环拱一山尊，回顾诸山尽子孙。日逐红轮夸父足，竹摇翠佩女英魂。流形景与周天合，徂暑寒将节候翻。信是峰高云可插，七星洞内手堪扪。

卓剑舟

游太姥阻雨卧病灵峰古刹 （庚辰）

西风吹我此登临，晚雨微茫客病侵。如此溪山生远思，奈何天地入秋吟。僧楼容膝闲情广，禅榻披谈幽趣深。渴望天公放晴

昊，好穿云磴上高岑。

游太姥山

岳势晴开面面雄，眼中三十六高峰。到门流水蓝如染，当槛好山青更浓。胜地于今留禹迹，仙坛终古纪尧封。兴酣我欲骑元鹤，长啸一声天地空。

太姥山中作 (甲申)

一

姥山遥与白云连，卅六芙蓉势插天。采药有人寻旧径，乘槎何处觅飞仙？苍苔封谷余丹灶，翠竹筛风荡石船。好景满前看不尽，我来倚剑万峰巅。

二

传说容成此脱胎，丹猿黑虎漫疑猜。飞泉鸣涧笙簧奏，怪石撑空剑戟堆。枯管难收仙世界，短筇未尽佛楼台。人间多少不平事，欲叩天阍诉一回。

秋日奉陪陈佩玉、李华卿二同砚游太姥山 (乙酉)

一

怪石玲珑万象呈，清游如许快平生。山花顾我似相识，野鸟忘机时一鸣。遥望蓬山波缥渺，上凌霄汉气峥嵘。豪情最是陈惊座，倚剑高歌绝顶行。

二

与君同上摩霄顶，衣袂飘飘欲出尘。迎面诸峰青有意，凝眸大海碧无垠。只今日月销兵气，不问山川孰主人。万里秋光开笑眼，王师指日下东瀛。

施得宣

见五律。

游太姥山三律

一

为探姥岳上扶摇，万里江天一望遥。景异八千开顷刻，峰奇卅六插云霄。名山留迹题曼倩，胜地叨封话帝尧。漫道身临凡界外，尘缘俗虑已全消。

二

胜迹名山孰与俦？十洲三岛此中收。容成羽化丹炉在，蓝姥仙归白骨留。万道烟霞生脚下，满天星斗落冈头。洞天福地登临顷，富贵浮云不足求。

三

吾乡咫尺有蓬莱，雄峙东南亦壮哉。突兀峰高齐泰岱，玲珑洞曲胜天台。仙踪终古留灵异，鬼斧何年巧凿开？安得此身归隐日，摩尼宫里证如来。

卷之十四　艺文　题咏五

五言绝句

清

蔡伯源

见七言排律。

太姥山下早行

村犬吠残星，岩云睡未醒。种蓝人不见，山色尚青青。

谢春晖

同邱古园、林彦谟游太姥道中作

石径转林㟼，悬岩同虎踞。但闻流水声，不见水流处。

林士恭

题太姥佛座

丈六金身下，莲花叶叶开。一花一世界，一叶一如来。

民国

赵家焞

湖南桃源人。

题太姥山

越过穿云石，石上复有石。缘石拾级登，疑天不盈尺。

卓剑舟

山中杂诗

蓝溪何澄澄？才山何兀兀。仙人所往来，啸歌动清越。

冷泉鸣琮琤，涓涓一泓注。隐约出前峰，白云最深处。

闲云未出岫，怪石常争路。我来此山中，猿虎不知处。

怪石偃长松，未知几千岁？天风飒飒来，不顾山云碎。

放歌摩霄顶，翁然云自深。琮琤一潭水，清可照人心。

山行口号

撰杖摩霄峰，白云满山路。仙人去不还，白云自朝暮。

卷之十五　艺文　题咏六

七言绝句

明

沈做炌

字叔永，归安人，隆庆时进士。万历间视学入闽，复任建宁道，纪纲明肃，属吏则之。

登太姥山

太姥遥临海围宽，梯航日出望中看。夜深击筑摩霄顶，万里风吹月影寒。（纱帽岩石刻。）

谢肇淛

见五古。

山中杂诗二首

一

空山丛薄日无光，怪石当胸古木僵。涧道纡回沿不尽，东风十里玉兰香。

二

老树盘根湿绿苔，泉声白日沸风雷。春风不到层冰洞，山半梅花二月开。

蒋奕芳

字居实，号孟邻，长乐人，顺治庚子举人。著有《金粟园诗集》。

送客游太姥

一

古径苍茫不可从，元猿白鹤引游踪。芙蓉削壁层层秀，君在云间第几峰？

二

采蓝人去水漫漫，千载登临拄杖看。夜静月明松影乱，恍疑笙鹤下空坛。

清

林九皋

字鹤琴，平阳蒲门人。著有《怡情轩诗稿》一卷。

游太姥山

（见《永嘉诗传》）

树色经霜叶叶红，探奇同过石桥东。老僧遥指山高处，正是摩霄第一峰。

郑兆源

太 姥 山

太姥高峰六六奇，采蓝遗迹说尧时。名山堪作南天镇，不管乘龙事可疑。

王孙恭

见人物。

容成炼药处二首

一

容成生自轩辕世，九转丹成驻玉颜。何事空同人访道？更无辙迹到才山。

二

九转神丹试几回，不知何日陟琼台？千年丹灶无人问，泉落空山花自开。

吴贤湘

恪亭见惠谢在杭《太姥山志》

（时在泉州清源书院）

一

一卷才山彼美贻，图来五九最灵奇。笋兴镇日泉山道，读尽惊人谢朓诗。

二

《滕王阁记》犹思赋，揽胜高情合让韩。腿力不便山屡废，可劳虚愿到心官。

三

劳劳书剑走风尘，布袜芒鞋莫更论。不到太平山上望，只今回首十余春。（余祖居太平乡，曾镌"太平小麓"私印。）

陈珧坦

见五古。

太姥山

六六奇峰镇海隅，仙真遗迹足披图。丹砂九转乘龙去，不管当年事有无。

七夕前一日闻黄二力夫同年将游太姥，余不得偕行，寄怀二绝（黄丁巳岁掌教桐山书院）

一

好个名山雨洗秋，摩霄峰顶白云收。知君自有登瀛路，指顾秦川第一州。

二

我恨临行不自由，攀辕未得伴君游。仙桥直上银河接，乌鹊还须渡女牛。

徐学訒

见人物。

摩霄什咏

一

猿鹤前身认我山，穿云一岁五回还。振衣万仞峰头上，六六芙蓉带笑看。

二

洗足天地一放歌，万星如镜荡金波。行行倘到星辰上，豁我胸襟更若何？

李　拔

号峩峰，四川犍为人。乾隆己卯以名进士出守宁郡，时州升府未久，百废待兴，拔殚精竭虑修城垣，筑三礮，禁停棺，劝农桑，课书院，百废维新，士民欢戴。案牍之暇犹复考献征文，撰《福宁府志》一书，越三年而蒇。在任数载，为民生谋教养，纤悉弗遗。调任福州，邑人立去思碑以志德焉。性风雅，所至皆有题咏，有游太姥山记及诗。

太　姥　山

奇峰六六辟何年？肖象成形各宛然。应是洪钧工刻画，独开生面镇南天。

太姥山见梅步壁间韵

玉骨冰肌自有真，青松翠竹共为邻。岁寒匪直称三友，生子调羹作荩臣。

王作栋

见五古。

太姥杂咏

梦　台

秋色天门两扇开，相逢石佛印如来。丹梯便断红尘梦，托梦胡然尚有台。

石　船

石船无楫复无篷，鱼跃天池谢钓翁。如豹吠声深树里，秋风吹落梵王宫。

滴水洞

水味甘平渴可疗，凭空滴滴响潇潇。观音自在菩提岸，笑煞人间三折腰。

摩霄峰

千盘积气郁崚嶒，呼吸通天只一层。万里秋光开老眼，北溟深处有鲲鹏。

王守锐

见人物。

水郊山中送萧吉士、潘实夫、吴石梅游太姥

一

遥天净耸玉芙蓉，最好秋来理屐筇。莫怕峰多不知处，入山认取半空钟。

二

六年鸿爪大纷纷，客梦还多恋白云。寄醉山林一杯酒，休教误勒北山文。

魏鸿勋

宁德人，进士。

己亥季春望后二日偕秦屿
王温园茂才游太姥十首
（录五首）

一

仙境都将俗虑消，危崖削壁欲凌霄。行行伛偻低穿石，莫管陶潜笑折腰。

二

危崖陡峻欲撑天，此日登临我亦仙。石挂七星峰夹道，不知劈划自何年？

三

居然陆地可行舟，石竟为船放上头。倘使天河能直入，仙槎我亦借乘流。

四

前人羽化已登仙，梵塚犹留古洞边。闻道此间曾炼汞，居民还记种蓝年。

五

削避回环景万千，雪泥鸿爪印何年？欲从古洞探仙境，来路都于石罅穿。

王缵芬

秦屿人，任诏安训导。

咏游太姥归

霜雪才消起翠微，何期杖履伴云归。数宵清话红尘外，六六峰峦兴转飞。

萨镇冰

字鼎铭，侯官人。海军上将，历任海军总长、国务总理、福建省省长等职。

太姥山阻雨

未到重阳效避灾，摩霄峰侧逐群来。连朝竟过潇潇雨，不及探幽不肯回。

林　栋

见七古。

由太姥洋至太姥山

尧日兹山仙姥宅，乾坤今后说尧时。九州有客平洪水，为姥深山牧鹿麋。

黄金爵

见七律。

登太姥山

无数洞天世不知，山僧导我读残碑。老来眼福偏多厚，历尽
巉岩力未疲。

吴念祖

字铭训，翠郊人，诸生。著有《扫雪山房诗草》，未梓。

太姥杂咏

一

芙蓉六六拱摩霄，日本流球一望遥。下界烟云生脚底，身轻
疑欲逐风飘。（摩霄顶）

二

攀藤扪葛陟层颠，罗汉真形峙眼前。若果能谈经入妙，点头
定见石连连。（罗汉岩和尚石）

三

石室横量十笏余，摩尼宫小似蜗庐。松涛吹醒黄粱梦，一片
名心水淡如。（摩尼宫梦堂）

四

寺畔鸡声唱乍闻，足登新月净无氛。金轮捧出扶桑外，万丈
霞光五色云。（新月峰望日）

五

峭壁凌空两扇高，蚕丛径小绝蓬蒿。纡回仅可容身度，一线
天光烁短袍。（一线天）

六

袈裟伴导有瞿昙，莲叶莲花任纵探。好是摘星翘首处，诸天
缥缈霭晴岚。（摘星峰、莲叶、莲花峰）

七

卓立云中状貌奇，头垂两髻俨钟离。银蟾照彻三千界，笑拥
蟠桃醉酒卮。（钟离石、蟠桃石）

八

筑室奚烦土木忙，洪钧陶冶岂荒唐？天成片瓦当头覆，好个
安禅入定房。（一片瓦）

九

晴晖掩映影高低，玉笏端严石笋齐。康乐当年知有此，永嘉
山水懒书题。（玉笏峰、石笋峰）

十

桥平如砥架霓虹，凿出神斤鬼斧工。鸾鹤不来钟鼓寂，行人
频想盼仙翁。（望仙桥、石钟、石鼓）

江本侃

见五律。

和黄锡卿游太姥原韵

枉顾蓬庐巳廿年，客中今始续前缘。云房一夜巴山话，风满
回榭月满天。

太姥积雪

锦屏天柱列重重，何处飞来白练封？料得昨宵经六出，装成
卅六玉芙蓉。

孔昭湘

字楚洲，邑西昆人，诸生。侨霞浦。

和遁庵老兄县名正讹韵

一

少闻父老话山川，吾邑名因太姥传。鹤顶何能淆福鼎？谐音端赖正丹铅。

二

缘悭翰墨未分劳，况久离乡感二毛。巴曲怎邀公瑾顾？弹来犹是土音操。

王捷魁

字敏生，秦屿人，诸生。

次萨镇冰上将游太姥元玉

到处亲临为赈灾，还登太姥证如来。万家生佛心香祷，民瘼相关不忍回。

朱声韵

字伯庸，江苏奉贤人。

遁庵吟长惠读福鼎命名正误近作，敬和二绝

一

太姥峰奇罨釜鬶，命名福覆听同音。讹传久被山灵笑，李戴张冠直到今。

二

他山枉向浙平搜，知否相差等马牛。正误时详新地志，从今

铁案定千秋。

高增龄

字醒侬，江苏高邮人。

遁庵先生以县名正讹诗见示，为题二绝

一

邑乘正讹岂振奇？穷源探本我钦迟。摩霄覆釜分明在，却怪拾遗误十姨。

二

谐音未必尽相符，况是浙闽判两途。历二百年成大错，而今面目认真吾。

民国

徐炳文

字炳林，湖南湘阴人。任福建省训练团指导处处长。

登太姥山覆釜峰即景有感

一

覆釜登临豁远眸，峰头佳处且勾留。海山万里无边阔，云水苍茫大地浮。

二

海天辽阔万山低，问有谁能大母齐？纵览乾坤归掌握，摩霄今已不烦梯！

卓剑舟

壬午秋日率鼎中同学旅行太姥，阻雨琳江，诗以诅之

一

一声声不如归去，斥詈申申愤满腔。三十六峰何处是？秋风秋雨遍琳江。

二

斜风细雨琳江道，黄叶萧萧可奈何？怪煞鹧鸪随处叫："哥哥行不得哥哥!"

三

怕向芭蕉听雨声，雨声到耳梦难成。明朝欲向天王（寺名）问："如此江山何日晴?"

乞王俊甫君绘《入山采药图》

生世自怜惯道途，百年事业总模糊。痴心欲向王摩诘，乞写入山采药图。

王俊甫君为予作《入山采药图》，赋谢

我今牛马任人呼，漫道生平胆气粗。老去买山愁未得，劳君为作入山图。

山中偶成

才山山头野草黄，才溪溪边野草香。山中女郎试纤手，织得龙须八尺长。

卷之十六　艺文　游记

唐

林　嵩

降神，州人。

游太姥山记

山旧无寺，乾符间僧师待始筑居于此。乃图其秀拔二十二峰。游太姥者，东南入自金峰庵；东入自石龙庵，即叠石庵；又山外小径自北折而东，亦入自石龙庵；西入自国兴寺，寺西有塔；北入自玉湖庵，庵之东为圆潭庵。国兴寺东有岩洞，奇石万状，曰玉笋牙签；曰九鲤朝天；曰石楼，楼下有隐泉；曰观音洞；曰仙童玉女；曰半云洞；曰一线天。石壁夹一小径如委巷，石罅中天光漏而入，仅容一人行。长可半里，蹑登而上，路中曰牛背石，石下曰万丈崖，崖上为望仙桥，桥西曰白龙潭，有龙伏焉。雷轰电掣之时，洞中靜靜如鼓声。天旱，祷雨辄应。潭之西曰曝龙石，峰上曰白云寺，又上曰摩尼宫，室后有顶天石，石有巨人迹二，可长二尺，此摩霄顶太姥山颠也。山高风寒，夏月犹挟纩。山木无过四尺者，石皆皲瘃。秋霁望远，可尽四五百里。虽浙水亦在目中。（已下阙。）

乾符六年记。

明

林祖恕

莆田人。

游太姥山记

出温麻百里为秦屿。西行二十里而近，即太姥山也。

余从晋安过张叔弢，意叔弢游兴尚不浅。乃童化甫复从海上书来作期会，遂以十一月望日，先之秦屿伺焉。居一日，风雨大作，度叔弢、化甫不能冲泥至也。十八日，竟独往。岭道多歧，约山势所趋者，而时时迹之。沿溪五六里抵玉湖庵，池际苍松纷樛，轮困若盖。从西蛇行可数百级，抵望仙桥。斲腭巉嶪，盖视溪流非千百万丈不能计也。既上，天风蓬蓬，吹衣袂欲堕。桥左横石碑，高广三尺许，总六七行字，多埋蚀不可读，北折而下者百步，西折而上者又百步。乃得一篁门，入焉，睹叔弢旧题，淋漓壁上，即摩霄庵，旧曰白云寺。从仙桥旁出曲径下折，崖磴间两石约百余丈，中劈一道，仅容一人行。予与从者鱼贯入，望空青一片，即所谓小岩洞一线天也。曳策出洞，飞云数片冲入谷中，迹之，得云所入处，犹缥缈不绝，曰大嵩洞。诘曲方广，视前倍之。望上数处，微明如瓿，口歙不多漏，渐进渐宵，久之，乃出洞。足益不可置，如是者，数十百武。稍稍得水，桥已复石，硐磕相逼。予谓是行何时已耶？道忽辟，漫石大片如屏，上有"天琢玄岩"四字。中为太姥墓。王烈《蟠桃记》，尧时有老母业种蓝，既而仙化，因册以主此山。似为妄耳。唯武帝命方朔授天下名山文，唐玄宗赐祭题额，斯为公案。崖缺处设一门，门内为堂二，址不及丈余而幽适非人间所有。从屋上见蟾蜍、钟离两峰，即岩洞也。洞折而右，有井曰龙井，傍二老藤蟠石上，蜿蜒极备色相。从洞南折而上，始达牛背石，东为钵盂峰，又东为石笋峰。鹦鹉、仙掌两石相依，左出数峰曰仙人锯板，右曰九鲤朝天。不意五丁之巧，竟至是耶！既抵国兴寺。寺创自祥符间，宫殿犹自瑰伟，壁嶂柱础，尽是玄晶，大可拟建章，丽可比祈年，而台沿宽拓，恐昆明、太液不为过也。第兵燹之后，逋负多而梵徒四佚，触目遗址，为之怃然。从东复折可里许，曰万丈崖。崖下为白龙潭，石窦幽深，有龙伏焉，旱时祷辄应。然以路险不能深入。日且西，微雨霏霏从海上来。乃借榻摩霄钟楼，推窗见明星历历，可垂手摘，僧言此中有白猿、黑虎常从月下来参禅。予深冀来此一晤。旦起，僧指点摩尼宫，所谓摩霄绝顶也，前有石船，长可三丈，水从船下出，漭洄一窟，客有戏决之，乍干乍涌，久旱亦不能涸。右为顶天石，坐石见大海滉漾当胸，时晓日初上，四望光洁。僧指东向数点，即温台诸山；西向一抹，即晋安五虎；稍南而西者，隐隐为五岭。颇怪前人何不因见越而名越观、见粤而名粤观哉？倏忽，四山隐雾复集，僧急趣余归。有人从山下来者，云半岭日甚丽，大抵自仙桥达顶，气候大异人间，春夏尤甚。予闷坐梦堂，读林金宪《梦游太姥吟》，词语峻峭，金宪固吾友林公遇大父也。堂后横石壁，沙门所为舍主纪姓字处。旁有榜曰"丹室"者，曰"璎珞"者，亦叔弢醉笔，薄晚，老僧名普鉴者，从秦屿归，尽出旧游诸题咏。阅之，唯傅山人、吴别驾神理差王。余不足烦目力。老僧因言：来游者多取便金峰出叠石，不知从金峰入白箬者，其景无尽。予欣然就寝。黎明起振策，唯挟一小头陀往。由百级蛇行南下，老僧追送仙桥。朝曦乍吐，桥下上皆洞，赤色，予乘风冉冉，可六七里。回睇老僧，犹凭栏遥拱。始信有天上人间矣。级穷小径，出溯流未十里为天源庵。编篱四周，茅堂翼然，屈木为桥，又屈木为环带，栝、桦、桎、榉之属，萧疏窗户。僧为建安人，道号碧山，具方袍相接。询之，乃叔弢平昔所称诗僧也。出其诗句中有云"雨白双溪路，灯青七祖莲"，又云"白云一片能相恋，消尽风尘是此心"。大赏异之。因箕坐溪畔，取竹炉汲水，烹太姥茗啜之。然以主人病后不堪久坐，乃别。过桥即圆潭庵。自是仄阪汙泞连络十数里，杂树交两旁，中多宿雨晓露。舆行则上湿，履行则下湿，衣袂瀼液，疑从水府来者。排嶂方见庵，庵面绝壁，据摩霄背下。峰崿环匼，复有飞瀑数处，摇风洒落，如霰，如雪，如云，如雾，又如流苏，如联珠，阗阗淙淙，入人心目，信有如老僧所言者。旧为午所庵，至玄成禅师卓锡此地，以白箬易之，遂名白箬庵。嶂后为观音洞，洞口古木纠错，离奇莜佹，予惟望门顶礼。即沿故道往金峰。是日，阴雾复作，促舆夫疾行。岭道不甚峣，亦半晌方抵叠石庵，即旧名石龙庵也。僧古峰出迎，盖予旧识，相与拥炉道故。明发，冒雨由蒋洋取道归焉。途次，逢化甫遣役赍酒脯劳余从者。

余山宿凡六日夜。足迹所至，皆叔弢、化甫昔已经历者。惟天源、白箬差足夸独胜耳。至如峰之为捧玉、为摘星、为飞盖、为石鸦、为新月、为豸冠、为神羊、为三灵、为龙角、为天圭；洞之为半云、为隐真、为团玉、为十八罗汉；泉之为七龙、为卧龙、为珍珠、为曝龙，幽深诡僻，非穷年岁未易潦草尽也。林生曰："夫禅家侈言，五岳尚矣！彼兴公、叔庠所著赋者，岂尽出太姥右哉？舆书所载，备极洞天，非不称尊闽浙之间，然海内好奇之士卒，少齿牙焉。即游者，不无胁息茧足之累，或重雾蔽亏，或阴雨阻绝，遂成旷哀，抑或显晦，固有时耶。善夫！"

太史公曰：一家之言，藏之名山。嗟嗟！既无其言，乌能重此山也？

陈仲溱

维秦，侯官人。

游太姥山记

万历戊申仲秋晦日，友人陈太史伯全招游霍林、太姥。取道由远而近，遂先之秦川。乘间登龙首、松山，遍历海上岛屿。且游且止，以待晴好。至九月二十六日，乃挟张检校宪周为向导，出秦川城东门，度天台岭至湖坪，遥望摩霄绝顶，已亭亭云表矣。是夜，飓风大作。枕上闻波涛簸荡，茅房篱壁飒飒有声。念七日晓发，过杨家溪断桥，浅濑可通筏。而山川暎发，层岩叠巘，如从帷幞间坠。又历钱王麻、三佛塔抵秦屿岭。南望大海，濛濛际天；北望三十二峰，排空插汉，已称大观。稍前，即太姥洋。苍松翠篆，蒙岩绕涧，桦皮竹屋、鸡犬云中，疑别一桃源也。复过小岭，翁蔚尤甚。睥望攒峰，诡奇殊态，不觉遂至玉湖庵。庵前深坳旧为湖，今已淤塞。截溪为垣，决坞为渠，溪环寺合，寺门横左，盖上下摩霄之一咽喉也。二十八日由玉湖右升，有两路：一直上仙桥，而造绝顶；一从山脊转一小涧，缘九鲤朝天诸岩趾螺旋而上。仰视石壁，列戟参云，磴道纡回，峰峦递变，沿二三里，始入天门，而烟扃云键，殆不知深闳中之有闲旷也。出天门，四壁环卫，宽余十亩，南向当中为太姥墓，铭曰："尧封太姥舍利塔。"塔右石壁刻"天琢玄岩"四字。岩背别开石洞，有泉一泓。僧曰："此即龙井。"盖惮于导引，往往托此以绐人，余辈遂为所误。塔前为岩洞庵，践岩为路，岩断，接以石桥，桥折而西，复有石门。门左有大士庵，正面为佛殿，贴壁为楼。钟离岩、蟾蜍石在石门之右。出桥外，望群峰骈集，从塔左折而升，低瞰竹园，络在苍壁中如阛阓，从岩罅中悬缒可入，而白鹇、锦雉多产其中。又从北下，所见有大头僧、石鼓、钟岩、仙人锯板、石麒麟诸峰，皆天然秀拔，惜为穿凿者强名之，殊可厌恶。行十里许，至国兴寺。寺创自乾符间，僧师待筑居于此，惜今已毁。舍身剥落，绀殿荒凉，然石柱或竖、或侧，有三百六十，令人凄然。怀古已，乃回至石麒麟。岩右蜿蜒石窦中，旁出为滴水岩，从石腹升降至岩顶，元窍暗通，径窦不测，石扇双开，石礴悬梗相距三尺许，深可三十余丈。天风袭人，毛骨俱竦。出此北，则摩霄之背，南则岩洞之郛。晶莹乱石，密比如一，盖玄都之一大会也。凭虚一呼，谷声三应。又径山脊上三里而至摩霄。摩霄，志名白云寺，或云白云禅师修行于此，众魔消伏，一名魔消。东南望大海最为奇观，佛殿三座，僧楼四绕，背凌绝顶，右拖一脉，横抱如几。然海风猛烈，山岳动摇，视之湖坪抑又甚已。二十九日，晨起礼佛，出门右转里许，即为绝顶。顶傍有石船，石船上为摩尼宫，石龛仅数尺。凭高四顾，万山俱伏。远望则龙首、五虎以及闽、广、金、浙，与夫日本、琉球皆指顾所及，方隅可测。至若波涛浸天，烟霞明灭，风帆似鸟，岛屿微茫，则兹山之胜，超世界而隘域中矣。从山门左分逶一麓，南出为仙桥，桥上望九鲤朝天诸峰矗矗在目，独西北诸胜稍背，然遐观旷览俱与绝顶无异。桥悬半空，倚岩箕踞，或举觞大酌，翩翩欲飞，遂名桥为御风桥。伯全诗先成，命僧志其处，勒之石，因示绝顶岩洞诸镌处。三十日子刻，起看日初出，从楼左细路登石壁凝望许久，见东方波浪红黄裹一片黑云如山，金色一弯捧之而上，垂半更始知出海，恨不露全影。熟视惊怪，胡曙色之未启耶？又片晌，见海中五色绚耀，蓬蓬如鼓，红光浓艳如血荡盆，始知前所见者，月也。然余尝看日于泰山日观、天台华顶，所见各异，而遥天旷海此为第一，惜兹晨天色未甚晴朗耳。饭毕，从仙桥下，磴道盘陡，右转摩霄之麓。沿涧深入九曲而东向者，为天源庵，虽竹篱疏闭，幽雅可窥。过独木桥而西向者，为午所庵，则巨石雄蹲，泠泉凝碧，昔元成禅师卓锡此地，以白箬易名。嶂后为观音洞，石楼嵌空，澄泓可鉴。自洞而进，玲珑巧接，直透天门，但苔封莽塞，太古以来人迹鲜至。从巅抵洞，传声可达，循涧绕麓，则十五里而遥。仍出旧路，绿竹浓阴夹溪而南平林十亩中为金峰庵，前对锦屏，黛色横秀，与佛灯相映。晚宿山楼，飓风渐息，烟雾尤深。初一日，从锦屏右转，好峰奇石，沉在竹木之中。竹大五围，而交枝接叶，雪霜深压，苍翠委地，竹间见危峰枕摩霄之下者，为石龙，亦名叠石庵，缁徒颇繁，然皆养蜂卖茶，虽戒律非宜，而僧贫，亦藉以聚众。自此出蒋洋，便为归路。伯全欲从秦屿登嵛山循海而抵秦川为胜。遂贾勇，左环十五里至太姥洋，接长蛇岭，又二十里而至秦屿，宿王生家。王生盛称白龙潭之胜甲于太姥，始觉前所见龙井者非是。初二日，宪周从秦屿岭先归，余与伯全、王生从长蛇岭麓绕蓝溪，仍憩国兴，依前游而抵一线天觅龙潭，侧下一里，皆坠岩穿窦，攀藤构木，蹑级踏梯，燃炬偻背，穷历巘险，方得到洞。纵广十余丈，宽可容五十人。高瞰苍天，深临巨海，日光圆射，水气寒凛，仰视岩杪，银河从天倒落，退视岩罅，暗坎伏于阶梯。然沙前之潭水与沙平，而沙后之坎水低数尺，且断岩孤峭千寻削空，瀑布不知从何来？洪流不竭，则余游雁岩、匡庐之所未睹也。入洞而不燃炬，恒虞误坠，燃炬而生光芒，不无逆鳞之骇。相传有破戒比邱触秽太姥，坠入潭中，从官井洋浮尸而出。背有朱书示戒。天旱祷雨，龙入金瓶，雨随路降，乡人以此为验。此中云雾四时濛翳，或过之而不知游，或游之而竟迷其踪，皆龙之灵也。出龙井而西，贴摩霄之傍，仍有三十六洞，谽谺透空，与观音洞若接，其最胜者为罗汉洞。缘岩无路，因而再登摩霄，细辨诸涧。蓝溪水在竹园之外，绕长蛇岭之里而出；龙潭水绕国兴才山之麓而出；箬溪水绕摩霄、金峰、太姥洋之背而出，叠石水绕太姥洋之前而出，皆由秦屿入海。其山自摩霄而东，多石而以岩壑胜；自摩霄而西，多土而以竹木胜。自是从岩洞、太姥洋返而至三佛塔宿焉。初三日抵秦川。

　　游凡八日，太史名五昌，宪周名世烈，王生名三省。岩洞僧如庆为龙潭向导。

谢肇淛

在杭，长乐人。

游太姥山记

自正月晦日抵长溪，即苦霪雨，连旬面壁，客况凄然。二月望，稍霁，出城而雨作，跟踉返，为行人所笑。归邸中，作诗诅雨。既二日，乃大霁，遂携崔茂才征仲、周山人乔卿，以十九日发。过台州岭，稍巇崼，不可前。午饭岭下，既复舆过数岭，石磴纡回不绝，新晴困人，薾腾思睡。耳畔惟闻寒瀑飒飒，风雨声及钩辀格磔云中响应耳。既过湖坪，值畬人纵火焚山，西风急甚，竹木迸爆如霹雳，舆者犯烈焰而驰下山。回望十里，为灰矣。日未落，宿杨家溪，与乔卿、征仲缘溪流竹荟中行，穷于樵径而返。主人促客拒户，防虎也。夜挑灯，征虎事十数，闻山腰咆哮声，各咋舌就枕。翌日，度钱王岭，指路左岐路云："是走天台道也。"至三佛塔，稍憩。张郡幕宪周追至，相慰劳久之。复度头陀岭，望海上群峰历历可数，而秦屿一枝垂水面如芙蓉。走阪而下，是为太姥洋矣。缘田塍跨涧而登岭，路陡峻，几不能步。五里许，达玉湖庵，庵逼侧就圮。惟是桧柏参天，日月蔽亏，竹木幽翳，石涧潺潺，而四面群峰，千遭百匝，固兹山一幽绝所也。庵前旧有湖，山僧填塞为禾畦菜陇，遂令千年胜迹永绝，意甚恨之。时日未晡，宪周锐欲至岩洞，众各有难色。苦要而上二里许，迷不得道，乃大揶揄而返。复从间道走国兴寺，寺创于唐乾符，故甚宏丽，今其遗址犹存。旦日，由玉湖右折过涧，诘屈数里，过弹穿石，石上老梅迎暖盛开。又百余武，为七级浮图石，硐磳堆塞，路已穷矣。乃从一悬石底穿入，高二尺强，上蒸下潦，过此豁然，别一世界，是为岩洞。石壁罗立，平园半亩，窊堵树片石上，曰太姥墓，似藏舍利所耳。僧流以为肉身坐化，乃卒不知太姥何人？墓何代？尧耶？汉耶？未可知也。墓右穿石礀，为小龙井。古藤如柱，蟠蜒绝壁，井后一洞，窅泞不可进。窥之，似有微明，命二小奴入焉。墓后里许，为观音洞，竹径蒙密，无复人迹，而石床流水依然在也。墓前越眠牛石，度石门由小桥折入庵中，石龟、蟾蜍二峰东西对踞。庵后竹园石壁，二小奴从此出，云洞中轩豁，有石级上下，一线微明，迹之至此。余大咤为奇事，宪周为余言：是山幽岩秘壑甚多，他僧率匿不言，独是庵僧如庆者，饶胜情，可偕也。遂挟之出，至半岭，巨石侧立，小径尺许，如庆投杖先入，众从之。得一洞，削壁夹立如巷，长十余丈，坠石半空塞之，因名坠星洞云。从坠石下匍伏出，历数石顶，颇甚艰危，石断则编竹接之，竹朽几殒，凡度三竹桥，始达竹园，复由园南升岭道，穿二石洞，直出林杪，海上岛屿历历可数矣。众惫，据地稍憩。复从坠星洞踱二百步，得大盘石，广数十丈，下俯竹林，远望大海，而叠石、玉匣、蟹钳、石屏诸峰左右罗列于襟带之下，亦巨观也。又进里许，岐径折而南下，凿石为级，登降嵁巇，既出山背，则石门、石象、九鲤、锯板诸形像一览而尽，然大率就其形似强名之耳。山之奇胜固不在此，是未易为俗人言也。既越山麓，披荆榛中荒秽尤甚，狐踪虎窟，令人毛竖。又半里得二巨石，对峙成门，稍进，悬空石洞方广倍前。洞前小庵已废，僧云："此小岩洞也。此与坠星、观音三洞，盖从来人无至者。"遂返，过石天门、滴水洞、一线天，如棋累、如斧劈、如行地道、如入水府，石磴百级，上窥星汉，盖至是而山之奇殚矣。午踞小盘石上，就地餤餤已。僧复导之龙井，攀援数石，践藤根，握树枝，手挽足移，尫尪裼瞻，未至百武而路穷，人以绳自缒而下，余不能也，踞而俯视，征仲等三人累累相接若猕猴。洞口窅黑，秉炬以行，几曲折始达井口，巨石如龙头上覆，从其额下梯而入，二丈许，践地，地皆沙洲。前后二井，诸泉奔汇，崩腾如雷。久之，阴风飒飒，衣发洒淅，悚然亟出。余笑谓："骊龙方蛰，故容君辈暧其宫，不尔，将为齑粉矣！"僧言："往年有新戒坠井中，三日浮尸官井洋而出。以后游人觅者，率以小龙井诳之，今幸而不颠越耳。"谈卒，若有大惧者。遂相与入摩霄庵。偃卧有间，从庵后直上山椒，拜摩尼宫，登石船，凭高四望，海色际天，而嵛山、秦屿诸岛出没波心，若鸥凫泛泛耳。山僧指示余：是谓浙之温台、是谓广之惠潮、是谓晋安之闽安五虎。余谓："以地度之，想当然耳。"吾闽谓鼓山可望琉球，蜀人谓峨眉可见匡庐，论者呶呶不已。要以达人之观须弥芥子，皆在目中。是耶非耶，何足深辩！复由庵左渡涧。观洗头盆、仙人足而返。夜宿梦堂，征仲、宪周各默有所祷。余笑谓："尘梦到此，当应尽醒，奈何复求梦乎？"语诸比邱，约以昧爽观日。抵夜，则松涛震撼，万壑怒号。比山巅雾霁，而羲驭已高矣。诘旦，过望仙桥，从西折而北，丛薄樵径，依稀可辨。循涧道四五里，编篱环水，翌然修饬者，为天源庵。其左百步，茅舍敝坏，一衲栖止者，为圆潭庵。而向张叔弢所称诗僧碧山者，则已示寂五载矣！已，复沿溪而上，溪流诘屈，乍东乍西，不知经几湾，但闻山中玉兰香逆人鼻。又六七里，始达白箸庵，仰视摩霄之背，政当其前。僧言："夜来郎君峰顶，语声历历可辨也。"庵口为小观音洞，湫隘殊不逮。又前有罗汉洞、十八曲，阻于水，不可入，遂返。至金峰庵，锦屏当前，秀色可餐。三里至叠石庵，修篁百亩，翠云欲滴，然皆人世间物，无复夜来岩洞幽怪之致矣。日未崦嵫，遂取道蒋洋归焉。大都兹山，东从岩洞达摩霄，以水、石胜，而苦攀陟之多艰；西从摩霄下叠石，以竹木胜，而患一览之无余。但道非子午，人乏许掾进贤之游，率避险阻。而初至之客惑于多歧，傔人惮于远异，而缁流恐其累己，坐令灵境湮灭不传。即图经纪载，何寥寥也。是行也，人皆同志，天假新晴，而复得如庆为之指南。足力所至，差为无遗憾矣。然山川无穷，杖屦有限，政恐后之视今，亦犹今之视昔也。

　　征仲名世召，宁德人；乔卿名千秋，莆人；宪周名世烈，州人。

　　万历己酉二月二十四日记。

　　清

　　　　　傅维祖

文孙，鄞县人。

游太姥山记

　　太姥为闽海诸山之胜，突兀嶙峋，奇峭万状，旧隶霞浦所辖。乾隆四年，始分福鼎。余自己未冬奉调来此，百务创始，未暇游观。辛酉初冬，奉檄勘估秦屿城垣，与署参戎李登莲花山顶，全城形胜了如指掌。回望祖山，则太姥不远。次日，公事稍暇，日近亭午，简从束装，命仆夫舁一竹舆，从太姥洋访僧田之兴废。度望仙桥，慨古迹之荒凉。九鲤朝天诸胜，前此遥望插云者，今皆罗列足下。寺僧泰净、敬文不期而至，仓卒导迎。临岩巨石悬立，一如冠、一如鸟，其一石有三窍。僧人指示余曰：内有金线虾蟆穴，其中时见出入，亦灵物也。石径窄逼，肩舆不得过。余下舆，厹足而行，时夕阳将尽，诸景渐晦。曲折数盘，直上摩霄寺息足焉。时有才堡李生健同其子调鼎闻余有此行，秉烛驰至，亦韵士也。寺后有石壁镌字其上，半明半灭，旁有流米岩、白云洞、炼丹井，其上有新月峰，可以望日出，爰命僧人明晨须寓目焉。就寝后，频问夜如何？天未曙，即披衣起。寺僧然竹，李生乔梓随行，从寺后稍左冒风露直造山巅。坐危石，晨风袭袂，身在空中，海气溟濛，曙光未发。稍久，朱轮始见，似沉似浮，光芒尚敛。未几，离海峤，出云衢，木杪生光，峰岭增耀矣。旋从寺之右上牟尼宫，则摩霄之绝顶也。顶颇平衍，石室、石船、金沙滩、天柱石、仰天湖，皆在焉。湖方不逾丈，深不盈咫，不涸不溢，中有神鱼，似蜥蜴而四足。僧人取二尾以赠，纳诸竹筒，携至中途，竟逸其一。相传此鱼神物，能遁形而返，其信然耶。志载太姥得道，乘九色龙至此，凌云仙去。及过舍利桥，又指为藏真之所，则何以称焉？凝眸四顾，无远不瞩：北望县城，历历可指，昭明寺塔如卓锥然；南则嵛山而外，海水接天，茫无涯际，南北关近在目前。俯瞰秦屿，烟村数点，有仙尘之别矣！其东西则平阳、泰顺、福安、霞浦诸山，周列环拱。余老矣！目力难穷。循途而下，寺前有案，沙石脊若断若续，名九节龙。履其背而东，仍转而西至寺，而早膳具。李生告余曰："从此东行，饶幽景，多岩洞，肩舆恐不得过。"余曰："寻幽赏奇，披岩剔穴，舍舆而徒，无害也。"于是迤逦偕行，若龙背上蹀，或历石级而上，或历石级而下，有大石当路似虎，俗称为"拦路虎"是也。盘旋屈曲至太姥墓，有玉匣石、荷包石、石枰、石鼓、石钟、晒经石，墓后有一石蟾蜍，旁有一洞，俯身而入，有一石桥。度桥，一小石门，门之右，有一石房，深阔各二丈许，三面皆石壁，上覆一石，甚平，僧指为一片瓦。若设一绳床，习坐其中，可与尘寰绝矣。向石门处，有地平衍，可以建楼五间，倘塞门避静，亦何减桃源？自叹缘浅，不得久居于此。辞洞而出，到石林荟萃之处，僧曰："此洞中即一线天也。"洞口稍宽，不数十武，两石壁立，中通一径，仅可容身。仰观天光，长如一线，中有滴水岩，水止一滴从石罅而下，不骤不断，下有石井承之，清冽甘美，真石髓也。出口而望：两崖危石蔽天，谲怪瑰奇，如钟离双髻、两僧看经、仙掌、卓笔、鸿雪、云标，指难胜屈。景之幻者，则有锯板石，自根至巅，千寻若线，片片皆齐；声之幻者，则有传音谷，对岩一唱，空谷应响，直遏行云。再过一洞，危石落岩，夹而不坠，累累难数，相传为落星洞也。

他如石床、石灶、大龙井、小龙井诸胜，僧人失于指示，过而遗之。最后得一地，平衍如掌，石峰至此，似屏环列。欲兴太姥，当从此建一招提，后随山势作楼，三面围绕，中为大殿，前为山门，僧众有所栖止，游客有所住宿，得一天然图画矣。从者请曰：自此可复乘舆矣。僧与李生皆告别余于途。望国兴寺，无片瓦只椽，唯有旧塔无恙，石柱尚存，盖寺之颓废久矣。归途，陈生正顺挟一旧志示余，余喜而受之，转惜其来之不早也。是行也，余旧闻太姥名区，迁界之后，寺废僧逃，旧业荡弃，古木凋残，菁寮炭厥，贻笑山灵，住僧频年争讼。今摩霄庵又易一新住持。故欲为之亲览风景，与彼都人士商振兴之策，非徒逞游观而振衣舒啸也。今于公务之隙，乘闲而往，大约足迹未及者十之四，过目而遗失者十之三，其得纵观而僧人为之指示者亦十之三耳。未足以夸畅游，然以视昔贤之梦游太姥较亲切焉。倘得同志协扶，名山增胜，荒径重开，或幸再往，余方跂足以竢！

时乾隆六年阳月二十七日记。

李　拔

峨峰，四川犍为人。

游太姥山记

太姥山在府治东北九十里福鼎县也。奇峰突兀，矗立海滨，百里外望之如列屏。相传尧时有太姥业蓝于此，仙去，溪水皆蓝，因以得名。盖东南一胜迹也。乾隆己卯春，予来守郡，县令萧君克昌为予言山容奇奥及灵异状甚悉。时方莅任，案牍纷纭，不暇作游观计。是岁之冬，予有事于巡方至邑，公旋偕别驾冯君栻褒同往观焉。出县城西行约二十里，折而南，过小溪，越数里，小山下有古兰若，两浮屠对峙，砖瓦剥落，云系唐宋间物。稍憩，行数十里，一路青松翠竹，曲径疏篱，景致绝佳。薄暮，抵太姥村，就宿田舍。村人聚观，黄冠野服，有无怀葛天遗意。诘朝，行十里至山麓，易小肩舆，拾级而登。望山腰诸峰，悬岩峭壁，不敢逼视。再数里至御风桥，鸟道危桥下临绝垤，仆夫却走，予乃舍舆而徒，扳藤过之。道转坦夷，岩间石刻颇多。上有庵曰摩霄，古屋数椽，寺僧迎入，并呈山志一册，纪载甚详。因令导引，遍观星洞、天门、石船石殿，狮蹲虎伏，仙靴僧头，象形绘意诸胜俱相吻合。予始以为摩霄庵必山绝顶，及翔步视之，则摩霄庵外尚有一峰耸秀如覆钟，此庵何以名摩霄耶？僧曰："此峰极高，游人无有跻其颠者，故遂以此庵为摩霄也。"予曰："是何言欤？摩霄自有真，不可自我而失之！"乃命从人斩荆棘扳援上约二里许，宽平如台，东南望海，汪洋无际，台湾、流球、闽越诸山历历可数，俯视摩霄庵如在腕下。嗟乎！设非更进一层，又安知不即以此庵为摩霄乎哉？因题其上曰："太姥摩霄第一峰。"并语县令胡君建伟作太姥殿兼祀大士其中，前为观海亭以供眺览，为山灵开生面云。夫登山者必陟其颠；观水者必寻其源，入道者必求诸圣。不陟其颠，不知众山之卑；不寻其源，不知众流之下；不求诸圣，不知异端曲学之小。此孟子所以有登山小鲁，观水观澜之说也。后之登斯山者，可以悟矣！

谢金銮

退谷，侯官人。

漱玉洞记

癸丑之岁，予偕秦江诸友再游太姥。宿白云寺。次日饭毕，出山门将下丹邱磴，东行南折，寻前游旧路，通岩洞，倒观山南诸峰。邱丈古园先导既往矣。予方过伏虎峰，左睨深洞中，巨石嵌䃂，犬牙嵚踞，心异之，令从者扒草觅路。同行者扳白箬握树枝，累累相继下，抵大石上。王氏子永辉从石侧穿罅，号众人，得深洞，巨石上覆广若厦屋，中则层石叠累，或高或下，环列踞坐可数十人，而流泉伏行石底，空洞之中前后互答，铿锵戛击，如闻佩玉。默坐领之，心骨俱澈。后壁有门，高广数尺，窥之深黑，而水声汩瀑其间。然炬下照，沙地皆成浅渠，乃砌石以进，黝暗之中有鸣声，恰恰与水石相应，或曰山鸟也。予疑其为蛙蛤之属耳，洞势屈曲，至数层复漏天光，再入仍暗，水皆从暗壁罅中涌出，阴湫无路，其源不可穷也。复返，从渠中取水出，洗鼎烹泉，坐石静听。须臾，日色过午，茗已再熟，众复向前穿石达外，地势渐低，石下聚水成渠，深可数尺，移石投之，泂然颎洞。更前，径仄不可行，于是寻旧路复上，而古园已从山南归矣。淡云微雨，自山腰斜度，众共归寺。入夜，风雨骤至，连日不歇，及少霁，同古园辈复来，始达大石面。王生永辉、伍生廷评，及诸辈不入洞门，自大石循山而上。予与邱丈古园，王君面城寻旧罅复入，则洞中水声喧号，有惊湍怒涛之势，与前日复异，行重仍烧叶煮茗，顷之，后壁乱泉中闻喧哗声，火光闪耀，则永辉辈从暗洞中缒灯而下。盖穿山得他路复入于此也。云烟濛幂，骤雨复来，乃共憩息，或跌坐倦卧。须臾雨霁，日光射入，四面岩石上滴水乱落，如檐溜垂珠帘而下，座间松风万窍，漱人心目。柳子厚西山诸记有称袁家渴者，谓水之伏行石中也，则此洞亦渴属耳。而上开岩府，中可列居，前吞山光，后藏邃屋，清声隐于几席之下，如乐作焉，视之无有，静听愈近。昔永州荒僻，子厚迁谪其间，愤懑抑郁，肆情山水，假笔墨以自娱。要其所记，不过一邱一壑，非有奇伟绝特之姿，曲折通变之妙。若此山所著，奚啻远胜于永州？令子厚当此，虽百记不足以尽之。古今人境相遇，将复何如也？予念幽僻之地，多生奇胜，岂天故留之，以舒愁人悲悒之气？而奇岩秀石湮没蒿莱者，遂亦有藉以自达耶。此山岩洞以百数，而此洞以泉声特异，因名之曰"漱玉"。并记其事如此。

王孙恭

恪亭，秦屿人。

游太姥山记

　　乾隆十有六年，岁在辛未，庚金初伏。予偕友人陈振鸣、余钦电率诸从游，避暑于太姥白云寺，即今摩霄庵。以六月朔旦往，七月哉生明归。在山中盖不翅匝月。为日既久，得以从容闲眺，非若远来登陟者，卒卒踏芒鞋，辄携笻去也。时寺僧奕茂颇知诗，所藏名人墨迹时出赏鉴，予从录得《兰亭诗》全帙，及群贤少长姓名爵里，今犹什袭珍之。其徒若潜熟蹊径，善脚力，浼为向导。每天朗气清，辄拄杖从之游。若潜虽不及其师，途次指示，多肖人肖物，矜鬼斧、骇神工，与俗所艳羡者等。而余与振鸣、钦电凭高纵目，横览千岩积翠，万壑浮青，心旷神怡，悠然自得，固所乐在此，不在彼。犹忆其时艳阳耀彩，茂树连阴，予偕振鸣、钦电出摩霄庵，踱九龙岗，扳摩尼宫，坐石船上，天风琅琅，遥视溟渤，一碧万顷，又不啻神游十洲三岛中矣。进而弥上，登天柱峰则太姥乘九色龙上升处也。北睨天台，南窥五岭，奔巘绉叠，若簸浪然。稍折而左，有天街、天门，街坦如市，门峭若关，上际重霄，下临无地，晕目怵心，峻如九折坂，几不能过。乃旋绕而左，龙泉喷珠，摘星插汉，皆目属焉。而所谓新月峰可望日出者，即在摩霄背右。昔人以此望月上，故名新月；后人以此伺朝暾，又号望日台。台乃大石，广丈余，长数丈，突悬崖际，正对扶桑。遂约振鸣、钦电偕其徒以四更冒风露往，虽盛夏犹挟纩。始见五色云灿烂弥满洪涛，俄而尽变为红云。晶光射目，潮落，微露一弯，波间皆金蛇混漾，潮涌浸没，如是者数。乃睹晨曦大如车轮，红如琥珀，渐升旸谷，离瀛海而四顾崔嵬，唯东向绝巘微映红光。回望前山，尚黑如晦，以语曾游泰山日观者所见不逮此。然设遇晨雾迷濛，则亦未能登览尽致，故陈仲溱盛称之，而谢在杭先生亦恨未之睹。归而早膳，膳毕出寺门，蹙拦路虎，下三叫应，入七星洞，则容成丹井在焉。泉从岩罅潨潨滴井如掬之，游人每挹此，烹绿雪芽（《闽小纪》：太姥茶，名绿雪芽），予未之试也。由七星洞过滴水洞，始达国兴寺，垣颓址废，犹余石柱撑天。昔为雨花台，今为狐兔穴。所云寺兴国已灭者，金瓯尚难永固，何论祇园？寺左耸七级浮图，踞其上则象峰、九鲤石、鹦鹉、二佛石，历历如绘。忆初入山时，藉李君调鼎导先路，固尝取径从兹入也。独讶庄严古刹不于空廓处辟基，乃在万山深坞中，路险仄不可攀跻，为避喧取寂耶？胡乃宏整壮丽为黄金布地耶？何难见坦平婆娑世界？岂昔本康庄，今乃闭塞耶？尽当兹山之盛隆也，国兴为丛林，玉湖为初地，皆美轮奂，堪驻游旌。此外又有天源、岩洞、摩霄、圆潭、白箬、金峰、叠石、白龙、妙香计十余所，游者力倦，咸得憩焉。今唯顶存摩霄，西存叠石，相距十余里，荆榛塞道，难以遽通，游而惫者，不得不归息摩霄庵，故游不能竟日罄。越翌日晨兴，曦光敛耀，云缕缕入户牖，几席皆湿，顷则大雨如注，听檐溜淙淙，与涧响泉声互答，乃偕振鸣、钦电诣奕茂谈佛法因果。奕茂以《楞严》《法华》相与参大小乘，予谢不敏。亭午雨止，寺中人归云：半山以下，霁色烂然。予等在上方犹苦雾弥漫，觌面无睹。乃知烟扃云镝，即此便隔尘凡，不必餐石髓，饵灵芝，始绝人间烟火也。

　　越三日，大晴，乃乘霁景登御风桥，履牛背石，目晕心摇，与天门等。循桥而西，蹙丹邱磴，历大小岩洞，见所谓壁立观音像。复扪葛穿藤，逾白马洞，洞犹窄巷，侧身入，斜行里许，危崖夹峙，天光漏入如线，此乃所谓一线天者。僧惮于导险，多以七星洞观天当之，舛矣。乃过桃花洞，蹑竹桥，达太姥墓。墓在岩洞前，大石如龟趺，上竖窣堵楷书"尧封太姥之墓"，为后人追竖无疑。墓前地略敞，右为鸿雪洞，从洞中历级可达九鲤石颠，土人缘之以取岩䔧。洞前对小岭，岭尽有方石履其上，或歌或唱，人音歇而谷音迭起，依歌和之，皦如绎如，或以为洞音；或以为仙乐。予谓此可云"空谷传音"，前人以寺前"三叫应"当之，殊未领此中趣。然移步换石，虽亦响应不爽，仅与"三叫应"埒。盖山鸣谷应，到处皆能，如南岳岣嵝有响石，建宁东溪有响山，皆呼呼辄应，未常若此之更唱迭和，如瑟铿尔，如曲绕梁也。再折而西行，有十笏地，旁如屋壁，上覆大石，名一片瓦。梵修者，得此亦一天然净室。出一片瓦，见了然两髻，斜傍山隈者，钟离石也。左拍唐巾、方巾，右挹罗汉、石鼓。僧云从此小径可达竹园。奈盛夏荆榛秽莽，钩摄人衣，又多蛇虺当道，遂左折而东旋。暇日又披图与志，索所谓大龙井者，询诸若潜，渠亦未之知。予与振鸣、钦电在摩霄峰下三里许，穷目之力，左旋右绕，终未得其处，乃叹灵境幽秘，游之者有数存焉。昔在杭先生限于天，不得观日出；予今限于地，不能识龙井。限于天，非人所能为；限于地，则人之目力足力不能到。后人殊不逮前人远甚！要以予匝月所历，登高望远，一览而尽沧溟，则天柱、石船为胜；幽深奥杳，迥绝尘寰，则七星洞、观音洞、一片瓦为胜；奇峭陡峻，怵目惊心，则天门、牛背石为胜，然皆不如望日台、传音谷尤据兹山之胜也。若夫嵌空玲珑，岩径四达，峰则面面皆奇，洞则头头是道，故游者各记其所历，取径互殊。唯林降神所云"入自金峰，入自石龙，入自玉湖"足以概之。而予初入山，则自才洋鲤鱼冈过三折腰，东北入自滴水洞，惟土人熟于樵径能导之，其他游踪不及此。

时乾隆癸酉岁九月初三日追记。陈振鸣名球，钦电名耀，其徒六七人不及详识。

阮绥猷

殷谟，福安人。

游太姥山记

太姥名山，闻吾友方又超言之屡矣。近在隔邑，身不能至，常向往之。岁丁巳孟夏，又超招与同游。乃携姚子瑞年、王子赞图、炎熙、宝畴、林子舜卿，取道才堡洋而上。虽高岑峻阪，犹常嶻耳。蹑山半，遥见石峰森耸，紫黝摩天，作人物鸟兽形，如怒、如攫、如坐、如立，飞者、走者、卧者、起者，千奇万态，应接不暇，盖山阴道中所未有也。攀藤扪葛，历数洞小箘丛丛塞口，偭者斩道而入。洞虽不知名，亦清幽可喜。由洞而东数百步至国兴寺，建自乾符，遗址没蒿莱，石柱数十，纵横倾仆，惟中殿尚屹立。而柱礎栏楯，遍镂花卉物类，意当年宏丽，当不知黄金布地作如何供养也？碑志漫灭不可辨，旁竖七级浮图，顶上藏金炉。从隙窥之，隐见其盖，拨以竹杖，铮铮作金响，亦唐时故物也。转而南上，径渐崎仄道，滴水洞悬岩覆顶，水泠泠从罅滴，寒气侵人，凛若深秋。出洞左望晒靴，右望玉匣、九鲤，上望目连、玉笋诸峰，明列如刻，又超从旁指点，予颔之，不能悉记也。又数百武至七星洞，两岩对峙，狭如巷半，叠磴作岭，从岭而上，见洞巅夹七石如星，历历可数。自是径愈险，凿石成级，以手据地，蚁附而升，见所谓锯板峰者，周围方正，高出云表，石裂数片，自颠至末，如锯大枋未卒业者。越数里，至传音谷，则玉匣峰等转列脚下。抚掌高吟，谷声四应，不啻天风吹下也。自七星洞而上行，若履窟室，作铿铿声，再上里许至摩霄庵。俯瞰一切，缥缈如画，远近诸峰，纷纷蹲伏。遥瞩海门，混茫万顷，水天一色，一抹微蓝不知为琉球？为日本？忽白云起山腰，如曳匹练，须臾，弥漫盈空，觉人在冰壶玉界中，不复辨东西南北矣，遂入摩霄庵。庵在绝顶山坳中，旧名白云寺，不甚宏丽，僧方构材扩之，然四围青翠，幽致宜人，殿后石壁有孔如瑹，俗指为涌米岩，妄也。右为白云洞，宽约半庭，可以列坐小

憩。又超曰："余勇可贾，且往观天门乎？"遂出庵右，历九龙
冈，大石如龙，凡九节，跨行数百武至仰天湖，中有蜥蜴鱼，金
背四足，目所未睹。传有取之者，经宿辄遁。又过数武，为梦
堂，砌石为屋，立摩尼象旁，有石床，已尘泥积寸矣。折而右下
观石船，长两寻，广数尺，逼肖船状。左为天街，约半亩，履石
船而上，天风蓬蓬，云气益重。复折而下数百步，则天门见矣，
两石撑空，面平如削，相离尺许，当户处夹横石为阈，厚尺有
咫，左右列巨石二，俗名为金刚把门石。左有隙道可逾阈，履阈
下视，陡深无际，目摇摇欲坠，户外云涌，四顾茫茫，恍然不知
天上人间也。日薄悬车，遂返归寺。人定后风雨骤至，卧禅榻听
雨声淙淙，通宵不寐。晓起推窗，云缕缕入，几案皆湿。予曰：
"今日不可游矣！"又超曰："雨景最佳，游亦何碍？"饭后，雨
止，竟觅篓笠冲云而下，又超健甚，至险处，辄以余力接诸子。
复至七星岩，游观音洞，洞极幽邃，门如窦，鱼贯俯身，笼烛入
之，缒布而下，经十余折，乃更开豁，有石肖观音像立岩侧，嵌
壁多石晶，小者如瑑，大者如盂，甚晶莹炫目。力稍倦，相与择
石而坐。凉气爽肌，泠然幽净。由洞右下数百武至一线天，抵石
隙而坠，危岩夹峙，隘处仅容侧身，三折经半里许，仰见天光漏
入，宛若一线。旋跨崎石、披丛篁、穿数洞，若帷若幄，均不知
名。至桃花洞，则豁然宏敞，门巅夹巨石如桃，圆整可爱。徘徊
久之，云昏雨滑，欲之鸿雪洞不果，遂取道归。雨自宵达旦，五
更不得观日出，恚甚。次日辰刻，颇露晴光，复从九龙冈往探坠
星洞。又超与炎熙辈率傭人斩棘取道，余偕赞图、宝畴上乌龙
冈，登望日台，观洗头盆、龙珠、摩霄诸峰，眺水瞻云，流连未
已。雨忽至，相与急归，又超等亦踉跄返回。忆向闻又超语，心
目中若疑形绘，及身历之，又叹殊绝，因知天地储精无奇不有。
见闻未广，臆决难凭。骋一人之私智，谓万物只如斯，是犹垤处
以为高，蠡测以为大也。自是连雨两日，方谋久驻，俟清朗周览

诸胜。举凡谲恣、离奇、纤悉、曲折，笔而藏之，仿佛张江陵之记衡岳，孙宾友之记黄山，以为归来卧游地。适又超有急事欲归，匆匆遂别，循太姥洋而下，较来路稍夷。然至望仙桥，石板两片跨接悬崖，下临万仞，竖人毛发，回望九鲤诸峰，若揖若送，怆然神飞，几不能去。呜呼！龙门之远历苍梧，谪仙之梦游天姥，古来贤豪兴复不浅。乃予之于太姥，近在邻封，迟迟数十年始能一至。至矣而又不能周历。其果于名山无缘耶？抑或显晦有时，姑俟他日以毕吾愿耶？退归之暇，因忆所经见者笔之。

时嘉庆元年五月朔日记。

黄宗健

力夫，建宁人。

游太姥山记

嘉庆二年，余来主福鼎桐山讲席。秋八月既望四日乙卯，自桐山至秦屿，止友人王东格家。越三日戊午，余肩舆出秦屿，二十里西达太姥洋，东格偕邱君行岁道蓝溪步入山左。太姥洋石径危仄，屏舆涉小涧，步自山南，经玉湖故庵，庵久圮。东行三四里，陟岭半，遥见东格、行岁随一奴从九鲤石峰间曲折度阪而上，望之若仙，声呼响答。又北五里，历石碛百五十达望仙桥。东格下迎余，因偕坐桥上，临观九鲤诸峰。又二里，至摩霄庵。午后循庵左，升望日台，遂登摩霄绝顶。纵观大海，东望浙之诸山，西眺霍林。降谒摩尼宫，坐浮槎石。海上云雾濛濛，升自山麓，倏忽冥合，因亟返寺憩焉。翌日雨，余眠病不出。越日庚申，早霁，南出庵前，下土阪，逾传音谷至七星洞，巨石扼洞口，俯而入，宽容一人，登降石磴数十级，两崖壁峭，上望天光一线，石累累下坠者凡七。少东滴水洞，水自石上浽浽滴不竭，雨后初霁，滴愈密，蒙首而过洞，纵广视七星洞南，稍宽可坐六七人，旁穴丹井，命奴汲井泉煮茗，味甘冽。二洞出九鲤间，东道必由。是洞外石峰矗立，嵚崎玲珑，上耸云汉。余昨从西岭望，见二君自东来，即此地也。又南观石兜鍪、三片石，西遵落星洞，洞黝黑，蔓草蒙茸，不可入。傍洞而南，上下土坡三，至太姥墓。墓右鸿雪洞左岭，东格度曲岭左，余倚岭谛听，声自洞中出，字音朗朗，侧首岭末，希微略辨。又西越石桥，经石门，为半云庵故址，宽半亩，上覆板石，石镵日光漏入，别一洞天。东登望海台，日正中午，海水天光，上下一色。从故道觅龙井不得，复由庵右循浮槎石，历圭峰，北观石天门，而日已衔西，红霞蒸蔚，变幻万状。是夜与东格缓步阶除，四面高峰，大火西流，奎升屋角。约五更，起望扶桑朝暾，而半夜海风怒号，推窗起视，黑雾漫入矣。雨二日，坐寺东楼，纵谈古今事。当是时，海师剿抚洋匪，巨魁输诚，因与论防海要略，以破寂闷。越日癸亥雨止，飓风大作。遂偕东格、行岁出庵门，疾走下阪。穿七星、滴水二洞，道九鲤峰下，步自山东而归。山在福鼎县西南八十里，东距秦屿二十五里。

自戊午至癸亥凡六日，建宁黄宗健记。

陈从潮

韩川，福安人。

太姥山记

闽多奇名山，而吾郡太姥以怪特闻。太姥传自尧时，上世更有容成仙迹，其事荒远，亦以见山之为灵甚古。余每憾未曾一游，顾常常在念。尝一梦游其处，悬岩�瀑，亦不知其何以至？身飘飘乎天风吹衣若登仙，洋涛在耳，觉而犹闻天乐。夫古人有游五岳，而吾乡有太姥不能至，想山灵亦笑之！乾隆辛丑，会吾郡王君雨岩为国子京师。雨岩家居福宁属邑之秦屿，距太姥仅二十里。以为有日得归，访王君于秦屿，太姥可游矣。而竟不果。福州今教授王公恪亭，雨岩兄也，公有文学，好古，方续葺谢在杭先生《太姥山志》，征及郡人著作，余无以应。只忆少时有和怀古五言近体一首。王公即取以付梓。今又以书来曰：愿更有述，书来再三，夫余文岂足重？余因窃拟韩昌黎以未游而记滕王阁，挂名前贤之后，亦有幸。异日者，得果其游摩霄拨云，公为我导其先路。其怪特幽岩，秘险一一从公而咏之，于以仰前人，诧兹山之游有四奇，而观公之摇五岳也。

林滋秀

纫秋，桐山人。

太姥纪游

太姥旧名才山，在县南八十里，容成先生尝栖之。尧时有老母种蓝于此，后仙去。闽王封为西岳。《通志》："其地千岩万壑，悬岸飞瀑，不可胜数。"余游吴、越、齐、鲁、燕、赵间，岳历岱、恒，渎穷淮、济，邑中名胜反未经涉足，意甚歉之。岁拟登临多不果。壬申，朱生则徽以其家朱峰距山未远，招余游，迄病又不果。癸酉八月二十日，余自书院旋，舍生暨蜇庭十六叔、夏生镇虞、宴江、弟菊友、弟儿子大纲踵至，匆匆由槎头买舟，促之往抵焦岩洋。风雨骤至，巽城解缆，已薄暮矣。至朱峰，晚炊四起，湿翠侵裾，生父玉田公燃炬出迎，甚欢，且具杯酒慰劳。是夕秋霖淅沥，林叶有声，余赋诗咒之。二十一日，玉田以苦雾弥天，不使去，款之高楼。面积谷山，读朱氏族谱，其所纂修也，余允为跋尾。廿二日，晴阴参半，乃宿舂粮茶具往，玉田赠以法鼓，命仆荷担，才堡午馔，自仄径上岭，鱼贯蚁行，中途遇灵应寺僧源桢，冒风接踵。经国兴寺，唐乾符间建，石柱、磉珠颓废在地，为思昔年创造不知需费几何？今则满目荒凉，鞠为茂草，良可伤已！须臾，雨骤云飞，渺漫无际，咫尺不见人。但于天半迷濛间，万嶂插空，俶诡如天神，莫辨何岩何岫。茫无径路，同人惊喜曰："此有洞可入。"曲身而进，巨石压顶，俗所名"三屈腰"是也。折而为滴水泉，其泉寒冽。再折为七星洞，七石嵌空，若坠不坠，诧为奇绝。余以被雨艰足力，踉跄抵白云寺。行李未至，与寺僧观泉借袜履。观泉治斋款洽。有秦友来兹，已阻雨三日矣。

廿三日，夙兴参礼佛像。跨九节龙，瞰仰天湖，四足神鱼，泉清可数。过石船，诣摩尼宫。或云：即梦堂，游人祈梦于此。赤日在天，金沙晃地，迤逦至仙人墓，逾岭缭曲，直上天门。有石如韦驮，高数仞，向前拦守，外有石枨，俯瞰深坑，蝁庭叔敢跋其上。循至木梯，可达叠石庵、五蒲岭，同人下而复上，余实心摇胆悸，未敢逼视。回陟摩霄峰顶，众山卑小，点地若培塿，凡广之惠潮，浙之温台，琉球、日本诸国直在指顾，洵宇内巨观也。同人竞采香薷、荆乔，顺道至曝龙冈。冈蜿蜒数百丈，状若游龙，履其背脊，有弥勒肚、仙人足、洗头盆诸胜。左右两山，怪崖林立，雄伟苍莽，莫不肖人肖物。招携而下，最后十八罗汉洞，路遥日午，未尝往也。午后，出拦路虎、紫烟岑，同人登高一呼，三声遥答，故名为"三叫应"云。远见九鲤朝天石，突兀异常。折七星洞，洞口镌"丹邱磴"三字，内可百步。又折观音洞，有圆石一块甚平衍，上画太极，判然阴阳，时无烛，未获冥探，洞尾有观音石像，故亦未见。至滴水洞，掬水而饮，出三屈腰，天气晴霁，始悟向所云迷茫莫辨者，乃云标、蟹钤、兜鍪、锯板诸峰。复度蓝溪，谒太姥墓，座如僧坟，硃镌"尧封太姥舍利宝塔"。太姥既乘龙上升，何有舍利？尧时无七闽，何有赐封？佛未入中国，而舍利之名何取？不称国号而称谥，皆可疑也。右壁镌"鸿雪洞"，广约亩许，志称空谷传声者是。岭湾岩坪为吹台，惜同人未携笛玩赏而止，又刻"元琢奇崖"四字，陈仲溱谓

"天琢元岩"，误矣。塔旁有望仙桥及岩洞庵，井臼尚存。折而西，复入石门，是为一片瓦。两旁方石，习坐小憩，时纍友仆人携灯四路奔觅云："我主人由一线天入白马洞，汝曾见其出洞否？"余答"无之"。未几，岩下炮响，仆即循声而去，已达大竹园、仙人掌出矣。日已西倾，仍回白云寺，觥筹交错，极其酣嬉。廿四日昧爽，新月峰望日出，四山睡云，铺如絮雪，遥见半天淡红，海涛汹涌，中有一轮血球如盆浴，出变而为黄色，则离海峤上云霄，针芒刺目，岭树增曜矣。寺僧寻小龙井践棘而下，余以地险不得进，分路赏纱帽岩，有陈五昌、沈儆介二诗。对山九鲤朝天石，分视之为石鼓、为合掌岩、为沙弥照镜、和尚捧经诸胜。步御风桥，内嵌削壁，下连深坑，奇险如栈道。转至曝龙冈侧，循岩面石罅跃入，得一龙舌洞，天然石室，吐出巨舌。廿五日，复观日出，曙风袭袂，雾气苍茫，差逊前境之艳奕夺目矣。先是，龙珠岩遣仆斩菅探胜云：有略彴可通。即日由岩隙逼仄而下，蜇庭知止。僧祖植源桢及仆人为向导。经三缒下至洞口，仰见蜇庭立麒麟峰，遥呼曰："佳否？"余曰："佳！"再缒入，菊友失左履。众皆燃炬，平坡曲直，延缘二三里，日影漏光如牖。忽同人散失，呼之，辄在首足下。应声入，两石谽谺，轩敞如厅者为双星洞；累石成级若僧座者为舍利龛；有泉潺潺泻出，高踞一桥，俯听流瀑者为小桃源洞。玉田放爆，响訇山谷。僧守规遥立曝龙冈，长仅逾寸，大呼曰："莫再去！"众讹听为"可再去"也。祖植有难色，越冈自回。众又凌岩崿，披莽榛，双峰夹峙，籐箬交加，中仅容一人，凡三递缒而下，类如是径。衣袴俱裂，遥见国兴寺，牧竖驱犊，残照将颓。蜇庭意洞从三屈腰出，遣人于此，相迓大呼曰："我送饭人来此。"闻声不见人，但见巨石如鲤鱼下滩，神龟上壁，迄不知为何地。玉田遍寻路径，重冈绝涧，断难再缒，源桢高陟巨石，对视之，疑为锯板峰左，咋舌而退。仓皇取旧路回，迷不识窍，履众石，玲珑倾欹，恐陷洼穴，一洞昏窅有数窍，愈穿愈茫，而江右商与宴江、镇虞复相失，余与玉田、源桢、菊友，大绌，自分今宵宿此吸云雾，拼如韩昌黎登太华顶遗书家人，亦安得有置书邮，相顾懊丧，自悔好奇之甚也。源桢洞口大呼："汝冈上人急导我所从出乎？"或指由某崭岩、某尖石，伸首视之，则皆岩皆石，莫知其所指，玉田大呼："冈上人盍寻我炮声乎？"于是掷爆空中，纸迸裂，二仆踪至，援余上，守规执梯，以布缠数人身，渐次引挽，所历绝巇危崖，别有捷径。菊友又失右履，时已晦冥，蜚庭仁龙珠岩，大诃："汝等进不知退。令一寺担惊。祷佛、撞钟、焚香、掷筶，微禅师奈何？"言未已，观泉持炬迓新月峰，宴江、镇虞皆惊喜，各陈艰险之状，则又先号咷，而复笑矣。

廿六日，脚力疲乏，仅从寺左幽径玩石，蝦蟆口衔大树，旁一仙井，水澄清，深不盈丈，捕四足鱼，蓄之磁盎。复游麒麟峰，指所游洞杂沓狞狞，若逐貔貅，竟不知向何由至，倘在华胥梦中耶？峰顶累石衔接，见有若蝠者、若髻者、若枢者、钟者、若鱼鳖者、若棋枰、篆印者，厥象惟肖，靡可殚纪。日将映，则徵偕其叔祖文华至曰："君等疾足先登，仆亦踵其后，可乎？"相视失笑，遂与源桢、玉田踱摩霄顶。顶似覆釜，草蓬蓬如乱发，行人望海无置脚处，放炬延烧，值西风劲烈，焰爆薰天，而寺僧以为山林失火也，鸣钟持镰杖奔拯，周遭有火道，旋亦扑灭。从此振衣千仞，可无虞荆棘之艰矣。是夕，同人祈梦，余被俗懵腾，求醒不得，而何有于梦我？自作梦而已。

廿七日，仍偕文峰、则徵历东路，指点回头狮、钟离石、大蟠桃诸景，即九鲤石之横侧向背所变化而名也。蜚庭窥对山玉匣，似有洞门可通，因险弃去，余睇一线天取径大窄，亦未穷搜，惟则徵、宴江数人侧身而入，良久乃出。偕上吹台，文峰指传音谷，蜚庭、菊友在岭尾朗诵唐诗，余岭头唱李龟年弹词一出，西处闻之，如从鸿雪洞中绕出，激商流徵，鹤叫鸾嗷。此时倘得子晋笙、桓伊笛，当不知若何缥缈也。入洞寻觅，未解端倪，乃闪从孔罅入，沙石晶莹，乍明乍暗，委延数十武。至坠星洞，聚溜清冽可掬，仄壁悬石，偻躬从石缝穿，忽有碕岭，石梯通一片瓦，小憩焉。俄而岩云四塞，岚雨欲蒸，秦屿一带皆晴霄，始知古人"上方雷雨下方晴"之句之妙也。比及寺，而新霖迸点，冷袭襟裾，或觅黑甜一枕，或赌象棋一枰，视尘寰纷纷扰扰之场，洵隔霄壤矣。

廿八日，观泉导余左折，见有双龙抢珠、猛虎昂霄、老猴望潮、坐僧玩鹿诸胜，谛视确肖。又前途已经而恍惚失之也，天门一洞通午所庵遗址，卒不敢往。旋逾摩霄迄曝龙冈而止，成诗数首，粘寺壁间，聊纪雪鸿之迹。廿九日下山，观泉馈嫩荈一罂，分襟山门，回首诸峰，不禁眷眷难割。细视驼背僧、石和尚负尼、猫捕鼠，穷形尽态，如送行人。直至潋城，岭凹浑为耸翠，而炎曦蒸燠，汗雨齐挥，觉向之披羊裘而宾旸谷者，今且摇竹扇而引清风，凉燠不齐，仙凡迥别矣。大抵兹山之奇不在形肖，有形肖益以见兹山之奇；兹山之妙不必主名，有主名愈以显兹山之妙。况历年既多旧志所载，与今人所名未必尽合。兼以亿万嵌崎，诡难笔罄，吾第举其所名为意中所甚肖者言之。二十年积私，一旦顿慰，斯已奇矣妙矣！是役也，玉田为主人，源桢为向导，文峰、则徽为后劲，余与诸人为伴侣。友皆忘年，无老幼之别也；志皆同方，无儒释之异也，游不过十日，毋荒于嬉；费不过五金，毋失之汰。一腹奇崖绝壑，骄语人寰。孙兴公天台之赋，当不让前贤独步矣！玉田壮余语，倾香酿，煮芋菌款宿其家。翌日，返欂桐城，与余复有明年之约，余心许之，盖不忘兹山之奇之妙云。

嘉庆癸酉菊秋三日，邑人纫秋氏笔记。

张如翰

慕鲈，福安人。

游太姥山记

余自幼好游山水，暇时，辄携朋登眺。闻福鼎有太姥之胜，心实慕之，而未尝至也。戊寅春，族有处于鼎辖者邀余一游。因与度天台、涉秦屿，由太姥洋而上。危峰盘旋屈曲，山径崎岖，肩舆不得过。余舍舆徒步，仄足而行，至望仙桥，而九鲤朝天诸胜罗列目前，回首众山已如培塿者，桥之上悬崖一石，路出其右，极危险，旁立二石：一如冠，一如鸟。前明沈学使镌一截句，字画尚明，因日暮，未暇流览，乃展足直上摩霄寺焉。寺僧一果、士贵礼待殷勤，夜坐谈禅，亦颇动听。言及太姥诸迹，约为指引一游，欣然首肯。就寝后私念：连日重阴，山色溟濛，明朝倘不开霁，未免虚此一行，唯念佛慈垂祐，放大光明，一舒眼界。天未曙，揽衣盥漱。寺僧导余上新月峰，望日东出，而晨风凛冽，朝旭未升，身据危石上，若凭虚焉，俄而红见海东，朱轮涌跃，蓬蓬如鼓，似浮似沉。未几，上云路，入天衢，光芒炫目，不堪凝视，余流睇久之。归而早膳，寺僧笑谓余曰："先生跋涉往来一探胜迹，今日晴明，诚好机会，然岩穴险僻，远到必须捷足行，乃请试之。"于是更衣易履，入寺后睹流米岩、炼丹井、白云洞，旋向寺前东行，有大石盘据于道，似虎而伏者。余坐其上，北望前峰，两石相对，状若人焉。僧曰：此即童子拜观音也。沿途下至落星洞，二口仅容一人，削壁夹立，长十余丈，中悬数石，危而不坠。又有流水岩悬石出滴，不疾不徐，下有小井，虽旱不涸，余酌饮之，清冽异常，真石髓也。不数武，岐途一洞，口封以石，余叩之，知为桃花洞，向入寺者，恒误入焉。石封路阻，或亦仙源之不许问津耶？曲折数盘，转入传声谷，一唱三叹，对崖传和，清澈遏云，倾听之余，真觉令人忘倦矣。其下为太姥墓，地颇平旷，墓旁石林荟萃，嵯峨奇峭，莫可名状，镌"鸿雪洞"三大字，洞口在旁。余披径而入，盘石上下，仗人扶持，立足始稳，愈入愈幽，至一处，仰望天光，仅通一线，所谓一线天，其在是乎？余欲穷其粤妙，僧以被服太多，窄处恐不可越，乃循途而南，度石桥，入小门，内有楼三间，中奉观音，旁为僧舍。僧睹余至，煎茶留话。爰从楼居启小门指示，一石旁深阔各丈余，上覆一石如瓦，僧曰："此太姥修真之所，所谓一片瓦是也。"房之右，空园一所，尽可栽种蔬果，倘筑一小楼游息其中，当不减武陵佳胜矣！顷之，辞僧而出，依旧径北行三里许，一石屹立，约三十寻，中分数片，若绳削焉，俗谓"仙人锯板"，正在是也。俯瞰国兴寺，旧址荒凉，石柱尚存。盖寺之颓废已久，无能修者，昨年山僧募建新构数椽于后，尚未落成。余因脚力不继，亦倦游焉，休息其上，凝眸四顾：国兴塔、云标石，以及石鼓、石钟一览而尽，即如鼠上壁、龟入穴、蛇逐鸟、猫咬鼠、美人献花、和尚念经，无不形容逼肖，屈指难尽，洵乎无奇不有也。日卓午，归寺少休，再从寺前案山九节龙背西上，石脊断续，蜿蜒若龙，两旁灌木丛森，映蔽天日，寻牟尼宫，睹石室、石船，西向平衍之处有湖，方不逾丈，深约一寻，名曰仰天湖，中有神鱼，指大似蜥蜴而四足，亦奇物也，最后睹一高岗，势如覆釜，则摩霄之绝顶也。扶路而升，披荆而坐，遥望东海，波光浩瀚，水色连天，山之沙镇近在目前，七星墩历历可数。至若巨艘冲波，渺若蚁附，非定盼不能视焉。其南则霞、鼎辖下，冈陵起伏，烟村隐见然。至午，泰顺诸山如屏环立，俯视茫然，临风舒啸，仙乎！仙乎！白云乡其在是乎？无何，夕阳欲暮，山寺鸣钟，从者促余归。余尚流连，而飘风袭裾，渐不能支，乃怅然而返，心犹以为未足也。白琳有郭氏子者，久居太姥，游兴亦豪，晚间同与上新月峰望月。时则岚光暝晦，海气迷

濛，数点流星，乍明乍昧，余心骇焉。然犹幸偕来者熟路，尚不
惧迷。久之，一轮明镜，悠漾腾空，海峤生光，峰巅见影，顷刻
间变琉璃世界，快睹忘归。仆夫待余不返，秉烛追寻，咸相惊
讶。余闻声辄令前导，乃相与归而就寝。睡梦中犹疑身历险阻，
惊觉者再始得安寝，遂不知东方之既白。是日山雾迷漫，浓阴密
布，僧送归，余从天门而出，一径云封，举头想望殆不啻来从天
上云。

邹　逸

华逸，秦屿人。

游太姥山记

太姥山一名才山，隶福鼎县，与秦屿接壤，相距不廿里。余
年未冠，尝一登其上，留连风景。今沧桑屡变，物换星移，而太
姥独存。思一续旧游，人事卒卒，未有闲。辛未五月十有三日，
天阴，颇凉爽，催舆至国兴寺，时日逾午。寺僧作糜饭，行里
许，至锯板岩，岩石壁立一一，中裂锯痕崭然。折数十武而上，
磳磴层层，为往来太姥孔道。余力疲，倚石小憩，俯视国兴禅院
如在足底。石角镌"云标石"三字，上下款模糊不可辨。再上，
则磴级愈高，喘汗不休，且行且止，抵三伏腰，伛偻入，广不盈
丈，再入则宽，三入如之。绕过七星洞，洞两旁夹大石，壁仅容
身入，长百余步，石阶重复，昂首上有小石块七，嵌空欲坠，壁
苔作铜青色，以衣拭之不污，泉溜下滴，唧唧如鸣秋雨，饮之，
芳芳甘冽，沁人心脾，虽仙家玉液琼浆不是过也。折磴下，豁然
开朗，九鲤湖、三声应、晒靴石、谈经石，诸景在焉。岭路渐平
坦，余趺坐大石上，谛视奇岩怪石，犬牙相错，有一石独峙者，
有两石并峙者，有什百石罗列若官人出行簿卤前导者，有颊者、
窳者、伛者、啄者、俯而窥者、腾而上者，类人类兽，无一相

同。噫！山灵信狡狯哉。纵步行八九转，抵摩霄庵。日微曛，夜宿僧楼上，寺僧乞余序铸钟缘起。翌晨，上梦台，登摩霄绝顶，举目一望莽苍千里，南连漳浦，北极浙瓯，台澎、日本、琉球诸山隐隐可辨。归途重寻汉东方生标题第一名山处，历年久，字剥落无存，唯壁上镌诗多可读。居两日，所游止此。若欲锤幽出险，极踪迹所至，非数阅月不能穷。余独怪天地之灵秀既有所聚，拔而为峰，挺而为石，千岩万壑具神弓鬼斧之奇，而又厕之穷乡僻壤，轮船铁轨之所不通，诗豪文伯之所不到，俾灵岩古迹沉埋于荒烟蔓草间，不能与闽之武夷、浙之雁荡、赣之匡庐同脍炙人口。而屠狗、卖浆、菜佣、伧父皆得领兹山景。是天与太姥既显之，而又晦之，抑独何欤？次日辰刻下山，取道一片瓦抵家。姑撮其所见濡笔记此，以志鸿爪，且见余于此山不能无憾云！

民国

姜师肱

慕先，福安人。

太姥山旅行日记

民国八年己未孟夏，余肄业霞浦福建省立三中，与同学二十余人旅行太姥山，采集博物标本也。四日，出东郊，步大桥，逾天台岭，一路风光明媚，鸟鸣格格，廓然顿起山水间乐。暮抵湖坪，躐樵径西，弥山茶树葱笼萋葊而筐焉者寥寥矣。五日，抵杨家溪，只一小聚，清流环绕，尚饶幽胜。鼓櫂中流，扣舷而歌，山光水色，荡漾欸乃中仿佛苏子瞻游赤壁也。登岸十余里，度钱王岭，遥望摩霄绝顶亭亭云表，趣蒋洋宿焉。六日，日方离窟，向太姥行，不数里，悬崖峭壁，石磴萦委，羊肠鸟道，塞连甚苦，间有难色者，笑曰："寻幽揽胜，披岩剔穴，不历艰辛险阻，安得奇异佳景乎?"道经圆潭寺,规模虽小,山川秀丽,水木清拔,洵足观者。前一潭方十余丈,水光莹澈,有长尾四足似鱼者百许头,往来翕忽,皆若空游无依。获数尾纳诸瓶,谓之神鱼,鱼族多以鳍,此乃蜥蜴之一种。僧人悾悾,无怪乎其妄称也。食顷,复前行,攀藤扪葛,贾勇而上,直达摩霄。老僧出迎,意极殷勤,约诘朝导观景物。翼日,阻于雨,不果行。八日,天气晴明,风和日暖,偕寺僧信步东诣过传声谷,有金猫、僧帽、仙人靴、将军脱帽诸胜。越里许,群峰对峙,陵壁踌躇,大呼一声,响凡三应,僧曰此为"三叫应",不知是即回声之理也。寻入七星洞,洞口尚宽,稍进则隘,侧身始得入。七巨石嵌空作欲堕状,仰之悚,遶南下谒太姥墓,勒石曰"尧封太姥舍利宝塔"。相传尧时太姥修行兹山,物化藏舍利其中。墓右鸿雪洞,有龙井,周不过一围,水澄清可鉴。再南去数武,众石磈磈魂魂,仅一窦,径尺许。俯瞰有光,伛偻而入,蛇行三十步,豁然别见天日,一片瓦则在目前。巨石颒突,下列塑像,不楹不梁,竟成寺宇。近年僧侣以其狭隘,广之,墙其左右,失天然奇景矣。旁有莆地,纵横六七寻,四面石峰崖礌,峨峨环抱,而成幽谷。此中筑室数椽,耕而食,织而衣,遁世而无闷,啸歌而自得,与夫汩汩荣辱富贵之场,似蜣螂转丸不自知止者有间矣。盘桓之际,日已亭午,遂返途中,觉一线天胜景未至。僧曰:"今春霪雨,洞中积潦,故不道诸君游也。"下午北向远望,一带金沙铺地,薄而观之,乃云母岩,经风化眈眈耀目耳。更上巉岩,披荆棘直登山椒,俗称覆鼎,盖即摩霄之绝顶也。南瞰大海,水天一色,嵛山、秦屿、台山诸岛若浮鸥出没波心;北顾鼎邑,历历可指,昭明浮屠如卓锥焉。西北仙霞诸峰若隐若见,东南则闽侯诸山,向者举之,余兹疑之,闽侯濒闽江下流,地势低隰,其附近各山方之名峰,特培塿之于嵩华,乃谓与姥岳崔巍骈植,盖亦所谓鼓山可瞩琉球,峨眉可见匡庐,一游谭无根耳。少选,浓雾密布,横截山腰，四望无垠，日景倒映，显然海市，诚奇观也。折而南下，陡峻险巇，几不能步。沿路有石室、石船、石盘、石枰等指难胜屈。穷之缁流，粗得其似，强名之耳，未足为兹山之奇也。景之幻者为龙背巨石，长十余丈，跨崖而卧，如骊龙方睡。前二石对峙，一石上乘者为龙门，门之外丽空而球形者为龙珠，僧回顾娓娓而谈谓：曩者倭人游太姥至此，蹰伫间之，愿值龙珠三百金。住持以太姥奇景天成，不忍视为奇货拒之。沙门喜于炫异率类此。九日离太姥，遵原路归，往之狭峻难上者，今则疾驰而下，若急流之奔注于海。东至一寺，登时所未经者，虽秀丽不若圆潭，雄胜不及摩霄，而洁净无尘，则非二寺所能匹畴，叩其名则金峰寺也。右寺五十步，盘石上覆，无异一片瓦，深广皆可五六尺，老衲结跏趺坐其中，闻人声，噂𠴲起致意焉。前隙地数亩杂植花木，菊与梅独多。揖而出，取道凤城，中途云油雨霈，衣物尽湿，力行脚后山。是地去凤城二十里，同学金欲冒雨达之。余体弱，颇不耐，众志已决，强焉。徂凤城高小学校，诸人皆罢惫。十日晨兴，羲驭已高，束装将发，主人王君谆谆以雨后磎径潞畜，揭厉可虞，迟一日亡害也，众如其言。日昃，雇榜人驾小艇。海潮方升，惊涛搏岸，激水腾空。离埠十里，眺望嵛山，较之太姥时大逾百倍。或有欲往一游者，舟子曰："此地距嵛山尚三十里，北风方炽，一叶扁舟，奚能胜任？"乃返棹而归。十一日昒爽，行路上坦夷，举趾无踬踣苦。及登岭上，诸人喜不自胜，忽黑云墨会，陵雨骤下，到校，天已垂暮矣。是行也，计历程八日，短衣秃袖，精神尚武，见者嘉重，博物标本随地采集，动植矿物所得各十余种。中以摩霄峰之黑水晶，圆潭寺之蜥蜴类，金峰寺之毛毡、苔茅、膏菜等食虫植物为最著，颇不负此行。唯时值初夏，遇雨凡三次，未免行路难之歌。后之欲游太姥者，稍加之意焉。

　　余幼时文稿已失无遗，是篇硕果仅存者，余妻黄玲慧女士之功也。盖民国十六年春，余卸三中校长任，还里主福安中学事，诸生有作旅行太姥之议者询于余，乃出斯稿，印以示之。余妻时就业是校，得其一篇焉。十七年余执教榕垣省立福中，妻亦游学福州国学专修学校，迨十九年结婚后，儿女累人，前时之事不复记忆矣。二十四年秋，妻忽翻其旧日书箧，得兹篇，余获之，视同拱璧，妻亦良慰。以二十年安邑大水，余幼年藏稿尽被漂没，常怀悔恨而形于颜色也。是篇余置之巾箱中，兹后随余奔走闽北各地，在南平华南女子文理学院任教时，偶思太姥奇景，曾出阅一次。去岁就协和大学之聘讲《礼经》，暇与同寮谈论国内名胜，辄叹太姥之幽，以不能重游为憾。顷文学系主任陈易园先生过余曰："福鼎太姥山，子尝游之，而卓剑舟其人子识之否？"曰："昔余霞浦三中同窗友，一敏学士也。"先生遂道卓君编纂《太姥全志》而索序于彼之由，并谓："子前游太姥亦有记乎？"固在全志搜罗之列也。余乃持是篇就正于先生。先生曰："可录以寄。"念是篇虽平淡无奇，足见余幼年造述之一斑。又与剑舟未通音问者二十有二载，亦可藉此以致思慕之忱。遂忘敝帚千金之讥，奋笔录之。

　　民国三十一年一月十九日，福安姜师肱慕先附志于邵武协和大学校舍。

卓剑舟

游太姥山记

　　余生平足迹半天下，最喜登临，所遇名山水多搜剔奇诡。而吾乡有太姥名胜，反未获一游，得毋山灵齿冷耶？民国二十七年自海外归，思一登陟以偿夙愿，人事牵挽，欲行而复止者屡矣。庚辰秋九月，以修邑志事于役秦屿，任生寿康招余往。遂取道跃鲤，沿麓而登五里所抵水湖。清树幽林，碧翠异状，亦胜境也。

一僧为导行二里，则见遗础断柱，离离榛莽中，即唐之国兴寺毁于火者也。回想当年，黄金布地，殿庭骏騋，今且满目荒凉，鞠为茂草，相与裴回感叹！自此而上，层峦叠翠，崒嵂排空，怪石玲珑，天造地设。僧历历指曰：此为鼠上壁，此为猫捕鼠，此为龟出穴，此为蛇逐鸟，此为二佛谈经，此为仙人锯板。吾人笑而颔之。及抵白马洞，僧别归，吾人鼓勇上，攀藤葛猱行至一线天洞。洞于山为最奇，两岩墙立，中通一线，荦确至不能容足，其斗削处稍纵即溜，吾人扪壁腹行，相继而进半里许始出洞，曲折数盘，抵三伏腰，伛偻行折滴水洞。泉从石缝下滴，掬而饮之，甘冽殊常，真石乳也。再折七星洞，洞夹七圆石，欲坠不坠，不知五丁何年所辟而嵌空装缀一至于斯？过此豁然，别有天地，凭虚一呼，谷声三应。寿康云："此传声谷也。"振衣而上，石林空嵌，玲珑斗绝，景益奇。因日薄崦嵫弗及流览，乃直趋摩霄庵焉。庵祀太姥，香火甚盛。惟殿宇破损，若不加修葺，则将为凉烟白草之区矣。庵后有石刻，满载庵中田额及全山界至，为邑先辈游学海所立，惜被寺僧铲去殆尽，旁为闽少方伯黄公赐碑。寻汉东方曼倩题镌"天下第一名山"处，字已模糊难识，惟秦邦锜诗刻摩崖可读。无何，山云忽起，蓬蓬如冒絮，弥漫匼匝，荡胸扑面，身在层云中，嗒然忘其为人间世。僧徒导人方丈，设伊蒲相款甚肃。饭已，徙倚院中。俄月出林表，白光如霜，因诵周菊人先生"拖云衣半冷，印月屐双寒"之句。山深籁寂，冷气冰人骨髓，不可久留，遂各登楼就寝。厥明鬮尽而登摩霄峰以观日，伫候移时，而日竟不得见，当绝顶处，昔郡守犍为李莪峰曾题"太姥摩霄第一峰"七字已不可见。旧有观海亭，李又有联云："仰观三极星辰近，俯视西垂日月低。"亭今废，句亦无存，使人怅然久之。俯视万石：如走马、如驱羊、如滚波涛、如千万军摩寨鼓戈。东南望海，浩荡无极，而大小嵛山，南北关诸岛尽在眉睫间。自平阳、泰顺、霞浦、福安、宁德、罗源以至于三山之境，皆历历可数。循途而下，至庵早膳，寿康告余曰："岩洞庵为今日游山正的，此其时矣。"于是相帅出拦路虎、紫烟岑，摩壁行二里，始至庵，一名半云洞，传太姥炼真之地。嵌崖窦穴，怪奇万状，一石簏然上覆，是为一片瓦，而僧列佛象其下，殆损天真。旁有石如龟，作欲上势，俗呼为金龟爬壁，绝肖。左近石壁多先贤诗刻，有小龛题曰"尧封太姥之墓"。右为鸿雪洞，伛偻入，盘石上下，愈入愈幽，余以体胖，仄砑处几不可越，惊汗浃背。既出洞，古树修竹，掩映其间，佳气郁葱，宝光四溢，觉此中非人间世，何物头陀享此清福？竟不知几生修到？待余异日儿女婚嫁毕，亦将入山结茅于此，山灵其许我哉？寻入庵少憩，循原路而还。午后小睡，及醒，正欲续游，适寿康有急事欲归，遂匆匆遽别。从望仙桥下，磴道盘旋，沿涧九曲，清泉环汇，竹木幽胜，得一屋址，按志殆即天源庵。荒草蒙茸，飞禽上下，盖不胜沧桑之感。过独木桥，左趋约百武，为圆潭庵，夹道野花草树点缀其间，绝似平野村落人家，无复严严气象。复西行，平林十亩为金峰庵，前对锦屏，黛色横空，点尘不到。右转一里所，至白马寺，小住便行。抵灵狮洞，磐石上覆，位置天成。僧云："此福钦大师道场也。"为徘徊者。移时再前，好峰奇石，玲珑巧接，竹木交天，阴翳匝地，千竿万竿间，见危峰枕摩霄之下者，为上叠石庵。殿宇翼然，空明翠滴，山门瞻眺，爱不忍去。既下太姥洋，回望摩霄、九鲤诸峰缥缈云际，一线天、鸿雪洞、一片瓦诸胜皆已杳若梦境。抵跃虎，一鼓后矣。相传太姥山有十岩、二十四洞、四十五石，峰之得名者五十有四，兹游止两日，所得十仅二三也。惟山肇迹轩代，岩洞邃幽，峰峦环列，鬼划神镵，瑰丽万状。此十岩，二十四洞、四十五石、五十四峰者大略杖履所及，可得而名之耳。而途穷径荒，隐于榛莽，其奇未呈于人间者，正亦不鲜。今以两日之间践山灵之约，虽于太姥全体未尽，而面目略见一斑，亦足以豪矣。独念兹山当盛时，精蓝、兰若丛布山间，国兴、摩霄、玉湖十数寺皆巍然焕然，今则岁月迭更，渐就倾圮，名山宝刹几绝钟鱼，可慨也！既还家数日，犹恍忽若不能释然于怀，因追纪以视寿康兼告关心姥山胜迹者。

太姥旅行记

民国三十一年十月二日，余与王俊甫君率鼎中同学三十人旅行太姥，半为搜辑山志材料也。出南郊，度岩前桥，越王孙岭至点头，午饭后出发。阴雨濛濛，径滑甚，既抵玉琳，借寓琳江中心校。余与王君同榻抵足枕上，闻风雨声，心怀姥岳终夜不成寐。天既白，雨未止，连朝面壁，客况无聊，冒雨游天王寺。晤步金和尚，喜极。步金熟姥山掌故，实一绝好游山顾问，因与订同上太姥之约。返寓后，作诗诅雨并与王君唱和得诗十余首。六日霁，王君遽辞归。余亦以离校多日，欲率队还，而诸生坚以上山，请却之未能，遂倮装以发，步金和上偕行。逶迤诘屈至五部饭，再前，水石嶙峋，如行图画中。既上高嶂，阴雾大作，眩乱人目，余侪缘云傍雾，疾走丛薄间，五里许，始达午所庵，四周树木丛密，异花、藤萝多不能名。入座良久，啜山中绿雪芽，两腋风生，飘飘有仙意。前有二巨石状若覆舟，旁有小观音洞及十八罗汉洞，遥望青松翠篆间，隐隐有一洞门，以路岖嵚未敢问津。山自此奇峰峭壁，巉巁难前，斗绝处甚苦足力，数武一息，气喘汗流，诸生左右翼。将及天门，振衣长啸，岩谷皆鸣，天风拂拂，顿觉泠然与人世迥隔，再上益险，度牛背脊，一转地，忽平复，行数百步而摩霄庵至矣。主僧步德出迎，相见甚欢，供伊蒲饭，约诘朝导观日出。七日四鼓，登摩霄峰，众相与扶掖猿攀而上。东望扶桑，海气溟濛，其下奇石万状，有石弥勒，露乳袒腹，厥状绝肖。步德语余曰："斯时望之弥肖，日上则否。"亦异境也。须臾，东方红云灿烂，天为之赤，始则微露一线，闪闪作紫金光，继如数千百道流霞冷光射目，万丈海波间有一团血球，径圆可百尺，如铁出冶，一跃而上，欲升忽坠，似沉似浮，如是者三。未几，离海峤逗出，缥天映水，如凝琥珀，如铺玛瑙，如挂珊瑚枝，如堆赤城石，变幻灵奇，莫可名状，真天地大观也。俯视下界，睡云冥冥，夜岚数层斗起如鱼肚白。至此，始知有天上人间之别。低回久之，已乃鱼丽下山，瞰仰天湖，过摩尼宫，观石船，水自船下涌出，中有蝾螈，泉清可数。返庵饭讫，旋浼步金为导，出石虎峰，下紫烟岑，入七星洞，过滴水洞、三伏腰，皆幽折可人。望对山九鲤朝天石翩翩夭矫，势欲化龙而去，分视之，为石鼓、为合掌、为和尚看经、为沙弥照镜诸胜。至望仙桥，内控垂崖，下瞰绝壑，神惊胆悸，不敢正视。桥碑高三尺许，总十五行字，剥蚀不可读。复回步，循石磴盘旋而下，抵岩洞庵。时日色颇热，过鸿雪洞不入，小立洞口，凉风砭肌。于此知仙都洞壑中，自有清凉世界也。左近石状怪诡，皆嵌空装缀，巧过镂劖，步金指之曰石钟，曰石龟，曰浮屠石，曰弹丸石，曰钟离石，曰蟾蜍石，曰兜鍪石，曰蟠桃石，曰仙人掌，曰独鲤朝天石，觉畴曩所记未足尽其奇。自岩洞左转，路益仄，石益奇，水鸣皆锵然。迟迟吾行，一峰一回，顾步武换形，又各妙肖。抵国兴寺小憩，寺僧瀹茗以供客。时晚色苍然，步金别归，余亦与诸生踉跄下山。缘才堡洋，直趋秦川中心校宿焉。八日取道巽江买舟还，回顾五十四峰，渐小渐淡，宛在天上。既抵家，夜梦一姥语余曰："兹游也，先生乐甚，而山志尚未剞劂，宜亟图之，令游山者争先睹为快也！"余敬诺。觉而异之，遂披衣为之记。

卷之十七　艺文　杂著

序

明

马邦良

富阳人。

《太姥山图》序

　　夫谭闽山水胜览者往往侈武夷、九鲤。顾兹太姥奇丽，恐未可以伯仲轩轾也。今余同年高观察摄宪巡海，观兵上游，偕余与张参戎简阅戎事。既暇，相与寻太姥之游。乃从秦屿西行蹑岭道，沿山势而趋，由玉湖庵曲折逶迤，上抵摩霄。循崖又从东下，极目峰峦泉潭之胜，仙踪石迹之奇，手汲郡林山人《太姥记》，按图索景，该括已详，又乌容增一喙！唯是嶙峋在目，窈窕满前，一往一还，随境堪挹，将累日不能尽奇观，更仆未易数元胜耳，载谛此山之最奇者！凭高俯瞰，则中半在望仙桥及诸岩洞，极其巅，则摩霄绝顶也。余与二公披松风、攀石磴，心神欲飞，飘然世外，固不必别求南岳、西华、阆风县圃矣。窃意山以仙灵，自是洞天武夷重于幔亭，九鲤重于何君。兹山以太姥，顾不重欤。矧以奇嶂怪石、空谷峭壁与夫丹鼎、丹灶、石臼、棋枰，神仙旧迹历可指顾。至若东接大海蓬莱所都，泠泠御风，仙仙羽化，则兹太姥之所有，而武夷、九鲤所无也。噫嘻！五岳真形尚拟诸图，此山一胜宁令湮秘？旧刻画蛇殊乏天趣，余得并游会境，绘图召锲，俾大雅之士知有太姥。觅路寻踪而壤隔势阻者一寓目焉，亦不失宗主之卧游尔。

民国

池源瀚

苏翁，瑞安人。

《太姥纪游集》序

在昔天姥山高，谪仙纪梦游之作；匡庐峰窈，永叔传绝妙之吟。自来名士诗人，往往以山水佳篇驰名百代。以故石门撰咏，骋康乐之清才；楚竹腾讴，播柳州之雅什。载籍所录，夐乎尚矣。闽南有太姥山者，高三千尺兮有奇，周四十里而未竟。容成学道，曾留丹灶之仙踪；曼倩题名，尚有壁崖之遗墨。缅五十四峰之怪伟，寻四十五石之灵奇。兼之峻岭摩霄，幽崖拔地，真可谓奇观豁抱，逸兴翀襟矣。独惜僻处偏陬，声闻未展，留传旷代，纪载多诬。每怅胜地之郁湮，空对名山而惘惘。福鼎卓子剑舟，负洒落才，抱遨游想。踪迹所达，半及于国中；闻见所周，又暨乎海外。当其返棹重瀛，还辕故里，瞻言太姥，广涉罩搜，间尝殚数载之心力，发故箧、摅藏书，编纂《太姥山志》凡一十八卷，都廿余万言。纪古迹而靡遗，剔传讹之沿误。颇欲以穷搜博讨，矫旧志之荒疏；远瞩高瞻，发前人之拘陋。书成将就，未付梓人，乃先将太姥纪游题句古今体诗都若干首特行裒录，藉播骚坛，乞纂弁言，拟授铸印。余浏览之余，深喜其考证详明，断制精确，以王、孟疏宕之风调，摭颜、谢游览之才思，庶使山灵有知，万古辟神仙之宅，从此登高作赋，几能见苍莽之才。聊缀芜辞，应邀藻鉴。

丁亥孟陬之月，七六叟瑞安苏翁池源瀚。

卓剑舟

《太姥纪游集》自序

吾邑太姥，殊绝人境！芙蓉之峰插天者五十有四，其岩洞之美甲闽中。余平生足迹几半天下，邑中名胜反未及游，颇以为歉。戊寅岁自海外归，每思一登陟以偿夙愿，人事卒卒，无一日闲。庚辰秋以修邑志事于役秦屿，始获一游焉。七年之间，凡五陟其巅，历览胜迹，茫茫交集，一切可喜可愕之境辄寄之歌咏。虽词句浅鄙，然皆一时感兴之作，故不忍弃掷纳之败箧中。比年，奉亲里居，掌教县立中学，暇则理箧中旧作录之，计得诗五十首。同学强出我丑，纵臾付印，知终不免覆瓿也，游记二首亦载焉，统名《太姥纪游集》，末更附录邱古园先生所著《太姥指掌》公诸当世。后之好事者，手此一编，可以恍然得太姥之真面矣。

民国三十有五年冬十二月，摩兜坚馆主卓剑舟自叙。

记

明

谢肇淛

岩洞庵置香灯田碑记

盖闻名山洞府，辟混沌于灵区；宝刹精蓝，妙庄严于震旦。缁流薰观，必栖托于化城；宰官随喜，恒眺临乎大地。是以清都胜境、金刹香台，杖履肩摩、登攀趾错者，往往有田以奉香灯、以瞻僧众。故佛教日以昌隆，苾刍日以丛集。瓶钵不匮，而客之至止者多矣。不惟古昔皆然，即吾闽之有寺，鲜无田以能悠久也。长溪之太姥山肇迹最古，容成阐灵于轩代，老母炫奇于尧年。嗣后之鹿苑兔城，骈罗于云岫；鹏耆鹰俊，雨至于祇林。山有岩洞一庵，创自宋季，迨及明兴，花窟数椽，仅容一锡；多罗几树，共演三车。法侣烟栖乞食，惮市城之远；檀那星照过从，乏供亿之需。盖由无田可以饭僧，毋怪乎僧日贫而游日少也。吴兴胡使君之刺长溪也，莅职以来，百废悉举，文学每以饰吏治之名；簿书畴能夺山水之趣。花间五马，遇云峤而住嘶；腰下铜符，过禅关而暂锁。约余太姥之游，移书者再。余蹑屐兹山，信宿斯洞，则见峰峦岀崿，呼吸而帝座可通；渊窟澄泓，指顾而神物若现。惕然兴感，遂尔铭心。乃住僧如庆力陈栖泊之艰，余因从臾于使君，派田若干亩存庵饭僧以供游客，已给券付僧掌管。复虞后人侵渔蚕食，又请予为文勒之贞珉，以垂不朽。余谓为山礧砢，非一篑之始不能成其高；凿井深沉，非一锸之先曷能浚其极？干霄宝塔，兆于儿童之聚沙；百尺莲台，基于工师之一木。使君之斯举也，真所谓现宰官身，修菩萨行，开权显实，带果行因，壮佛法之金汤，竖禅宗之柱石。福田播种，处处萌芽；金粟生香，在在敷实。龙池鹫岭，微惠于无穷；邃谷嵁岩，垂芳于有永者矣。岂若给孤布地，黄金有日，而销亡伊蒲，设馔桑门，随缘而澌灭也哉！不慧末世津梁，法门外护。空言为施，纪片石于宝坊；绮语未忘，玷芜词于名岳。所给田亩别载碑阴，兹不复记。

使君名尔恺，德清人，万历甲辰进士。而余则南兵部职方司马氏三山谢肇淛也。

清

王宗屏

龙潭，秦屿人。

太姥祈雨记

道光乙未夏五月不雨，至于秋七月民之祷者靡神不举，瞻仰昊天不惠其宁。噫，可叹哉！丙申又旱七十有余日，祷者命祈禳。宗屏不敏，乃考《太姥图志》求雨为白龙潭者。随师邱汝舟斋宿步祷于太姥之神，请指迷焉。潭之路崄巇而断续，穿窦攀藤，梯肩偻背，历十数洞而方至。燃炬睇视，龙头巨石之下有沙洲，前后两井深不可测，伏地泥首置瓶中，俄而龙入于瓶矣。奉以归雨，随路降霡霖，三日奉龙还潭，乃大雨。其岁田丰获，嗣是丰美十秋，龙之灵，神之福也。今丙午岁逢旱四十日，宗屏师弟再斋、再宿、再祷于神，循前行之旧迹，非有迷途也，而洞口可探暗次莫见。岂真如志之所云：此中云雾四时蒙翳，或过之而不知游，或游之而迷其踪，皆神之灵欤。然自出洞后大澍甘霖，岂龙哀吾志，恶吾扰厥居而为显，此不可思议之象欤！然则龙之灵，又神之福也。神至是溥而博，龙至是盖化而神矣。夫太姥著已游太姥者遍天下，何以入斯潭者陈仲溱、陈五昌、张世烈、王三省、崔世召、周千秋，古来杰士如林嵩、林祖恕、谢肇淛辈且不得见，而况其他耶？志曰："白龙潭之胜甲太姥。其断岩孤峭，千寻削空，瀑布洪流，直为雁岩匡庐所未睹。"又曰："骊龙方蛰，故容君辈晌其宫，不尔，将为虀粉！"二说皆不虚，游者其神会焉。

吾师汝舟，福鼎岁贡生，道光丙午孟秋识。

启

明

张大光

叔弢，霞浦人。饶州通判。

颂太姥山招陈汝翔

山推九岳，名膏今古，铅翰水让，五湖声沸。缙绅唇吻可称人间蓬岛，亦可称朝市山林；可为志士幽栖，亦可为仕官捷径。北山猿鹤，不无遗恨于彦伦；地脉烟霞，未免蒙羞于藏用。惟兹吾郡太姥，僻惟通海，高可摩霄。东望微茫青点点，波涛外雁荡天台；西看荒忽气濛濛，溟渤间龙川象郡。飞仙卓笔，书不尽远近奇峰；罗汉传声，数难穷纵横怪石。忽辟忽开，三五洞别有神区；如人如物，百千岩曾经鬼斧。僧归云际寺，惟闻烟磬声间；龙起石中泉，但觉松风香细。猿啼丹井，容成何处奏鸾笙；虎守蓝溪，太姥几时回鹤驭？盖自黄帝唐尧之后，石船不渡闲人；若非钟离神吏之流，玉匣岂分俗子？汝翔足下世途已矣，困白首于蓬门；隐德高兮，谐素心于柯谷。罗则张，鸿则举，已知八口离尘寰；林欲密，山欲深，何不一竿归海岛？溪香黄独发，蟠桃石笋平分；峰晓锦屏开，荷叶莲花投合。石楼寂寂，衔花野鹿频过；丹穴泠泠，捧玉仙童独往。世人皆欲杀，知我其天；云岫好闲居，惟吾与汝！

卓剑舟

征题《太姥山全志》诗文小启

粤稽姥岳，古号才山，峰插云中，崖悬天半。著迹溯轩辕之代，授文传汉武之时。论旁魄则伯仲蛾眉，表崷崿则儿孙鹤顶。纵观浩淼，流求、日本濛濛；远眺翠微，雁荡、天台点点。岂独周回四十里，揽胜靡穷；峭拔五四峰，探幽称异已也。至若玲珑石片，曾题天琢奇崖；清净山门，并使客留玉带。讯胜迹而能征，谢司马前徽未沫；校遗编于既往，郭使君余韵犹存。其奈蠹简多讹，旧本元须重订；况复鸿儒间出，新词还应绩增。走也，恐名胜之易湮，惧文献之莫考。爰不揣傛督，窃冀嗣徽前喆，遗饷后贤，编纂《太姥山全志》，凡一十八卷，都廿余万言。会著作之如林，古籍璆琳悉采；备轺轩之考镜，名人爵里详书。只愧乏长卿之笔，敢负摛词？安得借太乙之藜，助成斯集？伏望儒林巨子，当代名公，潘笔江倾，谢诗泉涌；霓裳同咏，云锦纷投。地脉烟霞，益增名山之色；人间蓬岛，大开艺苑之花。

募建太姥风景区启

太姥为吾闽三名山之一，绝壁摩空，奇峰插汉，无在非石，无石不奇，此汉东方生所谓"天下第一山"也。山上古刹建自唐代，其内外招提无虑三十余所，有田千顷。今则寺毁殆尽，田入民家。鹿园成野狐之窟，香林作宿莽之场，岂非人天一大缺陷耶？前省长萨公鼎铭锐志兴修，会遭地方多故事，遂中辍，仅于国兴寺道上募甃石路三百六十级，游者曾赞叹欢呼为"萨公岭"。噫，此正为萨公志不朽也！嗣虽屡议修理，卒以寇氛昌炽不果。今者圣战结束，凡百聿新，自宜应时建设，以彰胜迹而征文献。（同人）窃不自揆，爰组织建设太姥风景区董事会，并力经营，拟辟公路，筑馆舍，修残补敝，踵事增华。艰阻既除，游屐斯盛，是不特无负山灵，即地方繁荣亦因之骎骎日上，岂非快事哉！闽中不乏乐善好义之士，所望邪许同声，慷慨解囊，行见珠林绀宇，增佛面之光；峻岭崇山，成康庄之路。当与萨公岭共垂纪念于不朽矣！爰学摩霄峰前两大石，合掌乞施，其应必如此山传声谷之响。

是为启。

卷之十八　艺文　辞赋

明

韩　璟

太姥山赋

　　稽昔容成煮汞，鼎曰肇自轩年；越得蓝姬餐砂，龙马迎于尧代。名因汉改，实封曼倩之章；寺自唐兴，遂启龙华之会。周遭四十余里，作镇居尊；纵横三十六峰，兹邦称最。嶙峋石片，曾题天琢玄岩；清净山门，并使客留玉带。其为峰也：新月悬钩、摘星飞霭、石虎咆哮、神羊狡狯，呈珠偕团玉齐莹，童子挟飞仙比大。叩悬钟、张飞盖、撑天仙掌，捧来朵朵红莲；簪玉岁冠，幻出纷纷紫贝。一枝卓笔，仙童仙女留题；四壁锦屏，石笋石鸦并绘。击球头，攀龙角，上欲摩霄；移仙仗，扬宝旌，下临飞斾。镂象简而见尊严，钻灵龟而知亨泰。尔乃搜丹崖、寻绀宇、披洞天、漱石乳，则有罗汉井泉、金刚钟鼓，鹦鹉堪笼、麒麟可捕，洗头盆下偷来几朵仙桃，晒靴石边喷出一天花雨。雷轰电掣，鼓声洞里耤耤；岩合路通，线影缝中缕缕。扬髻鼓鬣，昂昂九鲤朝天；卧月梳风，历历七贤挥麈。吼不惊乎狮子，野鹿衔花；偈常说自观音，老鸲戢羽。屏风连玉匣，点缀石楼；云板近浮屠，铿锵堂庑。蓝溪浣练，碎锦如濯蜀江；窈谷传声，噫气可通元圃。蹑圆潭宝刹，看尽瀑布联珠；入摩尼梵宫，知与妙香合户。仙风道骨，不数钟离；鼎迹霞踪，频咨太姥。爰欲恣其遥瞩，自当陟彼层峦。蹑穷窿之悬礴，临险峭之飞关。峰棱钩履，密箐迷山。朗朗星光可摘，盈盈桂窟堪攀。雕鹗摩空，忽讶鸟飞地上；松篁谷响，却惊树拂云端。上方濛雨下方晴，咫尺中分气候；举首禅关回首路，依稀世隔尘寰。西望碧濛濛，象郡、龙川一点；东看青渺渺，天台、雁荡双斑。风送涛声，骅马腾波以作势；烟开蜃市，鲛人缀宝而为澜。若夫羲驭犹衔云际，纤阿已控波间，此则暮景之布也；血荡金盆不定，珠落玉盘未安，此则朝曦之吐也。至于岚清壑秀，坤轴钟灵；丹冷炉寒，仙踪难遇。中霄华表，几时鹤驭来归；隔水芙蓉，何处鸾笙迭度？昔年神母捣琼糜以为浆；此日寒烟锁石麟而守墓。过林叟读书之处，驳薛封苔；访神吏驱腥之年，朝岚暮雾。按图径，穷云树，寄品题，感情愫，编球琳于片楮，谢在杭执耳登坛；郁岏峱于千言，崔竺叟含豪濡兔。愧无长卿之笔，敢负摛词？曾携灵运之筇，漫成献赋。辞曰：蜕骨飞升兮业蓝老妪，代驰金策兮频沾雨露。霞光绚采兮，海波不怒；永镇南天兮，灵根盘固。

其　　二

山雄滨海，大冶别具炉锤；人蹑元岩，纵目须穷浩旷。寻邱觅壑，眼孔未奇；历井扪参，胸襟始荡。繄太姥之垂芳，始镌石于汉武；迄国兴之有寺，实敕建于开元。钟篁竹之灵区，兼具霍童之胜；俯沧溟而作镇，并驱阆苑之尊。则见夫天风蓬蓬，晴岚霭霭，啸空谷到处传声，上山桥斗惊吹籁。岩悬半蠹之藤，路匝升仙之桧。流飞千尺，不雨而檐溜淙淙；径凿五丁，非雷而石声磕磕。登高一望，佳境四周，波涛外，雁荡神山乍无乍有；溟渤间，龙川象郡若没若浮。气吞五岭，势控十州。极晴烟之渺渺，觉胸次之悠悠。尔乃溢浪浮空，飘沙礜石，飞沫扬涛，吐青喷碧，蚓象怒号，海童跳踯，仙妃含嚬，冰夷作宅。倾鲛宫之宝玩，瑞结蜃楼；助梵宇之波澜，润流础碚。至于睹羲驭之初升，觉扶桑之可识。赤曜飞空，红光匝地，如血荡盆兮，洪涛鼎沸；

似珠走盘兮，含辉渊媚。舞蛟龙，却巅员，较泰山之日观尤足称奇，眺天台之赤城殊无别异。他若雕镂岩壑之奇，图绘洞天之似，每石必名，无泉不美，可以按图，奚烦缕指？况肖物而肖人，亦可此而可彼。虽为烈于兹邱，穷意匠而已矣。又何必借卓笔以留题，研丹穴以相拟哉！

<h2 style="text-align:center">其　　　三</h2>

容成隐，蓝妪仙，曼倩改，太姥传。周遭四十余里，在治之偏东，与支提之洞天并峙，可远瞰夫虞渊。仰视石壁，列戟参云；扪参历井，岚气氤氲。或长啸而声传空谷，或仙管而空中隐闻。若乃飞泉天半，不雨长流；烟扃户键，未冷先秋。晨昏之内，上下之间，一日而气候不侔，爰践藤根，去屐齿，上摩霄，穷睇视，万壑如妪，群山皆婢，呼吸而帝座可通，云霞则往来足底，极兹山之壮观，旋目迷于海水：但见瀼瀼澧澧，惊浪奔也；浮天拍岸，发昆仑也；暧暧云布，日气昏也；蛟鳌怒斗，涛声喧也。洎夫天晴和朗，则琉球日本皆远列若屏藩，又岂但龙川象郡，天台雁荡，得以目击而气吞？及曙色之未启，又将观日于扶桑：五色绚耀，浓艳红光，声蓬蓬其如鼓，又若鼎中之沸汤，一轮闪烁，问夜未央，洵灵奇之甫辟，未知泰山日观可与此乎相方？至其悬岩幽壑，怪石嵯峨，洞山梵宇，名胜实多。摅意未尽，汇而为歌。歌曰：鹤驭来集山之阿，金刚罗汉邀弥陀。飞仙钟离频相过，七贤捧玉来婆娑。仙童仙女擎钵盂，宝旌飞盖护仙姑。犭冠象简玉匣俱，屏风铺锦间流苏。云板传声考钟鼓，手脍鲤鱼脯鹦鹉。叱使狮象麟与虎，神羊震怒鹮戴羽。新荷绿映望仙桥，衔花野鹿声呦呦。晒靴岩畔蟠桃夭，竹园新笋正堪烧。争觞太姥乐只且，飘飘琼珮与霞裙。高擎卓笔向空书，海波不扬神安居！

清

李　馨

连舫，福安人。清举人。

太姥山赋

　　緊寥廓之奇挺兮，标峭崿于海陬。峰为屏兮削立，瀑界道兮飞流。石磊磊兮相轧，树蓊蓊兮相摎。鹤翩翩来止，云浩浩常浮。夫何胜地洞目骎眸？是为太姥千载灵邱。嘻，异矣！当尧之时，鸿濛甫辟，此地荒遐，尚稀人迹。爰有老姬，种蓝岩僻，乃得金丹，仙踪是即。白昼兮冥冥，翠盖兮霓旌，引之兮上升，留兹山兮福庭。仙人去兮何许？长寂寂兮岩户。明月自来无与归，青松落阴谁为侣？闻昔日之刀圭、大药，荡为冷风，唯兹山之邃谷、幽崖，岿然终古。绝顶凌霄，摘星斗也；高峰卓笔，扫云烟也。棋枰萝列，阅八代也；蓝溪浅深，感桑田也。石鼎石臼，太息摩挲，杳不知其几何岁年也。嘻，异矣！以兹山之壮丽无匹兮，宁不足拟于丹霞赤城；以兹山之神秀独钟兮，宁不足拟于仙乐幔亭？胡为乎传名岳纪神皋者，独于此而少所褒评？岂不以僻处海壖，其路幽复，轮蹄罕至，冠盖少停。遂至匿峰于千岭，倒景于重溟。是何异高人逸士，寄迹乎荒寒寂寞之滨而独抱其遗经。且吾闻之山川之瑰奇绝特者，多在海外，彼缥缈之神山可望而不可即者，岂果太史公之志怪？然则此太姥一区，安知非十洲三岛之所在？而何必与寰中之邱壑争其胜概！

蓝　溪　赋

　　觇太姥之嶙峋兮，翳海滨之灵谷；剖上古之鸿濛兮，留栖真之遗躅。奇岩邃壑兮，迥寰中；玉沙瑶草兮，闽南服。幽洞通线兮，寒泉进珠；群碧摩霄兮，蔚蓝漱玉。相传染妪居自尧时，琼浆饮客，丹诀传奇。乘绀云于天上，遗蓝烟于水湄。每金风之早凉，变溪流而涟漪；恍铢衣之曾浣，仍翠水而环之。尔乃灵迹长存，游踪不已，争挹澂泓，共临清泚。雨歇兮莎汀，烟消兮秋沚。映碧空而转元，渲绛霞而换绮。白云倒影兮，拖翠被于波心；明月耀光兮，沉苍璧于潭底。添翠岫之黛螺兮，涤丹崖之渣滓。仙源莫穷，奇境难拟。异濯锦之川，岂解佩之沚。陋步袜之波，超湔裙之水。何日岩栖谷饮，聊为朝玩夕临。清莹万类，濯漱尘襟，悠然而不滞，浩然而长吟。吟曰：莺笙兮寥阒，丹灶兮销沉，刀圭兮不再，羽化兮难成。但见蓝溪依旧，莫问蓬莱浅深。

郑承祉

兼山，霞浦人。清举人。

太姥山赋

伊两仪之肇辟，峙五岳于寰中。维姥山之奇奥，表东海而独崇。附十洲而控三岛，抃六鳌而参九龙。昔在轩辕黄帝之时，容成于焉栖息；亦越鸟庭荷胜之代，蓝姥于焉托踪。天下名山之文，曼倩授之汉武；霞帔鸾笙之绘，辛子献之唐宗。羽人固森然胪列，英彦亦翕其相从。矧兹山纪在志乘，而奕禩犹想其遗风。乃若层峦叠嶂，捧日摩空，飞泉积壑，碧涧淙淙。胜幔亭三三之曲，迈春城六六之峰。怅十载其芜闲，越在草莽；幸一朝而表见，焕焉芙蓉。矧今四海为家，车书一统，岳牧贡其循卓，文武奏其肤功。山川效灵，玉帛会同，敢不珥笔纪胜，以俟圣天子之登封？

游学海

兼山，桐山人。清拔贡。

蓝　溪　赋

　　维两仪之初辟兮，肇五行而分支；自天一之生水兮，实地六而成之。色泽之不同兮，经出谷而有异，孕太姥之钟灵，古颜之曰蓝溪。彩云高烧，紫雾下迷，翠岩叠叠，绿树低低。临深流以溯洄兮，挹蓝母之芳仪；怀蠲洁以漱玉兮，宁萦念于染丝。尔乃映日丹山，嫌其太艳；流沙黑水，笑其过淄。水莫渺于黄河，未免缺生清介；地莫尊于赤县，不无多尚胭脂。何如淡淡烟波，若精蓝之隐现；悠悠绿水，似翡翠之差池。嫩柳初发于河渠，上下一色；轻烟初笼于晓树，仿佛相宜。于是滔滔淼淼，汩汩漪漪，遇尼父之观化兮，叹为逝者如斯；读亚圣之垂训兮，取其有本在兹。《易》系《蒙泉》兮，君子果育；《诗》咏《河干》兮，贤者涟漪。《书》纪朝宗兮，会同有自；《礼》重水源兮，支派不离。友朋同行兮，三笑可绘；泉石自娱兮，八愚有诗。凡我感怀触物，无不见境解颐，苟悟其青出于蓝兮，应幸受来之有基。况乎源逢圣水，流出名山，河伯呈祥，澄蓝久赞。翠射冯灵之宫，墨沛阳侯之案。易寒流之旧容兮，恍岚光之新旦；既荡漾之异常兮，乃菁葱而可玩。渺矣深青销镕，朗哉浅绿璀灿。丽色映青山而逶迤，层波涌苍龙之琬琰。何人染柳而弹汁于银河，谁氏洗砚而润毫于天汉？星辰灿烁兮，簸扬万斛墨晶；云霞潋艳兮，点缀两岸彩幔。精光烛地兮，涵虚碧而映金峰；岚影浮天兮，亘长虹而拖翠缦。羡青鳞之优游，见贝叶之灿烂。获睹佳色于溪流，旋听珂声于海晏。是知溪非幸致，蓝不虚生。现山灵之幽趣，显神化之光明；溯蓝水之由来，皆种蓝之精英。乘九色之龙马兮，七月七日；宿五彩之蓬莱兮，玉洞玉京。迄于今，山则灵兮，愈因姥著；水既清兮，仍以蓝名。奋乎百世之上，百世之下泛槎游泳兮，尝凭吊于九转之丹成。

黄钟瑜

竹冈，秦屿人。清岁贡。

摩霄庵听雨赋

姥峰月暗，萧寺云封，香消宝鸭，风走铜龙，一帘清磬，半榻疏钟。何雨声之滂沛，挟夜气以横纵。人居第一之峰，去天尺五；话到三间之舍，拔俗千重。尔其梵宫岑寂，古刹崔嵬，山高地旷，树密凉归。卅六峰头，落九天之咳唾；大千界里，洒万点之珠玑。问遗迹于白云，全殊人境；听秋声于凉夜，半掩禅扉。方夫鹤随云返，龙共泉嘘，忽遥忽迩，匪疾匪徐。杂松涛而遍洒，摇竹浪以相于。讶孔壁之丝，声音生于静；骇洞庭之金，奏乐出于虚，失蕴隆于炎伏，破寥寂于缁庐。俄而声震訇訇，势成泽洞。乌龙闪电以光鞭，石虎哮风而上矼。波撼岳阳，气吞云梦。似渔阳伐鼓，前席参挝；似赤壁烧兵，长江乍哄。似羊肠之转毂，但聆琳玲；似骏马之下坡，难施辔控。萧条四壁，如登宏景之楼；寂寞孤窗，欲奏桓伊之弄。犹忆去年，曾携旧雨，蹑屐名山，连床梵宇，墙角蝉琴，阶前蛙鼓。松风飒飒以当窗，竹月濛濛而入户。樽酒频斟，心花共吐，倘令逢今夕之淋漓，不愈动豪情之鼓舞哉！时则稚儿侍侧，小友盘桓，茶炉初沸，蝶梦微阑。山鸣谷应，玉碎珠残，络绎音沉，萧蓼空谷，芭蕉响送，点滴前峦。遥怜爝火篝灯，明犹不息；始信琼楼玉宇，高不胜寒。歌曰：夜雨潇潇洗炎酷，百道飞泉漱鸣玉。玲珑万窍空予心，回首伊人共剪烛。迢遥如此良夜何？云散风流不可续。朝来且作汗漫游，芒鞋踏遍众峰绿。

李　拔

峨峰，四川人。

太姥山赋

太姥山在福鼎县东南九十里。相传尧时有老母业蓝，升仙于此，因以得名。予初至郡，即闻兹山为境内灵皋，幽奇谲怪，无所不有，心窃慕之，因吏事倥偬，弗暇往观。既卒岁巡行至邑，乃获登山，偕别驾冯君拭褒，遍览奇胜。见夫峭壁凌空，危峰插汉，肖形应声，千态万状，不可枚举。其他瞻瞩之远，物产之富，更难一二。仆数始叹鸿钧鼓铸之巧，非意想所能及也。因撷厥芜词，扬兹盛美，俾后之登山者览焉。

懿夫峰插空中，壁悬天半，翠嶂烟连，丹崖壑断。包奇孕怪，转日月以洪濛；吼齧衔晴，吐云霓而灿烂。维兹太姥名山，地灵攸鄹。在昔容成仙子遇黄帝而授书，亦越蓝妪老人自伊耆而升观。蟠桃纪瑞，元古录其闳灵；刀圭臭神，东方册于西汉。爰开四十六洞之奇，而居五千六数之冠。山以仙灵，何逊嵩华之高；境为天造，无须蓬瀛之玩。当夫公余稍暇，揽胜名疆，睹桑麻以四出，载旌旆而飘飏。冬归春至，物和气昌，峰峦如画，花木生香。攀胜地以拾级，历丹穴而褰裳。扉屦生来，仰面去天才尺五；彳亍历尽，低头万壑等毫芒。东瞰翠微，雁荡天台点点；西窥烟霭，龙川象郡濛濛。百粤万家，大小琉球环中山于眼底；两江一带，苍茫吴楚列远浦于图中。路是云窝，石瓦仙林悬碧落；盘疑鸟道，河沙界外泛青空。尔乃秀岩峗嶵，矗矗当前；怪洞崚嶒，历历可数。金乌浴水，沧海红时鸡未鸣；玉兔摩霄，扶桑曦出僧犹寤。（四峰最高，五更可望扶桑初日。）仙童仙女，乍飞盖而拨云；小龙大龙，如衔珠而驾雾。金峰石笋，恍如童子摘莲花；老鹳石鸦，何异仙人放白鹭。驯者如象，瑞者如麟，圆者如龟，卧者如兔。天圭碧锷，既冲宇以辉霄；叠石锦屏，亦穿花而绕树。炊白石以餐云母，青鸾附信西来；煮寒罍而试月圆，白鹿衔花争赴。金刚舒臂，石鼓悬钟和鸣；罗汉回头，玉匣云板齐铸。鱼贯始通，天一线而霞初升；蛇行直下，岭千寻而日已暮。若仍仙桥空驾，石穴应声，人足峰仙，国兴寺名。游白箬而境静，览圆潭而水清。七龙出洞兮石曝，九鲤朝天兮雷轰。倒覆断崖，观音之洞俯瞰；蟠桃涌米，大头之僧来迎。金薤影摇，片片落花，流水杳然飘去；玉兰香卷，年年秋草，春风吹至重生。九里松阴，铺萝径而璧合；三春苔色，绣石坛而珠明。捣药白留，谁人来探金杵；鸣泉岩泻，几度如听琴鸣。莲宇上方金色相，共夸其古；珠宫法界玉毫光，自现其精。（以上俱诸峰寺名。）若夫路迷石洞兮，孤猿莫辨，洞隐琪花兮，野鸟奚知。采柏子以焚香，烟浮古鼎；画小镰而割露，瑞霭灵芝。别界天开，斜拖白而未下；虚岩星坠，暗度红而乍移。溪合云连，葱郁拥千层之树；窗开岫列，横斜拗半面之枝。暮钟响兮，声参差乎梵宇；晚霞结兮，色掩映乎山陲。羽客遗灵，压宇内之符箓；山僧入定，点佛前之琉璃。百折春村，曲穿游人屐齿；半湾秋水，淡点少女蛾眉。坐石船兮泛泛，吹铁笛兮依依。五马行行，捧朝日而叱驭；寸怀耿耿，望鲁山而有思。因为之歌曰：才山（太姥先名才山）郁兮海天宽，岩壑万状兮恣游观。晶莹兮月皎，嫒𤩹兮云寒。指玉朗兮人静，探龙井兮珠阑。仙姑视兮降㴵水，野老呼兮上灌坛。诸天觉路兮几座香盘。山鬼避兮鹿麋走，龟龙伏兮巘峗安。流水落花兮百道，修藤秀竹兮千竿。眠山中兮鹿豕，驾方外兮凤鸾。凭今吊古兮惆怅，娱目骋怀兮欣欢。何日勒元山之石兮，勋在云端。震千古而照耀兮，顾安所得九转之丹！

附邱椿著《太姥指掌》

太姥白云寺左边上

乌龙岗　即志曝龙峰。

望日台　即志新月峰。

弥勒晒腹

仙人足　即金刚腿右看。

鱼鳖相会

媒婆髻

鸳鸯孤鸣　双翼宛然。

弥勒安禅

仙棋盘

仙挂画

鲤鱼上坑　在岗垅。

仙悬磬

扁蝠

石兔　面向下院本岗。

乌龙目　对峙。

乌龙珠　大小两颗。

洗面盘

浴盘

双髻鲨

朝天笏

石虾　须对峰倒看,乌龙岗边。

磨上层　在悬磬尾。

伏猪岩

岗边从岩面循石罅跳下，穿洞而出，由樵径右折下，先得一龙舌洞者，次经缒绳洞口左折低，暗转出岩穴，钻身跳下绝妙双星洞，两边峭直石壁深长十余丈，首尾横阔俱二丈有零。石地一统坦平，左岩旁有方池一所，长八尺，阔二尺余，首尾方正平直，水深二尺，内有四足神鱼。右转折上计步入地洞，恍如七星洞，石壁两边峭直，深长十余尺，阔仅二尺余。顶岩如八字分开，一线容光隙照，高有五六尺余，脚底生成磴级，半洞有小河一泓，假以丁步石四步透出，洞口聚水成渠，深不见底，幸尚窄狭，砌落大石数十块填平水面，接武而过。棋盘洞方广深长亦与双星洞相称妙在，居中有方丈平坦一石，绝肖棋盘，高只二尺余，右岩旁亦有半月池一口，深阔又与方池一样。但此数洞俱须秉烛而游，时因烛尽，恨未深入穷搜矣。

乌龙岗上左边看

半面猴　有双眼。

金蝉　坑边。

帽盒岩　峰尾。

伏猪岩

三台石

龟脚岩

鞋放石　即石棺后。

支机石　似橄榄。

上摩霄路右看

鲮鲤下山　即穿山甲。

锦鸡头

鲤鱼首

兔虎头　在石磴上横头。

摩霄绝顶方丈基石虎　即晒腹石背。

伏地睡狮回头　有双目。

蓝关会

斗战胜佛　即齐天大圣。此三景俱在下峰尾。

九节龙

神蛟吐雾

仙女髻　又似葫芦。

猪头岩　在下峰旁。

仰天湖　为看四足鱼。

石船

玉鸡峰　上路边看。

金线蛤蟆

石梦堂　即志摩尼宫。

云点石　在峰后。

金沙铺地

石墓

试剑石

美女献尼

登天台

大石狮

大石鳖

鳌头石

海螵蛸

天街　下有浅洞。

僧笠

天门　右橱上。

石龟

韦陀把天门

七鳞龟　在岭上看。

天柱峰　旁看。

笄斗蓬

石镜台　在过峰。

石楼　在天门右下旁。

月台　此三景俱在笄斗蓬下。

山门外左折把山门

把山门

回头狮　望仙桥上。

鹦鹉石　又名纱帽岩。

月台　又似石鼓。

金猫望月

石靴　又名犀牛望月。

佛手峰　即志摘星峰后峰头。

石鼎

石鳖

僧帽

拦路虎　即志独虎峰。

猛虎下岗　在左坑缝。

朝天笏　在右路下。

锦罗帐

仙人挂画　在左峰边。

陀腰僧　又名天柱峰。

竖起屏风　侧看。

太姥墓道碑　又名天柱峰。

书画石

无头佛　有胆空穿直衿袈裟。

九鲤朝天

仙狖头

太公独钓　在独鲤尾对岸。

锦蛇头　即第三鱼目。

石鸦

荷叶　连下是。

无头坐佛　侬一层有手臂，袈裟结扣。

天尊冠

石鼓

半面僧　有一双耳。

带果桃

神蛙叫月　在坑边。

孤僧说法

二佛谈经

捧经和尚

象鼻石

鹿衔花　又似鸡鬐。

海鲫鱼

卧虎听蝉　在路下。

玉花瓶

紫烟岑

石鼓　在路旁。

石钟　即二佛头。

三叫应　隔岗看。

玉匣

灵官面

仰式鞋

骆驼峰

独指峰　在岭尾看。

麒麟峰　即志龙头峰。

铁兜鍪　正面即仙人晒靴。

小盘石

石棺材　横放。

鳌头峰

放倒磬　即石钟。

仙人晒靴

图书印首　半截棺。

七星洞　洞口镌。

丹邱磴　对峙。

墓道碑　有序出洞。

大天门　出洞仰望。

人脸头

鼠咬扁笼

九鲤上圣筶

白猴洞　连出。

罗汉洞　在滴水洞内。

滴水

丹井　方只及尺水承珍珠泉。

出洞回看

云标石　即志雷轰峰。

石楼

新月峰

玉屏峰

飞盖峰

蟹钳 俱在洞口上。

猴撒屎

金印盒

畲婆螺髻 在锯板下。

唐巾

岭尾直看

抄化铜锣 在左山坡。

试剑石

蕉叶 在封山，又似带叶桃。

回头狮 身即石锦屏。

石锦屏

黄牛眠地

大仙桃 即狮头，又似大猴头。

一线天洞 侧身跳下，过三高岑穿出。

坠星洞 出路即仙人掌回看。

鼓髻朝天鲤 即锯板峰侧面。

双虎出林 在过岗。

石龟 在对山头。

太子冠 即云标石上半截。

金钟罩地 在双虎后，旁有小金钟。

象鼻 有双牙在后山。

蛤蟆 即捕鼠背面。

马尾石　在前山坡，又名象鼻石。

石蚶

玉兔

观海台

呈珠岩

弹丸石　对看。

仙人掌　即志仙掌峰，五指隐现。

彭祖帽

卓笔峰　连笔架峰。

笔架峰

太姥墓

牛背石　出洞口路下。

鸡冠岩

龟脚岩

渡仙桥

猪头峰　相连。

神蛇首　太姥墓岭头看上。

猪嘴峰　在上顶，有獠牙。

象鼻

石燕

金鸡报晓

试剑石

鸿雪洞

空谷传音　岭湾吹台，听在岭尾。

太监帽　在洞口近看。

大木鱼　在石洞门口七级。

浮屠石　连上钟离岩为尾层。

一片瓦

钟离岩

蟾蜍石

弹丸穴　在俞士章字岩右。

白马洞

观音洞

渡仙桥　上层全废，灰迹尚存，下层尚剩石板一块。

滴水洞口　左折上飞虹梯。

大蟠桃　在路下，其次即畲婆髻。

仙人锯板　旁有峰。

覆鼎　在一片瓦岭上看。

寿星头　有肩无鼻，颏下长须。

大寿星头　有耳。

金猫捕鼠

仙人掌

玉笋峰

真武旗　在锯板后。

展石　又似香炉。

七鳞龟

鸳鸯石

龟蛇相会　龟即玉匣盖。

对山

长尾螺　岭尾看玉匣盖。

佛手峰　在锯板后坑。

钵盂石

关刀峰

横玉棺

兔虎石

将军帽

石象　在路下。

坐禅罗汉　向国兴寺上。

蝮蛇下坑

十八罗汉岩

岭尾右望，大岩横遮而边，巨岩对峙，洞门上中钳一圆石。屈身而进，折上磴级穿出，夹道内有庵基一座，三座三边，坐东向西，廊石、磉珠尚在，四围环绕俱是巨岩，四壁诗字，古迹宛然。基后两石壁夹峙，中辟一路，阔仅二尺直，透五六丈许，荒塞难行，下视高峻，望外平坡，据樵子云是鸡罩庵。

出洞横看

合掌洞　后横入。

棋盘洞　洞门绝佳。

天鸡报晓　在山腰。

和尚背尼姑

二小僧谈经　此三景在鸡扒笰小路看。

浮屠塔　自下列塔座共八十六级。

合掌峰

童子峰

十八罗汉岩　国兴寺山。

金猫望月　在石峰边。

神羊峰

无头佛

试剑石

仙桃

乌鸦伏蛋

望仙桥

乌纱帽　有陈五昌、沈徽炌二诗，另岩尚有钱行道诗。

大岩顶　放花炮，其声接连，前后山皆响应。

桥头岩穴　内有金线蛤蟆。

虎头石　在仙桥下。

石天梯

鹦哥石　即纱帽岩背后看。

太子冠　只看冠背坑下。

大睡狮　石坑。

石龟上山　头足宛然在左坑下。

小桃源洞瀑布大岩横于路左，岩中间有舍利龛，岩后有石滩，方围丈余，泉从石竹洞口二尺阔泻下，小河横岩平过，深阔尺余。左折出水门口，有圆井三尺余，面深亦称之。水门三尺余阔，泻下瀑布，虽不甚高，亦真天地之奇观也。

木笔花　又似象鼻，有牙下垂。

鸡心石　有华盖。

独鲤前石笋

坐禅罗汉

睡罗汉

石鼓

三台石

大圣参禅　在独鲤旁。

达摩面壁　帽与袈裟如画，在玉湖庵基看上。

回头坐虎　在上路旁，身有斑纹。

飞扁蝠　在左坑底。

玉湖庵基

拍铁塥　在对山溪坡岭尾看下。

邱古园先生《太姥指掌》跋

　　古园先生名椿，鼎之秦屿人，乾隆间诸生。嗜读书，工吟咏，与同里王恪亭、侯官谢退谷友善，时偕二子登太姥山，穷搜岩壑峰峦之胜，辄纪以诗。所著《太姥指掌》及《芳千诗文稿》，惜俱未能付梓。其诗文稿久已散佚不传。惟《太姥指掌》一小册，家纯青得诸古园先生后人，转以遗余者，存之箧衍有年矣。日者余编《太姥纪游集》，将之梓，恐此册沦没，特为抄录附集后，以公诸世。庶俾游山者一目瞭然也。校印既成，爰识于后。

民国三十有五年十二月廿四日
邑后学卓剑舟谨跋于桐山说剑斋

跋卓剑舟先生《太姥山全志》

曩岁曾嘉以先室人遗命重刊《晞发集》，邑中苦无善本可校，因驰书吴县赵学南丈，请其就所藏徐沁抄本勘校。于时纠集同人汇印丛书，办法为分年出集，以甲乙定编名。每集所选书即就各藏秘本加以寓校，汇印成集，其印费亦由各人负担，年不及二十元，而所获丛书倘置之几，高可盈尺。办法之善无逾此者。乃重以丈请，遂加入，并选定《太姥志》寄印。讵料书甫赴邮，俄而抗战军兴，消息遂隔。居常快快，以为有负太姥山灵。每遇五邑同好，莫不以此相告，冀欲得如赵丈者，将霍童、太姥等志以及福宁先哲遗书，如《韩中村集》《晞发集》等踵事汇印成集，迄无有应者，寻亦以病坐困。今读剑舟卓先生征题《太姥山全志》诗文启并凡例，病恍然若失，起疾之功，其拟诸枚乘《七发》乎？因叹所得售，快慰何似！抑吾有闻、山志之辑与省、县、地志不同。在昔地志之脍炙人口者，如武功、宁化等皆以简洁称，然于今日则仅视为一种典藻之书，不足适应科学时代需要。山志则更当别论。贤者应时，要如剑舟先生所云"山志旨在翔实"。顾翔而不洁，实而不文，要亦何害？是以近代方志学者恒以修志非文人事相摽击，盖亦有所激而然耳。近吾邑编纂志书，凡所征求省内外县志用资参考者，非失之因袭，即失之芜滥。最后承余樾园先生介绍，征得郑渭川先辈手编《衢县志》，其体例精赅可与樾园先生所撰《龙游县志》骖靳。无他，善于割弃。昔人修订官书，俗例参酌史裁，著以近代科学定式而已。不求简洁而自简洁，翔实尤凌驾他志而上。使剑舟先生见此，当下一旨定语，以为山志何莫不然？是则，《太姥全志》之辑，剑舟先生费搏虎之力，成此科学式新著，会当与《南雁荡新志》并传。他日倘进而续刊"福宁先哲遗书"，更援用赵俐分年出集，是则曾嘉之愿得剑舟先生至此毕偿矣！

　　　　　辛巳重九梓雨郭曾嘉谨跋于福安县立图书馆

跋卓剑舟先生《太姥山全志》后

山水之有图经旧矣。吾宁太姥，雄于闽东，周回数十里之间而有十岩、二十四洞、四十五石、五十四峰之奇，信伟观也。历代文人雅士流连题咏篇章滋多，于是前明州守史氏起钦有山志之辑，四库存目，著录是已，厥后谢在杭先生亦著有山志以行世，然皆湮没仅见，识者恨之。余友卓子剑舟，福鼎文学士也，博学多识，尝远蹑南洋群岛，著有《南洋见闻纪略》一书。比返国，奉亲家居，主修县志之暇，重纂《太姥山志》，俯仰招拾，汇成十八卷，补志乘之缺遗，资后学之考订。语详事核而太姥之胜于是乎大备。此书一出，即不必着屐登山，几而深垂纱幔，密掩柴门者，皆可以卧游焉。近剑舟来书索序，余日衰惰废学，而剑舟犹留心乡邦文献如此，良可慕叹也！为书数语报之。

时民国第一壬午花朝东壁山人弟魏勇公谨跋

《太姥山志》跋尾

　　民国三十四年秋，抗战既胜利。予至杭州，居湖上。随余樾园、孙孟晋诸先生编纂《浙江通志》。馆中率老儒生，好抄辑、少剪裁，议论每不合，合者二三子而已。而予又最年少，不能可否其间，因离去。通志久不成，卒停修。馆中诸公亦纷纷自散去矣。私意《平阳县志》为浙中邑志佳构，又太夫子刘次饶先生与先君子平生心血之所注也。曷不即以斯志为底本，奋一人之力，以三载为期，举实斋章氏遗书之所言，与平日所闻西国新史之说融会而折衷之，用浅显之文字写新志之简编，使百里之中山川形势与夫千年之间人文兴替一目瞭然，则平日所见庶不徒托于空言。亦令邑中好学青年平日视旧县志如高文巨典者，今则诵之欣然，有所会心，岂非可为乡邦文献助乎？奈何，人事牵连，因循未果。次饶先生、先君子既逝世，盖无所遵循，不知何日复成此书矣？

　　闽中福鼎卓剑舟先生善治新旧文学，于国语运动提倡最力。踪迹远及海外，见闻尤广。抗战以来，还居乡里，辄采辑旧闻，断以新裁，编为《福鼎县志》及《太姥山全志》二书。读所寄目录，及闻诸哲嗣亦溪兄之言，详实卓识，多非前志所能及。其为方志之佳构无疑也。尤望先生别以白话之文写简志一编，举福鼎山川人物于数万字之间，如言人口则用新式统计，言地理则用着色地图，言人物则举历代中佼佼尤著者，而又总结变化盛衰之迹及其所以然之故，去其繁，细明其大略，勒为一家之言。以先生之学识文章岂非用力甚轻而成书甚易乎？亦溪兄克绍家学，治文史之学兼新书之长，平素雅有著述，且从事新闻事业甚久者也，傥亦有志于斯乎？

　　　　公元一九五〇年五月王栻敬跋于金陵女子文理学院

附 录

纪念九鲤诗人杜柳坡、杜悦鸣专辑

其一　杜悦鸣墓志铭

有闽士从吾游者曰：黄君之六、杜君悦鸣，二人皆能诗，而悦鸣尤清逸超妙，凡有所历皆寓之于诗，故所为独多。其排律则开阖动宕，驱涛涌云，有吞吐乾坤，睥睨一世之慨。使天假之年，其成就岂复可量！乃不幸遭乱，流离颠沛以病，因病复流离颠沛，万里而南归，归不数年而竟死。呜呼，造物者果何心哉异已！

君讳琨，悦鸣其字，又号三余山人，福鼎杜氏，祖讳凌霄，父讳慕莲，邑庠生，著有《含翠楼诗稿》，余曾为之序。其仲兄柳坡，亦能诗。君少承家学，年十四，尝于清明日为《春游诗三十章》，遍押上下平韵，出语清丽，为其邑长老所惊。稍长，中学毕业，即北走万里，入北京中国大学，凡七年而学成，各校争延为教习。未几出塞，主察哈尔师范学堂讲席，造就宏广，声誉大起，塞上之人无不知有杜先生者。洎卢沟桥变起，张垣沦陷，西避兵于怀安县中，凡衣服财物书籍扫数被掠，兼丧其幼子。事少定，复辗转归京师，中国大学闻君来即聘为讲师，而君之长子又殁，君亦寝寝病矣。病年余，遂南归。自君之未归闽，教育当道即知君名，至是乃聘为副教授。既二年，君病不能治事，又一年，其仲兄柳坡卒。吾与黄之六书曰：柳坡殁，悦鸣可虑。至三十二年四月三日果殁于乌杯里，第年三十又四，悲夫！娶王氏，生二子，均殇，乃以柳坡之次子家复为嗣。

原始吾在中国大学讲《易》，为诸生所不喻，月余而罢。独君与黄之六踵门造谒，仍求余讲《易》，兼为诗古文辞，吾感其意，许之。于是二子昼则占毕于校中；夜则集槐轩讲授，虽夏日酷暑，淫雨冬夜，大风雪祁，寒无或辍，如是者约四五年。于是二子以能治《易》名，诗古文辞更翘然而出其类。同学闻风兴起，咸集于槐轩，亦多以诗鸣于世。十余年间风流云散，既不胜离索之感，而悦鸣更以死丧闻，行年日以老，积苦日以多。呜呼！人生斯世，其谓之何？君之卒，之六哭之痛，吾欲志其墓以塞其悲。余维君易箦之前一日尚作书诀余，忍死署姓名月日，余读之流涕，至今不忍复睹。然则，铭君墓者非余而谁？铭曰：渊乎渟乎，其来何自，其去何从乎？垅乎封乎，乃诗人之所宅而蝉蜕于其中乎，苍颜白发为少壮者伤其幽宫乎，恨尚有穷乎？

清进士行唐尚秉和

其二　杜悦鸣先生追悼会启事

杜先生悦鸣，讳琨，世居福建福鼎县九鲤村，尝号九鲤散人。遭乱，徙家乌杯溪上，筑三余山馆以居，又自号三余道人。其先数世一身，亦世世为秀才，有诗名。及先生始有兄弟三人，而先生居季，诗名尤著云。先生九龄丧父，孤露能诗，尝于清明日赋《春游芳草地三十章》，遍押上下平韵，出语秀丽，大惊其邑人。代兄为童子师，年十六游学霞浦，肄业省立第三初级中学，毕业后入福州理工高级中学，逾年往北平入中国大学预科习文学，又二年毕业，年二十有二，婚于霞浦王氏。继入原校本科国学系，肄业四年而学成。在其大学时，即受安徽中学之聘，主国文讲席，有声名。及毕业，迭主嵩云燕冀春期各中学讲席，期年，冀察政务委员会考选大学毕业生，以甲等第七名中选。胶西柯公，先生受业师也，长察哈尔教育厅遂延为记室，兼主张家口省立师范学校国文讲席、小学教员训练班导师，并为察哈尔日报社、塞锋杂志社长期撰稿。于是塞上人士无不知有先生。卢沟桥变起，张垣沦陷，先生挈妻孥奔怀安，遭敌军搜掠，财物尽失，且殇其少子，居数月，赖门人馈养。其冬夏至北平，塞外寒荒，而先生暴霜露，窜荆棘，颠沛流离，肺疾从此作矣。旋受母校之聘，为国学系讲师，不幸殇其长子，夫人及从子又善病，先生于邑疾愈益深。门弟子助以资斧，始得南旋调养，疾渐有瘳。于时霞浦、福鼎两县，先后成立中学，咸欲借重，先生往来于其间者几一岁。永定曾君建平主霞浦县政，重先生名，礼延入幕，未几辞去，而省政干团聘先生为教师，遂来三元。本校成立始，从唐校长翼冲之聘任国文讲师。两年之间，先生虽抱恙在身而神志不衰，讲授著作未尝或息，不意又遭一女一兄之丧。去夏五月，祖太夫人弃养，闻耗奔丧，哀毁骨立，咳血危殆然。同学犹日夜望先生痊愈复来，唐校长亦晋先生为副教授并给假休养，而卒莫治，以今岁三月二日病殁乌杯故里，年仅三十有四。呜呼，惜哉！先生少所著诗文，经乱丧佚。北学后乃刊《吟草》于张垣，并附文录、词录为一卷，所谓《北游吟草》者也。在中国大学任教时，成《张氏词选校注》四卷、《作诗法讲义》两卷、《平范》一卷，归闽后又编纂《闽东诗钞》十余卷、《三余山馆诗话》一卷、《霍童倡和诗》一卷，及来本校又纂辑《文字音韵学》一卷，其他杂著未成者尚有《说文札记》《读史随笔》等若干卷。

　　始先生在北平受业于行唐尚节之、桐城马岵庭、霸高阆仙、歙吴检斋、武陵余季豫、盐城孙蜀丞诸大师之门，咸目先生为异才，谓其诗成足矫闽派之弊。今观先生集中诸作，藻采华赡，而长篇排律典切精深，阴阳开阖，吞吐万状，虽当世老宿亦莫之过。使天假之年，则其所自成就与其所以嘉惠我后学者岂可量哉！今也山梁颓坏，同门之士罔不悲痛。谨择五月三十日上午九时在本校大礼堂开会追悼。敬乞海内贤达锡以铭诔，俾先生殁且不朽，得以无恨于九泉，亦我及门诸弟子之所深幸感者也。

中华民国三十二年五月□日

福建省立师范专科学校全体学生谨启

其三　诗人杜悦鸣衣冠冢铭并序

　　霞浦东郊华盖山下建善禅寺，诗人杜悦鸣所尝吟眺者也。悦鸣既殁，其师友与其门人弟子敛其衣冠葬于寺旁，嘱余序而铭之。谨按，悦鸣讳琨，福鼎杜氏。父讳慕莲，邑庠生，著《含翠楼诗存》行世。仲兄柳坡亦诗。悦鸣少年时赋《游春词三十章》，遍押上下平韵，出语秀丽，为其邑长老所惊。其后，来学霞浦者，三载肄业，会城者一期，又北走燕京有大学，凡七年学成。而之塞上教授于万全者一年有半。又西避兵乱一载于怀安，乱稍定，复归北平，为讲师者两年。婴疾南归，复教授于永安、南平，比三岁而疾，遂以不起。此二十年间，悦鸣踪迹遍历闽、浙、苏、皖、冀、鲁、晋、察各地，南北万有余里，览其山川景物，交其贤豪长者，又时际屯否，干戈云攘，感旧怀今，抚时伤乱，慨然有作，一寄于诗。故其诗开阖动荡，驱涛涌云，有吞吐乾坤，睥睨一世之概，非复若少年所作，徒以清逸超妙胜矣。奈何天不假年，春秋仅三十有四而终。宁不重可哀哉！悦鸣之归养病也，释碧淞与之交甚厚，冢之成，碧淞犹有力焉。悦鸣所著，其先刊行者有《北游吟草》《闽东诗钞》《霍童倡和诗》《作诗法讲义》，尚有《张氏词选校注》《三余山馆诗话》《平范》《说文札记》《读史随笔》等未刊，稿藏于家。若其世次仕履与其教泽之及于人交游之著于世者，已详行唐尚先生所撰墓志及余所为行状，此不悉著。乜其诗名，铭曰：华盖之巍也，神之归也，萧寺其幽也，魂其游也。日乎，月乎，奄出没乎？风乎，露乎，溘朝暮乎？长松高揖，仪君屹立。曲涧清音，思君行吟。饬此幽堂，置之冠裳。以烝以尝，式翱式翔。

中华民国三十三年九月
同学弟霞浦黄寿祺谨撰

其四　杜柳坡传

柳坡姓杜氏，讳榆，余友悦鸣之仲兄也，父桂五先生，有《含翠楼诗存》，余既为之跋矣。悦鸣与余交契垂二十年，同游迈万里，以文章道义相砥砺，世徒知悦鸣之积学能诗，而不知柳坡之亦能也。

柳坡少孤露，伯兄楚楠授之读，稍长，游学霞浦，肄业近圣小学，校业毕，游会城，学于西湖农林学校。未几兵乱，遂归故里，又迭遭匪祸，田园庐舍悉沦没，与楚楠挈妻孥避于霞城。乱稍定，欲归里，规复旧业，营建新屋，不意又闻匪警惊扰，时露宿窜伏于莽密箐间，竟得寒疾，十日而殁，年仅四十有一耳！柳坡之殁，悦鸣在南平闻之悲悼，寝疾归里，逾年亦殁。

殁后三月，余自南平归，唁其家，检其兄弟遗稿，乃得柳坡所为诗钞。其诗清逸超妙不如悦鸣，而典切工律悦鸣亦有所弗及，徒以叠遭祸乱，伏居里闬，不得若悦鸣之远游广交以恢其识度，宏其声气，故名乃不若厥弟之著。惜哉！惜哉！悦鸣尝纂《闽东诗钞》，而吾郡先正之遗稿，大抵皆柳坡所手辑者也，细字密书，圆匀工整，积数十巨册，高可逾案，其劬学亦可知矣。

妻吴氏，继室朱氏，子家淞、家夏、家祚，女秀琴。

又挽歌曰：

昔我北去，子送以歌。今我南归，子殁山阿。言念良朋，伤如之何？寤寐无为，涕泗滂沱。

中华民国三十三年九月十日

弟霞浦黄寿祺谨撰

其五　杜柳坡、杜悦鸣遗作
及其师友诗评、诗序

含翠楼八景诗

杜柳坡

余家有二楼，襟山带水，修竹长松，森罗于外。六七月至，林声与溪声习习相应。先君子额曰含翠，且示云：含翠犹言含英，义取乎蓄德能文，杰其人以灵其地也。吁今而痛杯棬矣。余生不才，长而失学，频年株守，树立毫无。今又适天人大变，世俗浇漓，为郁郁者久之，登斯晴窗展卷，喜山水有足舒鄙怀者，缀为八景，各以七截俚语系之。

马鞍拱翠

隐隐追风势欲腾，方春草木秀鬅鬙。

天根一鼓雷鸣后，可有仙人揽辔登。

猴石眠云

诗成无事每凭轩，一石如猴对户蹲。

笑煞山公何用术，栖迟千古挂云根。

辕门枫色

野烟初起日初残，零碎风光傍晚看。

绝好辕门秋欲半，一林枫叶望成丹。

南岭农歌

千山积翠菜花黄，坐对南畦看插秧。

趁有好风溪上过，农歌入耳韵悠扬。

金龟夕照

一团斜覆翠微巅，名号金龟自古传。

好个锦文残照里，分明出水薄云天。

石涧飞泉

古木槎枒一线天，飞泉挂下水珠帘。

清流莫向江干住，致有尘嚣汙耳边。

春晓画眉

恼人天气起来迟，趁晓娇声到画眉。

叫破吟魂春不住，碧桃花下立多时。

秋深蟋蟀

寂寂山房一水天，月明无语自参禅。

剧怜促织空阶下，惹得秋声思悄然。

立春放歌

杜柳坡

新春六日五风雨，飒飒沉沉满庭户。客思纤绵感不胜，寓斋长日酒为伍。醉时僵卧醒时歌，放眼乾坤无净土。流寓他乡年复年，仲宣亦忘无家苦。我本城南子固杜，有唐乔迁乌杯聚。绿水青山耕凿便，弓冶相承八百武。一朝小丑弄潢池，胜地凭将劫火补。平居华屋变丘墟，祖泽长埋恨谁数！相望芳草长离离，风雨空山山鬼舞。半篱明月乌夜啼，三径秋风花无主。唯余一水碧潾潾，晨夕滩头鸟咽吐。丧乱何堪此水同，故山回首痛增愈，感乱伤离情脉脉，三载松城曾泛宅，绿杨春并一家春，一室团圆欢晨夕。不期噩耗自天来，倭贼吴江边塞迫。轰飞炮火神鬼惊，大地为炉天为赤。百万生灵罗酷凶，如山白骨路傍积。山河莽莽扯破余，正恐孤城亦遭逆。仓皇眷属纷纷奔，霞东东有后阳村，主人好客今平原，呵寒送暖两情敦。客至如归乐可言，客中有酒日温存。借酒浇愁不厌烦，爱托鸾笺纤手擘，浩歌直到月黄昏。

九鲤溪用东坡百步洪韵

杜　琨

忆昔青溪泛绿波，飘飘竹筏如轻梭。溪回山促百川合，急流乱石相挝磨。水师使篙如舞戟，轻筏下驰如跳坡。目眩耳震山涧雨，生倾众乱风中荷。一篙电掣庆脱险，怒沫千点成漩涡。平川既决澄江静，水天一色明秋河。游鳞泼剌鸥鸟没，凉飔习习吹轻罗。回视云烟来径绝，峰峦起伏驰明驼。一自风尘寄京洛，十年此景犹委蛇。况复河山烽火劫，千里赤地空巢窠。弟兄南北各星散，百般风月如愁何？安能摇笔三千字，遍和公诗凌寒呵。

癸未元旦漫兴

杜　琨

一

蕾腾病榻初兴日，寥落空山改岁时。赖有痴顽诸子侄，相将排闷强裁诗。

二

痼疾今兹已七年，几多志事付云烟。只余一点痴心在，午夜时时梦九边。

三

乱来朋旧音书断，播越流离尽可哀。喜得汪洋黄叔度，间关万里复归来。

四

师门恩重数槐轩，几度书来寓慰言。解我寂寥增我志，愧无佳句相温存。

五

天涯浪迹任纵横，内顾无忧仗两兄。天也丧余摧仲氏，春风肠断鹧鸪声。

六

　　林峦如雾雨如丝，密密重帘尽日垂。赖有白头慈母在，围炉闲与话儿时。

寄吴茀之先生之遗札

茀之老兄大人尊右：

　　六月底离霞浦城遄返山中，在兹忽旬许，新屋工程尚差三分之二，侄辈年幼，动辄疾病，内外俗务纷至杂来，日无宁静。吾唯冥心冥目以处之耳。暑热早晚扶老携幼，攀谈家常细故。日中则临水渔钓，聊以过日，诚所谓强自作乐也。下年度大略不能出游，期以三五年工夫闲坐家中，看管老少，以助伯氏一臂之劳，俾其能以专心行医，一面完成新屋，以贻后辈立足之地。斯愿一偿，即将云游，坡逝于方外，吾茀之也有慨乎？在霞晤碧淞和尚，甚以得墨宝为荣。此汉殊洒落无俗韵，求之山县中铁铮铮矣。浦江通信否？暑假作画作诗幸有示我，潘天寿君当有通信？不一一肃此。敬请

　　暑安

弟杜琨手肃
七月九日

寄霞浦东郊建善寺碧淞老和尚之遗札

碧淞老和尚清席：

　　空山寂寂，镇日有未与人交一言者。三冬风雪，新春烟雨，吾除闷坐一榻之上，或饭后睡前炽一红炉，邀老母孤侄谈谈闹闹，真是学小猫一动不动也。

　　上人学猫，可以看鼠，吾则不能如何如何，一笑。病态日渐

减除，肌肉亦见丰厚，春暖后可以健复。此次之病，为七年来所未经。亦有一好处，不耐久思，不能阅读。此心已与时俗相等，只求苟活于乱世，不思成名于渺茫。庶几具可保身家乎？春笋万竿将破石而出，李亦跃跃欲花。以之谋利，则管理不及（竹李山场在九鲤故厝，相去五六里），未免不快。以之行乐，看花觅笋，颇有佳趣。惜吾足力尚不胜此，只得以作一预算耳。春来作何消遣？曾否出游半山半郭半市半村神仙福地？唯有仙骨福人得以久享山水真乐。吾下世若见老阎王，第一要求拨生名山大都之间也，再笑。久别信笔以代面叙不一，此请

新年快乐

杜琨手肃

元月十二日

临殁上尚节之先生书

夫子大人尊鉴：

还山养疴忽忽五载，病势日益增加。知夫子注念，未敢一一奉闻。去春由之六转来手书，辱唁二兄之丧。去秋又承远锡祖母挽章，都未一言上答，唯有北望饮泣耳。入春以来，病势日增。兹已下身不举，自分余日无多，特语家兄代作此书，以告永诀。使死犹有如灵魂之说有征，夜台之景无幻，则相见或有日，报恩或有时也。死生有数，命不可争。唯夫子勿用戚戚为幸！《闽东诗钞》未行续刊，先父先兄诗稿未及校定付印，为恨殊多。已另托之六矣。专此上叩！

福安

学生杜琨二月廿八倚枕签名

临殁与黄之六先生兼致意唐校长郑荫庐吴茀之包笠山张永明诸先生书

之六足下：

病势突变，下身全部失知觉，行将与足下永别矣！生老死休于吾心毫无戚戚，唯《闽东诗钞》及先父兄诗稿未及全部付印为恨良多！全以奉托足下矣！尚师处已有函告，荫庐诸人踪迹疏阔，茀之、永明、翼冲、笠山诸君恕体力不支，诸唯足下代为致意。

十年前燕市酣歌，九边走马，是俱何意气！今至于此时也，命也，夫复何言?！此请

讲安

杜琨谨肃二月廿八日倚枕签名

福建师专全体员生祭杜悦鸣先生文

维中华民国三十二年六月十三日，福建省立师范专科学校校长唐守谦率全体员生，谨以香花之仪，敬祭于故教授杜悦鸣先生之灵曰：

左海飞涛，天风壮阔，竺生英豪，俦与挺拔。呜呼！杜君幼穆且清，球□戛击，既以诗鸣，□楠其材，瑚琏其器，呕心索肠，胡吝其至！妙年北行，补被奚囊，有典有则，蜚声上□。荒寒边徼，雄关凭吊。落日堂堂，倚剑长啸。顾盼中原，铁骑云屯，堕坚履险，寇在我垣，身际艰危，怆志□□，穷塞无依，□兹流离。□挈妻孥，跄踉南归，黉舍横经，流光弹指。九峰苍苍，延平故里，闵凶迭至，我心伤悲。渐去讲肆，病骨如摧，乌杯溪上，怀哉君子。天不怜遗，吾道之否。芳草萋萋，仓庚喈喈，清明陇陌，魂乎归来，呜呼哀哉尚飨。

其六　挽杜悦鸣先生诗联

一

下岭毗邻上吉山，双斋只隔水盈湾。谭诗旧雨兼新雨，往事如烟不可攀。春尽鹃声听水南，客怀撩乱我何堪！诗人如此终黄土，写入哀词哭杜三。

上杭包树棠笠山

二

前岁哭君出误闻，岂期今日又哭君！能于诗界开疆土，更向榕城避世氛。天道有时难置信，人生何处不离群？年年寒食江亭路，万里招魂对暮云。

万里归来一卷诗，心肝呕尽少人知，诗钞独冠谢皋羽，学派能传尚节之。何世始教生意满，此行长恨报书迟，安溪试馆曾相送，犹忆槐轩偶语时。

富平计照闇修

三

君禀性和霭，不应壮年逝，生死固寻常，可惜未展志！著述虽脱稿，何时见诸世，杜黄郑同盟，历历前日事，往年同客燕，朝夕常相萃，谈笑风趣生，亲爱若兄弟，或联咏新诗，或同游古寺，谈论空古今，苍茫何有际？不期劳燕飞，南北各分辔，君作塞上行，我归淮南地，君病子夭殇，我闻不能瘵，及君反闽峤，犹寄相思字，以为会有期，凶讯遽尔至，何以慰平生？何以酬素志？哭君惜君才，岂同儿女泪，引领望东闽，万里空遥祭，高堂有白发，后嗣谁承继？妻衰兄又病，九泉安能慰，幸有忠义友，托孤黄子寄。

凤阳郑松森荫庐

四

是当代良师胡一声归返故乡去不复来致予怅望江天黄泉永诀
为吾党健将仅数载栽培后进功犹未竟遽尔悲歌薤露绛帐空垂

莆田唐守谦

五

诗画有前缘霞岭初逢便许山川同臭味
音容犹昨日剑津小别争堪生死论交情

浦江吴第之

六

燕市托悲歌纪曾万里同游奚囊归去怜诗卷
豫章传噩耗恨未兼程凭吊落月凄清感屋梁

武平张永明

七、挽诗

文章传正轨，冰雪擅聪明。妙道从心悟，新诗脱手成。子安终短命，长吉枉蜚声。初抱鸰原痛，旋闻□鸟鸣。苍茫隔云海，摇曳想铭旌。岂果修文缺，仙台伴乃兄。

得悦鸣赴，既为诗哭，后之六复寄悦鸣易簀前二日与我永诀书，读之不觉失声，复哭以长句：

（一）

开缄不觉涕纵横，报道吾将撒手行。倚枕作书成永诀，题名署日俨平生。扶床遥洒天南泪，共语真闻梦里声。（书云：使死而有知，必能相见。未得赴前，某夜果梦君与之六集槐轩）辛卯岁终篇什在，从今险韵更谁赓？（余辛卯岁诗。每值年终，同人用其韵唱和。余叠至五六次，窘不再为。君则叠此韵至十二次不懈）

（二）

老眼能储泪几多？不图一霎洒滂沱。吾非子恸而谁为？天与人违奈尔何！万里还乡空讲学，两年出塞但悲歌。东风向晚偏堪恨，吹去吟魂入大罗。

（三）

才失童乌又鹡鸰，解愁曾劝诵金经。太玄字检杨雄宅，春草诗寻谢客庭。尚剩遗书传宁馨，独怜大被叹零丁。伤心最是西山日，修夜泉台目怎瞑？

（四）

迷朦一梦欠分明，累月无音意已惊。遂使俊才从此逝，不知造物为何生？清凉果少吾侪地（君曩在余家，每夜倾谈，五月中旬庭无热气，语余曰："此一片清凉庭地也，不可使襁褓子知之。"），寂寞遑论日后名。斜柳飞花寒食节，乱山啼断子规声。

北平尚秉和节之

八、悼杜琨学兄

韩门十载业精勤，翱溉同时并不群。南下名声腾左海，北征词赋动燕云。呕残古锦先贻我，瘦似枯枝每念君。今后延津风雨夜，鸡鸣有友共谁闻？

宁德郑宗霖守堪

其七　黄寿祺与杜悦鸣

黄寿祺，字之六，号六庵，一度自号巢孙。霞浦县盐田人，民国元年生于清末秀才家庭，曾任福建师范大学教授、副校长，著名易学专家。杜悦鸣，字琨，福鼎人氏，长黄寿祺两岁，是黄寿祺民国十七年（1928）在省立福州第一高级中学第一分校（后改名理工中学）的一位有才华的同学。

民国十八年，黄寿祺考入北平私立中国大学文学预科（后升入本科国学系），起先杜悦鸣没能与他同时升入北平私立中国大学，使他十分挂念，他在《北学集·怀杜悦鸣》一诗中写道：

怅望天涯孤鸟飞，阶余闲步雨霏霏。

八闽山色应如旧，草绿江南待我归。

接着，黄寿祺因收到杜悦鸣著《永嘉游稿》而喜出望外，由衷赞赏，又作《读悦鸣〈永嘉游稿〉》：

吾友家世杜陵推，百篇诗作水云媒。

峻若山岳之崔巍，健若霜雪之松梅。

赐也何敢望颜回，空自低徊紫禁隈。

他为杜悦鸣的成就而喜悦并引以为骄傲，真诚地把杜悦鸣比作孔子的得意门生颜回，而自己甘比子贡。

后来黄杜终于启程同去北京求学，不料，在漫长艰苦的旅途中，杜悦鸣罹患重病，幸有黄寿祺一路悉心照顾，端屎端尿，最终才能平安抵京。当杜悦鸣身体康复之后，黄寿祺又邀朋呼友陪他游览大钟寺、西直门城楼，使杜悦鸣迅速走出疾病的阴影，享受来到燕京的开心。

转瞬毕业，为各自的前程他们不得已又要分手。黄寿祺依依不舍地写下《别悦鸣》：

五岭杨梅熟，三山荔子红。

故园人喜雨，征棹客愁风。

此去何时回，从游十年间。

八闽虽可乐，能不忆燕中？

1942 年除夕之夜，他又作《除夜有怀悦鸣次前韵》：

除夜四君意万千，消愁酒费杖头钱。

凤城山色乌溪月，何日寻春共刺船？

接着，他们一起受聘福建省立师范专科学校任文史地科国文副教授。可是，还等不及庆贺重逢，杜悦鸣就不幸辞世。困于山路阻隔，赶不上与老友诀别，黄寿祺只能来到停棺处，抚棺痛哭：

有恨随秋至，无魂入梦来。

抚棺一洒泪，欲去首频回。

——《别悦鸣权厝》

当大年之夜来临，黄寿祺还沉浸在痛苦的缅怀之中：

去年除夕记相思，曾寄平安七字诗。

今又岁终君竟去，招魂无处雨如丝。

——《除夜有怀亡友悦鸣》

据《霞浦文史资料》（孔庆荣文）载，之后黄寿祺为亡友悦鸣办了后事，并一直资助其遗属的生活。

40 年后（1983），黄寿祺赴北京重游白云观陶然亭时，还触景生情回想当年亡友杜悦鸣在此有题壁诗，潢川孙海波为篆书，悲从中来，乃作《华庐集·筱婧以游陶然亭诗见示，促余有作，勉成一律答之》：

陶然亭畔吟诗去，何意寻诗半句无。

未是风光今逊昔，只缘才思老弥枯。

漫嗟杜季留题壁，长记林翁饯别图。

莫笑仙凡同一概，茫茫宇宙本熔炉。

周翼臣先生家传

自仲尼教必孳孳于为仁，而要其归，则以孝悌为之本。居今之世，求其无愧于父子兄弟之伦者有几？吾传周翼臣先生，为之感喟不置焉！

先生讳之勋，翼臣其号也。先世故家周墩，清康熙间自周墩迁福鼎湖林村，遂为福鼎人。厥考允三公武生（周氏十九世祖天长，字善久，号允三，清禀生，咸丰庚申年蒙徐宗师取进县学第八名），人善好施，为乡里所钦，有子四人，先生居三。

先生幼好读书，长从王绍纶前辈游，王甚期许之。然初试为售，继丁父艰，卒不得如志，例贡成均，天性至孝。允三公尝抱疴，一夕，神情恍惚，掉入山中不返。先生独身入山，深夜无灯无月，间关踣顿，踪迹殆遍，无所遇，恐堕危崖，饱虎狼腹，彷徨四顾，见有持灯者施施来，先生大声呼，及近，始知族人某亦追踪至，天曙始得见，相扶以归，自是厚遇族人某，至老弗衰。常流涕述其事，闻者莫不凄然泪下。待兄弟亦友爱，逾恒雍然、怡怡然，罔有间言。呜呼，孝悌者人伦之本也，自非孝之说兴，而吾国夷伦日以泯没，先生之庸德庸行，洵足挽叔世之颓风哉！

民国元年，磻溪区自治会成立，先生被公举为区议员，旋任十二都公益社社长，举凡地方兴革，坐言起行，不遗余力。湖林小学，先生所创立也，首揭"敦行、孝悌、进德、修业"为宗旨。

先生慷慨乐易，持躬接物，蔼然可亲，乡人皆目为长者。里有纷争亦必待先生一言以解，又鲁连之流亚也。处亲邻宗族缓急相通，每遇荒岁，罄所蓄平价以粜，按户口分给，近乡无艰食者。其追远之足称者曰：建宗祠，修家乘；其公益之最著者曰：兴建磻溪双溪口桥，磻溪岭新亭等，其他不可殚兴。呜呼！孟子称孳孳为善者舜之徒，先生可谓尽孝尽善矣！

先生六旬双寿时，吾师遁庐老人周梦虞先生赠以联云："兴学校建宗祧善举累累问谁克相夫子？蕃儿孙毕婚嫁吉祥止止自应永享遐龄。"盖实录也。

先生生于清同治辛未年二月二十五日，以民国二十五年九月二十四日卒，享寿六十有六。二十九年冬，安葬于十二三都茶洋村水竹里，乡人皆思悼之。德配林夫人，贤淑有德，克守先生遗型，当七十寿辰，国民政府主席林森题赠"萱闱辑庆"四字，乡人荣之。生子五：长克熊、次克瑜、三克琛、四克铦（又名南，字锐生，品学纯懿，工诗，与剑舟友善，历任本县二、四两区区长，著有贤声，现任县民众教育馆馆长及县参议员）、五克任，生女三：适杜、适谢、适林。孙男十六人，品光及媳谢招治、宏光、桐光等皆为余及门弟子，均崭然露头角，非所谓有孝有德，保我后生者欤！

论曰：余生也晚，未与先生谋面。惟时于锐生寓庐见先生遗像，其容貌温然，其德粹然，望而知为君子人也。今岁十月，锐生持状来请为传。余维天之所以报人者惟其仁也孝也，人所以感天者惟其孝也仁也，仁孝之道固足以善国性而挽人心。余传先生之行，不拾撷其琐屑，特书其荦荦大者，俾世有所劝焉。

中华民国三十六年十月
福鼎市文献委员会首席委员修志局总纂
世愚侄卓剑舟顿首拜撰

忆周梦虞、周梦庄两位老师

方　正

周梦虞老师字桐崖，号遁庵，署其居曰遁庐，晚年又号遁叟。本县秦屿镇人。清季副贡生，历任桐山书院山长，县立第一高等学堂堂长，省立第三中学校长；后致力地方志乘编修，任县修志局总纂，复被推崇为私立北岭中学董事会名誉董事长。著有《绿满窗诗草》行世，尚有《遁庐诗文集》《北岭文献搜遗》以及散佚诗文杂著若干，未及印行。卒于1940年冬，享年七十有五。其弟梦庄老师字敬生，号蝶塍，额其寓曰容庐。清季秀才，执教于县第一、二高等学堂，后任县修志局编纂，晚年寓居桐山、硖门等地，设塾授徒，并继续从事县志编修工作。著有《容庐诗文稿》《容庐杂著录》，均未及付梓，而于1938年秋卒，享年七十岁。

二周道德文章，夙为大家推重，大周名望尤著，本县暨邻邑的许多知名前辈，多出其门。我有幸在1935年至1940年间，先后忝列二周之门，亲聆教诲，获益良多。当时，二周俱已晚年，遁师形容清癯，情耽静适，出言讷讷；敬师貌稍丰润，声咳洪亮，善于雅谑；皆中等身材，背微伛，步履稳健，举止斯文。他们的著作，我本来藏有《绿满窗诗草》印本及其部分诗文的手抄本，可惜在十年浩劫中散佚净尽。下面文中所引他们的著作，都是凭我记忆的记述。

1935年新春，敬师举家迁寓桐山十字街王宅，即在宅中设塾授徒，人争入学。学生按程度分组授课。他注重品德教育，教育学生读书，明理，做人。对程度较高者，选授内容多是经史子集之中有代表性的作品，尤喜选授反映民族气节、高尚情操的诗文。他讲解起来，感情充沛，富有表情，更助之以手势，还不时旁征博引，插入有关材料。讲到兴酣，往往掩卷高声朗读，声韵铿锵，引得许多邻人围观旁听。我们受到熏陶，由衷地景仰，在课后，自然而然熟读背诵。

抗日战争开始，敬师心情十分激动。他给学生习作命题，多与抗战有关。有一次，他以"国家"二字为诗眼，让我们练习诗钟（七五）创作，他自己也动笔。1937 年冬，本县各界征募寒衣，慰劳前方抗日战士，举办书画展览。敬师题一联："烽烟惨淡连三月，刀尺辛勤到五更。"有一天上午，他对我说起他昨夜的梦境。他说，他梦见日寇杀死他的家小，持刀威胁他下船，他怒斥说："国破家亡，不死何待！"

1938 年春，我在霞浦念书，他来信勖勉我：抗战时期，远道求学（当时没有公路，要跋涉两天半路程），艰苦可知，务宜奋志读书，学成报国，以副亲人师友之望云云。惭愧得很，我至今庸庸碌碌，甚负老师所望！

敬师寓居桐山的那几年，家中食指浩繁，生计艰难。有个为富不仁的人，用厚礼求他写谀墓诗文，他毅然拒绝了，却宁愿让自己的幼子、长孙，课余穿街走巷，叫卖瓜果、石螺，挣得蝇头微利，以助家庭生活。在当时，沿街叫卖是书香子弟所羞的，但他甘冒不韪，而毅然不受为富不仁者的厚礼，这是多么难能可贵啊！

他藜藿自甘，不改其乐，自题厨房云："大烹甘腐瓜茄菜，高会荆妻儿女孙。"然而，现实的贫困生活又时刻困扰着他，不能不使他在《冬夜偶成》里发出"生涯全仗一枝笔，往事空谈百尺楼"的感叹！这种感慨，他早就存在。早在他的学生林子珍赴江西当承审员的时候，他送别云："今夕一樽酒，明朝万里船。他乡应忆我，白发尚青毡！"甚至在《赠僧智水》诗中有"我发已全削，蒲团许坐否"之句。当然，这是他受贫困所迫的一时牢骚戏语。据我所知，他这位德高望重的长者，晚年的思想言行并没有"照见五蕴皆空"。

遁师热心桑梓教育事业，晚年家居，曾数度奔走呼吁为本县筹办中学，均未有结果。1938 年，本县私立北岭中学（即今福鼎一中前身）创建，公推遁师为校董事会名誉董事长。多年夙愿，成为现实，老人欣慰之至。翌年春暖，他晋城莅校视察，会见全校师生，讲《论语·问仁》章，恳挚致辞，勉勖备至，并赋诗以纪其事。

二周兄弟友于甚笃。遁师晚年家道堪温饱，萦怀其弟，却又无力资助。尝于敬师生日，自秦屿寄诗桐山云："小楼六月海风寒，早把诗瓢茗碗安。倘得一樽暂相对，子由生日亦吾欢。""……思君原是归来好，又恐归来生计艰。"敬师 1938 年春迁归故里，老兄弟小楼聚首，杯酒欢谈，其乐可知。期间敬师曾向其兄问起我的情况。是年秋，敬师溘逝。翌年春，遁师晋城，寓桐南客栈。我父亲方作桢公带领着我去谒见他。（我父亲是他的学生）他乍见到我，神气凄然，继而转喜，亲切垂询，晤谈良久。我们随即陪侍他访问敬师当年旧寓，他看到厨房楹上敬师的遗墨犹在，伫立吟诵，叹息不已。随后，他有句云："余季当年设绛帷，至今宿草系人思，及乌倍见屋能爱，宾榻殷勤下拜时。"我将旁侍敬师的合影请他观看，他题云："又是春残花落晨，回头宾馆易伤神。师生授受浑如梦，尚认庐山面目真。"其爱屋及乌之情溢于言表。从此，我和他书信往来，他给我指导阅读，解答疑难，批改诗文，直到逝世前一月为止。

遁师晚岁家居，与里中诸老结"老人会"，每月聚会吟咏；复与江苏等省的几位诗坛老辈（忘其姓氏）神交，互相唱和，结文字缘，其忧国忧民之情，时见诗作之中。

1940 年冬，遁师病笃，弥留之际，嘱其子孙："抗战必胜，但限我不及见。陆放翁诗'王师北定中原日，家祭毋忘告乃翁'，你们要仿此办理。"

二周治学严谨，教学认真细致，善于愤悱启发。记得敬师告诉我，他们兄弟少时，父亲督课甚严，大年初一就要他们"开笔大吉"。他们每天"三更灯火五更鸡"，成了习惯，到年老家居，还是如此。他们年少时候，除了读经书，学八股，这些"正课"之外，还要博览史集，每日各自抄录史料典故三则，贴在书房墙上，"正课"之余，共同观摩熟记。每五日互相考问一次，都熟记的，就撕下；若有一人记不熟，那就保留到下一次再考问。因此，两位老师的历史知识很是渊博，写作、讲课、批改作业，典故史实俯拾即是，连时间地点都记得清清楚楚。但他们并不自满，稍有不清，即勤于翻阅，从不肯轻易放过。

有一次，我习作中引用了长生殿故事，当时年少无知，又不查书，就率尔写成开元年间的事情。遁师看了，给我来书指出："故事是在'天宝'年间。读书须到细处，有疑即应检书。"这不仅说明他自己博闻强记，更重要的是教育我"读书须到细处，有疑即应检书"。这个教导给我的以后学习受益无穷。

二周虽都"八股"出身，但都反对"八股"。攻读古诗文，又不拘泥于古。这一特点，敬师尤为突出。他常诉说"八股"之苦，科举之害。他说他"会试"出场时，连裤带都可以捻出汗水来，结果还是名落孙山！说着说着，他苦涩地一笑。他教我写作诗文，贵在不落古人窠臼，特别是咏史咏物之作，要有新意。我曾以《七夕》为题，习作呈阅，他把我的诗中两句修改成为："人间争乞天孙巧，我笑天孙盖世痴。"启发我开拓新的思路，不要局限于一般的儿女之情。1940年春初，我把《将之翁江读书留别诸友》的习作，呈与遁师批改。他回信，肯定了这首习作别开境界，说了过奖的话，鼓励我努力不懈，以期登堂入室。并且用我原韵和了我一首："王孙道上草离离，小巽春波初涨时。我欲从之寒意重，烟花三月与为期。"

两位老师就是这样教育我的。

周梦虞、梦庄老师，他们逝世已半个世纪了，而他们在我心中，音容宛在，教诲犹存。所愧的是，我这个不成材的樗栎，不但诗文不能登堂入室，连习作也早已丢了；唯一可以安慰两位老师于九泉的，只是继续他们的遗志，当了四十五年不大称职的教师而已。

愿两位老师永远安息吧！

（本文作者系福鼎老教育家，桐山小学、福鼎第一中学语文教员）

追念乡先辈周梦虞先生

丁梅薰

　　福鼎地处闽东，承袭海滨邹鲁之遗风，自满清末叶以迄民国初年，文风颇盛，人文荟萃，知名文士不鲜。其间以道德文章著称，而且终生献身于教育文化事业者，厥惟周梦虞先生。先生字桐崖，别号遁庵，福鼎秦屿镇人。天赋甚高，颖悟强记，清光绪年间应乡试中副举人。性沉静，寡言笑，终日书卷不释手，为诗文词典瞻赅博，不落恒蹊，邑中文艺界推为泰斗。

　　曾任桐山书院山长。洎制科废止，厕身新学界，出长县教育局，并历办中小学有年，诲人孜孜不倦，学者宗之。尤其任省立第三中学校长时，延聘闽东饱学重道之士如游学诚、何继英、陈骏基、林家凤、杨绍棠等为教员，故当时文风之盛与学风之佳，为全闽各学校所仅见。因而芬芳桃李遍及闽东各县。箐莪养士，械楼作人，瘁其毕生心力献身于教育事业，诚足称道。至其性癖则外柔内刚，遇有裨于社会事宜，每不计个人利害，悉心以赴，甲寅岁因清算学款事，与县官争执甚烈，被诬详解省系狱，旋经国会议员朱腾芬等主持公道，为之辩白，得以恢复自由。故其事后咏诗感怀有"浃辰缧绁羁公冶，旁午谗言中郭开"之句。为维护地方利益，不惜直言贾祸，殊非一般怯懦书生所能为者。先生晚年续修福鼎县志，以竟事功。并著有《绿满窗诗草》《遁庐文集》《北岭文献搜遗》等。于民国二十九年十二月十五日病逝，享年七十有五。其遗嘱有云："头可断，身可死，汉奸断不可为，抗战必胜，建国必成，但恨余不能及见。昔陆放翁云：'王师北定中原日，家祭毋忘告乃翁。'你等须仿照办理为要。"读之尤见此老国家民族观念至死不渝，允为后辈楷模。福鼎县长邓宗海挽以联云：“平昔有姚惜抱精神，考献徵文，不愧斫轮老手；弥留撼陆放翁诗句，励孙勉子，足见爱国热心。”盖纪实也。

　　先生所著《绿满窗诗草》，有诗百余首，其中最有关于地方文献者，其惟福鼎县名辨讹诗。兹略加申述，以资研究。本会讯第一期宁古先生所写《太姥忆旧》谓福鼎系清乾隆四年开县，关于县名的来源，根据福宁府志及福鼎县志所载系由福鼎山而得名。福鼎山原来出自浙江平阳，亦作“覆鼎山”，位于蒲门乡赤溪附近。但先生为福鼎县志最后主修者，认为旧志所载纯属讹误，渠谓浙平境内只有“鹤顶山”，并无“覆鼎山”，覆鼎系福鼎境内之太姥山最高峰——摩霄峰，峰之状如覆釜，“覆”“福”同音，“釜”即“鼎”也，乃以此山之主峰为新县县名。清著名文士、《迂园阔谈》一书之作者江璞岩即指出福鼎县名取自平阳鹤顶山之误。故周咏县名辨讹诗四律予以翻案，附录原诗，藉供研读：

一

　　　他山借助果何缘，讹以传讹二百年。
　　　取义牺经犹近理，谐声鹤顶太从权！
　　　此疆彼界须分别，李戴张冠笑倒颠。
　　　记得前修曾告我，定名原在姥峰巅。

二

　　　考献徵文此最先，顿翻成案讵徒然。
　　　阔谈曾采迂园语，恨事难搜吉老编。
　　　大错那堪同铁铸，国门敢讽可金悬。
　　　表章还仗词人笔，好与千秋万口传。

三

　　　飞来题句记前缘，弹指游踪四十年。
　　　定鼎终须随地势，移山底事假神权。

强邻侵界杜宜渐，贤者归宗喜欲颠。

人事参稽同一理，吟魂梦绕姥峰巅。

四

卷石胚胎浑沌先，昆蒲霁雪景当然。

占星或混牛女度，划境早区闽浙编。

那有仙人将地缩，任他辨口似河悬。

分明风马不相及，夏记王诗笑浪传。

（本文作者系前福鼎县县长、旅台福鼎同乡会首任会长）

福建省立第三中学旧制第十三班
同级录序

序　一

　　毕业同学录，谱名贯示不忘也，其有序重纪念也，而诸生离校，志殊趋异，各事其事，数年相见不识。是编之作岂非徒然？余感此，故叙诸生名，为之歌曰：大道其南兮，联柯叶而腾芳。翼宗文而有成兮，叹瀚海之茫茫。猗宗瑗如景岳兮，各就所学以发扬。超与弼筹汉宋之雄兮，舒鸿才而桓桓。启诸生以先烈兮，树勋德而建安。期登峰以造极兮，方不愧为国之屏藩。贻恩泽于千秋百世兮，脍炙人口而薰香。君等固群之骐骥兮，可使我国永龄而富强。胥万邦来朝兮，宗四海而驭八荒。人各有趋向而慎终始兮，他日策功孰可量。本级录之编印重有感于予兮，爰缀姓字以成章。

民国十五年五月十日

福安姜师肱

序　二

　　初吾校属郡立，款出地方。主校务者名曰监督。而以郡太守为总办。修学时间，定以五年，学位列甲等者，奖拔贡。乙丙则分别以优岁出身。班制分为文科、实科，各有主要。唯本校创立最早。省师范人才尚未产出，故所延师资，大约英算聘自教会（指曾从学于格致院者）体操用自营弁。国语借自官幕。其他学科之近于中国文义者，率以国文教员兼之。时校务未甚发达，任此席者只游悟庵先生与余二人。先生并任监督，而图画、算学及博物等科属之。余亦兼史地与法制、财政学及各班修身。此虽新师资未出，抑亦经济艰窘有以使之然也。尔时校权操自官厅。郡太守头脑简单，往往偏重文学。尤注意读经一科。每遇年期考验，国文场必亲临监试。多以经义史论命题，列优等者，特加奖品。此外学科任意增减且有全不设备者。以致第一班修学期满，经府试、省试至七八年始得毕业。其时五邑小学未遍设，中校考生由高小升入者，全校止林生凤元一人，官师视若凤毛，特给馆谷以优待之，此旧式而未易更新之时也。洎自入民国，始有新气象。既废读经，旋消学位，班制不分文实，期限则缩为四年，学科则特聘专门。逐渐改进，日异月新而岁不同，此学制大略更新之又一时也。至民国十三年实行三三制，而中校之学制于以大定。正所谓旧者无失其为旧，新者无失其为新。

余承乏国文席几二十年，皆躬历其境而知之特详。适第十三班旧制诸生以同级录序言为请，故写本校之新旧历史以应之，并供诸生参考，亦不无小补。坡公谓：对新人谈旧事，亦老于职事者之故态，谅哉。至临别赠言，为诸生劝勉之资，是所望于同事之诸君子，不复赘！

民国十五年丙寅岁夏月

何继英

序　　三

春日戴阳，绿满郊野。村民致力农务，若者负，若者耕，若者献秧。日暮归其居，各述所作，嬉笑怒骂，手指口画，有不啻严师友之谆谆诱导者。夫国家一田亩也。各直省学校一储料厂也。学子殚精竭虑，互相启发，村民之嬉笑怒骂，手指口画也。

顾欲使其浩气若翔翥于云汉之表，其才其略，跌宕俊迈而不可以方物，则必验以实事。如农者之坐言起行，深切而著明，始不至陈义芜杂，首尾衡决。故同堂观摩，恒弗若异地规勉，以投身事中，地亲势迫，而有以洞其情伪者也。岁丙寅，第十三班卒业期届，周君锐生、王君兰生，乞予言弁其同级录。考周礼大司徒以土会之法，辨五地物生。诸君去斯而往，庸实学，参实验，行见智识交输。凡百里之风，千里之俗，举合一炉而共治之。是穑是裦，必有丰年。尚所谓镃基待时者，非欤！且学古曰：有获，养气曰：勿助。古人穷经致用，无非借鉴于耕。余与诸君虽未接近，深喜其怀抱利器足以有为于世。爰不揣冒昧，述其近似者以导其行。

时夏历三月二十八日
陈咸熙①

---

① 陈咸熙，字筱游，福鼎磻溪人氏，前清拔贡，著名教育家。曾任福建省第三中学国文教员。闽东名士如黄寿祺、杜星垣、李力功、谢兴国和丁梅薰等皆出其门下。

缘

——写给霞浦一中百年华诞

周朝泉

　　缘分之于人生，是弥足珍贵的。我和霞浦一中，不仅有缘，而且其缘久远矣。

　　我祖籍福鼎，老家在太姥山西麓，与霞浦山水相连。祖母出身书香门第，在我咿呀学语时，就教我诵读《三字经》《千家诗》，待我稍长，就常给我讲前人刻苦好学的故事。四叔公周南先生到福宁府求学的故事更是常讲常新。四叔公他幼时聪颖好学，刻苦勤勉，十几岁时写了不少诗文压在书橱之内。被我大伯公偶然发现，读后喜出望外，便告知我的曾祖父，并建议无论如何也得倾全家之力，送初露才华的四叔公外出求学，否则人才将埋没乡间。曾祖父读了诗文后，自然十分高兴，于是筹集学费送子赴福宁府求学。那时，闽东最高学府当数民间称之为"福宁府中学"的福建省立三中。从福鼎到霞浦有一条官道，从赤溪到水门要翻越一座险峻的山岭，俗称"十三盘"，老家人称之"福宁府岭"。福鼎学生到霞浦求学，民间称之为"爬福宁府岭"，虽然艰苦，却是件很荣耀的事。周南公到福宁府以后，很顺利地考进省立三中，不负父兄所望，学业大有长进，而且造诣颇深。在我读高中时，堂叔把周南公在省立三中期间所作的诗文翻出来让我阅读，以证明我祖母所述不假。其中，有两首七律照录如下：

　　　　民国十三年三中留别，赠如香、兰生、时勉、柳坡、竹庵诸同学。

一

频年笔砚共昏晨，风雨连床契益亲。

交订知心魂梦共，言常逆耳肺肝陈。

无鱼铗愧空弹我，逐鹿竿期一奋身。

莫谓萍踪成偶合，三生石上证前因。

二

凄凉此夜散同群，蜡烛筵前泪几分。

今夕话残寒漏鼓，明朝望断暮江云。

当窗明月为谁主？满树斜阳独忆君！

从此天涯与地角，何时樽酒再论文？

经考证，当时的省立三中乃四年制，不分初高中。全省就那么区区几所，可见其地位之重要。周南公就读中学时所写七律水平之高，正可从一方面证明教育（尤其是国学教育）质量之高。瑞光堂叔还告诉我：著名的易学宗师、福建师范大学中文系教授黄寿祺先生与周南公乃省立三中同窗好友。后来，我有机会在福建师范大学教授公寓拜见黄寿祺先生，问及此事，不禁引发了他的怀旧之情，并向我讲述他与周南公等学友在省立三中时寒窗苦读的往事。在挥毫书赠条幅给我的同时，他还风趣地说："我的毛笔字至今还是在霞浦近圣小学（现实验小学前身）读书练字的水平，而古文则是与你周南公一起在省立三中读中学时打下的基础。"是的，正因为有了当年省立三中的培养和他自己的寒窗苦读，才造就了一代易学宗师。

现在回忆起来，祖母在我儿时把周南公到"福宁府中学"求学当作故事反复讲述，其用意就在于激励我等要像前辈那样从小勤勉好学，用心可谓良苦。也使我在儿时就知道霞浦有这么一所闽东历史上有名的"福宁府中学"。同时也证明霞浦一中及其前身福建省立三中在闽东普通老百姓心目中有着很高的地位，盖因她为闽东培养了一代又一代的有用之材。这乃是我与霞浦一中早年的认知之缘。

60 年代末，我从大学毕业恰又分配到霞浦。其后 70 年代末与同是中学教师的妻子秀钦君一道从霞浦三中奉调霞浦一中任教。于是举家迁入一中校园，一住就是数年。两个女儿剑影、雁影也都先后在霞浦一中就读，而秀钦君原本就是从霞浦一中毕业考入大学的。这样全家都成了霞浦一中的校友。这是我与霞浦一中第二度结缘。此缘可深矣！

数年工作、生活在一中校园里，校园中一楼一室、一草一木都烙在记忆之中。那时校园里还保留着一幢清末民初的旧式教学楼（后来改造成教师宿舍）。早期的朝东旧校门已经用砖堵上了，但造型古朴的门楼仍然耸立着。晨钟暮鼓中我多次来到旧校门门楼前的石板道上伫立凝望，遥想七八十年前周南公和黄寿祺先生们少年时从闽东各县聚集此地，进入这一大门，步入闽东最高学府的情景。

据县志记载，省立三中前身系宁郡中学堂，光绪三十三年（1907 年）从南门钱塘里迁至福宁府旧试院，至民国六年更名为省立三中，至如今的霞浦一中，其校址未变。试院乃清代以前福宁府（州）所属五县学子集中考试的地方，也是封建时代选拔人才的地方，自然人文鼎盛。霞浦一中建校于此，当然就有崇文尚学的风气代代相传。

诚然，时代在发展，试院的旧貌已了无踪迹。就 80 年代霞浦一中的办学规模，培养人才的数量而言，已非旧试院和宁郡中学堂可比。

正当我 80 年代初在霞浦一中任教期间的 1982 年 10 月 23日，恰逢一中建校八十周年庆典。因是改革开放恢复教学秩序的第一次"逢十"校庆，所以盛况空前，有幸作为学校的一员与前辈及后学一道经历这一庆典，不也是缘分吗？

当时我和黄鹤祺、池积礼、黄信祥、张一义等老师一起承担

1983届高二（1）班的教学任务。时逢国家拨乱反正之时，百废待兴，举国上下重视科学教育，教风校风俱佳，学生孜孜求学。虽然该届高中只是两年制，但是毕业生的素质及升学率都很高。让我记忆深刻的是八十周年校庆晚会上，我任教的毕业班学生豪情满怀合唱《年轻的朋友来相会》。每每想起其中的歌词，"再过二十年，我们来相会，举杯赞英雄，光荣属于谁，属于你，属于我，属于八十年代的新一辈"，总有一股激情澎湃胸中。

二十年，弹指一挥间。当年参加八十周年校庆的高中生，如今都成了各行各业的业务骨干，已经是建设新世纪的大有作为的新一辈。如今，霞浦一中迎来她的百年校庆。我和新老校友们以及我家两代人都能一起参加她的盛大庆典，祝贺她的百年华诞，这又是此生的一大缘分，一大幸事。

一百年，在历史长河中并不算长，但对于一所学校来说，她的每个年份都是何其不平凡啊！因为每一个年头，都有多少新生步入她的大门，开始走上他们人生中极其重要的求学之路；同样，每一个年头，又有多少毕业生走出她的大门，或步入更高的学府，或投入社会，去书写他们各种各样的人生。对一个人来说，中学阶段是决定人生未来的关键。人生易老，学校却永远年轻！她是真正的青春的摇篮，人才的摇篮。而有着百年历史，历经百年沧桑的霞浦一中，则是闽东地区人才的摇篮，她的业绩，永远彪炳于闽东地区的史册。

作为校友，祝她在新世纪里，再创新的辉煌！

2002年8月于福州光禄坊

魂系太姥，情牵诸儒
——神交周瑞光老先生

陈起兴

周瑞光先生的大名早有耳闻，原以为是福鼎市某分管文化的领导，后从文友陈启西和白荣敏先生处得知，周先生是福鼎文史工作者的杰出代表。只是自己生性好静，少与外界接触，更重要的是虽然屁股坐在方志位置，而实际上自己缺乏史志工作者的基本条件——对地方文史知识的积累与记性。但县领导一直以为把我放在这个位置是选对人了，我只好唯命是从。这使我很尴尬——拿不出东西与他人交流，因此害怕见到文史专家，也就没想进一步结识周先生。

2015年11月23日上午，我在县委党校培训上课间，周瑞光先生在福鼎方志委给我挂电话，要我赠送一本《夜读老子》给他。电话中，他侃侃而谈，提到曾在柘荣工作的经历，以及一些柘荣、福鼎、本省文化界人士，我所知道的有陈海亮、叶作楠、朱乃宣、周迪仰、陈明陶、陈希立以及闽东籍的文化领导陈增光、林思翔、唐颐、蔡尔申等。之后，我们交换了书籍。他给我寄来《摩霄浪语》《迟园挹翠》，我不懂诗词，且那段时间我对王阳明和南怀瑾的书特别兴趣，故对周先生的赠书没时间拜读，只翻阅了《摩霄浪语》开篇和尾页的百余幅书画作品，都是中国文化、艺术界的名儒、硕望，如：臧克家、丰子恺、苏步青、赵朴初、卢嘉锡、启功、沈鹏、黄寿祺、夏承焘、南怀瑾、任继愈、顾廷龙、游寿、王伯敏、廖静文、刘江、邵华泽、黄苗子……如此珍贵的墨宝，他如何获得？心中大为震撼！毫无疑问，他不是一个简单的文史工作者，是个奇人、高人！12 月 9 日上午，周先生又挂来电话，说要编辑一本画册，让我写一幅书法，内容是林嵩的《太姥山记》，直接发电子档给海峡文艺出版社编辑部。我没问太多，马上按要求写了。过后，业余时间依然继续编著多年的计划《易道人生》。

2016 年 9 月 8 日上午，周先生在福鼎市文明办张祖强主任办公室给我挂电话，说是寄来《太姥山翰墨缘》和《福鼎旧志汇编》两本书，他说今年已八十岁了，依然记性特好，非常健谈。我们未曾谋面，但我已心驰神往，神交已久。故急不可待拜读了全书 400 多页的书画作品，希望从黄寿祺、夏承焘、丰子恺及其女丰一吟、前福鼎县长丁梅薰等名儒给周先生的信件，许怀中等诸位大家的"序文"中寻找周先生的魅力所在。

1988 年黄寿祺为《太姥山诗文集》序言道："余惟爱其祖国之人，无不爱其梓乡；能真爱其梓乡者，始能真爱其祖国。瑞光集太姥山之诗文，即其热爱梓乡祖国之表现。"1998 年厦门大学历史系教授林其泉（曾任亚南校长秘书）评价说："本书（《摩霄浪语》）可谓周先生读书学习的记录，心灵的痕迹，见解的表述，从书中人们不难想象作者充满强烈的对家乡的厚爱和对祖国繁荣富强的企盼。"厦门大学国学研究院常务副院长陈支平教授为《太姥文献搜遗》序言道：20 世纪 80 年代初，自己在傅衣凌先生门下读研究生，周瑞光先生则以文化干部的身份前来进修。因为有了这一段"同学"经历，他很高兴为周先生的编著作序，"……也更加感佩周瑞光先生为推进闽东历史文化研究所做出的艰辛而无私的贡献"。

2015 年北京大学中文系教授谢冕为《太姥诗文集》写序："周瑞光先生是一位高人，他热爱家乡的山水大地，特别痴心于闽东，尤其是太姥山文献的搜集、整理和研究，他一介书生，无权无势，也许也缺钱，却硬是凭借着一片赤诚，感动了国内名家硕儒，登门索墨，无有不允者。数十年坚持，数十年成功……周先生与我是同代人，在这些大师面前，无疑是晚辈，他之所以能打动那些大学者的心，全凭他的一片敬业精神和他的一腔赤诚。"谢教授还指出，给他题字的顾廷龙时年九十一岁，臧克家时年九十，钱君匋时年八十九，称"这在学界亦是一段奇闻"。

从序文评语中不难发现，周先生就是凭借着"爱乡爱国"的赤诚之心，感动了中国学界的众多名儒，不能不令人钦敬与折服！太姥山，雄峙于东海之滨，山海相依，傲岸秀拔，以"山海大观"称奇，有"海上仙都"的美誉。它北望浙江雁荡、西眺福建武夷，闽人称武夷、太姥为双绝，浙人视雁荡、太姥为昆仲，三者成鼎足之势，构成闽越三大名山。然而，陶醉于导游口中美丽传说的络绎不绝的游客，有几人识得这些历史故事搜集的来之不易！有几人了解"国家级风景名胜区""世界地质公园"品牌的获得，需要多少深厚的"文化"支撑？

然而，要把自古以来散落于民间和闽浙及全国各地图书馆古籍之中的资料搜集整理成文，谈何容易！没有一种与生俱来的情有独钟，如何能够一以贯之、持之以恒地过着苦行僧般的生活。周先生的确是个例外，他把这种特殊的情愫变成孜孜以求的文化实践追求，三十年如一日深入闽浙边界地区实地访问考究，一生致力于太姥山及闽浙边界历史文化的研究和传播。个中滋味，甘苦自知。正如福鼎作家谢瑞元说："在采写太姥山的自然景观与人文景观过程中，他像一个苦行僧，节衣缩食行南走北。他常只背一个挎包，内装编著出版的书，以及一个碗与一双筷子，在前不着村后不着店的深山野寺中行走。"他自称是文化乞丐，"风餐露宿，一笻独往"，可谓名副其实。

　　周先生令人赞誉之处，还不在于他的文章，而是他的人品，丰子恺女儿一吟称他是"一个好人，一个正人君子"。这缘于1973年他去上海拜访丰子恺，见到一幅书法长卷，爱不释手，丰子恺顺口说"那你就拿回去吧"。这可是丰大师花三年时间写了204首诗的21米长卷，虽然"爸爸在故居缘缘堂被焚于日军炮火后对收藏早已心灰意懒，受到'文革'批斗和抄家后，对身外之物就更无留恋了"，可这幅作品是父亲给送自己的传家宝呀。丰子恺自觉不妥，立即写信给还住在上海的周瑞光。信寄出次日，周瑞光就把作品奉还。难道他这么快收到信件？原来，周先生喜获大作，拿到住处后，展卷拜读，读到末尾处，见有"交付女儿一吟保藏"字样，方知大师把要留给其女的作品误送给了自己，次日便将价值连城的书法长卷归还给了大师，并说："苟非吾之所有，虽一毫而莫取！"这让一吟感动不已。我想这就是周先生最打动诸儒的关键吧——执着于善念，执着于正道。

　　是呀，老子说"天道无亲，常与善人"，因为善人的行为同于道或合于德，而"同于道者，道亦乐得之；同于德者，德亦乐得之"。老子所说的"道"是个无形之"象"，这个"象"就是隐藏其中的"道理"。我想，如周先生般文才的民间"高人"应是不乏其人，唯独他独占鳌头，独领风骚，这该应了老子"执大象，天下往"这句话——因为他走了正道，故为诸儒所认可。王阳明说："观夫天地、日月、四时、圣人之所以能常久而不已者，不外乎一贞，则天地万物之情其亦不外乎一贞也。"这个君子可以立为恒常不变之原则的"贞"，就是一件事物的"中心"——正道，万事万物都在变化之中，而本源能量（中心、正道）始终未变，如此方能生生不息。

　　太姥山，因为周瑞光而成为当代名儒的聚焦；周瑞光，因为太姥山的光环而更加光彩耀人。仁者乐山，愿其与太姥山比寿同辉。

2016 年 9 月 29 日

　　（本文作者系柘荣县方志委主任、福建省作家协会会员、福建省书法家协会会员、福建省易学研究会理事、中国道教论坛大道传播书画院副院长，二轮《柘荣县志》副总编，著有《夜读老子》《秋千道韵》《乡情素语》《易道人生》等）

周瑞光先生短评二则

狄　民

一、依然故我

在福鼎的文化人圈子里，无人不知周瑞光！

他绝对是个色彩丰富、个性鲜明的人。关于他的故事，或许也可以编成一本书。

他承认自己"嗜好唯殊俗"，也知道很多人是怎么看他："性僻世称狂"；那一天，我读到他的《咏怀》"故态堪容我，新诗合寄谁？"时，心中突然有几分酸楚……啊！从古至今，最难的莫过于公正地评价一个人，大人物如此，小人物也如此！

其实，他给我印象最深的一点，就是他从不轻易因外力而改变自己。每一次见到他后，我总会想，倘若他肯稍微改变一下自己以顺应时俗，必不至于到今天依然弹铗而歌，"非不能也，是不为也"——这也正是我钦佩他且暗自惭愧的地方。

在此，我想送一联与他，是集辛弃疾的词："我见青山多妩媚，料青山见我应如是；不恨古人吾不见，恨古人不见吾狂耳。"希望他能喜欢。

在福鼎的文化人中，像周瑞光那么执着于地方文史资料的搜集和研究的人，寥寥无几。

一位海外友人赞叹道："莫笑周生性太迂，一肩行李半挑书，弘扬国粹耽文史，万水千山苦不辞！"

他不求名，他也不求利。我不知道他年轻时暗地里立过什么誓言，竟让他倾一生心血于斯，咬定青山不放松，任尔东西南北风！

现在，他把他的研究文章汇集成册，题为《太姥传音》，自费刊布，让我们真切地感受到他的拳拳赤子心，浓浓乡土情。

读罢他的书，我唯有默默地祝福他。

书中有他一张小照，周君自题："依然故我"，这四个字对我触动很深，岁月更迭，人事沧桑，一个人须修到什么样的境界方敢宣称自己依然故我呢？回首茫茫，今日之我已非昨日之我，面对自己的老照片时，我们是感到汗颜还是悚然而惕呢？

于是，我借了这四个字作为本文的题目。

二、又见周瑞光

又见到周瑞光时，依旧是毫无心理准备，像夏天的雷，他的声音突然间就在你的耳边响起，让你又惊又喜。

这一回，他风尘仆仆地走了江、浙、赣、湘、黔五省，依旧是以他独特的方式，喜欢他的人称之为"以文会友"，不喜欢他的人则以"文丐"视之。

那天晚上，听他滔滔不绝地叙述旅途中种种奇遇，有些简直匪夷所思确又妙趣横生，还满怀敬意地欣赏他从各处名家那里获得的墨宝，有几位的名字，用"如雷贯耳"来形容也一点不为过。

我对书法很外行，但我清楚要得到它们是何其难！而周瑞光却一再地达成心愿，我想，这决非仅仅用"奇迹"二字可以解释的。

他一定有着我们所不知道的另一面。

人是复杂的，不认识他却又听过他的故事的人，一定会误解他；认识他的人也许不能理解他；自以为理解他的人未必见过他的另一面。

偶然读到前辈名家丰子恺女儿丰一吟的一篇短文：《一个正

人君子》——居然是专为周瑞光所写。以丰女士的身份，若无真切感受，没有必要对一个普通人轻施溢美之词。因此，我们将丰女士的文章刊出，一是因为它与福鼎人有关，二是因为它与周瑞光有关。

面对世界，面对人生，或许，这篇文章还能给予我们更多的启迪。

（本文作者系福鼎市文学协会主席、福鼎市政协文史委副主任、《太姥山》杂志副主编、福鼎市医院中医科主任医师）

一个正人君子

丰一吟

　　周瑞光，二十年以后，又出现在我眼前了。说起话来滔滔不绝，红光满面，好像比年轻时更健谈，更精神了，不仅如此，他显得那么乐观，而且他的记性出奇地好，往事记得清清楚楚，令人叹绝！

　　他和我谈了很久，最后说，他要为我爸爸出一本纪念册，约我写一篇序，并关照要我称他为老弟。我年长于他，叫声老弟也未尝不可。

　　二十年来，我并未忘记他。他和我爸爸有过一段交往，后来又和我继续交往。和我交往的人很多，我记性又差，为什么总是记得他？这里有个缘故。

　　在"文革"中，大约1973年，有一次，他从福鼎来到上海，到"日月楼"来看我爸爸。那时我在出版社上班，不在家。他要看看抄家还来的爸爸的书画。看到一个书法长手卷（有21米长），爱不释手。爸爸在故居缘缘堂被焚于日军炮火后对收藏早就心灰意懒，受到"文革"批斗和抄家后，对身外之物就更无留恋了。见周瑞光欢喜，马上说："那你就拿去吧！"晚上，我下班回来，爸爸不当一回事地对我说了这件事。"啊呀，爸爸，你怎么把给我的东西送掉了？""给你的东西？""是啊，你怎么忘了？那年有人送你一卷长纸，你说要为我写一个书法长手卷。你从1962年到1965年，整整写了三年，诗词古文一共写了204首……对了，末尾还写了'交付女儿一吟保藏'呢！"

　　爸爸捋捋胡子，陷人沉思。

"怎么办？"他无奈地说。

"刚才你说他在上海还要住几天，能不能写封信到他住的旅馆里去向他要回来？"我有点着急。

"好，我试试！"爸爸连饭也顾不上吃，马上动手写信。他对自己的东西可以满不在乎，但对已经给了人的东西，却感到有责任讨回来。

信马上寄出了。

岂料第二天，瑞光老弟就来了。

"我来还这长手卷了。不是我的东西我不能拿！"

"怎么，你那么快收到我的信了？"

"什么信？我没有收到啊。昨天我把这长手卷拿回去，晚上就展卷拜读。读到末尾，看见写着'交付女儿一吟保藏'，我就送回来了。苟非吾之所有，虽一毫而莫取！"

傍晚我下班回来，爸爸一边讲这件事，一边笑嘻嘻地把长手卷还给我。我着实感动了。其实，这件事要怪我自己不好。抄家物资还来以后，我就该把这长手卷拿回到自己房里去，那就不会给爸爸添这麻烦了。

但是，因了这件事，倒使我对瑞光老弟产生了敬意。在爸爸去世后的 1987 年底，我曾携带包括这长手卷在内的爸爸精品书画到新加坡展出。当时布展的人因为挂这长手卷很吃力，曾戏称它为"万里长城"。

1998 年爸爸诞生 100 周年时，这长手卷曾在绍兴展出。2000 年又在故乡石门镇"丰子恺漫画馆"内展出。

如果当年瑞光老弟不还我这长手卷（他有权这样做，因为爸爸已经说过送给他），以上几次展览就都不可能了，广大读者也就看不到这件精品了。——不是说他不肯出借，而是因为后来我虽然还见过他几次，以后就长时期与他失去了联系。

这回瑞光老弟突然登门，问我还记不记得他，怎么会不记得呢！他在我记忆中印象太深了！——个好人！一个正人君子！

2001 年 11 月

（本文作者系上海市文史馆馆员、作家、翻译家）

《丰子恺先生永怀录》序

周颖南

艺术大师丰子恺先生，是值得我们永远纪念缅怀的一代先贤。发掘一切与大师生平有关的历史资料、艺术宝藏，对于我们进一步全面了解、认识和研究大师的思想和艺术成就，具有重大意义，也是惠及子孙后代的一件大功德。

周瑞光先生，福建省福鼎市人，福建省文博专业副研究馆员，长期从事文化教育工作。在闽浙地方历史文化资料搜集、研究方面，用功甚勤，成绩卓著，先后编辑出版了《太姥传音》《摩霄浪语》《太姥山诗文集》《迟园挹翠》等书，在弘扬中华民族优秀文化，了解地方文化历史，促进闽浙边界的山海开发，提高福鼎市知名度，增进海外同胞乡土感情，激发读者爱国爱乡热忱等方面，作出了实实在在的贡献。

丰子恺先生生前曾与周瑞光先生结下深厚友谊。这部《丰子恺先生永怀录》，就是这段忘年交的历史见证。内分：子午山纪游册、丰子恺及其师友墨妙、丰子恺书画及书信选录、永恒的纪念、编者参观缘缘堂留影及与丰氏家族合照等部分，并收巴金、朱自清、叶圣陶、俞平伯等数十家纪念文章，全书共二十万字。它是反映大师生平、思想和艺术成就的又一部不可多得的资料汇编。

睹物思人，不由得感慨万千，更加思念这位给我留下了不可磨灭印象的前辈巨擘！

我和丰先生的结识，还要追溯到1972年那次毕生难忘的故国行。那年的11月，我利用第二次到中国探亲之机，北上北京拜会了章士钊、赵朴初先生。当时，"文化大革命"尚未结束。

过后，我乘火车南下上海，预定拜会我尊敬的作家巴金、画家刘海粟和漫画家、作家丰子恺三位前辈。因巴老尚在"牛棚"，结果只拜会了刘海粟和丰子恺先生。

第一次见到丰子恺先生，是在他居住的陕西南路三十九弄九十三号"日月楼"。因遭受"红卫兵"多次抄家，家徒四壁，触目惊心。虽然如此，我看先生的心情，静如止水。

临别前，丰先生托我将他翻译的日本汤次了荣教授的著作《大乘起信论新释》，转交新加坡广洽法师。后三日，又差人送来一封信，内附漫画十幅赠我。

以后，我们频频书信往来，直至他去世前期，因手抖难以执笔为止。

1975年9月15日，丰子恺先生病逝于上海华山医院。我为失去了这样一位良师益友而痛悼不已，在香港《书谱》杂志发表了悼念文章以寄托哀思，并且会同丰先生的弟子马骏，共同编辑《丰子恺书画集》在新加坡出版，作为永恒的纪念！

1997年11月9日，丰先生百岁诞辰纪念，我把我们之间的通信发表，以寓永怀。

2005年暮春三月，周瑞光先生从厦门直飞星洲，下车伊始，即按老友张人希先生开示的本人地址，直奔华王登园登门造访，并嘱我为其编辑的《丰子恺先生永怀录》写序。藉在同是福建老乡，同是厦门大学老校友，同是汝南周氏宗亲，又同是丰子恺大师的生平友好，乃义不容辞也！于是我拉杂写了这些感想，啊！千言万语道不尽心中的思念……

丰子恺先生永垂不朽！

2005年4月25日于新加坡映华楼

（本文作者系福建仙游人，新加坡华侨作家，东南亚著名儒商）

编 后 记

抢救人文护景观，梦魂时系我家山。
双魁书院声名久，九鲤文章韵昧阑。
兰社海秋推泰斗，草堂联对出乡关。
心香一瓣呈先哲，翘首摩霄励寸丹。

曩余孩提之际，承家君（时任福鼎县民众教育馆馆长）关爱，得以饱览《万有文库丛书》（王云五主编，福鼎爱国侨商许可先生惠赠）。间或亲授《古文精言》《古唐诗合解》《左传快读》《清诗铎》等书；并授以父挚杜柳坡（先君霞浦中学时的同窗）、杜琨二先生亲赠的《闽东诗抄》《北游吟草》及手抄本《掷地金声》和卓剑舟世伯所编的《太姥山全志》……始知吾闽有名山曰太姥也。迨50年代初，余就读于桐山小学总校（今实小），任校学生会主席兼少先队大队长。"六一"节曾于南校场（今茶厂开发区）登台参加全县学生演讲比赛（题曰《我爱福鼎，我爱太姥山》）荣获第一名，老县长荆利九亲自主持授奖仪式。未几，"抗美援朝"运动开始。校领导曾一新及导师马俊秋、方永成、李守义、肖绌兰等筹建孩子剧团。余与吴建光、赖雪清、高少秋、王雪清、卓培海、陈明古、褚孝宗、林有振、曾潮生、施均樽、陈赛英、周赛卿、梁一心、吴冰冰、李警旦、丁达民、丁昌甫等同学积极参与社会宣传活动，发动广大群众义购、捐赠"福鼎号"大炮和飞机，支援抗美援朝。暑期参加少年队夏令营，成立了闽东第一个少年越剧班，携带《王大宝变好了》《农民站起来了》《嫁衣恨》等剧目，跑遍本县前岐、点头、白琳、店下、秦屿等乡镇，为广大观众义演，最后登上太姥山，慰问剿匪部队，受到独立团团长曾阿缪及全体战士的热情接待。住山三日，逛七星洞，游一片瓦，宿摩霄庵，上望日台，远眺东海，心潮澎湃……从此与太姥结下不解之缘。

1979年夏，余由福鼎三中调来福鼎文化馆，开始着手编写《福鼎名胜古迹及革命纪念地》和《太姥传音录》，自费油印各三百本，分赠于海内文化名家。是年重阳节，陪同福建省作协陈中、美协吴正（义乌高清），画家杨启舆、林鸿焘、沈锡纯、唐国光、胡子为、朱文铸、王一亭、翁开恩、陈自招、张厚进、陈达德等同游太姥、雁荡二名山，后由吴正兄将本人油印册子分赠予周沧米、周昌谷、李铎、郁风、周令钊、林锴、裘沙等书画家作为太姥山题咏蓝本。未几，福鼎文化馆创办太姥山文艺刊物，复与兰振河兄共拟书函呈寄中央文化部长茅盾先生。（公函发出前五日，余曾托先师丰子恺之哲嗣丰华瞻兄——复旦大学外语系教授——转寄拙编《太姥传音录》一册，及刑宗发兄拍照的太姥风景图片数张予茅盾先生以便加深印象和扩大影响也。）半月后，即奉接茅公亲赐刊头题字"太姥山"。

1979年冬，秉福建省文化局万里云局长及文物处处畏周涛之命，为《中国名胜辞典》一书（上海辞书出版社出版）撰写《福鼎名胜古迹》部分，其中"太姥山""分水关""玉塘城堡""秦屿土堡"四条有幸入选。现该书已出版四十二次，发行到三十多个国家。1981年4月11日，赴福州东湖宾馆11号楼参加福建省民间文学研究会成立大会，余作为首批会员兼宁德地区召集人参加发言。会上，特向项南书记、张格心部长、万里云局长等领导呈递报告一份，要求组织全省文艺家来太姥山采风。翌年春，由福建省文联党组书记杨滢、省民研会主席卓钟霖、《故事林》主编刘清河、副主编汪梅田以及本地区文化界肖孝正、刘松年、康延平，还有福鼎文艺工作者薛宗碧、庄永西、兰振河等一干人马前赴秦屿搜集原始题材。承蒙秦屿文化站老站长黄宗盈出面邀请了陈行夏、高一迅、施宏如、王隶丹、林代铭、陈家陆等先生提供素材（不取分文报酬）。业经七天的繁忙采集、整理，终由福建省人民出版社正式出版了《太姥山民间传说》，此书一版再版，流传海内外。

　　2001 年春，余作为福建省旅游学会理事，前往厦门台湾民俗村参加金厦联谊会活动，会上向金门文化代表团团长张奇才等先生赠送了清金门乡贤林树梅的《游太姥山图》，引起极大反响。此外，还在省内外学校、图书馆举办过"太姥历史文化"专题讲座及"太姥风景谜"展猜达上百次，均不计报酬。

　　而今，我已年逾古稀，但退而不休，猛志常在，皓首穷经，快何如哉！乱曰：不搞腐化搞文化，乐在声色犬马之上矣！继《太姥山诗文集》《太姥传音》《摩霄浪语》等书问世后，2016 年出版了一本大型书画集——《太姥山翰墨缘》。承启功先生（中国书法家协会名誉主席、北京师范大学教授）亲题书名，沈鹏先生（中国书协主席）题写扉页，内收录：茅盾、赵朴初、丰子恺、钱君匋、顾廷龙、徐邦达、陆俨少、臧克家、苏步青、沈柔坚、沈觐寿、高怀、杨夏林、游寿、黄苗子、朱以撒、张鹏翼、林曦明、胡中原、马亦钊、陈明鉴、倪亚云、蔡启东、高怀、周沧米、朱颖人、余纲、沈元魁、林宪民、廖蕴玉、汪廷汉、蔡心谷、林剑丹、陈铁生、潘主兰、余险峰、肖耘春、袁子良、刘江、胡绳系、王伯敏、刘耕阳、唐立津、谢孝思、陈福桐、叶德昌、黄华生、叶隐谷、陈三畏、谢澄光、陈秀卿、陈美祥、林岑、翁铭泉、徐良夫、朱棠溪、赵玉林、游嘉瑞、周哲文、沈锡纯、张人希、李岳林、胡天羽、杨启舆、陈从周、陈奋武、何元龙、洪丕谟、黄寿祺、苏渊雷、夏承焘、吴天伍、胡子为、沈元发、杨颖、谢兴国、王琦、莫朴、谢义耕、滕建庚、张绫屏、宋展生、林伟、林弼、陈瑞麟、陈希立、方正、王一亭、吴孙权、潘知山、姚毓缪、孙明权、陈远、张奇才、陈世瑶、马品惠、陈昌平、曾君武、释崇慈、白光、杨霜、翁开恩、林英仪、王新生、滕胜、滕万林、林光热、魏传义、缪又绫、兰志龙等共上百家墨妙，日后还拟筹建太姥山碑林。目前正着手于明、清、民国各个时期的太姥山志的整理点校。同时准备出版《快轩诗则》《双桂堂诗文集》（清林滋秀著）、《闽东诗钞》（杜柳坡编）、《北游吟草》（杜悦鸣著）、《绿满窗诗草》（周梦虞、周梦庄合著）、《秦川八先生诗文集》以及编校《王氏汇刻闽越先贤集》等乡邦文献，还有先师《丰子恺先生纪念册》。一俟机缘成熟，财源充裕，将悉数付梓刊行。补充说明一下：吾乃三尺微命，一介书生，无权无势，无官无职，无资格陪吃伴喝，无缘份接张待李；但不欺不诈，不瞒不骗，只靠自费自力，节衣缩食，专心致志，一意孤行，驰驱万里，忍辱负重……托太姥娘娘菩萨庇佑，凭着一颗赤诚之心和满腔热情，以及对中华民族文化瑰宝之执着追求与宝爱。虚心求教，广纳英才，阐微显幽，承先启后——此为吾毕生之一大原则立场目标及后半辈之第一快事也。尽吾志也，而不能至者，庶几无悔！

太姥居士周瑞光谨识

2017 年 6 月 10 日于桐城

编后补记

　　《太姥文献搜遗》一书乃汇编明清以降至民国时期诸先哲遗作。资料来源说明：

　　其一，《太姥山志》（明谢肇淛著）、《太姥山续志》（清王孙恭著）两书实为一书，系福鼎市图书馆从福建省图书馆复印而来。余得以参考并加整理点校。

　　其二，《游太姥山图咏》（清林树梅编著）原为先师郑丽生恬斋先生藏书。三十年前曾借予我复印。

　　其三，《太姥山全志》（民国卓剑舟编著）乃先父周南先生珍藏，系其挚友卓剑舟先生亲赠。

　　其四，《摩兜坚馆诗草》（民国卓剑舟著）该书由诗友王恒鼎提供并加点校。

　　其五，《北游吟草》（民国杜悦鸣著）、《绿满窗诗草》（民国周梦虞著）二书均存温州图书馆。承该馆古籍部陈瑞赞、张永苏、王妍等同志帮助扫描、拍照、搜集而成。《北游吟草》在全书出版之前，由福鼎一中林承雄老师帮助点校。

　　其六，《闽东诗钞》（民国杜柳坡、杜悦鸣合编）系杜氏昆仲生前亲赠予家父，以后一直由我保存，至今算来已有七八十年了。

　　特别感谢福鼎市市长袁华军、福鼎市委副书记李成双、福鼎市人大主任蔡梅生，以及外地的福鼎乡亲蔡尔申、陈梅、李步泉、王绍据诸同志，还有福建品品香茶业有限公司董事长林振传先生，福建省盈浩工艺制品有限公司周宗佑先生，福鼎市政协丁一芸，福鼎市文联郑清清，福鼎市文明办张祖强，太姥山风景区管委会王少岩、白荣敏，福鼎市国有资产投资经营有限公司林加华，福鼎市安达汽车配件有限公司林观午诸同志，承蒙他们的热心关注，大力支持，乃促成《太姥文献搜遗》一书之顺利出版，恩情永志勿忘！

太姥居士周瑞光谨识

2017 年 6 月 15 日于桐城

图书在版编目(CIP)数据

太姥文献搜遗/周瑞光编. — 福州:海峡文艺出版社,
2017.8
ISBN 978-7-5550-1088-3

Ⅰ.①太… Ⅱ.①周… Ⅲ.①山－地方志－汇编－福鼎
Ⅳ.①K928.3

中国版本图书馆 CIP 数据核字(2017)第 067685 号

太姥文献搜遗

周瑞光 编

责任编辑	莫 茜	
出版发行	海峡出版发行集团	
	海峡文艺出版社	
经 销	福建新华发行(集团)有限责任公司	
社 址	福州市东水路 76 号 14 层	**邮编** 350001
发 行 部	0591－87536797	
印 刷	福州万达印刷有限公司	**邮编** 350008
厂 址	福州金山橘园洲工业园仓山园 19 号楼	
开 本	889 毫米×1194 毫米 1/32	
字 数	560 千字	
印 张	22.625	
版 次	2017 年 8 月第 1 版	
印 次	2017 年 8 月第 1 次印刷	
书 号	ISBN 978-7-5550-1088-3	
定 价	160.00 元(上、下册)	

如发现印装质量问题,请寄承印厂调换